U0633429

山东省社科规划项目（10DJGZ01）

中国高新区战略转型研究

——基于产业集群视角

王崇锋◎著

人民出版社

目　录

前　言

　　高新技术产业开发区（简称高新区）是承载高新技术产业发展的战略空间，是经济全球化背景下提高城市综合竞争能力的重要工具。各地的高新区尤其是国家级的高新区充分发挥科技是第一生产力的作用，实现了产业超常规的发展，成为所在区域经济发展最重要的增长极。其中，"十一五"期间，国家高新区主要经济指标保持年均 20% 以上的增长速度；并且，国家高新区的万元国内生产总值（GDP）能耗只有 0.52 吨，不到全国平均值的一半。不仅如此，国家高新区已成为我国电子信息、新材料、新医药、生物工程等新兴产业的主要基地，同时高新区的建设和发展对传统产业的辐射、渗透功能正逐步加强。一大批高新技术成果在传统产业中推广应用，带动了产业技术的升级，推动了地区产业结构的优化。2010 年世界银行报告《打造增长和竞争力的引擎：中国经济特区和产业集群的发展经验》指出：高科技产业开发区对全国 GDP 的贡献率为 7.1%。2007 年，54 家高科技产业开发区培育了全国一半的科技企业和产业孵化中心，共申请注册了 5 万项发明专利，这一数字超过了国内公司注册专利总数的 70%，这里还培育了 120 万名研发人员，占开发区全体员工总数的 18.5%，高科技产品出口量达到全国的 33%。在高科技产业开发区成立的 15 年时间里，这里制造的高科技产品占全国一半的份额，出口的高科技产品占全国的三分之一。"十二五"规划更加强调"转型升级，提高产业核心竞争力"、"大力发展战略新兴产业"、"创新驱动，实施科教兴国战略和人才强国战略"。已经呈现规模发展及规模创新的高新区必然成为我国产业升级的先锋、战略新兴产业的基地、创新以及人才的摇篮。

但是，目前我国多数高新区处于以引进外来项目为主导的低端层次，高新区普遍缺乏自主创新能力和原生性高端产业。发展高新技术产业是世界各国充分利用科技革命成果、加快国民经济结构调整与升级、培育新的经济增长点、提高国际竞争力的战略决策。以温家宝总理在北京中关村高新区发表讲话为标志，我国高新区进入了以提高自主创新能力为核心任务的"二次创业"全面提升期，从主要依靠土地、资源等要素驱动向主要依靠技术创新驱动的发展模式转变，从主要依靠优惠政策、注重招商引资向注重优化创新创业环境、培育内生动力的发展模式转变，从注重硬环境建设向注重优化配置科技资源和提供优质服务的软环境转变，从注重引进来、主要面向国内市场向注重引进来与走出去相结合、大力开拓国际市场转变。我国高新区正处于战略转型、转轨时期，怎样实现高新区由原来"土地、政策"驱动的外延式发展模式向拥有自主创新能力的内生型发展模式转型升级、推动高新区实现"二次创业"？积极培育区域创新网络、大力发展高新技术产业集群，是一种重要的发展思路和转型方式。

本书在宏观上积极探索区域创新资源的整合方式与区域创新网络的构建途径，这对于促进我国高新区实现"二次创业"、转变园区对外招商引资策略、培育区域发展"技术极"和"增长极"、推动我国高新技术产业发展和结构升级等均具有一定意义；对于应对当前国际金融危机、转变区域经济增长方式、提高城市综合竞争能力、推动区域经济实现可持续发展等也具有参考价值。本书在微观上以青岛国家高新区为例，对青岛城市总体规划、区域基础设施建设以及高新园区管理体制创新和政府职能转变等也有一定借鉴意义。本书将基于青岛高新区实践，在区域创新资源整合、区域创新网络构建以及园区发展转型模式等方面构建理论模型，这将丰富和发展高新技术产业集群理论，对于其他地区国家高新区的发展转型和"二次创业"也具有重要的指导意义。

此外，实现高新区可持续发展的意义同样重大，其可持续性主要表现在两方面：自主创新能力的可持续以及生态、低碳的发展。首先，在加强高新区自主创新的可持续发展方面，研究科技人力资源（HRST）的能力建设对于贯彻《国家中长期人才发展规划纲要（2010—2020年)》和《国家中长期教育改革和发展规划纲要（2010—2020年)》，为转变经济发展方式，调整经济结构、促进社会和谐发展，提供强大的政策支持与保障。科技部在其发布的《国家"十二五"科学和技术发展规划》中也明确指出"大力培养造就创新型科技人才"、"壮大和优化创新型科技人才队伍"；其次，在生态、低碳发展方面，在国家区域战略定位中，要紧紧抓住环境和资源指标的约束性和前导性作用。本书在考虑我国高新技术产业发展和结构升级的基础上，将产业承载力指标引入高新区未来发展建设，充分考虑人口资源环境经济、区域、社会经济领域与范围、动态性与发展性，力求在产业可承载的基础上通过产业的有序集群，实现高新区产业战略升级，建成具有地方特色的战略性新兴产业和低碳产业，并最终促进我国高新区可持续发展。

目前，国内对高新区及高新技术产业集群的研究主要集中在以下几个方面：(1)探索高新技术产业集群的形成机制和功能效应（张少杰，2006；綦良群，2007；刘茂余，2008等)。(2)探索高新技术产业集群创新体系理论模型（赵涛，2004；楼杏丹，2005；王春梅，2006等)。(3)研究高新技术产业集群的发展演化阶段及识别方法，探索不同发展阶段的知识溢出效应、政府功能转变及科技支持计划（政策体系）等（甄翠敏，2006；王宏起，2008；毛宽，2008等)。(4)基于高新技术产业集群理论，运用层次分析等定量研究方法，探索高新区创新能力和竞争能力的指标体系和理论模型（杨晓明，2007；李琳，

2005、2006、2007)。

国外对高新区和高新技术产业集群的研究主要集中在以下几个方面:(1) 产业园区和区域创新网络的概念框架、发展演化及产业园区向区域创新网络的转型(Christlan Lechner, 1999)。(2) 技术极(Technopoles)与增长极研究:包括新经济背景下技术极与产业组织(重构)、技术极与区域发展、技术极与区域政策等(Georges Benko, 2000)。(3) 研究园区(Research Parks)的多维度分类研究:包括发展演化、开发模式等(Byung-Joo Kang, 2004)。(4) 孵化器的类型、目标、结构、过程、资源及不同类型的对比研究(Barbara Becker, 2006)。(5) 发展中国家全球性科技城市的形成机制及人力资本作用研究(Elizabeth Chacko, 2007)。(6) 跨国公司研发机构(R & D)的类型、区位选择、R&D 国际化与根植性以及吸引跨国 R & D 的政策措施等(FrederiqueSachwald, 2008)。

综上所述,国外学术界侧重于区域创新网络、原创性研究园区(科学园区)、孵化器、技术极以及研发国际化与地方根植性等方面的研究,这些研究成果对于研究我国高新区的"二次创业"和功能转型具有重要的参考价值。国内学术界对高新区及高新技术产业集群的研究主要集中在理论探索,实证研究相对较少,主要集中在广东、浙江、长三角、北京、武汉等地。目前,对高新区进行的系统研究还相对较少,马有才(2008)对青岛高新技术产业发展的现状、问题和对策进行了研究,但分析过于笼统。并且,作为刚刚兴起的研究领域,科技人力资源(HRST)的能力建设以及产业承载力的研究对于建设拥有自主创新能力、生态、低碳的高新技术产业开发区有重要的借鉴意义。而生态、低碳、创新是未来发展的三大主题,以后的研究也是围绕试图建立将三者融为一体的高新技术的集群而进行的。

在研究方法上,本书综合运用多学科的理论进行交叉分析,涉及产业经济学、生态经济学、管理学和统计学等多个学科的基本理论,通过对这些学科理论的交叉分析与运用，诠释了高新区的战略转型与可持续发展的相关问题。综合运用规范研究与实证研究的方法，做到以规范理论研究为先导，以实证研究结论为佐证，从而进一步完善规范研究的结论。同时，注重运用调查访谈和实地研究方法，从青岛国家高新区入手，通过对高新区管委会、区政府等职能部门的走访，对园区企业的中高层管理人员的问卷调查，结合国内其他著名的高新区发展典范，了解目前我国高新区发展的相关政策，归纳高新区的阶段特征，总结高新区发展取得的成就与经验，寻找高新区发展面临的问题与原因，从而为本书提供实证数据的支持。

　　本书以寻求高新区转型路径以及保持可持续发展为目标，积极探索区域创新资源的整合方式与区域创新网络的构建途径，努力促进我国高新区实现"二次创业"、转变园区对外招商引资策略、培育区域发展"技术极"和"增长极"、推动我国高新技术产业发展和结构升级。与以往的研究相比，本书不仅研究了高新区的转型路径，更是探索了高新区转型之后的可持续发展模式，这为高新区的转型与可持续发展提供了一个相对完整的思路，希望能对高新区的长期可持续发展乃至国家竞争力的培养提供必要的参考和借鉴。

第一章
高新区综述及中国高新区的发展

　　高新技术开发区（以下简称高新区）是指：性质和功能相似的组织（企业、高校和科研机构）以发展高新技术和新兴产业为目的，在一定区域内形成的知识和技术密集性区域实体。诞生了无数 IT 巨头的美国"硅谷"地区被认为是世界上最早的高新区，之后越来越多的发达国家开始建立自己的高新区，如 1968 年日本的筑波科学城，1969 年法国的索菲亚·安蒂波利斯科学城，1975 年英国的剑桥科学园等，随后中国、印度等发展中国家也认识到高新区的重要性，开始建立自己的高新区，经过数十年的发展，都取得了显著的成就。目前，高新区作为一种经济发展模式，带动了世界高新技术产业的迅速崛起，极大地促进了世界经济的发展，如今各国都把建设和发展高新区作为促进本国高新技术产业发展、提高国际竞争力的重要手段。高新区的发展在一国、一地区经济发展中占有重要的地位，因此必须予以重视。在过去三十年间，我国高新区实现了经济上的飞跃，取得了多方面的进步，但纵观其发展历程，我国高新区的发展还存在一系列的不足，为此重新认识高新区，如高新区的具体内涵，高新区是如何产生和发展的，其建立的理论依据又是什么等，以实现在我国特殊环境下高新区更好的发展，具有重要意义。为此，本章从高新区的内涵与分类、提出与发展以及其建立的理论依据三个方面对高新区进行阐述。

第一节　高新区的内涵剖析

一、高新区的概念与分类

高新技术开发区在不同的国家和地区有不同的称谓，美国称之为科技园（Science Park），此外，还存在诸如技术园（Technology Park）、创业园区（Innovation Park）、研究园区（Research Park）、孵化中心（Incubator Center）、高技术密集区（High Technology Cluster）、高技术工业园区（High-Tech Industrial Park）以及技术城（Technopolis）等多种称谓。这些称谓是由于各国表述习惯差异、规模差异或功能上指向的不同而产生的，但总的来说，这些形形色色的命名并没有严格统一的划分标准。

以使用最为广泛的科技园（Science Park）为例，并没有形成一个广泛接受的概念，根据相关的大学研究园区协会（AURRP）的定义："科技园与单纯的工业园之间有明显的不同，前者一般包括三个方面的内容：首先是一个开发项目；其次，作为服务技术转让活动的有组织方案；再次，包括学术机构、政府和私人部门。"通过上述定义，我们可以看出科技园最大的特征在于"高新技术"，科技园注重生产高新技术，并为高新技术转让活动提供便利，使技术能更加迅速地转化为生产力。然而随着时间的推移，术语"科学园"已经发展成为一个符合上述特征园区的通用术语[1]。同时，国际科技园区协会（IASP, 2002）将"Science Park"定义为"一个由专业人才管理的组织，它通过促进创新环境形成、提高相关产业竞争力和发展知识导向的制度，从而实现其共同的财富增加。而为了实现这一目标，要激励园区内创新活动，促进大学、R&D

---

[1]　Albert N. Link, On the Growth of U.S. Science Parks, *Journal of Technology Transfer*, 2003(28), pp. 81–85.

机构、企业和市场之间的知识和技术流动，通过孵化和衍生过程为创新型企业的诞生和成长提供便利，并提供高品质的空间与设施以及其他增值服务"①。这一定义更为注重园区内部组织从事的活动及其之间的关联，而不是简单的园区表现出来的组织形态。

高新区的实践在我国已历经多年发展，但关于高新区的概念，到目前没有形成一个统一的定义。根据我国的国情，高新区大多分布在沿海开放地区或者大城市周边，主要依靠政策的优惠来吸引投资，建立高新区的目的也是为了吸引投资，从而将科研成果商品化、产业化和国际化，并发挥高新技术项目孵化作用和辐射作用。由此可把高新区定义为："高新技术开发区是经国家批准，由开放城市兴办，通过实行特殊政策，选择适当地址，划出一定区域，依托国内科技力量和工农业基础，吸收国外资金，引进先进的科学技术，致力于我国高新技术和科研成果的商品化、产业化和国际化，并发挥高新技术项目孵化作用和辐射作用的基地。"

根据不同标准，高新区可被划分为多种类型。卡斯特和霍尔（1994）②从法语中引入了"technopole"一词，以此代指各种高新技术产业集聚区，并将其划分为四种类型：（1）科技产业综合体。该综合体以创新为基础，综合了研发与制造的功能，是新产业空间的指令中心，这种类型最具代表性的是美国的硅谷和128公路地区。（2）科学城（Science city）。该区域内只具有单纯的科研群体，本身不参与生产，通常设立在较为偏僻的郊区，凭借科研机构集聚产生的"协同效应"实现较高的科研水平，这一类型的代表是以苏联的新西伯利亚科学城、日本的筑波科技城等。（3）技术园区。以我国台湾新竹、法国索菲亚·安蒂波利斯以

---

① IASP International Board, 6 February 2002, http://www.iasp.ws/publico/index.jsp?enl=2.

② Castells M. & Hall P., *Technopoles of the world, the making of Twenty-first-century Industrial Complexes*, London: Routledge, 1994.

及英国剑桥等为代表，其通过赋予特定区域优惠政策来吸引高技术生产企业来发展产业，从而提供工作岗位和促进工业发展。园区一般不包括创新功能，而主要定位于经济发展，往往是与政府或大学相关的项目计划而形成的高技术开发区域。（4）科技园区网络计划（Technopolis Program）。此类属于区域发展和产业扩散的手段，全世界仅有日本的科技园区计划可归入其列。

纳姆等（2001）[①] 依据科技园区所在地区的发展水平、园区的目标以及所有权类型等将科技园区分为6类：（1）研究园区（Research parks），此类园区以研发活动为主，代表案例主要有：北卡罗来纳州研究三角园和斯坦福研究园。（2）科技／技术园区（Science/technology Parks），此类园区致力于科学技术在具有商业潜力的新产品开发中的运用。（3）高科技工业园区（High-tech industrial parks）。此类园区企业从事相对较高附加值的生产，亚洲的许多科技园区属于这种类型。（4）仓储／物流园区。此类园区通常与高科技要素结合在一起，比如现代物流等。（5）商务／总部园区（Office adquarters parks）。这类园区集中于销售管理等功能。（6）生态工业园区（Eco-industrial parks）。通过园区内企业之间的"投入—产出"联系使园区污染及废物排放最小化，通常此类园区已经变成区域的概念。

我国学者对高新区的划分也进行了相应的研究[②]，并划分为：（1）新技术产业园区。新技术产业园区的产生主要凭借的是"聚集效应"，包括孵化器、主办和作用模式三种类型。新技术产业园区形成需要的外部条件包括完备的基础设施、较高的研发能力、风险资本和社会的支持。通过引入高新技术改造传统产业工业园也是这种园区形成的方式之一。（2）高技术园区。高技术园区是一种内生性的园区，它通过将自主创新的高

---

① Nahm K. B., The evolution of science parks and metropolitan development, *International Journal of Urban Sciences*, 2001.

② 参见吴如海：《世界科技工业园区发展历程、动因和发展规律的思考》，载《高科技与产业化》1999年第1期。

科技成果产品化形成一系列高新技术企业，在达到一定规模后逐步发展为高技术园区。这一类型的代表包括：美国硅谷、128公路地区、英国西伦敦等。（3）科学研究园区。该类园区由政府或公司规划形成，主要用于政府或公司的研究活动，英国西伯克郡、美国华盛顿区和加拿大西瑞丹园区是该类型园区的代表。（4）科学工业园区。科学工业园区的核心是成果向产品的转化，这种园区往往从外部引入高科技成果，再依靠政府政策、地方资本的支持和劳动力优势将高科技成果转化为商品，并抢占较大的市场份额，我国台湾、日本、韩国的高新区大多属于这一类型。（5）高技术产品装配园区。这是处于产业分工底层的一种高新区，它不仅不具有高新技术的研发能力，甚至连生产高科技产品的能力都不具备，主要依靠提供装配服务生存。这种类型的高新区几乎不能成为有效自我维持的科技工业园区，其中苏格兰新汉普郡等属于这种类型。

关于科技园、科技开发区、高科技带的关系，我国学者进行了研究并对三者之间的关系进行了表述[①]，如表1—1。

表1—1 园、区、带之间的联系

空间形态	园	区	带
常用称谓	科学园 研究园 技术园 工艺园 大学园 创新园	科学开发区 高技术产业区 高技术产品出口加工区	科技工业带 高技术产业带 高技术经济带
		科学城	技术城
区位依托	大学 科研机构 孵化器	智力密集区 工业基地 沿海城市	中心城市密集地域 高技术企业聚集地带 交通干线、沿海线、江河入海口
地域范围	平方米—平方公里	平方公里—百平方公里	百平方公里以上
基本功能	以R&D为主转化科技成果	R&D、生产、销售、服务一体化发展高技术产业	以生产制造、营销服务为主振兴地区经济

① 陈益升：《高科技产业创新的空间——科学工业园区研究》，中国经济出版社2008年版，第136—137页。

空间形态	园	区	带
国际实例	斯坦福研究园 剑桥科学园 海德堡技术园 佛罗里达创新园	北卡罗来纳州三角园区 新加坡科学园区 的里亚斯特科学园区 林彻平科学园区	美国硅谷 波士顿 128 公路带 苏格兰 M4 公路带
		新西伯利亚科学城　安蒂波利斯科学城　熊本技术城 筑波科学城　　　　法兰西岛科学城　　广岛技术城 中关村科学城　　　坎皮纳斯科学城　　巴里技术城	

我国学者对高新区各种类型的划分标准与国外大同小异，根据我国高新区在实践方面的探索，我国学者还以政府是否参与规划和投资管理为标准对高新区进行了划分。按照高新区在国际产业分工中的地位，高新区可被划分为以下三类。

（1）处在上游专门从事产品研发设计的高新区

正如卡斯特和霍尔所言，此类高新区是"新产业的真正指令中心"，它拥有智力资本最为密集的智力资本和较强的基础研究能力，并能把新技术应用到现有领域或者开发新领域。具备这一条件的高新区基本都分布在发达国家，是全球的"创意中心"，最著名的莫过于美国硅谷和128 公路。

（2）专门生产高科技产品的高新区

该类高新区主要依靠当地劳动力的优势和政府政策的倾斜，将进口的高科技成果转化为商品。并在生产过程中不断创新，逐步实现接近和赶超战略。如中国台湾新竹科学工业园，目前已有台湾"硅谷"之称，成为世界高科技园区群体中一颗璀璨的新星。

（3）从事装配、物流等服务的高新区

如 2001 年兴起，2003 年掀起建设高潮，一直持续至今的中国的物流园区。例如，上海市预计物流业将有 4500 亿元产值的发展空间，为此建设三类总共五个物流园区；深圳市政府将现代物流产业作为三个重要支柱产业之一，建设了大型"平湖物流基地"占地 16 平方公里，吸引外资 1600 亿元[①]。

二、高新区的提出与发展

美国是高新区的发祥地，公认的最早的高新区是著名的硅谷。硅谷位于美国加利福尼亚北部，介于帕洛阿尔托和圣何塞之间，长 48 公里，宽 16 公里。这个地区拥有包括世界著名的斯坦福大学、圣克拉拉大学和圣何塞大学在内的 8 所大学，9 所专科学院和 33 所技工学校。这里占有加州博士的 1/6，而加州又是全美博士最多的一个州，其知识、人才密集程度之高在美国可谓首屈一指。这里良好的发展环境，吸引了成百上千的高新技术公司云集于此，加州的电子和计算机工业得到迅猛发展，使硅谷成为全球首屈一指的微电子工业中心，到 20 世纪 80 年代中期年产值居全美第一位。硅谷的成功使世界认识到高新区逐渐成为了促进高新技术发展的有效手段，于是世界上掀起了一股建立高新区的热潮，北美、西欧、日本以及广大发展中国家都开始推行这种模式。

我国有学者对高新区的发展历程进行了回顾，并将其划分为三个阶段[②]：

（1）第一阶段（1951—1980）：缓慢发展阶段

在此阶段，高新区的建设刚刚起步，世界上高新区的数量还很少，主要以美国的"硅谷"地区和英国的剑桥工业园为代表，硅谷和剑桥的成功初步展示了高新区强大的生命力。受"硅谷"影响，各发达国家纷纷效仿，建立各自的高新区：法国在 1969 年开始建设索菲亚·安蒂波利斯科学城；1975 年英国建立了剑桥科学园，这是英国最大、欧洲第一座，同时也是欧洲最为成功的科学园之一，其在世界上的影响力仅次于硅谷和 128 公路。对于高新区的建设，撒切尔夫人曾有一句名言："科

---

① 马颖、佘廉：《我国物流园区规划建设的条件思考》，载《特区经济》2006 年第 4 期。

② 钟坚：《世界科学工业园的发展状况与运行模式》，载《特区经济》2000 年第 8 期。

学园是一个孵化厂，不仅要孵出小鸡，还要将鸡养大，并使其中一些成为能下金蛋的鸡"，由此可见英国对高新区或者说科学园的重视程度。日本于1963年决定将筑波作为科学城的所在地，并成立了"集中科研机构评审委员会"，将各种研究机构和教育机构集中于此，并于1968年开始实施城建计划。总体上来说，这一阶段高新区不仅数量少，而且都分布在发达资本主义国家中，仅美国就占据了24席，其他的零散分布于英国、法国、加拿大、比利时、瑞典等欧洲国家。

（2）第二阶段（1980—1990）：高新区的快速发展时期

这一阶段世界上高新区的数量和种类迅速增加，在1981—1990年的近十年间全球高新区数量增加了591个。发达资本主义国家的高新区数量依然占绝对优势，英、法、美、德、日、意、加7国共设立515个高新区，占全球高新区总数量的80%，其中美国设立了141个科学工业园，居世界首位。这一阶段的明显变化是东亚的一些发展中国家和地区也开始设立自己的高新区，如我国台湾、韩国、新加坡、印度尼西亚和印度等国家和地区。

（3）第三阶段（20世纪90年代以来）：高新区的稳定发展时期

20世纪90年代以后，世界上很多发展中国家认识到了高新区对产业和经济发展的强大带动作用，纷纷制定自己的高新技术产业政策，有力地促进了全球范围内高新区的建设与发展，高新区的分布迅速扩展到全球48个国家和地区。其中，到这一阶段为止，我国已经批准成立了54个国家级高新技术开发区。

上述对高新区三个发展阶段的划分，其依据是高新区的规模、发展速度及高新区在全球的分布状况，学者在此基础上也总结了高新区在不同发展阶段的特征。其后又有学者提出了高新区发展的两个重要特征[1]：

---

① 刘卫东：《世界高科技园区建设和发展的趋势》，载《世界地理研究》2001年第1期。

（1）高科技园建设模式多元化

世界各国在资源禀赋、经济发展程度、技术条件等方面存在着巨大的差异，因此各国高科技园的建设和发展模式也不尽相同。发达国家具有较高的研发能力和较强的资金支持，其高新技术产业的发展往往以科学研究为起点，一旦取得技术突破便迅速产业化，形成高新技术产业。这种"科学—技术—产业—市场"的发展模式被称为"自主顺向开发模式"。与发达国家相比，发展中国家在科技水平、经济承受能力等方面往往存在较大的劣势，采用与发达国家相同的自主顺向开发模式会不利于自身发展，并导致发展中国家与发达国家之间的差距越来越大。因此发展中国家一般采取的是"跟进逆向开发模式"。"跟进逆向开发模式"是以市场为出发点，通过引进新技术、技术合作等方式迅速形成生产能力，通过价格或品质优势抢夺市场。同时对引进的高新技术进行消化吸收从而填补本国的技术空白，提高本国的科技水平。对于部分科技和经济发展水平较高的发展中国家，其在国防高科技领域和微电子等重点领域往往采取混合发展模式，即自主顺向开发与跟进逆向开发同时进行力图在潜在的高新技术竞争能力上缩小与发达国家的差距。

（2）高科技园区建设的标准与质量提高

经过数年的发展，高新区的建设不再仅仅强调数量的增加与规模的扩大，而是更加重视建设质量的提高。1997 年 6 月 16 日，第六届世界科技工业园大会在意大利的迪利亚斯特召开，其对高科技园的建设提出了三个新的标准和"三要三不要"的新要求，其中三大新标准即"规范化"、"网络化"、"国际化"。"规范化"的核心是高科技园内发展的应是具有领先技术水平的真正的高新技术产业，生产的应当是与自然协调发展的高新技术产品。园区的再扩大应以科技和智力的投入为主，而不是资本或自然资源投入为主。"网络化"是指园区内的企业在吸引投资、技术合作、开拓市场大量运用网络，降低资源消耗，提高园区效率。"国际化"是指高科技园区破除国界的限制，在全世界的范围内进行相互之间的交流、合作，实现共同发展。"三要三不要"是指：不要大的，要好的；不要虚的，要实的；不要孤立，要开放。只有这样才能实现高新区建设质量的全面提高。

第二节　高新区发展的理论依据

把一系列企业聚集在高新区有什么益处？为什么这些企业聚集在高新区能推动技术进步和社会经济的发展？为什么不是分散的企业发展模式成功而是企业聚集的高新区成功？这是学术界一直都在研究和讨论的问题。建设高新区的理论依据有很多，多种理论对建设高新区推动技术进步、促进经济发展等作出解释，本节选取马歇尔工业区理论、增长极理论、新产业区理论、产业集群理论、产业组织理论、国家竞争优势理论、网络组织理论、创新理论八种理论，给出建设高新区的理论依据。

一、工业区理论

19世纪末20世纪初，古典经济学的创始人马歇尔专门就企业在一定区域的聚集问题进行过分析，他在《经济学原理》一书中，把这种集中于某个地方的工业称之为地方性工业（Localized Industry），并试图解释这种现象的原因。首先他提到自然条件和宫廷奖励，这在当时的生产力条件下非常重要，但是由于现在发达的运输条件、全球化等方面的影响，对于我们现在分析高新区内集聚的问题时已经不那么重要了。此外，他还提出了其他几个工业聚集的原因：

第一，特定的工业自我选择了某一地区后，它一般会长久地设在那里，同行们在一个小的区域中相互交流并有很大的益处。"机械上的、工艺上的、组织形式上的任何发明和改良，都得到了迅速的研究和发现：人们一旦形成了新的思想，很快就会吸收他人的意见，成为新的思想源泉。"

第二，辅助性行业的出现。工业集聚能够为相关的工业提供器械与原材料，并负责组织运输，从而在许多方面有助于它的上下游经济。

第三，能不断为技能提供市场，所以地方性工业收获颇丰。雇主很容易就能在优秀工人集中的地方找到他想要的专门技工；同时拥有专业技能的人也会在那里形成一个很好的市场。

第四，劳动需求结构的不平衡产生互补工业。如钢铁厂对工人的需求大多是强壮的男子，而纺织厂则相反，它对女工的需求较多（在当时基本全部是女工），如果两种产业分离建立的话，对于每种产业来说劳动成本都很高。而将这两种产业建立在同一区域，则可以建立职业的多样性，降低每一种产业的劳动成本。

第五，分散区域风险。"在一个大城市中或一个工业区中，如果有几种高度发展的工业，那么就可以在很大程度上规避这种风险（指衰退风险，笔者加）。如果某种工业陷入萧条，区域中的其他工业可以间接的给予支持"。

第六，顾客的便利。"顾客为了购买零碎的东西会到最近的商店，但是为了购买中意的东西他就会不辞辛苦，到他认为最好的商店去。因此，经销高价和上等物品的商店就会聚集到一起"。

基于上述诸多原因，马歇尔认为企业聚集在某一特定区域，是追求外部规模经济的结果，并且为节约土地租金成本，这一区域会形成在地租较为低廉的城市郊区而不是大城市内部。

早期对于工业集聚进行研究的还有德国经济学家韦伯（Alfred Webber）。他通过这种集聚现象重点研究了工业区位的选择问题，他试图寻找工业区位移动的规律，判明影响工业区位的各个因素以及各因素作用的大小。他认为，工业聚集是各个工厂为了追求集聚的好处，即利益的增大、成本的节省而自发地实现的，只有当工厂为追求集聚的好处而迁移、所增加的运费小于或者等于因集聚而节约的成本时，工厂的迁移才会发生。此外，韦伯还使用等差费用曲线对产业集聚的程度进行了定量研究。

从早期的研究中我们可以看出，早期的产业聚集行为是自发的行为，按照自利的原则，单个企业会从集聚中获得一定的好处。由于当时盛行的是亚当·斯密的自由经济，经济发展依赖的是市场这只"看不见的手"，事前的产业区规划不可能实现，所以这些研究只能算作是高新区理论的萌芽。

二、增长极理论

进入20世纪50年代以后，"硅谷"的巨大成功使人们一方面认识到了科技的力量，另一方面，也开始尝试设立类似的高新技术园区，希望这些园区能成为创新的源泉和经济发展的动力。这一时期产生了很多相关的理论，最具代表性的就是增长极理论，增长极一词诞生于20世纪50年代中期，是一种抽象的经济概念，在20世纪60年代被引入区域研究领域，并发展成为这一时期最具代表性的理论（王缉慈，1988）。增长极理论最早源于佩鲁20世纪50年代发表的一系列著作，其中具有代表性的是在《经济学季刊》中发表的《经济空间理论与应用》一文。在此文中佩鲁指出，在世界经济中经济要素是在市场均衡的条件下发挥作用的，"增长不会在所有地区均匀出现，增长会首先出现在一些增长极或增长点上，然后通过一定渠道向其他地区扩散，最终会对整个经济产生不同的影响"。赫尔曼、鲍得维尔（Bouderville）、汉森（Hansen）等学者进一步发展了该理论；1966年，鲍得维尔等对这一概念进行了界定，把增长极界定义为都市内不断扩大的一组产业，通过其自身对周边的影响而带动区域经济活动的进一步发展；经济发展并非均衡的发生在地理空间上，而是以不同的强度在空间上分布，并按某些传播渠道，从而对区域经济产生不同程度的影响，这些点就是具有成长以及集聚意义的增长极。因此，区域的经济发展取决于是否拥有动力型的工业区域，拥有动力型的工业区域通过极化（Polarization）和扩散（Spread）过程形成增长极，从而获得高的经济效益和快速的经济发展。

20 世纪 70 年代之后，增长极理论一度受到相关学者的批评，他们认为将这一理论作为战略会将周围的人力、资本等生产要素吸引过来，造成严重的两极分化。不过，仍有学者将增长极理论作为科技政策研究的基础，所不同的是增长极的内涵已改变，新的增长极理论强调将研究与开发活动作为增长极，更加注重增长极的创新扩散作用，而不是单纯地推动工业发展（王缉慈，2001）。图 1—1 描述了增长极理论在我国高新技术开发产业区中的应用的模式。根据这一模式的转变，高新区可以看做增长极，但是投资目标的核心不是推动型产业（制造业）本身，而是通过建设研究开发机构以及其他基础设施，完善制度环境和生活环境等，吸引世界先进的高技术公司在此建立研究与开发机构和分支工厂。这些机构和分支才可以算作真正的增长极。

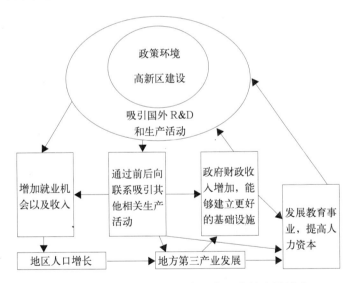

图 1—1 增长极在高新技术开发区中的应用模式

三、新产业区理论

二十世纪七八十年代，西方发达资本主义国家饱受经济危机的威胁，经济发展前景一片黯淡，但此时美国的硅谷地区，意大利、德国、法国的某些地区却出现了与之相反的繁荣发展势头，这引起西方乃至全世界的关注。研究发现，这些地区有很多中小企业，而且中小企业之间有着复杂的联系，它们之间既有竞争又有合作；既有正式的战略联盟，也有非正式的交流与对话，它们不再依赖大企业，而是在竞争的同时共同面对国际市场。正是这些特点使这些地区的经济繁荣增长，人们将其称为"新经济现象"。1977年，意大利学者巴格纳斯科（Bagnasco）在对意大利北部的图斯堪（Tuscan）产业区进行了系统的研究之后，首次对新产业区的概念进行了界定，他将新产业区定义为："具有共同社会背景的人们和企业在一定自然地域上形成的社会地域生产综合体"。而对于新产业区为什么会出现与当时经济萧条相反的繁荣现象，皮埃尔和赛伯（Piore and Sabel，1984）在他们的著作《第二次产业分工》中对产业区再现的现象进行了解释，并提出这种模式的特点是柔性专业化，即灵活性与专业化并存，它对应于盛行福特制的大型跨国企业模式，如图1—2。

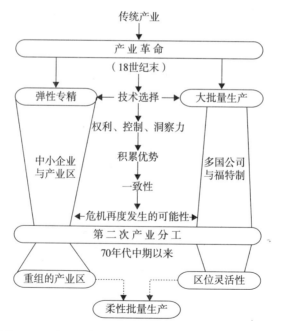

图1—2　大批量标准化的生产模式和弹性专精生产

"新产业区理论"也可以从企业家的角度进行理解，新的产业区内存在着紧密且稳定的联系，因此这一区域可以被称为"集体企业家"。关于企业家，熊彼特这样描述道："企业家的职能是，通过利用一项发明或者更一般的说，利用一种未经试验的生产新产品或者采用新方法生产旧产品的技术可能性，来改革或者革新生产模式……要理解这样的新事物是很困难的，要能够构造一种卓越的经济功能……能够在陌生的领域自信地行动，克服受到的阻力，只有极少数人具备了这种才能。这就是我所认为的企业家职能"。而新产业区内的小企业可以看做是这样一种"集体企业家"（实际上，在熊彼特的理论中并没有认为企业家就是自然人，也可能是经济主体），正是他们的创新活动极大地促进了区域的发展。我国学者王缉慈将新产业区理论引入中国，并通过此理论对高新区的发展阶段做了相应的研究，他把增长极理论与新产业区理论结合起来进行研究，如表1—2。

表1—2　增长极与新产业区理论

按技术特点划分	常规技术阶段	高技术阶段
发展驱动力	外力为主	内力为主
区内主要活动	基础设施建设，提供优惠政策，吸引著名的跨国高技术公司的研究与开发机构等	高技术的新企业衍生，区域内存在创新的共识，创新性产业文化形成
技术特点	学习先进技术，积累管理经验，发展内力	自主创新，在高技术基础上形成国家竞争力
产品特点	标准化产品为主	根据市场变化定制产品
产业联系	远距离寻找低成本劳动力和其他生产要素，技术源泉，本地产业联系微弱	本地企业间，以及产、学、研之间大量相互作用，交易频繁，产生协同效应
对区域发展的影响	主要反映在数量上的经济增长；增加就业税收等，扩大第三产业，形成城市面貌，同时逐步提高科教文卫和人的素质	技术、经济、社会全面的持续发展，本地区产业机构升级，企业家不断涌现
对区域发展影响的类型	增长极	新产业区

资料来源：王缉慈：《创新的空间——企业集群与区域发展》，北京大学出版社2001年版。

15

四、产业集群理论

20世纪80年代，迈克尔·波特提出"集群"的概念引发了学术界关于产业集群研究的热潮，我们称之为"产业集群理论"。集群不同于集聚，波特认为，集群指某一特定区域下的一个特别领域，存在着一群相互关联的公司、供应商、关联产业和专门化的制度和协会。他还指出"每个国家的优势产业都会以产业集群的形式出现。这种优势产业聚集在一起的现象十分普遍；这显示，它是产业发达国家的核心特征。"波特提出的"钻石模型"和由之演绎出来的集群的概念强调了区域竞争力的环境。波特学派认为，集群内单个企业经由与集群其他成员纵向的和横向的联系而得到的竞争优势主要体现在两方面：一方面是能够提高企业的生产力；另一方面是能够提高企业的创新能力。巴普蒂斯塔和斯旺（Baptista，Swann，1998）也提出，如果技术性知识的转移在企业地理邻近性存在的情况下得到最好的发挥，那么来自于生产和研发核心企业的供给型技术溢出，则非常容易发生。这些不断出现的技术溢出有助于集群的成长，从而进一步使集群成为了技术创新的组织形式[①]。在集群理论中对于大企业的集群和小企业的集群到底哪个更能激发创新的问题，不同学者有不同的看法，大部分学者都认为小企业的集群更能激发创新，但是戈登和麦坎农（Gordon and McCann，2003）根据对伦敦地区高科技产业密集区的观察，认为大企业集群更易于进行创新。

五、创新理论

1980年之后，学者对产业集群的研究进一步深入到创新领域。创新角度的产业集群研究将产业集群看做是一个区域创新体系，集群应充

---

① Baptista R & Swann P, Do firms in clusters innovate more?, *Research Policy*, 1998（27），pp. 525-540.

分利用这一创新网络的作用，形成创新优势，从而保持并提高集群的竞争优势，实现产业集群的持续发展。创新作为一种理论可追溯到1912年美国哈佛大学教授熊彼特的《经济发展概论》，他认为，创新是指将一种新的生产要素和生产条件结合引入生产体系，它是经济发展的根本原因。关于创新他最基本的观点是创新是生产过程中内生的，他认为，经济生活中的创新和发展并非从外部强加而来，而是从内部自行产生的变化。

除此之外，他指出，创新带来了经济繁荣，创新为创新者带来了超额利润，这使得其他企业纷纷仿效，由此形成所谓的"第一次创新浪潮"。此外，熊彼特非常注重信贷对创新的意义，他认为信贷为企业经营者提供了足够的购买力，使他们可以将资源从其他领域投入到创新领域，从而起到了支持创新的作用。熊彼特还指出，创新活动持续的时间并不相同，这导致创新对经济影响的程度和范围也有所不同。并且，创新活动也不是规则的、连续的，由此成功的创新可能会带来集中在一个时间段内的创新集合，因此创新活动在时间上的表现是时而稀疏时而密集的。

在熊彼特看来，创新具有破坏力，创新不仅能促进经济的发展，其引发的经济波动同时也会对旧的资本及跟不少潮流的企业造成破坏，这种"创新—破坏—优化—发展"的经济发展模式，也是集群发展的必然选择。

六、网络组织理论

信息化的发展，使得企业之间交流速度加快，竞争速度也加快，同时，面对集群创新的需求，传统的集群组织形式不能适应集群的发展需要，网络组织理论也就应运而生了。网络组织理论产生于20世纪80年代中后期，近年来被经济学家用来分析经济全球化现象和区域创新现象。它主要探讨导致企业间相互联结的网络安排及其演进的各种要素，该理论认为，网络组织是在系统创新需求下产生的以网络成员之间的关联纽带为基础的新的组织形式。这一形式比市场组织更为稳定，比层级组织更为灵活，是介于二者之间的一种组织形式。无论在市场还是企业内部，市场机制和组织机制都是共同存在的，市场和企业是相互联结、相互渗透的，这导致了企业间网络结构的复杂且不稳定，同时制度安排呈现出多样性。

网络组织具有如下五个特点：（1）网络组织具有很强的开放性，它面向内部或外部的所有单位开放，从外部吸收资源并向外部输出产品。（2）网络组织的本质是动态的，这一组织的核心功能是促进组织内单位的交流，并在相互交流中产生创新。（3）网络是交流之源，交流使各个单元结成"网"，又使网中产生新的结点；交流越频繁，结点越多，创新机遇越多，创新能力也就越强。（4）网络中的流体具有多样性，可以是物质、信息、资金，甚至可以是情谊。（5）网络内部的交流是多层次、多渠道的。网络的这些特性，不仅可以使创新在网络的多个层面、环节上产生，还可以降低网络内部成员之间交易的成本，使成员共同享受网络带来的规模经济、范围经济和网络经济三种外部经济效应，这些显而易见的优势使得网络组织成为复杂多变的经济环境中迅速发展的新的组织形式。

网络组织理论加强了企业之间的外部联合，推动企业向无边界化的方向发展。现代意义上的产业集群，尤其是高新技术产业集群，往往根植于一定的创新系统中。网络关系在企业之间的表现更加显著，在企业之间形成的网络中，企业之间既有竞争又有合作。由此以信息技术为依托，由企业、高校、科研机构以及培训机构相互关联，形成了富有区域优势的创新网络体系。

此外，建立高新区的理论还有区域不平衡发展理论。这一理论认为，某一国家或某一地区不具备实现全面发展的资源禀赋，因此无法实现全面而平衡的增长。因此，在区域发展中，投资只能针对性地选择若干地区和领域，再通过这些地区和领域的投资产生的外部经济效用带动周边地区的发展。比如在我国改革开放初期，由于资源上的限制，只能优先发展东部沿海地带。面对资源禀赋的不同和区域经济差异，对不同的地区需实施不同的战略。而高新区的建设恰好能利用各地独特的资源禀赋，发挥其经济优势，使其成为区域的经济增长极，进而对附近的其他区域形成带动作用，实现共同发展。但是在实践中高新区的建设并不只是受一种理论指导，前期进行高新区建设时，由于创新力量不够，需要用增长极理论，用大企业来带动经济发展，税收增加，从而发展城市化经济，建立城市的的各类基础设施，进一步吸引企业和研究与开发活动。但是，这种大量使用优惠政策的措施具有很大的可替代性，形成一定创新基础后就更应重视中小企业创新机制的培养，制度环境的作用等，理论基础就不再是增长极理论了。

第三节　高新区发展的国际比较

根据高新区域发展状况和各国文化背景的不同，世界高新区域的分布可划分为以北美、西欧、日本以及澳大利亚等为代表的发达国家和地区；以韩国、新加坡以及中国台湾地区等为代表的新型工业化国家和地区；以中国大陆、印度以及巴西等为代表的发展中国家和地区三类。这三个地理区域的高新区特点各不相同，其中发达国家高新区以发展本土高技术为主要特征，是纯市场经济的产物，新型工业化国家和地区以及发展中国家和地区中的高新区则多为顺应政府规划而产生的。本节将对每一类型的高新区选择一到两个国家或地区进行分析，以了解世界高新区的发展状况。

一、发达国家和地区的高新区

(一)美国高新区

1947 年,为开发学生的新思想和创造力,时任斯坦福大学校长的弗雷德里克·弗曼(Frederick Ferman)提出在校园内成立一些可由学生进行管理的小公司,并由学生进行产品的开发和设计。同时,他还提出以斯坦福大学为依托建立研究园的设想,并于 1951 年在加利福尼亚州创办了斯坦福研究园。

斯坦福研究园是在没有任何现成可遵循模式的情况下发展起来的,它被称为研究园的鼻祖,该研究园成立的最初动因主要来源于两大方面:一是地区经济发展的需要,美国西部海滨地区希望从发展农业转向发展工业,积极建设交通设施;二是斯坦福大学自身发展的需要,斯坦福大学希望有效地利用其闲置的土地,增加自身的收入以支持学校的发展。同时,可以凭借电子工业兴起的机遇,密切学校电子系与电子工业的联系。但斯坦福研究园区成立之初只占地 0.2 平方公里,五年之后就发展到了 1.39 平方公里,20 世纪 70 年代发展到 2.65 平方公里。斯坦福研究园以科学、技术和研究为主,目前已形成了涵盖电子、医学、化学、材料、物理和空间技术等领域在内的高新技术园区,园区内有办公企业 70 余家,从业人员超过 2.6 万人。斯坦福研究园为美国硅谷的形成奠定了基础,经过几十年的发展成为美国"硅谷高新技术产业带"。美国乃至世界的许多电子工业、计算机科学、材料科学、航空、化学、医学的创新都诞生于此,对美国高新技术的发展以及经济和产业结构调整升级做出了突出的贡献[1]。

20 世纪 70 年代末 80 年代初,在美国经济陷入严重衰退期的时候,硅谷和北卡罗来纳研究三角地区却依靠技术创新摆脱了衰退,在困境中

---

[1] 孙志强:《高新区域发展的国际比较研究》,中共中央党校研究生院博士论文,2006 年。

逆市崛起。这让美国政府意识到可以通过发展高新技术产业来振兴经济。美国各州兴起了一股建设高新区的浪潮，如佛罗里达州的硅湖、路易斯安那州的硅沼、得克萨斯州奥斯汀和圣安东尼奥之间的硅沟、犹他州盐湖城的仿生谷以及田纳西技术走廊等都是在这一时期建立的。1986年至1990年是美国高新区域增长最快的5年，这5年中新增的高新园区达到198个，到1992年美国的高新区域总数达到358个。

根据高新区的形成机制和发展模式的不同可将美国的高新区域划分为两大类。一类是依托高校或科研机构自发形成并发展起来的，比较典型的有硅谷、波士顿128公路高技术产业走廊；另一类是在政府的规划和政策帮扶下发展壮大起来的，如北卡罗来纳三角研究园、费城大学城中心、新泽西科学园等。此外，也有将传统产业园区通过技术升级转型而形成的，如芝加哥高新区。

（1）硅谷

硅谷位于美国加利福尼亚州的旧金山，是经圣克拉拉至圣何塞达50公里长，16公里宽的一条狭长地带，有3000余家高新技术公司在此落户。它是美国重要的电子工业基地，美国90%的半导体公司集中于此，并且生产电子工业所需的最基本材料——硅片。硅谷是自发形成的，是多种因素相结合的产物，其中最主要的因素是大规模的科研机构集群，而美国政府只是扮演了一个间接支持者的角色。经过50多年的发展，硅谷已拥有大大小小的电子工业公司达10000家以上，平均每周新设11个公司，在世界上最大的电子和软件公司中，20%在硅谷。硅谷不但是美国微电子工业的发祥地，还是目前世界上最大的微电子产业集群区，硅谷所生产的半导体集成电路和电子计算机约占全美1/3和1/6。20世纪70年代的半导体技术、80年代的个人计算机、90年代的因特网，这三次技术革命都发生在硅谷。硅谷不但创造了物质财富，为人们带来新的技术和产品；同时它还创造了精神财富，给人们带来了新的生活方式，影响着世界各地人们的工作和生活。与此同时，硅谷还为美国的经济发展做出了巨大贡献。

硅谷的巨大成功让世界各国看到了科技在经济发展中的重要作用，现在硅谷已成为世界各国高科技工业聚集区的代名词。全世界都掀起了一场模仿硅谷的热潮。但是，硅谷成功的因素又到底有哪些呢？借鉴不同学者的研究成果，主要可以归纳为以下几点：

第一，硅谷以世界一流的富有创新创业精神的大学——斯坦福大学为依托，这就为它提供了一个巨大的创新中心。首先，斯坦福大学拥有全世界最好的电气工程和计算机系，这里拥有众多顶尖的科学家和一流的实验室，同时学校还与产业界有着广泛的联系，包括：学校将发明和创造出来的科研成果源源不断地输送到企业，这些科研成果成为硅谷发展的强大支撑力；大学与企业互相依托、互相促进，产学研三者实现了协调发展。其次，除了斯坦福大学和加州大学伯克利分校两所主要的研究型大学外，在硅谷内还分布着 3000 多家高科技企业和研究开发机构。斯坦福大学和加州大学伯克利分校两所大学主要进行高层次研究和科研人才培训，而企业主要进行成果转化。最后，斯坦福的创业文化和创新创业精神是硅谷的灵魂。斯坦福大学是美国创业型大学的典范，它拥有具备学术创业特征的精神文化、制度文化、物质文化和行为文化。斯坦福大学热衷于高度复杂的产业和创新活动，鼓励创业，在斯坦福创业是一种风气，每一个学生都有创业的梦想。

第二，硅谷具有大量的技术人才和创业家等丰富的人力资源，尤其是科技人力资源。硅谷堪称全世界的人才高地，这里汇聚的世界各国科技人员超过 100 万人，其中诺贝尔奖获得者 40 多人，美国科学院和工程院院士及科学家上千名，博士 7000 多名，在硅谷的雇员中 40% 的人拥有学士以上的学位。硅谷之所以吸引了这么多人才，与美国积极吸纳高学历、高技术人才的移民政策息息相关，硅谷是各国留学生心驰神往的圣地，在 45 岁以下的年轻人中有 32% 的人并非出生于美国本土。另外，硅谷内创办的高科技企业中有 20% 由华人控制。外国高技术人才的不断涌入，不仅为硅谷输入了新的人才，同时也输入了新成果、新创意和新文化，世界上最先进的技术和最顶尖的人才汇集于此，为硅谷的发展贡献着自己的力量。除了高技术人才外，在硅谷还有着成千上万的创业家，他们以创业为工作，创业能给他们带来乐趣，他们能以最快的速度筹集资金，将出色的技术成果转化为商业产品，并能够轻易地做到功成身退，这些创业家在硅谷的成功中功不可没。

第三，积极的创新文化和发达的创业环境。硅谷文化具有鼓励冒险、宽容失败、乐于合作等特征。与传统价值观念只承认成功、不允许失败不同，硅谷文化的重要特色就在于它鼓励冒险，包容失败，这种包容性的文化及其推崇创新、创业、冒险的观念，激发了人们创新的动力和奋斗精神，为硅谷企业注入了强大的活力，也正是源于这种特殊的文化，才使得世界各地的尖端技术人才和风险投资家汇集于此。在这种精神激励下，硅谷人形成了敢于冒险、勇于创新、不断进取的独特思维，这也是硅谷的技术和产品能够不断实现创新的原因所在。

硅谷不仅重视创新精神和创业观念的培育，而且还积极营造良好的创业环境。硅谷的大学和科研机构鼓励老师和学生创业，并出台了一系列的激励措施，其中包括允许教师和学生到公司兼职从事研究和经营活动，允许老师保留职位离岗去公司兼职或者创办属于自己的公司，提供科研经费鼓励老师进行科学研究，并允许其享有科研成果转化收益，这些措施大大提高了师生创业的积极性，促进了科研成果的转化。相关统计数据显示，由斯坦福师生及校友创办的企业产值占硅谷所有企业总产值的50%—60%，由此可见良好的创业环境对硅谷成功的重要性。

第四，庞大的风险资金支持和成熟的风险投资运作机制。在硅谷成功的众多因素中风险投资起到了重要作用，由于高新技术产品的开发成本高，而开发成功率却很低，同时高新技术产品更新换代快，生命周期较短，所以高新技术产品开发的风险很大。因此，硅谷自一开始就引进了风险投资机构，经历了几十年的磨炼，目前风险投资运作机制已非常成熟。硅谷拥有世界上最完备的风险投资机制，有上千家的风险投资公司在此落户，占全美的 35%左右，这些投资公司的存在为创业者提供了充足的资金保证。由于硅谷风险投资运作机制比较完善，风险投资者都有其资金回收渠道，如果投资获得成功，企业上市后风险投资企业就会获得数千倍于投资额的收益。此外，风险投资还有一个比普通资金更具价值的功能：就是对创业公司管理团队的组织和培训。硅谷的风险投资者在这方面具备丰富的经验和广泛的资源网，能够帮助这些公司培养优秀的管理团队和建立良好的治理结构。

风险投资对硅谷的贡献有目共睹，美国政府在经济、政策和法律上都给予风险投资巨大的支持，美国是世界上最早在法律上明确"有限合伙制"风险投资体制的国家。除此之外，美国还建立了一个专门面向风险投资的证券交易场所——纳斯达克交易所。它是全球第一个电子交易市场，也是全球第二大股票交易所，也是美国发展最快的证券市场。目前，许多国际知名企业，如微软、雅虎、德尔、英特尔等都是在纳斯达克培育的。

第五，激励性的用人制度。为了留住关键技术人员和优秀管理人员，硅谷采取了许多方法，其中最有效的就是股票期权计划。在硅谷新员工的薪酬利益总计划中，包含一个条款：即授予员工一定数量的股票期权，如果员工愿意为企业服务较长的期限则可以获得股票期权所可能带来的巨大回报。这是对员工能力和价值认可的一种体现。股票期权激励制度使员工有机会成为公司的主人，从而激发他们的工作热情。

硅谷的另一个特点就是鼓励人才流动，容许跳槽。硅谷人才流动频繁，员工跳槽不会受到任何限制和谴责。硅谷的工程技术人员在同一个地方工作的时间一般不超过 3 年。这种人才的流动有利于知识的传播和技术的转移，增强企业的创新活力和动力。此外，硅谷不仅为人才的流动创造了宽松的环境，而且还为员工个人的发展提供了巨大的空间。在硅谷，创新的环境和机遇对每个员工都是平等的，只要通过努力，自身的才能就可以得到充分的体现。在员工晋升和岗位培训上推行能者上的理念，而种族、年龄、资历和经验等并不能决定机会和职位。

第六，强大的孵化功能和专业化的中介服务机构。硅谷的"孵化器区域"，是指硅谷内有利于创业者创业或新公司建立和发展的相关政策和基础设施，主要有负责新技术研究和开发的大学和研究机构、负责咨询的律师事务所、咨询公司、为企业提供资金的风险投资公司、负责审计的会计师事务所、清算公司以及帮助企业寻找人才的猎头公司等。这些中介机构的存在使得科研成果的拥有者无需本人去办企业，进行生产经营，而是由各种专业性服务机构来创建公司和负责日常经营活动的运作，企业就像产品一样被专业设备和流水线生产出来。这些专业机构的存在，极大地降低了硅谷的创业门槛，刺激了创业者的创业欲望。在这个过程中，大家各司其职、各取所需、风险均占、利益共享，大大提高了创业效率和成功率。

第七，经济全球化的推动作用。科技的发展推动着社会的进步，而社会的进步也同样反作用于科技的发展，硅谷的产生同时是社会发展的必然。硅谷早期的发展与"二战"及之后的冷战中政府的军事合约有很大关系，来自政府和军方的大规模采购，极大地促进了硅谷相关工业的发展，尤其是半导体和集成电路产业。而此后硅谷的发展离不开市场，它的发展动力主要来自市场需求的巨人拉力。随着经济全球化速度的加快，信息交流和传递越来越频繁，技术创新速度不断加快，产品的生命周期越来越短，人们的消费需求也日新月异。因此企业必须加快自己的技术创新满足人们逐日变化的消费需求，这样才能使企业在全球化的大市场中立于不败之地。企业的研发部和市场部必须密切配合，市场部为研发部提供市场需求信息，研发部将产品提供给市场部，才能使企业在激烈的市场竞争中立于不败之地。

（2）128 公路高新技术产业带（Route 128）

硅谷位于美国西海岸，而在美国东海岸的波士顿地区同样存在一个类似硅谷的高新区——128公路高新技术产业带（以下简称128公路）。128公路的产生和发展与硅谷有所不同：首先，它并不是由大学孕育的。128公路的产生和发展主要得益于美国政府大规模的军事、航天科研投资和产品订单，特别是冷战时期联邦政府在军事科研上的巨大投入。其次，128公路的风险资本主要来自于民营企业，而非专门的风险投资企业；最后，军工研究为其提供了技术基础。到了1970年，128公路地区已经成为美国首屈一指的电子产品创新中心，目前为止128公路沿线已有700多家与计算机有关的企业，研究和开发机构占用了三分之二产业用地，每年投入的科研经费超过20亿美元。巨大的科研投入以及大规模的政府订单使128公路成为信息来源快、生产周期短、投资效益高、产品推陈出新快的高新技术产业园区。然而，由于过度依赖政府投资和采购，128公路缺乏自我生存机制和造血功能，远不能适应市场的变化需求。128公路带的企业在管理上相对比较集权，员工更看重稳定的收入和稳步升迁的机会，这使得员工满足于现状，普遍缺乏创新精神和冒险精神。此外，128公路周围的企业大而全，它们自成体系，配件互不相通，企业之间的技术人员流动性也较小，这些都阻碍了128公路带的进一步发展。

（3）北卡罗来纳三角研究园

与硅谷和128公路的自发形成不同，北卡罗来纳三角研究园是在政府推动下产生的。北卡罗来纳三角研究园始建于1959年，坐落于美国南方北卡罗来纳州的罗利、杜兰和查佩尔希尔三个主要城市之间的交接地带，被这三个城市的三所大学（达勒姆城的杜克大学、罗利城的北卡罗来纳州立大学和查佩尔希城的北卡罗来纳大学）所环绕。北卡罗来纳州原本是一个以烟草、纺织和家具等农业经济为主的州，在20世纪50年代由于这三个行业技术进步和国际市场激烈竞争的影响而面临急剧衰退的局面，经济受到了很大冲击。州长采纳了罗密欧·格斯特公司总裁受128公路沿线高技术发展带来的启示提出的关于建立"研究三角"，发展高科技企业的建议，由州政府牵头成立了研究三角园区委员会，同时提出了建设三角研究园方案。

园区建成后政府投入大量的科研设施，同时大批研究机构入驻于此，这里逐渐汇集起一支拥有近 3000 名具有博士学位的科学家和工程师的科研队伍。三角研究园的创建目的主要有以下两点：一是吸引美国国内的公司到研究园来建立新的研究机构，创建本州高新技术产业；二是利用科研机构的新技术对传统行业进行升级改造，使它们焕发出新的活力。它的性质是"从事研究、发展和科研性生产"，为全州的经济发展提供技术支持。1963 年州政府拨款建立了北卡州科学和技术研究中心。20 世纪 70 年代，联邦政府最大的研究机构——国家环境卫生科学研究所入驻园区。20 世纪 80 年代，州政府出资建立北卡电子中心，该中心的建成为园区发展现代电子工业创造了条件。除此之外，州政府还与大学合作建立了三角大学计算机中心，北卡生物技术中心，三角大学高级研究中心等研究机构。这种由州政府主导建立研究中心的方式，实际上是引导了研究园的发展方向，对调整本州的产业结构、提高本州的经济水平起到了重要作用。这也是它与硅谷和 128 公路高技术带所不同的地方。

（二）日本高新区

按形成方式的不同，可将日本的高新区分为两类，一类是在经济产业省的支持下建成的，另一类是在文部科学省的支持下建成的，这两类高新区的目的都是为了培育和促进日本高新技术企业发展，为日本经济注入新的活力和动力。它们在本质上没有区别，唯一的不同就是两类高新区分别由两个不同的政府部门牵头，在具体运作方式和给予的政策方面存在差异。

日本是一个岛国，国土面积小，自然资源匮乏，但人口较多。很长一段时间以来，日本主要通过模仿欧美各国的新技术来发展本国经济，从 1950 至 1978 年日本从美国进口了超过 90 亿美元的技术专利，这种方式让日本省去了漫长的科研时间，在短期内实现了经济飞速增长。但是这种方式也产生了一些负面影响，日本永远都只能作为高科技的追随者，而不可能成为领跑者。因此，为了探索出一条属于自己的技术发展道路，20世纪60年代后期日本提出要从"贸易立国"转向"技术立国"，逐步重视本土科研，加强本国的技术创新。

20世纪80年代初，为了建立高新技术产业，提高本国实业中的科技含量，日本开始推行以高技术产业为基础的增长极战略，即"技术城计划"。该计划提出：要营造有利于吸引高科技人才的良好环境；加强对现有资源的开发利用；提高大学的科研水平；强化产学研合作机制。但是，在技术城法规公布后不久，就规定对于部分技术城可以给予特殊的优惠政策。大多数地方政府都想享受这种"特别的关照"，导致地方政府之间为了争夺有限的计划资金而展开无效竞争。究其原因，在于技术城的计划过于空泛，缺乏可操作性，并且没有把重点放在关键地方。与美国不同的是，日本的高新区都是建立在国家和地方政府决策的基础上的，主要包括以下几个：

（1）筑波科学城

筑波科学城坐落在离日本东京东北60公里的筑波山麓，总面积约2.85万公顷，科学城始建于1968年，耗资50亿美元，分为"研究学园区"和"周围开发区"两部分。筑波科学城是日本重要的研究中心，这里集中了众多科研机构，包括筑大和图书馆情报大学，以及43个国家研究所（占日本主要科研机构的40%），涉及生物、土木建筑、文教、物理、电子、农业、海洋环境等诸多领域。这里是日本最大的科学中心和知识中心，是日本在高科技领域向欧美发达国家挑战的重要基础。

筑波科学城是在政府的主导下发展而成的，日本政府明确了科学城的基本功能、性质、建设方针和发展方式，并直接参与了科学城的选址、设计、资金及人力的筹措等各方面活动。科研机构及科研人员的入驻需要履行相应的审批手续，并且东京政府的主管部门对科学城内的各种科研机构和产业公司进行垂直领导和指挥。日本政府在资金和政策上给予筑波科学城大量的优惠措施。到 1998 年日本政府已累计投入 2.38 万亿日元，2004 年对筑波的财政预算投入更是高达 2.5 万亿日元，筑波科学城还同时享受日本开发银行、北海道东北开发公库的低息贷款。日本政府还制定相关政策，对园区内房地产租赁、设备折旧、税收、信贷、外资引进等给予多种优惠措施。此外，日本政府还设立了相关法律，例如专门针对筑波科学园的规划和建设而颁布的《筑波研究学院园区都市建设法》，以及专门针对高新技术产业发展的《研究交流促进法》，这些法律保障了科学城的有序运转。日本政府所建立的"官、产、学、研"协作机制让筑波科学城取得了巨大成功。

（2）广岛高新区

广岛高新区始建于 20 世纪 90 年代初期，距离广岛市 35 公里，占地面积 7.5 平方公里，其中大学及科研机构用地 320 公顷，工厂用地 240 公顷，员工住宅用地 190 公顷。高新区在 2000 年又扩大了 1.8 平方公里。目前日本电气股份有限公司（NEC）、尼康等知名跨国公司已进驻园区开设分厂。

（3）大分科学园

大分县自然风光优美，为避免经济开发对环境和当地农业的破坏，大分县将高新区域划分为：城内重工业区、南部海洋技术区、西部农业区、西北旅游区和北部高技术区五个分散的区域。目前德州仪器、日本电气、佳能等跨国公司已进驻园区。大分县还专门建立了科技广场，以保证分散在农区中的各公司间的联系。大分科学园最大的不利因素是距大学太远，技术人员紧缺，其优势为电子工业较强，优质水资源丰富，自然风光优美。

（三）英国高新区

剑桥大学位于英格兰的剑桥镇，自 19 世纪 40 年代剑桥设立自然科学荣誉学位考试以来，剑桥一直强调科学研究，吸引了国内外众多优秀的科研人员。然而由于剑桥镇是农业镇，没有工业传统，剑桥大学虽然具备一流的科研实力，却无法转化为工业成果。直到20世纪60年代，剑桥大学才从美国斯坦福大学的实践中认识到工业界可以给他们带来巨大的科研经费，并且可以给学校的毕业生提供更多的就业岗位。1969年的莫特报告是剑桥校方改变对待工业态度的转折点，该报告指出：要实现产学研的联系，促进学校科研成果的转化，建立剑桥科学园。在该报告的影响和推动下，1970年剑桥圣三一学院在离市中心3英里的城市西北角建立了剑桥科学园，占地24英亩。随后，科学园区在英国取得了巨大发展。目前，剑桥科学园成为欧洲最成功的科学园。另外，英国还有两个比较著名高新区，即苏格兰硅谷和伦敦以西M4走廊。

（1）剑桥科学园

剑桥科学园位于伦敦以东50英里的剑桥镇，该园区规模不大、但却是一个多样化的高新区，它和美国硅谷一样是依托大学发展起来的，它的成功同样得益于风险资本投资。剑桥科学园主要从事高新技术研发，区内汇聚了大批的高新技术企业，涉及计算机、科学仪器、电子工业、生物技术、物理材料、医药化学等各行各业。区内的高新技术企业只从事研发、设计等附加价值较高的活动，而科技成果转化后的附加值较低的生产活动则由区外公司完成。

（2）苏格兰硅谷地区（中央苏格兰）

苏格兰硅谷位于苏格兰中部地区，包括格拉斯哥、爱丁堡、史特灵、利维斯顿以及其间的高速公路地带。它是苏格兰高新技术的集合地，有多家跨国电子分厂和半导体公司在此落户。苏格兰硅谷最初是依靠大公司的投资来发展，后来政府对产品研究与市场开发给予了一系列的优惠政策，这极大地促进了该区的发展。苏格兰地区曾经是英国的老工业基地，如今，这里已成为英国乃至欧洲重要的电子工业研发和生产基地。目前政府提出要大力发展教育产业，为高科技研究提供后备人才，这将使该地区的高科技企业受益，促进该地区的经济发展。

（3）M4 走廊地带

M4 高科技走廊是指从伦敦向南，沿着 M4 高速公路，直到海滨城市布里斯特的高新科技产业聚集区。它是英国最重要的高技术集中区域之一，同时它也是西欧最大的高技术密集区，它是很多大科技公司的总部所在地，此外欧美及英国本土的许多大公司都在此设立了分支机构，如微软、思科、惠普等。它的发展受益于便利的交通条件以及伦敦产业转移，政府的鼎力支持以及出台的一系列优惠政策和补贴措施也给该地区带来了巨大的吸引力。目前该地区已形成涵盖电子计算机、空间产品、电子产品及元器件等领域的高新技术产业园区。

二、新型工业化国家和地区的高新区——韩国高新区

韩国政府特别重视教育和科技在经济发展中的作用，特别是自 1962 年以来开始实施的高技术发展战略，对韩国的高新技术产业的发展起到了重要的促进作用。韩国重视发展高技术产业在于本国自然资源缺乏且具备大量可进行技能培训的劳动力。除自身资源条件外，高技术产业对国防工业发展的带动作用、提升国家竞争力和最大限度的促进新技术的传播也是政府重视发展高新技术产业的重要原因。20 世纪 80 年代后期，韩国政府为了带动边缘地区的经济发展，改善边缘地区的产业结构，实现地区间的平衡发展，在边缘地区建立了高新区。韩国已建成的科学城包括大德、光州、大丘、大田，这些高新区均位于土地贫瘠资源匮乏的落后地区。目前韩国的高技术产业涵盖了电子工业、信息产业、生物制药、基因工程和新陶瓷制造技术等方面。

为发展高新技术产业，韩国贸易和产业部制定了具有研发、生产和居住三个功能的高技术综合体发展计划。而韩国科学技术部制定了具有研发、教育和生产三种功能的技术带发展计划。这两个计划虽然分别由不同的部门制定，但本质上都是促进高新技术产业的发展，只不过贸易和产业部的计划向产业方面侧重，而科学技术部的计划则向科研方面侧重。

（1）大德科学城

大德科学城成立于 1973 年，位于韩国中部的大田市，占地面积 27.6 平方公里。它是韩国最大的高新技术开发区，被誉为韩国科技摇篮和 21 世纪韩国经济成长的火车头。经过近 40 年的发展，大德科学城已经成为与美国硅谷、英国剑桥科学园相媲美的科学城。韩国的许多重大科技成果，都与大德科学城有关，这里诞生了数以万计的科技成果。目前，大德科学城的高新技术产业主要有微电子、新材料、精细化工、生物工程、机电一体化、光学及航空航天工业。其中微电子产业所占的比重最大，也是发展最快的，航空航天工业次之。大德科学城的成功，主要有以下几点因素：第一，经济发展的迫切需要，韩国资源匮乏，土地贫瘠，国内经济发展不平衡，因此需要发展高新技术产业来调整产业结构；第二，"产、学、研"一体化的有机结合，大德科学城内拥有以高科技研究为主的韩国高等科学技术学院及大批科研机构，集科研、生产和科技人才培养为一体；第三，积极吸纳各地的高科技人才，大德科学城吸收了 16000 余名科研人员，其中海外归来的博士就有两千多名，被誉为"韩国科学技术的麦加"和"韩国的硅谷"；第四，开展"科技外交"，推动国际合作，自 20 世纪 80 年代起，韩国就不断推进科研机构与国外的研究机构和政府的合作，不断引进和吸收国外新技术为己所用。

（2）光州高新区

光州高新区位于韩国全罗南道中北部的光州市，始建于 1989 年。建立光州高新区的主要目的是发展高新技术产业，缩小光州与其他地区的差距，实现全国的均衡发展。光州高新区由五个功能相互联系的部分组成，分别是工业、教育、研发、居住和城市服务。其中，工业部分，主要有汽车零部件、精细化工、电子信息、生物制药、新材料等；研发部分，由各类研究机构和科研人才组成，目前园区内的研究机构已超过 150 家；教育部分，为了满足高技术产业发展的要求，提供高质量的劳动力，韩国政府在园区内建立了第二所科技大学和信息学院，现在园区内共有四所大学。光州高新区域是"技术城"概念在韩国的首次尝试，是韩国发展高新区的试验基地。

（3）大丘高新区

大丘位于韩国东部，是韩国第三大城市，这里拥有发展高科技产业的众多优势，第一，高校群集，大丘有27所大学技术学院和职校，比例高于全国平均水平，尤其是职业技术学生的比例是全国平均水平的两倍，在教育方面大丘占有重要地位。第二，交通便利，大丘是全国交通网络最发达的城市，公路、铁路及航空交通都很方便。第三，传统工业实力雄厚，周围建有电子、钢铁、机械、化学等重工业基地，大丘的纤维产业最为发达，化学纤维织物占世界出口额的40%。第四，历史地位重要，大丘自古以来就是韩国东南部的经济、政治、文化中心，这里拥有悠久的历史和灿烂的文化。

三、发展中国家和地区的高新区——印度高新区

印度是一个比较落后的农业大国，然而它的高科技产业却实现了跨越式发展，这种跨越式的发展与印度大力发展高新区密切相关。印度是世界上软件业出口的霸主，并且在天体物理、空间技术、分子生物、电子技术等高科技领域都已达到较高水平。20世纪80年代，印度为了提高经济发展水平，解决失业和贫困问题，决定借鉴欧美及日本利用高科技产业发展经济的成功经验发展本国经济，并于1983年制定了新的《技术政策声明》，以促进高新技术产业的发展。1993年印度政府推出开发新孟买计划，决定参照法国索菲亚科技园的模式建造大型科技园，集中发展电子、光学、电脑、软件、新材料等高新技术产业，目前科技园区占地面积为2000公顷，产值已达30多亿美元。此外，班加罗尔、海德拉巴、新德里和钦奈也是印度重要的高新技术产业集中地，其中班加罗尔一直担任印度新兴经济的主角，海德拉巴主要发展信息技术(IT)培训和政府研究机构，新德里是印度一流大学的集中地，钦奈则汇聚了

大量跨国研发中心和印度汽车研发中心的大部分。

印度高新技术产业的发展与印度巨大的人才库密不可分，麦肯锡公司的统计数据表明，印度拥有 7 年以下工作经历的年轻大学毕业生人数大约为 1400 万。这是中国的 1.5 倍，美国的两倍。此外，印度软件业与全球化融合得比较好，在技术上也能与国际接轨，形成了外向型格局。这使得印度软件业避开了本国国内政策和制度壁垒以及国内市场狭小的缺点，自身的发展与生存空间扩大，提高了在国际市场中的竞争力。

在世界高新技术产业 50 多年的发展史中有不少成功的案例，概括起来，其成功的重要因素主要包括以下几点：

（1）大学的作用

在高新区的发展中，大学所起的作用相当大。大学的存在可以为高新技术产业培养大批优秀的人才，满足企业的人力资源需求。大学教师本身也在从事科研工作，可以为企业提供新创意、新技术，还能吸引重要实验室入驻高新区。此外，大学在创业咨询、员工培训、行业指导等方面也发挥着重要作用。这种"产、学、研"的有机结合能够实现效益最大化。

（2）重要研究机构

高新区的发展主要靠科技创新，只有源源不断地创造出新产品才能保持高新区的活力。高新区的科研创新除了大学以外，主要是靠专门的科研机构来完成的，重要科研机构的入驻能够把世界各地的高科技人才吸引到高新区。科研机构的聚集效应能够释放出巨大的能量，促进高新区的发展。

（3）熟练劳动力

世界上高新区大部分分布在人口密集的大城市周围，这些地区的传统工业基础实力雄厚，拥有大批经过训练的熟练劳动力。除此之外，密集的大学群也为高新区提供了大量的高素质人才。

（4）完善的配套设施

完善的配套设施对高新区的发展很重要。世界上的高新区都建在交通网络比较发达的地方，这样有利于产品的输送和人员的交流。除此之外，风险投资公司、咨询公司、猎头公司、会计师事务所、律师事务所等中介机构的配套也是必不可少的。

（5）政府政策的支持

世界各国建立高新区，主要是为了发展高新技术产业，振兴本国经济，因此政府行为对高新区的发展有很大的影响。政府推出的税收优惠、财政补贴、优惠贷款等措施能够极大地促进园区的创业积极性。此外，政府可以通过政策引导高新区的发展方向，使之更适应经济社会发展的需要。

总而言之，在不同的国家和地区高新区的发展模式会有所不同，每一个成功的高新区都有其不可替代、难以模仿的竞争优势。

第四节　中国高新区发展历史与成就

一、中国高新区发展

自从 1988 年 8 月，中国国家高新技术产业化发展计划——火炬计划开始实施以来，创办高新技术产业开发区和高新技术创业服务中心被明确列入火炬计划。1988 年 5 月，北京市新技术产业开发实验区成立，这是国家正式批准建立的第一个高新技术开发区（简称高新区）。到 2011 年，我国先后共批准建立了 88 个国家级高新技术产业开发区。

学术界对高新区发展阶段的划分有着不同的观点，主要有以下几种：魏心镇、王缉慈等[①]（1993）把高新区分为机构阶段和企业家阶段；

---

① 魏心镇、王缉慈:《新的产业空间——高技术产业开发区的发展与布局》，北京大学出版社 1993 年版，第 16—17 页。

郑静等[①]（2000）把城市开发区发展分为起步阶段、成长扩张阶段、差异竞争阶段和成熟阶段；夏海钧（2001）根据政府颁布的相关文件将高新区分为酝酿阶段（1984—1988）、创办阶段（1988—1991）、成长与发展阶段（1992 至今）；周元、王维才[②]（2003）以迈克尔·波特的国家发展阶段划分方法为基础，建立了我国高新区发展阶段划分理论框架及各阶段发展情况分析模型，他们把高新区的发展分为生产要素群集阶段、产业主导阶段、创新突破阶段和财富归集阶段，对高新区阶段发展理论具有突破性意义。吕政、张克俊[③]（2006）依据这一划分方法，指出我国大部分高新区要素集聚阶段的特征已经弱化，产业主导特征十分明显，部分高新区初显创新突破阶段的某些特征，产业主导与创新突破交叉的现象明显，财富凝聚阶段尚未到来。王峰玉、朱晓娟以 1992 年邓小平同志的南巡讲话和 1997 年亚洲金融危机作为时间节点，将高新区划分为探索阶段（1984—1991）、繁荣阶段（1992—1996）、调整阶段（1997 至今）三个阶段[④]；沈伟国、陈艺春（2007）认为我国高新区发展历程主要分为要素汇集阶段、主导产业强化阶段、产品创新演进阶段和区域联动发展阶段；朱华晟、刘鹤、吴骏毅、李伟等[⑤]针对已有的划分方法，采用了实证研究，根据高新区的科研创新实力和产业实力将高新区的发展分为要素集聚阶段、产业集聚阶段和区域创新阶段，并指出北京、长春、武汉、广州、成都、西安的高新区已经基本进入区域创新阶段。此外，还有一种划分是以科技部提出的"二次创业"为标志，将我

---

① 郑静、薛德升等：《论城市开发区的发展》，载《世界经济研究》2000 年第 2 期。

② 周元、王维才：《我国高新区阶段发展的理论框架》，载《经济地理》2003 年第 4 期。

③ 吕政、张克俊：《国家高新区阶段转换的界面障碍及破解思路》，载《中国工业经济》2006 年第 2 期。

④ 王峰玉、朱晓娟：《中国开发区的发展回顾与战略思考》，载《云南地理环境研究》2006 年第 4 期。

⑤ 朱华晟、刘鹤、吴骏毅等：《国家高新区发展阶段划分及差异化战略研究——基于实力的评价》，载《科学决策》2009 年第 1 期。

国高新区的发展分为"一次创业"（1991—2001）和"二次创业"（2001）两个阶段。

我国的高新区是在国际国内因素的双重作用下建立起来的。国际上，技术发展日新月异，高新技术产业成为世界各国综合国力和竞争力的源泉；国内，改革不断推进、对外开放不断深入，传统粗放型经济已不能适应我国经济发展的需要。作为一种能够将"产、学、研"进行整合的组织形式，高新区在我国出现并经历了孕育、起步和成长三个发展阶段。

（1）孕育阶段（1980—1985年）

20世纪80年代初期，在改革开放的大背景下，一些专家和学者建议借鉴美国"硅谷"的成功经验创办中国自己的高新区。同时，一批勇于冒险的科研人员走出高校和科研机构，创办了自己的高新技术企业，开始探索科技成果商品化的道路。北京"中关村电子一条街"就是这些高新技术企业在这里聚集而发展起来的，它的崛起为我国兴办高新区奠定了重要的社会基础。

（2）起步阶段（1985—1990年）

20世纪80年代中期，我国在经济、教育、科技等领域进行全方位改革，许多省市借机筹办了高新区。1988年5月，北京市新技术产业开发试验区正式成立，作为我国第一个国家级的高新技术产业开发区，它的成立奠定了我国发展高新技术产业的基础；同年8月，"火炬计划"开始实施，拉开了我国兴建高新区的序幕。这一计划以推动高新技术成果商品化、产业化和市场化为基本宗旨，对我国高新技术产业的发展产生了巨大的推动作用。

（3）成长阶段（1990年至今）

进入20世纪90年代以来，随着改革的不断深入、开放领域的不断扩大，我国高新技术产业取得了快速发展。1991年3月，国务院批准成立了上海、天津、南京、成都等26个国家级高新技术产业开发区，并发布了第一个全国性的关于发展高新技术产业开发区的政策文件。1992 年 11 月,苏州、无锡、常州等 25 个国家级高新技术产业开发区也被批准建立。1997 年 6 月,国家农业高新技术产业开发示范区批准成立。至此,中国高新区域的整体布局已基本形成。此外,全国各省市也出台了相关政策,建立了一批与自身发展特点相适应的高新区。

以北京中关村为例,中关村涵盖了北京市科技、智力、人才和信息等资源,是我国最早建立的高新区。从中关村 20 多年的发展历史来看,政府扶持是中关村成功的主要因素。所以,以政策变化为依据,中关村科技园区的演化过程可分为三个阶段,如表 1—3。政府主要在以下方面给予中关村政策支持:加大基础设施投资;加强招商引资力度;鼓励高科技人才引进;减免相关税费;完善资本市场;健全经济法律法规。

表 1—3　中关村发展阶段及政策支持

	"电子一条街"阶段 (1978—1988)	海淀试验区初创及发展阶段 (1988—1999)	科技园区形成阶段 (1999 至今)
阶段特点	技术开发和贸易活动自发形成,基本无政府介入;体制创新活跃	出现创业高潮,涌现大批高科技企业;要素不断集聚达到一定程度,主导产业基本形成;较早的高科技企业完成原始资本积累,进入规模化生产	实现资源集聚,建设速度加快;集群初现,创新能力增强,国际化程度提高
政策法规	1988 年颁布实施《北京市新技术产业开发试验区暂行条例》	1993 年,发布《关于大力发展民营科技型企业若干问题的规定》; 1998 年,颁布实施《关于鼓励民营科技企业发展若干规定》	1999 年 4 月颁布实施《关于进一步促进高新技术产业发展的若干政策》;6 月 5 日批复《关于加快建设中关村科技园区的请示》;2001 年 1 月起施行的《中关村科技园区条例》,做出了 13 个方面创新性和突破性的规定
阶段成果	1988 年 5 月建立第一个国家高新区:"北京市新技术产业开发试验区"	增加昌平园、丰台园各 5 平方千米,调进电子城和经济开发区,调出清河、马连洼地区	"一区多园":形成海淀园、丰台园、昌平园、电子城科技园、德胜园、健翔园和亦庄科技园的发展格局

中关村的发展虽然取得了一些阶段性的成果，但是相比于国外先进的高新区还是存在很大差距的。主要表现在以下几点：企业制度不成熟；专业化分工和社会服务体系不发达；高端人才紧缺，创新效率低下；信息传递不及时，科研成果转化成功率不高；信用体系欠缺，社会资本贫瘠；政策导向需要转变。

综上所述，中关村在我国高新技术产业发展中具有示范作用，但是诸多不足的存在也是亟须解决的。我们应该积极建立信息传递网络，加快信息传递速度；完善高端人才引进机制，提高创新效率；建立信用体系，改善商业信用环境；大力发展中介机构，加强社会分工；建立高校、科研机构和企业间的合作机制，提高科技成果转化的成功率，促进市场全面有序地发展，奠定了中关村作为中国硅谷的基础。

二、中国高新区发展的成就

经过二十多年的发展，我国高新区取得了辉煌的成就，不仅带动了新经济增长点的不断涌现，同时还对地方经济的发展产生了巨大的带动作用。关于高新区的发展成就，很多学者也进行了总结。辜胜阻、郑凌云（2005）从其经济绩效方面进行分析，指出高新区的发展具有以下六个方面的效应：集聚效应：高新区已经逐渐成为各类知识型人才的集聚地；集成效应：高新区是对外引资引智和技术国际化的窗口，也是科技产业融资中心；创新效应：发展高新区是建立自主创新体系的有效途径；示范效应：高新区成为我国经济体制和行政体制改革的示范区；合作效应：高新区是向传统产业扩散高技术的辐射源；创业效应：高新区是创业企业的重要基地[①]。潘锡辉、魏谷（2007）认为，"我国高新区经历了以观念转变和环境建设为标志的起步阶段、以政策扶持和产业发展

[①] 辜胜阻、郑凌云：《新型工业化与高技术开发区的二次创业》，载《中国软科学》2005 年第 1 期。

为标志的成长阶段，以及正在进行的以提高自主创新能力，进行二次创业为标志的成熟阶段。高新区是我国进行产业转型升级的火车头，对发展我国高新技术产业，提高传统行业的科技含量和经济附加值具有重要意义。高新区是高端人才、技术和创新资源的聚集区，全国各地都在积极发展高新区，并将其作为产业发展的新亮点。另外，创业环境不断优化，政策措施不断完善，"产、学、研"结合越来越紧密，我国高新区逐渐形成了一个完善的创新发展体系"[①]。王树海、闫耀民（2009）也对我国高新区十七年的发展成就进行了总结，指出"区域创新资源集聚，创新能力明显提升，内资企业和中小企业创新活跃，创新资金、创新人才、创新机构、创新成果聚集；创新对经济的支撑作用进一步增强；对区域经济的支撑作用也进一步增强，是区域产业结构调整的主要力量"[②]。不同学者研究的角度可能有所不同，但归结起来主要有以下几点：

（1）高新区已经成为经济发展最重要的增长极

科学技术是第一生产力，我国高新区的发展历程充分印证了这一理论，高新区实现了跨越式发展，成为各地经济增长的新动力。表现在：

第一，国家高新区的工业总产值、净利润、上缴税额、出口创汇额逐年增长，工业增加值占全国工业增加值的比重逐年增大。过去的五年，我国高新区的工业总产值平均增长速度达30%。高新区的土地使用效率、投资收益水平以及各项经济指标均远超全国平均值。国家高新区产业的低能耗特点也很突出，万元 GDP 能耗只有 0.52 吨，不到全国平均值的一半。

---

① 潘锡辉、魏谷：《关于当前国家高新区发展若干问题探讨》，载《经济问题探索》2007 年第 3 期。

② 王树海、闫耀民：《国家高新区未来发展的对策研究》，载《中国软科学》2009 年第 3 期。

第二，高新区对我国调整产业结构，提高产品科技附加值，以及改造传统工业都具有重大意义。目前，国家高新区已成为我国电子信息、新材料、生物制药、新能源、航空航天等高科技产业的主要基地，同时高新区的建设和发展对地区周围相关产业的辐射、渗透功能也越来越明显。

表1—4、图1—3、图1—4、图1—5是根据我国火炬统计年鉴，对我国高新区近15年的发展情况进行的列示。

表1—4　我国高新区经济发展各项数据

单位: 亿元

年　份	总收入	工业总产值	全国工业增加值	工业增加值	高新区工业增加值占全国的比重	净利润	上缴税额	出口创汇
1995	1529	1402.6	15446	/	/	107.4	69	29.3
1996	2300.3	2142.3	18026	/	/	140.5	97.7	43
1997	3387.8	3109.2	19835	/	/	206.6	143.3	64.8
1998	4839.6	4333.6	19421	1060.7	0.054	256.2	220.8	85.3
1999	6775	5944	21564	1476.2	0.068	398.7	338.6	119
2000	9209.3	7942	25394	1978.8	0.077	597	460	185.8
2001	11928	10116	28329	2621.3	0.092	644.6	640.4	226.6
2002	15326	12937	32994	3286.1	0.099	801.1	766.4	329.2
2003	20939	17257	41990	4361.4	0.103	1129.4	990.04	510.2
2004	27466	22638	57220	5542.1	0.096	1422.8	1239.6	823.8
2005	34416	28957	72186	6820.6	0.094	1603.2	1615.8	1116.5
2006	43320	35899	91075	8521	0.093	2129	1977	1361
2007	54925	44376	117048	10715	0.091	3159.3	2614.1	1728.1
2008	65985	52684	102107	12507	0.122	3304.2	3198.7	2015.2
2009	78706	61151	41026	15416	0.375	4465.4	3994.6	2007.2

数据来源: 国家统计数据库和中国火炬统计年鉴2009。

从表1—4中可以清楚地看出，我国高新区的经济发展速度逐渐加快，尤其是从2003年开始，各项数据呈现指数增长，这些都说明了我国高新区已然成为我国经济发展的一个亮点，对全国经济的高速发展起

着不可替代的作用。其中高新区工业增加值占全国的比重维持在 10%
左右,2009 年激增到 37.58%,足以看出高新区发展对国民经济的重要
作用。

(2) 高新区的创新资源集聚,创新能力明显提升,企业创新活跃

我国高新区经过二十多年的发展,已初步形成了以企业为主体,
以市场为导向,产学研相结合的创新体系。高新区内创新资源不断聚
集,创新氛围浓厚,创新成果不断涌现。企业重视创新并视其为核心竞
争力。首先,创新资金的筹集。伴随着我国经济的不断发展,高新区
企业用于科技活动的资金不断增加,我国研究与试验发展 (R&D) 经
费支出总量和投入强度也在逐年提高,2009 年高新区研究与试验发展
(R&D) 经费支出 1342.66 亿元;科技活动经费支出也达到了 2847.97 亿
元,比上年增长了 15.38%;国家财政科技拨款在 2009 年达到 3224.9
亿元,占财政总支出的 4.2%,比上年增长了 24.9%,如图 1—3。

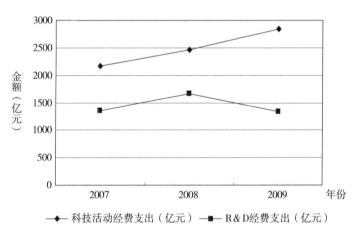

图 1—3 高新区科技费用投入状况

其次,人力资源的集聚。高新区已然成为人才的重要聚集高地,
并造就了一支高技术复合型的人才队伍。近几年来,国家高新区内大
专及以上学历的人员比例一直保持在 33.3% 以上,截至 2009 年国家高
新区就业人员达到了 810.45 万人,大专及以上学历的人员达到 384.79

万人，占到高新区从业人员总数的 47.48%，比上一年增长了 18.48%。中高级职称人数也达到 108.56 万人。国家高新区内科技活动人员超过 155.66 万人，占从业人员总数的 19.21%。可以看出，高新区已成为我国高端技术人才的聚集地，这里造就了大量集科研开发和经营管理于一身的复合型人才，为我国发展高新技术产业奠定了人才基础，如图 1—4。

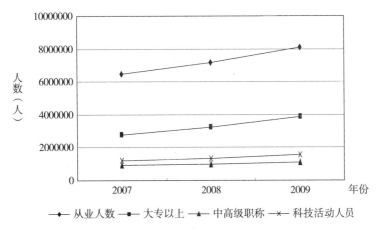

图 1—4 高新区从业人员构成

第三，科研机构及项目的发展。2007 年国家高新区企业创办的科技机构数量已达到 8425 个，高新区参与的科技项目数量已达到 142590 项。其中新产品开发项目数 65425 项，R&D 项目数 70237 项。其中：中关村科技园区承担的国家"863 项目"、"973 项目"占到了全国的 25% 和 36%。

第四，专利数量的不断增加。近年来，国家高新区内企业的主要产品获专利数稳步增长，高新区在我国创新体系中的地位越来越重要。2009 年，国家高新区共拥有专利 19424 件，占整个高新技术企业专利数的 48.16%。其中发明专利 7632 件，占专利总数的 39.29%，比上年增长了 21.2%；实用新型 10374 件，占专利总数的 53.41%，比重最大，比上年增长了 16.17%，增幅低于发明专利；外观设计 1418 件，仅占专利总数的 7.3%，增幅也仅为 5.35%，如图 1—5。同年，国家高新区从业人员每万人拥有的专利数量为 24 件。

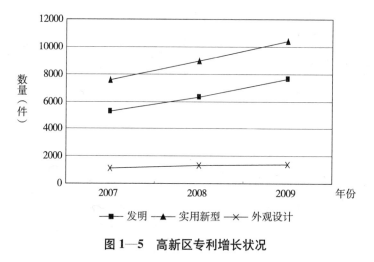

图 1—5 高新区专利增长状况

（3）高新区正在成为国家高新技术产业集聚区

高新区内初步形成了以电子信息、新材料、生物制药、航空航天以及现代农业等产业为支柱，其他产业协同发展的格局，初步建立了以高新技术企业为主体，以大企业为龙头，其他企业共同发展的企业群体。

2009 年国家高新区电子及通讯设备制造业总产值，占到相同领域的全国高新技术企业工业总产值的 115.63%，生物技术领域占 76.94%，新材料领域占 48.33%，光机电一体化领域占到 58.36%，新能源及高效节能技术领域占 58.93%，环境保护技术占到 54.84%，航空航天技术占 91.07%，地球、空间、海洋工程占 34.07%。仅以电子及通讯设备产业来看，上海张江、北京中关村和成都高新区都已经形成了相当规模的产业集聚和技术升级。2010 年，国务院先后两次批复了江苏昆山、山东烟台、黑龙江齐齐哈尔等 27 个省级高新区升级为国家级高新区，实现了国家级高新区的第二次大规模扩容。电子信息、新材料、航空航天、现代农业等战略性新兴产业已经成为高新区的主导产业。北京中关村的计算机和软件信息服务产业、上海张江高新区的集成产业制造、成都高新区的电子信息和通信产业、武汉东湖高新区的光纤光缆和激光设备产业、天津滨海新区的民航科技产业、无锡高新区的太阳能光伏产业、齐齐哈尔高新区的生物制药产业等已成为在全国乃至世界有影响力的特色产业集群。

（4）高新区已经成为体制改革的试验区和示范区

国家高新区是我国各项制度改革的实验田，自成立 20 多年来不断进行着各种机制的改革和创新。国家高新区在管理方式和运作机制方面，以面向国际市场、衔接国际规范为原则，在政府管理体制、企业组织形式、收益分配制度、人才培养机制、社会保障机制及中介服务体系等方面率先进行改革，建立了"小机构、大服务"的管理和服务支撑体系，实现了"小区域，大动力"的辐射效应；在建立现代企业制度方面，推广了民营科技企业创造的"自由结合、自筹资金、自主经营、自负盈亏、自我发展、自我约束"的"六自"机制，形成了以企业为主体，大学和科研机构为依托，政府政策为导向，面向市场的高新技术产业示范区。

第五节　中国高新区发展存在的问题

中国的高新区大都是在政府的主导作用下产生的，其发展初期大都依靠优惠政策和低土地、劳动力成本来吸引高新技术企业和外资企业进入园区，缺乏根植性和创新性。以南宁高新技术产业开发为例，南宁高新区始建于 1988 年 8 月，位于南宁市西北郊，1992 年 11 月经国务院批准升级为国家级高新区，园区规划面积 71 平方公里，是全国国家级高新区之一。南宁高新区已经形成了生物工程及制药、电子信息、汽车配件、现代农业等主导产业。有来自美国、欧洲、日本、韩国、新加坡、澳大利亚，中国台湾、香港等国家和地区的外资企业入驻。丰达电机、可口可乐、德固萨、富士胶卷、AMD、西门子等世界五百强企业在园区投资设厂或开展项目合作。

南宁高新区的发展虽然取得了一定的成就，但是由于其是依靠政策优惠、土地政策及低劳动力成本等优势发展起来的，目前还未完全摆脱园区内企业低成本集聚的问题，科技实力与先发地区、中部省会城市等相比，还存在很大的差距，主要表现为以下四个方面：

一是高新技术产值差距较大。2009年南宁高新区全年实现总收入580.27亿元，其中技术性收入63.31亿元，仅占整个中部地区的10.22%；而武汉高新区全年实现总收入达到了2261.41亿元，其中技术性收入196.96亿元，是南宁高新区的3.1倍，占到整个中部地区的31.79%。

二是企业创新实力差距较大。2009年，广西省规模以上工业企业有研发机构的企业有309家，占规模以上企业数的5.53%，是湖北和整个中部地区的44.72%和6.8%，有R&D活动的企业数有414家，占规模以上企业数的7.41%，分别是湖北和整个中部地区的36.54%和6.51%。R&D机构数为68家，是湖北和中部地区的48.23%和7.56%，R&D人员有1219人，是湖北和中部地区的11.07%和2.6%。R&D项目经费1.85亿元，是湖北和整个中部地区的10.54%和2.82%。新产品开发项目数576项，经费支出3.28亿元，分别是湖北的24.82%和9.76%。

三是科技创新产出差距较大。2009年，广西省高新技术产业申请专利180件，其中发明专利90件，有效发明专利210件，分别是湖北省的13.57%、12.71%、13.94%。

四是高新技术产业开发区实力差距较大。2009年，南宁高新区全年实现收入580.27亿元，工业总产值454.11亿元，出口额2.36亿元，分别是武汉高新区的25.66%、23%、9.37%。

同为政府主导产生的其他高新区，虽然取得了较快的发展，但也和南宁高新区存在着相同的困扰，许多学者对此进行了研究，总结了我国高新区发展存在的问题，主要表现在以下几个方面：区域创新资源整合不够，区域创新体系有待完善；"产、学、研、商"合作机制不健全；中介服务体系不尽完善；园区企业缺乏专业化的分工与协作网络；缺乏根植性，自主创新能力和抗干扰能力较差；缺乏园区根植所需的文化。以下将分别对这几个方面进行阐述。

一、区域创新体系有待完善

创新是高新区发展的核心，虽然近年来，国家不断加大科研创新方面的投入力度，但是相对于世界知名的高新区而言，我国高新区的创新资源还是明显不足，对这些有限资源的利用程度也远不及西方发达的高新区；高新区的创新链不完善，创新能力不强，创新体系尚未形成。由于创新机制不完善，高端人才紧缺，我国很大一部分高新区的自主创新水平不高，持续创新能力不强，部分创新能力低下的高新区主要依靠从国外引进成熟技术的方式进行发展。

王树海、闫耀民[1]（2009）指出，国家高新区研发投入及其强度虽然逐年增加，但是这些投入的利用效率比起世界上先进的高新区，还是存在很大差距的。孙平、王兴元[2]（2009）通过调查指出，"由于高新区成立的特殊背景，导致各地对高新区对创新功能的理解存在偏差，在所调查的样本中，大多数被调查的高新区将创新功能等同于创新服务方式，部分高新区将创新理解为创业。由于对高新区创新本质的理解存在偏差，使得高新区无法发挥其真正的技术和产业创新功能"。

另外，许多学者还有针对性的，对具体的高新区的创新体系进行

---

[1] 王树海、闫耀民：《国家高新区未来发展的对策研究》，载《中国软科学》2009 年第 3 期。

[2] 孙平、王兴元：《高新技术开发区产业集群创新体系调查分析与改善对策》，载《科技进步与对策》2009 年第 18 期。

了分析研究。田代贵（2005）对重庆高新区进行了调查研究，指出"重庆高新区与沿海地区及内陆的成都、西安的高新区在创新体系和创新能力方面有所不同。主要表现在以下方面：技术创新平台建设发展滞后；创新服务方式不完善；创新资源整合不充分，创新体系互动机制没有形成；创新体系建设管理运行机制不健全。"郭淑芬、张克军（2006）以太原高新区为例，对创新体系的建设进行了分析研究，指出"太原高新区内企业总体创新能力一般，主要表现在以下方面：R&D投入强度不足，创新经费配置有待改进，企业平均申请专利数仍然不高，企业创新盈利稀薄；园区内可利用的科技资源少，区外资源相对集聚，表现在以下几方面：区内公共研究开发平台缺乏，区外科技资源相对聚集，园区科技创新人员队伍人数偏少；园区体系主体间的互动或合作发生频度低；园区体系主体创新互动对园区经济增长的贡献有限，更多地来自外延式增加"。

二、"产、学、研、商"合作机制不健全

企业、大学及科研机构、政府和中介组织都是高新区的参与主体，而高新区发展的关键在于创新，而创新的关键又在于企业和大学及科研机构。大学及科研机构是创新源，是科技成果的创造者，而企业是科技成果的应用者，如果只有大学和科研机构，那么创新成果将无法发挥其实际的价值，反过来如果只有企业，没有大学和科研机构的创新成果，高新区的发展也会受到阻碍。所以，产学研的合作对高新区的发展起着重要的作用。然而，目前我国高新区产学研合作机制尚不完善，高新区邻近一些有相当的研究开发能力的大学或研究机构，由于缺乏良好的合作机制，并没有成为高新区创新的重要外溢来源。戴双兴（2004）提出，"全球226所著名高新园区，依托大学和研究机构创建的科技园达83.6%。然而，我国目前高等院校与高新园区内企业尚未建立合作互动的机制。一方面，有些高新园内的企业与高等院校的科研院所几乎没有

联系，仅仅依靠自行研制，或者从国外引进技术，但消化吸收能力又不强，缺乏后劲；另一方面，研发能力强的高等院校也未能成为科技园区内企业创新的技术源泉"①。孙平、王兴元（2009）指出，"目前高新区内创新源成果转化状况一般，有 45% 的样本反映出创新源成果转化存在问题"②。这也说明了高新区目前的"产、学、研"合作体系尚未健全，企业需求和高校成果不能有机结合。陈建安、李燕萍、吴绍棠（2009）针对东湖高新区的产学研状况进行了分析，指出"东湖高新区产学研发展依然存在多方面的问题，表现在以下几个方面：校企的价值取向差异依然严重；产学研合作联盟亟待升级；区内高校的科研成果本地转化率低；产学研合作地区性明显，高新区的官产学研合作大多局限在本地区"。③

三、中介服务体系不尽完善

中介组织是保证市场经济顺利运转的润滑剂，是企业集群正常运转的支持系统，它通过为交易双方提供中介服务来降低交易成本，特别是信息成本。中介组织主要包括：投融资服务体系，它是高新区科技中介服务机构中最活跃的部分；科技孵化、技术创新服务体系，其目的在于促进创新成果的不断涌现和转化；咨询、策划、培训体系，主要是为企业提供战略管理的培训和咨询，提高科技企业的战略水平。从高新区建立之初，中介组织的问题一直是一个受到关注的问题。刘高峡（2003）针对我国高新区的金融中介进行了专门的研究，指出"目前，我国高新

---

① 戴双兴：《21 世纪我国高新区产业集群发展的战略思考》，载《云南科技管理》2004 年第 3 期。
② 孙平、王兴元：《高新技术开发区产业集群创新体系调查分析与改善对策》，载《科技进步与对策》2009 年第 18 期。
③ 陈建安、李燕萍、吴绍棠：《东湖高新区产学研合作的现状、问题与对策》，载《科技进步与对策》2009 年第 24 期。

区中介体系还不够完善，尤其是金融中介体系亟待进一步完善。表现在投资类金融中介总量偏少，特别是风险投资还比较落后，一些特殊的金融中介服务机构，如标准认证机构、知识产权评估机构、投资保险机构等还比较缺乏，金融中介服务的质量有待提高，职业道德仍需要规范等。总的来看，金融中介体系建设明显落后于市场发展的要求，难以为高新区内企业的技术创新提供全方位服务"。① 戴双兴指出"高新区内集群企业普遍缺乏中介服务机构，中介组织的营运环境差，高新园区中的企业经济成本低，但交易成本很高。中介组织机构建设严重滞后，知识产业集群效率不高，竞争力难以提升"。董艳英、徐淑媛等（2009）针对科技企业孵化器进行了研究分析指出"高新区内科技企业孵化器的发展还存在着一些不足：扶持政策体系尚未健全，国家专门针对孵化器制定的政策很少；发展定位不明确，一些孵化器不能针对自身特点和孵化器的功能为未来发展定位；服务管理水平有待提高，服务停留在物业服务阶段，没有真正发挥出自身核心价值；自我完善机制尚未形成"。② 阮娴静、杨青（2009）从实证分析的角度对科技企业孵化器进行了研究，对不同地区孵化器进行了比较研究③。由此可见，高新区中介服务体系确实存在着许多不尽完善的地方。

四、缺乏专业化的分工与协作网络

我国的高新区大多是在 20 世纪 80 年代末 90 年代初，在开发区热的浪潮中建立起来的。目前的大多数高新区并没有依据产业分工原则与

---

① 刘高峡：《高新区创新网络中的金融中介组织研究》，载《科技进步与对策》2003 年第 12 期。

② 董艳英、徐淑媛等：《我国科技企业孵化器发展过程中的问题及对策》，载《甘肃科技》2009 年第 6 期。

③ 阮娴静、杨青：《我国科技企业孵化器发展现状及集群机理研究》，载《工业技术经济》2009 年第 7 期。

产业关联效应来建立，企业之间缺乏上下游的产业链衔接，没有形成企业的有机集群，这主要表现在专业化分工协作的产业发展网络没有形成。但网络和集群化是高新技术产业发展的最大特点，如果没有由众多的中小型企业构成的、相互联系的产业群，没有良好的创新环境，没有形成配套的产业环境，一味靠引进单个大型跨国企业来发展经济和科技是不现实的。关于产业分工问题，主要表现在重复建设严重，产业结构趋同。针对这一问题，许多学者进行了分析。首先在 2002 年，胡熙华和明杰就针对这个问题进行了表述，他们指出"我国的高新区基本上都是工业科技开发区，重点发展领域大多集中于电子信息技术、产业结构趋同现象严重"[1]，并以各地争"光"为例予以佐证。于江（2008）指出："高新区内专业化分工协作的产业网络尚未形成，大多数高新区内的高新技术企业所需的关键性配件大多依赖进口；即使在园区内的企业，它们之间在业务上的关联度也比较弱；中小企业与大企业协作化程度也低，中小企业很难在某些产业环节为大企业提供专业化的配套服务，导致了"形聚而实不聚"的发展形态"[2]。赵涛、高永刚（2004）指出"高新区产业网络有待加强，关联度不够，由专业化分工对市场细分的刺激和跨部门的吸引效应而导致新企业产生的衍生效应也就十分的弱"[3]。还有一些学者对分工缺乏，重复建设的原因进行分析，岳瑨（2004）认为，创新能力的缺乏，导致了许多高新区缺乏产业分工和产业特色，产业趋同现象严重，传统产业存在重复建设现象"[4]。黄建康（2004）认为，

---

[1]　胡熙华、明杰：《我国高新技术开发区协调发展的四大问题及对策探讨》，载《科技进步与对策》2002 年第 1 期。

[2]　于江：《高新技术产业集群式协同创新模式研究》，载《财经问题研究》2008 年第 12 期。

[3]　赵涛、高永刚：《我国高新技术产业集群的创新体系研究》，载《科学管理研究》2004 年第 2 期。

[4]　岳瑨：《论创新政策在高技术产业集群中的作用》，载《科学学与科学技术管理》2004 年第 11 期。

由于高新区缺乏统一规划，加之各地方政府发展经济以示业绩的利益驱动，使得高新区重复建设严重"[1]。王黎明（2006）认为我国科技园区很多是在长期"条块分割"的外部环境下设立和发展起来的，在市场机制不完善和相关法律不健全的情况下，企业间缺乏合作意识，长期各自为战。由此可见，区内的重复建设问题由来已久，需要引起各方的重视，虽然近年来有了一定的改善，但仍需要进一步推进落实措施。专业化分工的缺乏，使得区内协作网络的建立变得更加困难。

五、缺乏根植性，自主创新能力差

"根植"是指新的、外来的个体与原有或本地的经济组织、法律文化等社会环境融合的动态过程。我国高新区最初多是由政府支持建立的，对政策优惠的依赖程度加大，自主创新的意识和能力相对缺乏。

也就是说，目前我国高新区多是通过提供土地和优惠政策来吸引企业入区而形成企业聚集，未形成真正意义上的集聚体。由于这种模式对企业的聚集并不重视其内在机制的建立，使得这些在空间上已形成一定聚集的企业，并未显现出强烈的根植性。而且随着政策优惠的差距逐渐缩小，各地高新区的发展在低水平上恶性竞争，更使得我国高新区的成长呈现脆弱性倾向。此外，我国大多数高新区技术创新水平不高，持续创新能力也不强。这些都使得高新区缺乏根植性，抵御风险的能力较差，呈现出脆弱性。根植性的缺乏致使一些企业忽视自主创新能力的提高，或贸而不工、或科而不研、或研而不果，企业之间进行低层次的、重复性的经营竞争，缺乏现代技术内涵，企业应有的创新主体地位未能确立。导致我国原创的高新技术产品偏少，各高新区企业自主知识产权的产品比例较低。

---

① 黄建康：《经济全球化与本地化中的中国高新区竞争力培育战略——基于企业集群视角的分析》，载《中国经济问题》2004 年第 4 期。

六、文化建设薄弱

文化建设是经济发展的软推动力，高新区内的企业大都从事科技创新行业，对创新精神、冒险精神等精神文化的需求强于一般传统行业，但是我国高新区在这方面的建设还存在很大的缺陷。萨克森宁就指出，"硅谷之所以能超越 128 号公路地区，关键在于鼓励冒险，也接受失败，专业忠诚而非企业忠诚以及讲求合作和重视非正式交流的硅谷文化"。针对于此，刘雪蓉、梅强（2008）指出"高新技术产业具有高风险的特征，它需要敢冒风险的创新，此外，高新技术产业的创新具有高度的不确定性，它的成功在相当程度上依赖于各种信息的迅速收集与处理，以及对各种资源的快速整合，而非等级制度。职业的高流动率、讲求合作及重视非正式交流所导致的信息与技术的快速扩散则明显地有助于这种快速整合。显然，这种文化与传统的中国文化是不相容的，但我国高新区的茁壮成长却有赖于这种异质文化的发扬。问题是在我国，目前的高新区，无论是鼓励冒险的企业家精神，还是那种重视合作与非正式交流的社团文化都是相当匮乏的"[①]。除此之外，辜胜阻、郑凌云（2005）对这种文化的缺乏进行了具体分析，指出"目前，在高新区的发展环境上，园区管理和政府战略重点放在扩大规模，提高园区内基础设施水平等硬环境的建设上，忽略了企业发展的软环境建设，使得园区还没有形成一个鼓励冒险的企业家精神和重视合作与非正式交流的社团和区域文化环境，园区缺乏创业文化氛围和创新精神。高技术企业中存在的"宁为鸡头，不为凤尾"的文化现象及"师徒店"经营和家族制、家长制管理、作坊式的生产模式，以及故步自封、因循守旧、互不合作、不讲信用等负面文化，对培育园区创业和创新文化环境形成了较大

---

① 刘雪蓉、梅强：《基于产业集群的科技型中小企业成长环境的研究》，载《科技管理研究》2008 年第 4 期。

的桎梏"[①]。由此可见，我国高新区的软环境建设比较薄弱，缺乏高新技术企业发展所需的敢于冒险的企业家精神和重视合作与非正式交流的社团和区域文化环境。

①　辜胜阻、郑凌云：《新型工业化与高技术开发区的二次创业》，载《中国软科学》2005 年第 1 期。

第二章
高新区与产业集群关系研究

　　20 世纪 80 年代，产业集群的研究开始被各国政府、产业和学术界所关注。迈克尔·波特首先提出了产业集群的定义，他认为：产业集群（industrial cluster）是集中在某一地理区域中特定领域内相互联系的公司、机构的集合。在此之后，产业集群的相关研究在研究内容和研究领域上都有了较大的发展。高新技术产业开发区是现代产业集群的新形式，高新区的集群化发展是高新区实现可持续发展、提升高新技术产业竞争力的重要途径，所以探究集群与高新区的联系有其必然性。对高新区产业集群我们可以这样理解：高新区产业集群是基于一定的地缘关系、产业技术链、同业交往等关系，在竞争与合作过程中获得竞争优势的特定经济区域的高新技术产业群体[①]。其中，《高新区"十二五"发展规划纲要》的颁布对高新区的进一步发展进行了规划，规划纲要延续了"十一五"规划对集群化发展道路的重视，继续强调大力推广产业集群发展模式，搭建公共的专业技术服务平台，同时鼓励创新，提高集群的创新能力，努力实现向更高阶段的创新集群转化。创新集群作为集群发展的高级阶段，主要依靠知识、技术、人才等创新要素为高新区带来动态竞争能力，对高新区的发展有着积极的促进作用。本章将就产业集

---

① 闫文圣：《关于产业集群动力机制动态模型的探讨》，载《自然辩证法研究》2006 年第 4 期。

群、高新技术产业集群以及创新集群各自的内容及其关系进行研究，同时创新性的从人力资本角度分析当前高新区发展差异的成因。

第一节　产业集群研究综述

一、产业集群及相关概念比较

（一）产业集群的概念

当前产业集群问题虽然成为各个学科研究的重点，但是 20 世纪 40 年代以后将近半个世纪的时间内，产业集群一直游离于主流经济学领域之外。直到 1990 年，迈克尔·波特（Michael E. Porter）在《哈佛商业评论》（1990 年第 2 期）发表论文《论国家的竞争优势》一文中，引入了"集群"概念，解释了产业发达国家的普遍现象即产业集群，并高度评价了其在经济发展和提高产业竞争优势方面的重要性。波特认为，集群是指在特定区域存在特定领域内众多相互关联的公司、供应商、配套产业以及成型的制度和协会。"各国竞争优势形态，都是以产业集群的面貌出现。这种相关产业集聚在一起的现象十分普遍；这显示出，它是产业发达国家的核心特征"。

虽然自波特提出"集群"概念以后，产业集群理论得到了迅速发展，现已成为学术界的一大热点问题，但是学术界对于产业集群的概念至今仍然混淆不清，无法形成一个统一的、能为各方所普遍接受的定义。在 1998 年，波特发表了著名的论文——《产业集群与新竞争经济学》，在这篇文章中，波特进一步完善了产业集群理论。在这篇文章中，产业集群被重新定义为：在特定领域中和地理层面上集中且相互关联的公司和机构的集合，并以彼此的共通性和互补性相联结。此外，他还认为产业集群即在行业内，相互间既竞争又合作的企业、专门化供应商、服务商、下游企业以及大学和行业协会等支撑组织机构的空间集聚。

波特关于产业集群的概念起源于国家竞争力的研究，而经合组织（OECD，1999）给集群做了补充定义，强调了价值链的含义，尤其着重于特定行业价值链上成员互相依赖的纵向合作关系。随后，经合组织将价值链集群定义为：产业集群是扩展了的"投入—产出链"或"购买—供应链"，包括最终市场产品的生产者以及一级、二级等直接或间接介入产品交易的供应商，由多重部门或行业组成[①]。而经合组织对于产业集群的研究焦点进一步扩展，更多的是产业集群应用方面的研究，对产业集群本质的研究则并不深入。

显而易见的是，产业的空间集聚只是形成产业集群的必要条件而不是充分条件，并不是所有产业集聚都能发展形成产业集群。产业集群类似于有机的生物组织，是有组织或者企业自组织形成的综合体，而不是单纯的集聚形成的无组织混合体。产业集群揭示了某些地方企业是通过集聚而获取竞争优势的内在原理（王缉慈，2002）。

滕堂伟、曾刚（2008）在总结前人研究的基础上指出，产业集群是指企业在一定特定的区域内通过纵向和横向层面所展开的经济技术合作和竞争所形成的、空间邻近的产业群体。集群内部是一个资源合理配置、技术互相协作、经济活动密集的企业网络，包括专业化投资商、专业化基础设施供应商、销售渠道和客户、辅助性生产供应商、员工与研发机构等。对此，曾刚等（2004）特别强调指出，产业集群是经济全球化背景下地域重要的产业空间集聚形态，是影响区域经济竞争力的关键因子[②]。

最新的研究成果把企业间和企业与机构间的互动看做理想集聚的重要因素，并重申集群的概念："产业集群是一群在地理上集中而且相

---

① Brown R.,Cluster dynamics in theory and practice with application to Scotland, *Regional and Industrial Policy Research Paper*,2000.

② 曾刚等：《上海浦东信息产业集群的建设》，载《地理学报》2004 年第 S1 期。

互关联的企业和机构，它们具有产业联系并且相互影响。通过联系和互动，其区域中产生外部经济，从而降低成本，并在相互信任和合作的学习氛围中促进技术创新。然而，集群中互相学习和促进创新的效应可能产生，也可能不产生"（王缉慈等，2010）。

总的来说，从目前文献中关于产业集群的定义来看，大多都在基本概念，即空间集中的企业致力于外部效应和互动，在此基础上增加一些其他的要素，如空间界限是可变化的、多孔型的；内部的成员是基于相互关系而结网互动，而不是基于成员资格，这种关系是可以建立在共同或者互补性产品、生产过程、核心技术、资源需求、技术需求和分销渠道之上，等等。

在研究中，学者往往有意无意的把产业集群与其他几个相近概念混淆，如"产业集聚"、"企业簇群"、"企业群"等。为了更好地确定研究的对象和内容，下面笔者仅对几个概念进行辨析。

（二）产业集群与产业集聚

在很多文献，尤其是各地方政府的各种报告中，"不断发展产业集聚"、"促进企业在地方集聚"等字眼屡见报端。但是两者存在本质区别。

产业集聚指产业在地理层面上的集中。产业集群是指在某一特定区域中，地理上集中且相互联系的公司和机构的集合，并以彼此的共通性和互补性相联结（波特，1998）。产业集聚仅从地理层面描述了特定区域内企业的集中趋势，而产业集群则是一个类似于生物组织的产业群落，是有组织或者企业自组织形成的综合体，不是单纯的集聚形成的无组织混合体。产业集群揭示了某些地方企业是通过集聚而获取竞争优势的内在原理（王缉慈，2002）。产业集聚是产业集群的基础，产业集群是在产业集聚的基础上发展而来的。只有建立了内部共生机制，产业集聚才能发展成为更为复杂的产业集群（魏后凯，2008）。

产业集群内的共生机制主要包含技术扩散、非正式学习和合作竞争等方式，几种方式的作用路径各有不同。首先，集群的结构非常有利于技术扩散。自从步入知识经济社会以来，特别是硅谷的成功，人们逐渐认识到发展关键知识与技术、获取及掌握最新知识和技术能力成为影响企业竞争力的关键因素。对于一定的区域而言，知识在区域内的扩散能力也决定了区域的竞争力，但是，玛库森（Markusen，1996）研究表明，技术扩散很明显地受到了距离的限制，随着距离的增大，技术扩散的速度会大幅下降，这就导致产业集群在技术扩散方面产生了明显的优势。这一优势的形成得益于两方面：一方面产业集群在地理位置上较为集中，企业间的距离很小，技术的保密成本较高，企业的学习成本很低，导致技术和知识的交流成为一种互利的行为。另一方面，集群内的大企业出于自身的利益，也会自觉不自觉地把质量管理、新产品新方法等传送到集群内的中小企业中，从而提高中小企业的技术水平，产生一种超市场的技术传递行为，这种技术传递行为有利于大中小企业的功能协调，有利于科技进步和产品的更新换代。

其次，产业集群内企业通过非正式学习获得知识。由于空间距离近，企业间就有了面对面交流的机会，集群内部非正式的交流往往是技术和知识传播的最主要路径。在现代产业中，许多重要知识与技术无法通过正式的学习进行传播，而非正式的交流可有效突破这一屏障，实现知识与技术在集群内的扩散。相较于集群外的企业，集群内的企业能获得更多关键性的技术与知识，实现技术与知识的快速积累，也使集群的创新能力和竞争力得以迅速强化。

再次，集群的另一内在机制是简单的集聚所不能达到的——合作竞争。集群内包含众多处于同一行业内的企业，这会导致企业间的激励竞争，但是竞争并不排斥合作。这种思想由拜瑞·内勒巴夫和亚当·布兰登伯格在《合作竞争》一书中提出，两位作者在书中提出了价值链中的一个新的角色：互补者，以形成良性的合作竞争格局。这种合作竞争（cooperative competition）机制的核心是集体行动、互动互助。通过这一机制，中小企业能够在研发、培训、营销方面实现高效的合作，以实现其个体无法实现的规模经济,有实力与大公司展开竞争。这一机制能够加快技术与知识的扩散,获得集体效率。所以,产业集群形成了产业集聚所没有的组织结构和发展模式,比产业集聚更能带来竞争能力。

萨克森宁对比了美国硅谷和 128 公路,把它们看作是产业集群和产业集聚的典型案例。这两个地区都是高科技产业集中地,都是以计算机和信息技术为主,高科技公司、教育、金融、公共机构都非常密集的地区。但是两个地区又有所不同①:硅谷形成的是一个网络化的工业体系,这一体系强调集体学习与灵活分工,最终形成了一种既竞争又合作的区域氛围,通过相互交流与学习共同提高市场竞争能力。在这一体系中,不仅公司内部各部门间的界限不再明显,公司间、公司与大学之间的界限也逐渐模糊。与此相悖的是,128 公路地区形成的则是由几家大公司主导的工业体系,公司的内部化特性强烈,保守商业与技术机密成为企业间及企业与顾客间交流的重要原则。公司的等级层次非常分明,信息往往由上而下垂直流动。128 公路这种以大企业为主,技术高度保密,大部分企业自给自足的做法,只是相同和相关产业的地理集中,即产业集聚。但是该地区内部没有形成有机的网络和作用机制,没有充分发挥地理集中的优势。而硅谷则完全是另一番景象,它以网络为基础的产业集群结构,集群内企业共生共存,企业和企业之间已经形成了良好的正反馈机制。同样是产业地理上的集中,但却形成了截然不同的竞争结果,主要就是由于 128 公路地区只是产业集聚,而硅谷地区则形成了产业集群。在经历了繁荣阶段以后,128 公路从 20 世纪 80 年代以后有了萎缩的迹象,有大批人才和资本从 128 公路流动到了硅谷。

由此,我们可以得出结论,产业集聚并不等于产业集群,产业集聚只是产业集群产生的必要条件而不是充分条件,单纯的地理层面的集

---

① 刘希宋、甘志霞:《硅谷与 128 公路地区的对比分析及对我国高技术园区发展的启示》,载《研究与发展管理》2003 年第 5 期。

中并不会造就企业间相互的依赖性；只有区域内集聚的企业形成互相之间的关联与互动，产业集群才会产生，若没有区域内的共生机制，集聚的优势将无从发挥。理解这一点对于后起发展产业集群的发展中国家来说非常重要，忽视企业间内在联系机制的建立，会导致产业发展战略的失败。

（三）产业集群与产业群

在英文中产业集群和产业群都是 industrial cluster，之所以在国内形成产业集群与产业群两个概念，应该只是翻译上的和习惯性叫法上的区别。但是，如果把产业集群与过去的主导产业等同起来，使用产业群的概念可能更合适。因为从中文含义上理解，产业集群含有空间集聚和地理邻近的意思。受这种思想的影响，符正平（2002）就提出，应区分企业集群和产业群的概念。企业集群要求相关企业在地理上集中或接近，而产业群则并没有这一要求，企业可以是集中的，也可以是分散的，甚至可以跨国界。

二、产业集群的类型

产业集群的基础是产业集聚，产业集群的规模取决于产业集聚地域的规模，而集聚地域的规模也是千差万别的。由于产业集群延伸的地域范围差别大，研究者据此把产业集群划分为三种类型：一是微观导向的集群分析（micro-oriented cluster analysis），这种集群是指生产同类型产品且建立了正式或非正式关联的企业群，对于这一类型的产业集群的考察重点是同类企业间的联系和供应链的特征；二是中观水平的集群分析（meso-level cluster analysis），这种类型的产业集群重点考察区域范围内主要企业间的联系和产业的竞争优势；三是网络分析（network analysis），这一类型重点考察的是企业或部门间的网络联系和价值链体系。

从不同的角度可以总结出不同的产业集群类型。根据产业集群的企业组织形态，有些学者将产业集群划分为无核式产业集群、轮轴式产业集群和卫星平台式产业集群。这几种产业集群的企业规模分布、企业联系强度、联系指向、集聚经济、劳动力流动性等主要特征均有所不同（表2—1）。

表 2—1　产业集群的三类划分法

项　　目		无核式产业集群	轮轴式产业集群	卫星平台式产业集群
主要特征	企业规模分布	以中小企业为主；随机分布	一个或多个大企业支配，小企业位于外围；明显的等级制度	少数大企业
	企业联系强度	集群内部联系紧密，合作网络基于信任的关系，与区外企业合作和联系程度较低	主要为核心公司和小企业之间的联系；大公司与外部联系比较紧密	集群内部联系较弱；与外部企业特别是母公司联系密切
	联系指向	内	外	外
	集聚经济	高；当地劳动资源库；专业化分工；知识共享	高，但集聚经济内部化	低；公司位于集群内，主要是为了获取区域低廉的劳动成本优势
	劳动力流动性	区域内流动频繁，区域间较少	大公司之间流动较少；劳动对公司而不是区域承诺	低，劳动市场在集群外部，在一体化的企业中

资料来源：由王缉慈：《创新的空间——企业创新与区域发展》，北京大学出版社 2001 年版整理而成。

依据集群内的产业结构的不同，产业集群可以划分为大中小企业共生型和中小企业群生型两种基本类型。大中小企业共生型产业集群内既有竞争力强、外界联系广的大企业，也有从事配件生产和配套服务的中小型企业，两种类型的企业有机组合形成了一个各种规模企业共生互助、共同发展的产业集群。中小企业群生型产业集群则是由众多的中小企业构成，企业间通过正式与非正式的学习，产生创新的氛围和技术的扩散，共同形成一个互动互补、竞争力较强的产业集群。前者如 128

公路的高新技术产业集群，而后者如意大利的鞋业、陶瓷业的产业集群等。

也有一些学者根据集群内产业技术层次的不同，把产业集群区分为基于创新的集群和低成本的集群两种类型。其中，成功的工业区大多是基于创新的集群，这种集群的特征是具有高度的创新性、较高的灵活性以及良好的工作环境，且通过完善的内部制度促使企业自觉展开合作与互助；而对于低成本的集群来说，其参与竞争的基础是低成本，企业间的合作是偶然和暂时的，甚至不存在，集群的恶性竞争和信任低下，而且集群企业更容易向更低成本的区域转移，从而使当地的集群瓦解。

此外，还可以根据产业的类型对集群进行划分，在这一规则下产业集群可以被划分为三种类型：第一种是传统产业集群，这一类型的产业集群往往是由众多劳动密集型的传统产业在地区上集聚形成的，与未形成集群的类似传统产业相比，这一类型产业集群分工更加明确细致，公司更为专业化，并且形成了较为发达的市场组织。意大利的陶瓷产业区、制鞋产业区大多属于这一类型。第二种是高新技术产业集群，这类集群一般是依靠大学、高新技术发展企业等知识密集的机构形成，企业之间通过构建创新氛围增强自身的创新能力。这一类类型的产业集群内往往聚集的是计算机、生物技术等高技术产业，具有风险大、收益高的特点，其产业特征决定了其很容易成为区域经济增长的发动机。这一类型产业集群的代表就是美国的硅谷和英国的剑桥。第三种是资本与技术结合型产业集群，这一类型的产业集群有日本的大田、德国的符登堡等。根据这种分类，有研究表明像电脑、制药等高科技行业的创新活动明显比传统行业更为活跃，与此相对应的是高新技术领域的企业更倾向于集群化发展[①]。

---

① Audretsch, D. B. & Feldman, M. P.: R&D Spillovers and the Geography of Innovation and Production, *American Economic Review*, 1996.

三、产业集群的内在机理与演化过程

（一）产业集群形成的内在机理

产业集群形成的内在机理可以借用新古典经济学、制度经济学理论、社会经济学理论中的一些新概念，如规模经济、范围经济、外部经济、交易成本、社会资本、路径依赖等多个经济学视角来加以解析和透视①。其中，马歇尔(1920)认为企业追求外部规模经济而聚集在某一特定区域，这可以看做是较早提出集聚这一概念的学者。韦伯（Alfred Weber，1929）提出了聚集经济的概念，他在分析单个产业的区位分布时，首次使用聚集因素（agglomerative factors），他通过这种集聚现象重点研究的是工业区位的选择问题。克鲁格曼通过新贸易理论，通过建立模型和分析，认为集群形成的动力机制在于收益递增。以下对这些理论分别予以分析。

（1）马歇尔外部经济理论

19世纪末20世纪初，古典经济学的创始人马歇尔专门就企业在一定区域的聚集问题进行过分析，在《经济学原理》一书中，他把这种集中于某个地方的工业称之为地方性工业（Localized Industry），并试图解释这种现象的原因。马歇尔认为企业追求外部规模经济而聚集在某一特定区域，并从新古典经济学的角度，通过研究工业组织证明这一点。他将规模经济划分为两种：第一种产业发展的规模在很大程度上取决于专业的地域性集中，马歇尔称之为外部规模经济；第二种规模经济则取决于单个企业控制的资源以及企业对资源的组合与管理等，马歇尔称之为内部规模经济（马歇尔，1920）。而企业为了追求外部的规模经济而选择集聚在一定的特定区域，从而形成产业的集群。外部规模经济主要体现在三个方面：其一是区域的专有性的劳动市场；其二是生产专业化带来的中间层产品；其三是可获取的信息与技术。马歇尔将同时符合这三

---

① 王新文：《产业群形成机理的多视角经济学解析》，载《文哲史》2005年第1期。

个集聚条件的区域称为"产业区"（industry district）。

（2）韦伯集聚经济理论

阿尔弗雷德·韦伯从区位选择的角度进行了研究，他认为企业之所以选择集聚是因为集聚带来的好处高于成本，若这一条件不能满足，集聚就不会发生。韦伯还对产业集聚的阶段进行了划分，他将集聚分为两个阶段：第一个阶段主要是区域内的创业企业规模的扩张，由此导致产业出现集中化的趋势，这是产业集聚的低级阶段；第二阶段产业集聚的组织方式趋于完善，形成了以大企业为核心的组织模式，并产生了更多的同类企业。在他的分析中，工业之所以能聚集，是因为各个工厂为了追求集聚的好处，即利益的增大、成本的节省而自发地实现的，只有当工厂为追求集聚的好处而迁移、所增加的运费小于或者等于因集聚而节约的生产成本时，迁移才有可能发生。此外，韦伯还对产业集聚作了定量研究，他试图以等差费用曲线作为分析工具来确定产业集聚的程度。

（3）克鲁格曼新经济地理学理论

进入 20 世纪 90 年代后，以数学分析为基础的新经济地理学理论兴起，这一理论学派以克鲁格曼为代表，较好地解释了产业集聚的产生。克鲁格曼在迪克西特—斯蒂格利茨垄断竞争模型的基础上，利用数学模型分析了在不完全竞争市场条件下产业集群产生的原因。他认为产业集群是由企业的规模报酬递增、运输成本和生产要素移动通过市场传导的相互作用而产生的。克鲁格曼认为，特定产业及产业内企业倾向于在一定的空间内集中，而不同类型的产业或企业群体则倾向于集中在不同的地域，即空间产业集聚与区域专业化现象，如今在区域经济分析中被广泛使用的报酬递增原则正是以这两个现象为基础。本地化的规模报酬递增为产业群的形成提供了理论基础，并且等级化的空间产业格局，是由于本地化的规模报酬与空间距离造成的交易成本之间的平衡。此外，克鲁格曼还通过模型对集聚的原因进行了验证，他假设工业生产是具有规模递增的特性的，而农业生产不具有这一特性，通过模型推导他发现工业产业活动的最终结果是走向集聚。这一模型证明了集聚是工业活动的一般性趋势，并且由于地理分割、贸易保护等外在限制，产业区聚集的空间格局可以是多样的。在现实中，产业区的形成具有路径依赖的特点，一旦聚集形成，产业聚集区就会倾向于自我延续下去。但是，克鲁格曼将空间的初始优势通过"路径依赖"进行了放大，将产业集聚归因为历史的偶然，从而产生了"锁定"效应（Lock-in）。

与以上理论不同，组织理论为我们认识产业集群的形成提供了另一种视角。组织理论的典型代表是斯科特（A.J. Scott）和哈里森（B. Harrison）。斯科特在区位分析的相关研究中引入了交易成本并得出结论：集群是企业垂直非一体化（vertical disintegration）的空间结果。当企业垂直非一体化时，经济中外部交易活动将增加，这就会吸引与之具有经济关联的企业向集群集中。从另一方面来说，企业的集中也会反过来降低交易的空间成本。由此，会带来两种效果：第一是寻求和重订契约成本的下降将进一步加剧企业的垂直非一体化；第二是非标准化的需求会促进企业间进行面对面的交流，更加剧了垂直非一体化的趋势。可以说，垂直非一体化强化了集聚，而集聚又进一步加剧了垂直非一体化[①]。哈里森对产业集群的分析则从社会经济理论的基础上展开，他将人际结构看做是产业集群形成的重要影响因素。他认为主要依赖人际信任建立的"非正式制度"并不意味着脆弱，反而可能蕴含一种潜在的力量，比如在不具备规范合同的情形下，人际信任的约束力往往能保证合同规范内容之外，双方继续以适当的形式履行合约。这种信任的行为基于三种特征：首先，社会网络中的企业愿意一同承担风险，而不害怕机会主义；其次，企业愿意重新组织他们的关系，而不必害怕报复；再次，企业愿意采取集体主义行为，以达到共同的目标。这些行为特征意

---

① Scott, A. J.: Industrial organization and location: Division of labor, the firm and spatial process, *Economic Geography*, 1986.

味着社会网络由一系列可传递的私人关系组成，这种关系的力量被描述为社会网络的植根性。在集群中，大量小企业在生产过程的某一或多个阶段实行专业化，相互间密切合作，共同分享设备、技术等，由此形成一个人际关系相互联系网络（Harrison, 1992）[①]。

　　符正平则认为企业集群的形成机理是——聚集网络外部化[②]。他认为，无论是马歇尔的外部经济还是克鲁格曼的规模递增，都是静态的分析，并不能很好地诠释产业集群的形成过程。对此，他认为网络外部化（Network Externality）的概念能够更好地解释这一形成过程。由于网络外部化的存在，最先进驻某一空间的企业将成为集群的起点，这一企业将无形中扮演孵化器的角色，其表现会直接影响到后续企业的区位选择，进而影响集群的形成。网络效应不仅会起到吸引新企业加入集群的效果，并且对于集群孵化的过程也很重要。在集群的形成过程中存在一个临界量，当集群内的企业数量达到或高于这个临界量，集群才具有自我持续的能力。在达到了临界量之后，集群内新企业的数量会迅速增加进入，直至达到饱和。如图 2—1。

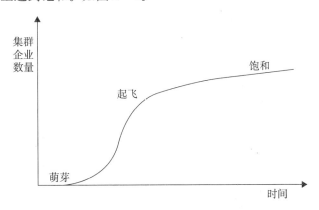

图 2—1　正反馈、良性循环与集群形成

---

①　Harrison, B.: *Industrial districts: Old wine in new bottles Regional Studies*,1992.

②　符正平:《论企业集群的产生条件与形成机制》，载《中国工业经济》2002 年第 10 期。

（二）产业集群产生和发展的动力机制

在前文所述的规模经济、规模递增、组织理论等各种产业集群的形成理论中，有一个共同的焦点问题，那就是产业集群形成的自发性争议，也就是说产业集群的产生是历史的偶然选择还是人为因素如政府政策等所造成的。围绕这一问题，产生了以下三种观点：

以克鲁格曼为代表的学者们认为，产业集群是由市场自发形成的，不论是区位还是规模都具有很大的偶然性，也就是说产业集群在哪形成，形成什么样的集群都是偶然的，不受非市场因素的影响。如前文所述，这些学者将产业集群视为外部经济的产物，他们将外部经济分为三种类型：市场规模扩大带来的规模效应、信息交换与技术扩散规模效应和劳动力市场规模效应，并且将前两种规模效应作为影响产业集群形成的关键因素。由于这两种规模效应相较于第三种更少受到市场结构和资源禀赋影响，且这两种因素更为关键，从而说明产业集群的产生不依赖于市场结构和自然要素禀赋。克鲁格曼在其集群理论的研究中的主要逻辑是：地区集中和专业化能够产生规模效应，规模效应会吸引更多的企业，产生更大规模的集中，继而扩大规模效应并最终产生集群。也就是说即使是拥有相同市场和资源禀赋的空间，专业化的不同也会派生出不同的结果，可能会因为专业化走向集群，也可能因为缺乏专业化而不能形成集群，因此克鲁格曼认为产业集群的形成完全是随机的，在哪形成产业集群、形成什么样的集群都是偶然的（克鲁格曼，1991）。因为克鲁格曼的理论是建立在模型分析基础之上的，而且前两种效应更容易模型化，所以他的结论能够较好地得到模型的契合，但在实证研究方面，克鲁格曼的结论却很少得到支持，就像名言所说的那样"历史的偶然中往往包含着必然"。

还有一些学者（如卡道尔、段湘姬）与克鲁格曼持相反的观点，他们认为产业集群的形成并不是偶然的，而是由地区比较优势、供需结构、环境氛围等因素共同决定。卡道尔（Kaldor）在其关于区域经济和产业结构的相关研究中多次强调了要素不可分的观点和技术的作用。他指出，要素的不可分性和技术作用对规模报酬递增起着非常重要的作用，通俗地说就是要素的特点和丰富程度是产生集聚经济的基础。他同样认为经济发展存在路径依赖问题，不过与克鲁格曼所强调的路径依赖不同的是，恰当的要素禀赋或者技术特征会产生内生集群并影响其发展。刘军国、郭文玲（2001）在物质要素不可分的观点之外，进一步提出知识与技术的传播也受到地域限制。比如说很多知识，如企业的组织模式、制度构建等相关知识就只能通过面对面交流的方式在较小的范围内传播。这些特性使得相当一部分技能与知识的扩散是受到地域限制的，如果超过一定距离，扩散的能力会大幅下降。段湘姬、蒋远胜（2008）则认为，从目前产业集群的发展情况来看，在产业集群的形成和发展环境方面出现了一系列的问题，需要政府发挥作用①。并且持有这种观点的国内学者占大多数。

对于产业集群的产生，除了上述两种极端观点之外，还有较为折中的观点。比如，迈克尔·波特（2002）就认为市场因素、资源禀赋和当地政府的战略都会对产业集群的产生存在影响。他在研究中指出，产业集群竞争优势的影响因素是多元化的，既有市场竞争的原因，也有资源禀赋的影响，同时还包括政府战略等非市场因素。因此，影响产业集群形成的因素也必定是多方面的，既有市场等偶然的因素，也有政府战略等必然因素。波特的观点获得了我国大部分学者的支持。王缉慈（2001）认为产业集群一般是在市场因素的影响下自发形成的，但政府可以通过政策措施影响产业集群的形成与发展。魏后凯（2003）也提出，政府在创造良好的产业集群发展环境、引导产业集群发展、防止集群衰退方面的作用都是非常明显的。从现实出发来看，虽然这种折中的观点作用机制复杂，难以通过模型证明，但对产业集群形成的解释却是最具

---

① 段湘姬、蒋远胜：《地方政府在产业集群形成和发展环境中的作用》，载《求索》2008 年第 5 期。

说服力的，也是最符合现实情况的。

（三）产业集群的演化过程

产业集群是一种类似于生物组织的群落，存在着错综复杂的内部关系，其建立、发展与成熟也必然会是一个渐进的过程。当集聚的企业达到一定的数量以后，由于"网络外部化效应"或者正式非正式的学习过程，就会由量变产生质变，当这个过程发生以后，一个国家或者地区无论在产品、生产设备、上游供应商等方面都会有国际竞争力（波特，2002）。当然，创新的氛围和活跃程度是集群形成的主要指标，但是它主要表现在是否具有竞争力上，但这种竞争力反映不限于市场占有率、规模经济、结构转换等方面。所以，也可以认为是否具有国际竞争力是判断一个产业集群形成与否的重要标准（魏后凯，2008）。

一个产业集群从出现到最终形成，需要一个漫长的过程。阿卡斯（Ahokangas，1999）等人提出一个演化模型，将集群的发展过程分为起源和出现（origination and emergence）、增长和趋同（growth and convergence）、成熟和调整（maturity and reorientation）三个阶段[①]。如图2—2。

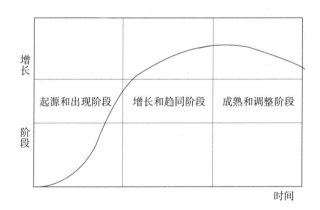

图2—2　区域创新和创业活动的演进

---

① Ahokangas, Hyry etc. :Small technology-based firms in fast-growing regional cluster, *New England Journal of Entrepreneurship*, 1999.

（1）起源和出现阶段

在产业集群演进的起始阶段，富有创新精神的创业者通过其私人关系加强与已有网络的关联。一大批高速发展的新企业的建立，并在某一地点互相集聚，这些企业间就产生了交流与合作。这些新的创业企业大多是市场导向型的，需要与外部的合作，以便充分利用各种可获得的外部资源。而随着集群内各种企业的不断增加，产生了集聚经济效益。同时，企业集聚的增加将导致企业家阶层和各种劳动力市场的形成。此外，随着市场竞争的不断加剧，区内开始出现一些辅助生产的企业，供应商也逐步发展起来。

（2）增长和趋同阶段

一旦设立相关产业园区和组织机构后，集群将进入实质增长阶段。在这一阶段，创业的成功将取决于是否具有与以迅速增长和变化为特色的外部环境的完善能力。因此，需要一个高质量的、广泛且松散的网络，以及更具差异化的企业经营战略，这对集群中的中小企业能否取得成功是至关重要的。众多企业在空间上的聚集使得知识、技术的扩散速度加快，企业在不久之后便会因互相模仿出现经营的同构化。同构化的持续会使集群的吸引力降低，集群新增企业的增长率出现下降趋势，进入趋同阶段。

（3）成熟和调整阶段

集群进入成熟阶段以后，企业因对当地资源的争夺会使成本增加，集聚经济效应逐渐消失。并且，由于知识和技术的保密性差，先有集群内的企业对于创新日渐谨慎，且创新中模仿的因素不断增多，创新能力开始止步不前或者出现退化。如果这种情形一直持续，集群内的企业将会关闭或者迁走，创新活动开始出现在现有集群以外的地方。显然，如果科技创新的速度和能力变慢，那么企业就会选择更加经济的方式即模仿，而阻碍创新活动的产生，甚至发展成为假冒、造假、山寨的产品，将会产生"劣币驱逐良币"的效应，由此导致整个集群出现衰败，甚至会走向毁灭。

所以，为了使集群能够持续下去，就需要进行灵活的战略调整，比如调整产业结构、营造创新氛围、促进产业升级。如果战略调整和产业升级等能够有效的进行，那么集群又将重新进入快速增长的良性轨道。

我国学者也对产业集群的演化有过深入的研究，谈正达、王文平（2005）在以前学者研究的基础上，认为产业集群的形成方式一般有两种：第一种形成方式是由当地居民在特定历史条件和宏观环境下自发形成的，也就是内生型。比如，在改革开放以后，绍兴当地居民纷纷创建小企业，造就了如今绍兴在纺织业的重要地位。第二种则是通过吸引外部企业来当地落户引发的相同产业或互补产业在空间上集聚形成的产业集群，也就是所谓的外生型。例如，中国台湾致伸实业股份有限公司在东莞创办了第一家电脑产品企业，这吸引了国内外大量的 IT 企业来此落户，也催生了不少本地 IT 企业，后来逐渐形成了东莞的 IT 产业集群[①]。这些学者还将产业集群的生命周期划分成了四个阶段：形成阶段、发展阶段、成熟阶段和衰退阶段（如图 2—3）。由于集群的发展是路径依赖的，所以不同形成方式的集群在后续的演化中会有这完全不同的轨迹，同时也是集群所在区域各个行为主体共同参与的结果。

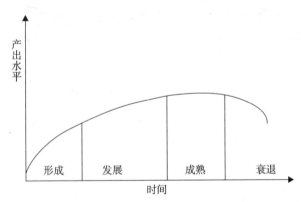

图 2—3　产业集群的生命周期

---

① 谈正达、王文平：《不同形成方式下的产业集群的演化过程研究》，载《现代科学管理》2005 年第 12 期。

进一步需要指出的是产业集群的衰退，特别是基于低成本优势的产业集群更容易发生。当出现更具有成本优势的地区时，集群内的企业很可能会转而向这一区域内集聚从而在新的地区产生新的集群，这样的案例在东南沿海地区屡屡发生（王缉慈，2010）。因而，产业集群的可持续创新问题是解决其衰退风险的最佳途径，在这个过程中"人"依然是核心要素，人力资本因素在促进产业集群持续发展，尤其是持续创新方面发挥了至关重要的作用。因此，有必要对人力资本在促进产业集群发展和创新方面的相关问题进行回顾，在此基础上寻求解决之道。

四、人力资本与产业集群

（一）人力资本理论的发展概述

（1）古典经济增长理论中的人力资本源泉

马克思的政治经济学一向认为劳动创造价值，这种由威廉·配第提出的劳动价值学说确立了人的劳动在财富创造中的决定性作用。英国经济学家威廉·配第被认为首次严格运用了"人力资本"这一概念，此后，亚当·斯密、大卫·李嘉图等都在各自的学说中阐述过有关人力资本的思想观点。古典经济增长理论认为技术进步和财富的积累将促进经济增长，但由于时代的限制，古典经济学家们并未对人力资本进行单独的研究，也没有把人力资本当做一种资本来看待。这也是由于在那个时代，劳动力在经济生活中的地位无法与物质资本相提并论，并且当时"劳动力"的概念不包含知识和技能的自然形成的劳动力，是知识个体数量的简单相加。但是，这一时期已包含了关于人力资本的思想源泉。

（2）新古典经济增长理论中的人力资本

20世纪50年代后期，人力资本的理论取得了很大的进展，一方面源于科学技术的进步、社会生产条件的变化，使得人力资本在生产中的地位发生了很大变化。另一方面，经济理论的研究领域和研究方法也发生了重大的变化，宏观经济学逐渐兴起，经济增长理论逐渐成熟，并且人们开始对总量关系进行探索，通过对数量关系的研究发现，相同的实物资本在投入后会带来差别悬殊的收益增长。理论界开始探索这一部分差异的原因，结果揭示了引起这些差异的主要因素是人力资本的质量存在差异。在这一时期，索洛的技术进步论是最杰出的代表。1957年索洛运用总量关系的方法提出全要素生产率分析方法，在检验新古典经济增长模型时发现，资本和劳动力的投入只能解释大约12.5%左右的产出增长，另外的余数则无法解释，这个余数后来被称为"索洛余数"，索洛把这归因于技术进步。这一发现反映了技术进步和生产率水平的不断提高对经济增长的贡献份额日益增加，从而人的作用更为重要，不仅人是技术进步的直接推动者，并且人的知识和技能的提高可以更好地驾驭技术进步成果与提高生产率。

西奥多·舒尔茨被称为"人力资本理论之父"，他在1960年发表的《人力资本投资》为推动人力资本的研究做出了重大贡献。舒尔茨基于一些统计数字和事实，如"二战"后国民收入的增长一直比国家投入的自然资源、实物资本和劳动力的增长快得多。此外，还有事实如一些"二战"中实物资本遭到巨大破坏的国家却奇迹般地迅速恢复和发展起来；一些像瑞士、丹麦、亚洲四小龙等自然资源条件很差的国家也同样取得了迅猛的发展。舒尔茨在对经济增长的研究中发现，单纯从实物资本、自然资源与劳动力投入的角度并不能解释生产力提高与经济增长的全部原因，而"人力资本"则是被遗漏的重要的生产要素。舒尔茨全面解释了人力资本，认为它是社会进步的决定性原因，并且开始提出人力资本和物质资本一样都是资本的一种形态，人力资本的取得也不是没有代价的，它需要消耗各种资源。人的知识和技能的形成是投资的结果，这一概念与"劳动力"区别开来，只有通过一定方式的投资、掌握了知识和技能的人力资源才能称之为人力资本，才是一切生产资源中最重要的资源。

以上各种理论均是从宏观上来研究人力资本理论，而加里·贝克尔又将这一理论发展到微观经济分析中，他的著作《人力资本》被认为是经济思想中人力资本投资革命的起点。加里·贝克尔通过对家庭生育行为的经济决策与成本效用分析，提出了孩子的直接成本、间接成本、时间价值和时间配置等概念，此外，在人力资本的形成理论中取得开创性成果，如教育、培训和其他人力资本投资过程的研究。

人力资本理论在这一阶段被明确提出，但是如同对技术进步的认同一样，人力资本被看做是经济增长的外生变量，这一点在以后的研究中将得到进一步的改进，从而对人力资本的理论产生重大影响。

（3）新增长理论中人力资本理论的发展

20 世纪 80 年代开始，关于经济增长的理论研究发生了深层次的变化，逐渐形成了以内生变量模型为特征的"新增长理论"，它的基本观点是经济增长是系统内生因素作用的结果，而不是外部力量推动的结果，其重点在于在古典的生产函数的基础上加入了知识和人力资本投入。这一变化带来的是人们开始密切关注和测量人力资本与经济增长的关系。新增长理论的代表为罗默和卢卡斯，其中，前者首先提出新增长理论，建立"收益递增型增长模式"，指出特殊知识和专业化人力资本是经济增长的主要因素，通过人力资本可使投入的资本和劳动等要素产生递增收益，从而使整个经济呈现规模收益递增，从而带来经济的持续增长。后者则提出了一个重要的内生增长模型，即"人力资本溢出模型"。该模型用于人力资本的溢出效应解释技术进步，说明经济增长是人力资本不断积累的结果，人力资本的溢出效应可以解释为向他人学习或相互学习，一个拥有较高人力资本的人对他周围的人会产生更多有利的影响，提高周围人的生产率。在这个模型中，生产函数为：

$$Y = N(t)c(t) + K(t) = AK(t)^{\beta}[v(t)h(t)N(t)]^{1-\beta}h_a^d$$

卢卡斯得到经济均衡增长的条件：

$$gh = \frac{(\theta - \rho + n)(1 - \beta)}{\sigma(1 - \beta + d) - d}$$

说明了人力资本对经济增长的巨大作用，是经济增长的源泉和动力。同时，卢卡斯还提出，国家间经济增长率和收入水平的差异，主要源于在生产过程中投入的人力资本的差异。

这种新增长理论所共同包含的几个主要观点包括：（1）一国的经济增长取决于它的知识积累、技术进步与人力资本水平。发达国家与发展中国家在知识、技术与人力资本上存在显著差异，并且知识和人力资本的累积会产生递增效益，因此这种差异会导致发达国家与发展中国家的差距不断增大。（2）技术内生性。以往的经济增长理论把技术看做是外生的、随机的、偶然的，而新经济增长理论则认为知识与资本一样都是生产要素的一种，具有递增的边际生产率，而且，投资可以刺激知识积累，而知识积累反过来又会促进投资，这也是西方发达国家能够持续增长的原因。（3）将知识和人力资本引入经济增长模型。专业化知识和人力资本积累能够产生递增收益，在其他资本或者资源投入相同的情况下增加其他要素的收益，从而增加最终产出的收益水平，从而进一步说明了知识和人力资本是经济持续增长的动力和源泉。

从人力资本的发展脉络可以看出，人们对其认识的不断加深是对经济增长的不断认识过程中得出的，同样通过对人力资本研究的深入，我们同样可以得出一些针对发展中或者不发达地区的建议。首先，在地区的经济增长中，劳动力的质量比数量更为重要。甚至有学者认为不发达地区现状的根源就在于人力资本太低，高素质人才太少，因为高素质人才向不发达地区的流动是十分有限的，因此不发达地区必须加大人力资本的投资力度，不断提高其人力资本水平。其次，在国际贸易中应集中生产和出口那些具有人力资本优势的产品，同时，更好地引进先进的科学技术和管理经验，从而获得人力资本的"外溢"效应，更好地促进经济发展。

（二）人力资本增强产业集群生产率与创新的途径和机理

（1）人力资本增强产业集群生产率的途径与机理

我们通常把生产率看做劳动者在单位时间内所生产的产品数量或者单位产品所耗费的劳动时间，是劳动者的生产效果和能力的体现。马克思关于生产率的问题更是提出"劳动生产力的提高，意味着能缩短生产某种商品的社会必要劳动时间或者使用较小量的劳动获得较大量的使用价值"，也就是劳动生产率的计算有两种算法：

劳动生产率 = 全年劳动创造价值 / 全年劳动投入价值量

劳动生产率 = 全年劳动创造价值 / 全年劳动实物投入量

作为产业集群主体的企业，其积累的人力资本状况会影响其劳动生产率，而企业的劳动主体主要分为三个部分：操作工人、技术人员和管理人员，影响这三类主体人员的生产率便有助于企业生产率的提高，而提高的主要的途径包括：（1）教育和培训；（2）技术和管理的改进。

首先，教育和培训可以提高劳动生产率，这对三类人员均适用。受过更多教育、具有一定文化素质的员工通常学习和接受能力更强，更能深刻理解企业文化，因此更加出色、更能有创造性地完成自己的工作，从而带来生产率和生产效益的提高。在工业化的初期，操作工人多数受教育程度不高，其工作的技术含量也不高，所以矛盾并不突出。随着工业化的发展和知识经济的到来，一些操作性的工作需要经过多年的教育以及上岗前2—3年的培训才能胜任，并在实践中反复训练才能成为一名熟练的操作工人。操作工人在受教育的过程中增加了人力资本积累，缩短了劳动生产时间以及学习新的工艺操作的时间。对于技术人员而言，其对于企业和产业集群发展的重要性越发体现，他们不仅担任着开发新技术、新产品的关键任务，而且还指导操作工人将科技成果转化为产品。技术进步是企业劳动生产率快速提高的重要因素，中国人民银行调查统计司课题组的研究表明①：根据生产函数理论，从 1995—2005 年，5000 户企业技术进步年均增速为 10.07%，增长很快。从技术进步对劳动生产率的贡献率来看，企业劳动生产率水平提高中 50.2% 是由技术进步带来的。而这些技术人员，通常是受过高等教育的专业人员，比如高等职业技术教育的专业人员。与只接受中等教育的技术人员相比，受过高等教育的人员知识面较宽，基础理论知识较为丰富，而经过一定的培训后，这些人员的实践动手能力和解决生产中问题的能力更为突出。并且，技术人员通过一定手段能更好地利用现有机器设备来提高生产率，在固定资产投资总量保持不变的情况下，企业设备利用水平的提高也会带来劳动生产率的增长。设备利用水平提高，会降低单位产品成本，提高产量，带动劳动生产率的明显上升。相关分析显示，企业劳动生产率水平和其设备能力利用指数的相关系数为 0.9，两者高度正相关。教育和培训对于管理人员来说也是积累人力资本的重要途径。管理人员能优化企业有形资源的配置效率，从而提高相同投入下的产出，提高产品的生产效率。进入 21 世纪，中国企业将置身于全球化的国际市场中，需要不断面对来自国际上的竞争。而管理人员通过教育和培训，能够学习和吸收先进的管理理念，具有更广阔的视野和参与国际竞争力的能力。早期的企业管理者是在实际工作中成长起来的，主要靠经验来管理企业，普遍受教育程度低，知识面不广并缺乏其他如外语、计算机等技能，对于新生问题往往一知半解。而现代企业需要受过高等教育、具有广博知识且在专业领域精通的管理人才。在科技日新月异的今天，旧知识不断被新知识所取代，只有经过教育和培训，具有博学而专业的知识人才才能适应这种变化，比如，创新意识和创新能力，合作沟通能力，适应社会变革的能力等。这种管理人员不仅要适应激烈残酷的竞争，面对飞速发展的社会还要做出明智的决策，使企业也高速、健康的发展。

---

① http://www.cnfinance.cn/magzi/2009-12/03-4110.html.

所以，通过教育和培训可以同时影响到企业的主要三类人员，提高其人力资本的积累量，促进生产率的提高。

其次，是通过技术和管理的进步来提高企业的生产率。企业人力资本在不断的积累中，通过技术和管理的进步提高企业的劳动生产率。实践也证明，有效的管理能提高企业的生产率。比如，通过有效科学的管理能够缩短产品生产周期以减少生产单位产品所消耗的劳动时间，这是提高劳动率最直接和最有效的方法。另外，管理让公司内部的沟通更为畅通，一方面让管理层能够了解到基层员工的需求从而出台更好的激励手段，也能了解基层的想法和意见，从而及时采取措施解决问题；另一方面，可以让员工了解到企业的运行机制和在进行的活动，从而使基层人员能够更好地理解公司做出的决策，增加沟通、减少摩擦，从而更好的密切配合，提高工作效率和生产率。技术进步对于生产率提高的作用是有目共睹的，从生产工具上来看，石器时代的石器工具到封建时代的铜质、铁质工具，再到工业时代的蒸汽工具，一直到现代的信息工具、自动化工具，这些技术进步导致的生产率的提高是非常显著的。对于一个公司而言，其技术工人的水平也将影响其最终的生产率，比如，一线工人技术的提高可以减少废品的产生从而增加单位劳动时间内的有效产出。更为重要的是，科技人力资源的能力将直接决定企业甚至区域的创新能力，在今天各国借助科技第一生产力振兴经济、获取实体经济领先地位，打造创新未来的过程中，可能是最为重要的。一项创新的提高可以使附加在产品上的价值大大提高，从而提高单位劳动时间内产品的总价值，从而造成生产率的迅速提高，这一途径已经被世界各国争相采用。

（2）人力资本增强产业集群创新能力的途径与机理

产业集群创新是指同一或相关产业的企业及其他机构，在特定的各种正式、非正式制度的协同作用下，通过正式、非正式的方式，促进知识在集群内部创造、储存、转移和应用的各种活动和相互关系的总和[1]。而随着研究的深入，人力资本在产业集群创新中的重要作用开始被认识到，纵观相关研究文献（陆根尧，2009 等），学者们开始对产业集群中人力资本的增强作用进行研究，主要有三个方面：一是人力资本增强产业集群技术创新；二是人力资本增强产业集群制度创新；三是人力资本增强产业集群管理创新。

以下从四个方面分析一下人力资本增强产业集群创新能力的机理。

第一，人力资本增强产业集群技术创新。技术创新是熊彼特在其著作《经济发展理论》中提出的。他指出"创新是建立一种新的生产函数，即将技术发明应用到经济活动中所引起的生产要素与生产条件的重新组合，以获得潜在利润的过程"，此外，"创新是一个兼有创造和破坏的过程，它破坏已经过时的产品、工艺和工业。形成一批又一批的企业和产业的盛衰更迭，以保证经济持续不断的发展"。许多学者从不同角度对创新进行了分类。按照创新对象的不同，技术创新可划分为产品创新和过程创新；李垣等[2] 按照参与主体的不同，将其分为自主创新与合作创新；按照创新强度的不同，技术创新可以分为渐进式技术创新和根本性技术创新(也称为激进式技术创新)[3]。还有学者将技术创新分为狭义技术创新和广义技术创新[4]。其中，狭义技术创新指的是企业以市场需求为导向，通过科技研发，形成更符合潜在市场需求的产品、更加效率和节约的生产工艺、更加科学合理的管理方法，使得要素的使用更为科学合理，使生产活动的效能更强、效率更高、耗费更少成本更低的一种生产经营过程。这种技术创新只能形成较短时间的竞争优势，一旦其产品进入市场

---

① 魏江：《产业集群———创新系统与技术学习》，科学出版社 2003 年版。

② 李垣、范诵、赵永彬：《不同企业文化模式对技术创新的影响分析》，载《预测》2005 年第 4 期。

③ Dewar R D & Dutton J E: The adoption of radical and incremental innovations: an empirical analysis, *Management Science*, 1986 (11): pp.1422-1433.

④ 林筠等：《企业人力资本与技术创新的关系——基于不同情景的影响分析》，载《科技进步与对策》2009 年第 11 期。

会很快的为其他企业所模仿和吸收，形成创新扩散。创新扩散对于其他企业来说也是生产、管理等方面创新的过程。广义技术创新则是包括科研开发、狭义技术创新、创新扩散的一个更为全面的过程，它不仅包括新技术的研究与开发，还包括其扩散、转移、渗透和市场开拓①。

　　而人力资本推动技术创新的途径分为：（1）创新产品、工艺、流程等；（2）技术创新扩散。首先，区域创新依靠的主体是企业，而企业创新的主体是其企业家、研究开发人员、生产技术人员和市场开发人员组合成的内部创新系统。企业家和企业的管理人员通过相应的制度因素和管理因素对研发人员产生积极的作用，而直接与新技术产生联系的依然是企业的研发人员，研发人员是影响技术创新的最终因素，所以，技术创新的主体应该是企业的研发人员。

　　产业集群发展的基础是集群内企业的蓬勃发展和不断提高，只有企业充满活力、生机勃勃，产业集群才具有生命力。使企业永葆活力的方法就是不断创新，出现创新的产品或者工艺、流程等，从而不断降低成本、提高产品质量和服务水平，更好地适应市场需求的变化，因此可以说创新是企业可持续发展的动力。企业的产品、流程、工艺创新才能推动产业集群的结构优化和升级，从而提高产业集群的活力和竞争力。技术人员是企业人力资本中的重要组成部分，是核心技术的发明者和推进者，在企业的技术创新中发挥十分重要的作用。有学者用技术势能来解释核心技术人员在技术创新中的作用②，技术势能代表了某区域的人才富集程度和知识积累程度。技术势能的形成和提高主要依靠两个方面：一方面是科技人才的培养和技术的创新；另一方面是对新技术的应用和革新。独立的技术创新与模仿他人的创新都需要时间、资金、人才、设备等资源的投入。技术势能的形成也受到三个因素的影响，这三

---

① 王孝斌：《企业人力资本与技术创新的相互作用研究》，载《生产力研究》2006 年第 3 期。
② 王金营：《人力资本在技术创新、技术扩散中的作用研究》，载《科技管理研究》2000 年第 1 期。

个因素分别是：丰厚的技术积累，充足的资金、物质资源，充足的研发型人力资本，这三者对技术势能的形成有着直接的影响。此外，技术势能的存储中人力资本同样发挥了至关重要的作用。值得注意的是，技术创新的成果中，工艺流程或技术设备所带来的作用会随着时间的推移而不断降低甚至会完全消失。而事实上，创新产生的技术能量并不会消失，只会被其他的技术所取代。那技术创新的能量到底储存在什么载体中呢？人是技术创新的主体，所有先进技术都是人创造和掌握的。随着人类知识的积累和知识水平、创新能力的提高，技术水平也越来越高。人力资本存量的增加会促进技术水平的提高，反过来人们通过研究开发新技术和对新技术的学习、消化、利用及吸收又提高了人们自身的人力资本。由此可见，人就是技术能量储存的载体，技术能量可以通过教育的方式在人类中传承，并且伴随着不断的创新，储存于人类之中的技术能量会越来越高，技术势能因此也会不断提高。由此可见人力资本在技术创新的一系列过程中的重要作用。

此外，技术创新的扩散效应是增强集群创新能力的关键。技术创新扩散是技术创新通过一定的方式在其可能的使用者之间扩散传播的过程。通过技术扩散，技术创新被更多的使用者所掌握，集群的整体科技水平得以提高，集群的创新能力得以增强，技术创新的价值才得到了真正体现。技术扩散一般来说有三个层次的含义[①]：第一个层次是技术在企业内的扩散，是指新技术从第一次被使用到其使用达到饱和的过程。第二个层次是技术在企业间的扩散，是指技术在各个企业之间扩散的过程。第三个层次是技术的总体扩散，即上述两种扩散方式同时进行，表示技术创新从产生到被广泛采用的总体水平及变化过程。技术创新的扩散会引发大量的相关创新活动，继而形成更大规模的扩散，从而

---

① 陆根尧：《经济增长中的人力资本效应——对中国高速增长区域的统计分析》，载《统计研究》2002 年第 10 期。

促进集群内产业的创新进程。关于这一点，国外文献已经有了大量的研究，如巴普提斯塔和斯旺（Baptista，Swann，1998）就提出产业集群中的企业相比于外部的企业更可能创新，而作者把这归因于知识的外部性与外溢，即技术创新及其扩散①。艾瑞诺和麦肯（Iammarino，McCann，2006）通过研究产业集群的动态变化和演进，在当前创新地理文献的基础上，加入知识与创新后形成了新的分类系统可以很好的解释产业集群的演变过程，并且当技术和知识（technical knowledge）呈现出默会、复杂及系统性时，这种知识的传播通过地理上接近的集群、面对面的交流和交换是合适的②。而进一步的，宾（Bin Guo，2011）通过对知识和技术扩散的途径这一"黑箱"进行了研究，研究表明，在分析集群中企业的知识网络行为时，企业的学习机会以及吸收知识能力的观点非常重要（图 2—4）即知识的传播不是随机的，而可能是特定的③。而在接受过程中，人力资本发挥的作用是至关重要的。

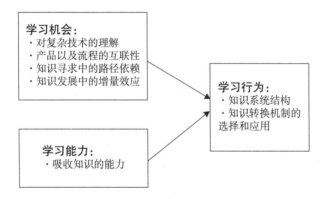

图 2—4　在产业集群中的学习机会、学习能力以及学习行为

① 　Baptista, R. & Swann, P.: Do firms in clusters innovate more? 1998.

② 　Iammarino, S. & McCann,p.: *The structure and evolution of industrial clusters: Transactions, technology and knowledge spillovers*, 2006.

③ 　Bin Guo N, J.: *Patterns of technological learning within the knowledge systems of industrial clusters in emerging economies: Evidence from China*, 2011.

第二，人力资本增强产业集群制度创新。在新制度经济学中，诺斯（North）尝试运用熊彼特的创新理论来研究制度变迁，他认为"制度就是人为设计的各种约束，它构建了人类的交往行为。制度是由正式约束（如规则、法律等）和非正式约束（如行为规范、习俗等）以及它们的实践特点构成。它们共同构成了社会的尤其是经济增长的激励结构"。此后，学者通过研究制度在经济发展中的巨大作用，有些学者提出了"制度作用大于技术"的命题，如杨小凯的"后发劣势"理论。他认为，落后国家由于发展比较迟，所以有很多东西可以模仿发达国家。模仿有两种形式：一种是模仿制度，另一种是模仿技术和工业化模式。由于模仿的空间很大，所以可以在制度不够完善的条件下，通过对技术和管理模式的模仿，取得发达国家必须在一定制度下才能取得的成就。特别是，模仿技术比较容易，模仿制度比较困难，因为要改革制度会触犯一些既得利益，因此落后国家会倾向于技术模仿。"但是，落后国家虽然可以在短期内取得非常好的发展，但是会给长期的发展留下许多隐患，甚至长期发展可能失败。这种短期的成功，可能又是对'后起者的诅咒'，它用技术模仿代替制度改革将产生很高的长期代价。譬如，政府垄断银行业、保险业、汽车制造业、电信业，并用模仿新技术和资本主义的管理方式来代替制度改革，这是后发劣势。这种后发劣势的最重要的弊病并不是国有企业的效率低下，而是将国家机会主义制度化，政府既当裁判，又当球员。在这种制度下，国有企业效率越高，越不利于长期经济的发展。"杨小凯的这些观点与之前吴敬琏提出的观点具有基本相同的主旨。吴敬琏曾提出"制度大于技术"的改革模式，他在这一研究中指出，高新技术产业是知识密集型的产业，这与传统产业有着很大的不同。高新技术产业发展的关键是如何发挥人力资源的潜能，能否发挥科技人员和管理人员的积极性也是评判高新技术产业制度安排合理性的重要标准。在高新技术产业中，技术创新首先来自于有利于创新的环境，因此，生产的发展与其说是技术本身，勿宁说是有利于人的创新活动的制度安排。所以，决定一个国家地区高新技术发展的首要因素不是物质资本和技术本身，而是与人力资本发展相关的经济组织结构和文化传统等社会因素。人们往往只看到了技术促进生产力发展的结果，而没有注意技术促进生产发展的先决条件。因此，以制度创新促进生产力更大的解放是我国经济增长的关键。对于处于微观层面的产业集群来说，其发展和创新的主体就是实现了新型组合的企业，而实现新型组合的人，就是企业家。也就是说企业家是创新的主体，只有创新者才是真正的企业家。

　　那么，企业家这个创新主体是怎样增强集群制度创新作用呢？熊彼特认为企业家之所以能增强集群的创新，主要在于他们所具备的企业家精神，这一精神主要包含：首创精神、成功欲望、冒险精神、精明与理智、事业心。他指出，资本主义经济就是在这种企业家精神的推动下通过创新不断向前发展的。以后人力资本研究推动了这一结论，并归结出一种重要的人力资本类型——企业家人力资本，企业家人力资本是集群创新的核心力量，是集群制度创新的发动者。正是企业家人力资本构架起了集群与创新之间的桥梁。企业家们在产业集群创新过程中通过对各种资源的整合与协调实现了资源的充分利用，并逐渐形成了一种制度，在制度建立后，制度间的竞争会使旧制度被新制度取代并且胜出的制度被普遍采用和模仿。企业家的学习过程和市场的选择过程，最终引起了集群的制度变迁，这同时这也是一个制度创新的过程。并且，企业家人力资本主导的创新能够保证制度创新的持续性。在发展过程中，企业家人力资本的不同使得产业集群踏上了不同命运，有些集群逐步扩大，有些则会逐渐萎缩甚至消失，并最终消失殆尽。这些源于产业集群发展过程中的"锁定效应"（Lock in），当集群发展壮大时会产生路径依赖，一旦形成这种机制就很难在其他的方向上发展，造成创新力度的逐渐下降。当市场环境发生变化或者竞争激烈时，集群内企业因很难转型而最终衰退。而那些企业家人力资本积累高的产业集群能够提供产生大量企业家的土壤和扩展企业家发挥作用的空间，即一种保证优秀企业家持续存在、产生的机制。企业家的创新活动能保证集群能够不断适应市场的需求，不断调整内部的产业结构，因此，企业家人力资本的存在对于产业集群创新至关重要。

企业家另一促进集群创新的途径就是，还可以在集群企业的竞合关系方面进行创新。企业家利用自身的社会网络，学习他人的经验以增加知识和才能，促进集群企业之间建立信任，同时促进集群知识共享机制的建立，并且最终建立集群的组织学习机制。知识共享在集群创新中发挥重要的基础性作用。集群企业家只有建立起知识共享的信任机制和激励机制，才能使知识共享成为集群组织的习惯。合作企业之间通过建立研发团队、共同面对质量管理和市场开发问题等方式促进知识的共享和创新。集群企业按照产业内部的分工合作链条，通过资源的联合进行技术创新是建立组织学习机制的有效途径。

第三，人力资本增强产业集群管理创新。管理创新从微观和宏观两方面来说分为两类：首先是微观层面的管理创新，指的是集群内企业在管理上制定人力资源战略和其他创新手段，积极引进外部人才，并且运用相关激励手段留住人才；其次是宏观方面的管理创新，从集群方面来看，把集群作为一个整体管理创新，需要政府管理人员在集群范围内构建一种吸引优秀人才的管理机制。

在现代企业管理体系中，最为核心的内容就是调动员工积极性，发挥员工的主观能动性和创造性，以提高员工的劳动效率。在企业管理中，应充分发挥以人为本的思想，尊重人才，尊重知识，着力为员工打造能够展现个人知识和能力的平台，使企业成为创新的聚集地和滋生地。在管理中将人本思想与激励机制有机融合能最大限度的提高员工的工作积极性，对于企业的发展有着巨大的推动作用，对于整个产业的发展也是十分有利的。

从宏观方面讲，集群管理创新还有一重要组成部分，这一部分特别在我国的产业集群的演变和发展中起到了重要的作用，即政府管理人员。在我国，集群所在区域的管理创新对于当地集群的发展尤为重要。正如前文所述，关于集群的形成，主要有三种观点：一是自发形成，即很多学者所论述的"偶然的种子"；二是"自下而上"的发展形成，即在产业集群出现后，管理机构主动培训产生的产业集群；三是"自上而下"的发展模式，即由政府规划一定的区域发展产业集群。在这三种模式中，政府的管理都会起到非常重要的作用。特别是在我国市场机制不健全的情况下，我国的产业集群主要是采用"自上而下"和"自下而上"的模式培养的，因而在我国的高新区发展中，政府的管理已经渗透到集群的各个方面，政府的管理人员成为了集群发展的必备要素，对于集群的发展起着直接的影响，集群创新也必然离不开政府的参与。集群的管理者（比如当地政府或者高新区的管委会）的存在可以为集群内的企业提供指导，有效降低集群发展的盲目性，这些政府与企业间以及企业与企业间的良性互动需要集群管理人员能够通过某种机制将相关政策在上述各主体之间顺利流转。

第四，三者有机结合共同促进产业集群创新。从上面的分析中可以看出，制度创新、管理创新、技术创新在产业集群创新过程中均渗透着人力资本的因子，可以说明人力资本从不同角度增强了产业集群创新，从而促进了产业集群的持续发展。但是这种增强作用并不是互相独立的，而是互相联系，互相耦合在一起的，其在发挥本身作用的同时，在整体上往往会产生更大的功效。所以，只有将三者看做一个整体，才能最大限度地发挥他们对集群创新的推动作用。

上述三个因素不仅会通过各自的机理推动集群的创新与发展，同时还参与另一个过程，即三个因素之间的相互作用，这一互动作用的具体表现是：人力资本增强制度创新的同时，为创新提供了空间和土壤，反过来会有利于技术创新人员的吸引和发挥，增强产业集群的创新能力；同时人力资本增强产业集群制度创新的同时，会促进企业家与技术研发人员之间的相互作用。企业家更擅长于市场，根据市场需求进行针对性的技术创新；而技术人员在提高集群创新能力的同时，会通过他们之间达成的某种默契，使得创新方式固定化、常态化，使产业集群的创新产生持续性，增强了集群创新能力。同理，产业集群制度创新与产业集群管理创新以及产业集群管理创新与技术创新之间，也会通过相似机制发生作用。总而言之，三者之间有着紧密的关联，其中一种机制的作用效果会对其他两种机制产生相应影响，这三种机制是相辅相成的，三者相互契合才能产生集群创新并保持创新的持续性（图2—5）。

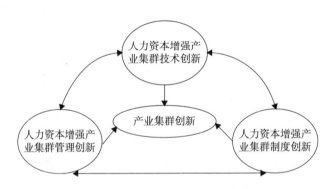

图2—5　人力资本有机耦合促进产业集群创新

第二节　高新技术产业集群研究综述

高新技术产业集群是指在某一特定领域内，大量关联密切的高新技术企业及与之相关的公司和机构集合的现象。与一般产业集群相比，高新技术产业集群具有更强的创新能力，知识溢出效应也更为显著。目前，国内对高新区及高新技术产业集群的研究主要集中在以下几个方面：（1）探索高新技术产业集群的形成机制和功能效应（张少杰，

2006；綦良群，2007；刘茂余，2008 等）。（2）探索高新技术产业集群创新体系理论模型（赵涛，2004；楼杏丹，2005；王春梅，2006 等）。（3）研究高新技术产业集群的发展演化阶段及识别方法，探索不同发展阶段的知识溢出效应、政府功能转变及科技支持计划（政策体系）等（甄翠敏，2006；王宏起，2008；毛宽，2008 等）。（4）基于高新技术产业集群理论，运用层次分析等定量研究方法，探索高新区创新能力和竞争能力的指标体系和理论模型（杨晓明，2007；李琳，2005、2006、2007）。以下将分别从这四个方面进行详细的论述。

一、高技术产业集群的内在机制

如前文所述，产业集群可以用外部经济、规模经济、交易成本、报酬递增等很多理论支持。并且，按照集群产业的性质，可以将产业集群分为三种类型：第一种是传统产业集群；第二种是高新技术产业集群；第三种是资本与技术结合型产业集群。先前的大量相关研究可以总结出一个明显的结论，虽然集聚也是高新技术产业集群的重要特征，但由此带来的成本节约绝不是高新技术产业集群形成与发展的根本原因。因此，高技术产业集聚的内在机制非常值得研究（魏心镇、王缉慈，1993）。

对此，我国学者进行了深入的研究。从 20 世纪 80 年代以来的国外理论界关于高新技术产业集群的研究中，可以归纳出以下四类因素（王缉慈，2001），分别为：产业的本地前后向物质联系、新企业从现有企业中衍生出来、高技术产业的劳动过程以及面对面的知识和信息流通。具体来讲，第一，高技术产业的地方联系有前向和后向之分，前向联系是生产高技术产品的企业与市场或客商的联系，后向联系是高技术企业与其供应商的联系。对于高新技术产业而言，产业的后向联系显著，主要原因是这类产品尚未完全标准化，产品的独特性较强，其投入品的供应商相对较少。而高技术产业的前向联系并不是很显著，造成这一现象的原因主要有以下两个方面：一方面是高新技术产业的产品往往是高附加值产品，体积和重量都较小，前向联系带来的运输费用的节约并不明显。另一方面就是高新技术产业产品的消费者往往是专业化的群体，数量少且分散，这使得高新技术产业很难在本地建立前向联系。第二，原有企业对衍生的支持态度，与衍生企业订立合同，会使衍生企业不必费力开拓市场从而使得区域内衍生活动迅速发展。第三，高新技术要求伴随其产品生命周期的始终，从事研究与开发活动的白领劳动以及熟练的蓝领技术人员，是高新技术产业生产的基本前提条件。因此，在高新技术产业中，对劳动"质量"与"有效性"的要求胜于对劳动"成本"的考虑。按照这一原则，拥有大量高质量与高有效性劳动的地区，即使劳动的成本较高，也会成为高新技术企业落脚的地方。因为拥有高质量、高效性劳动的地区毕竟为数不多，高新技术产业的空间赢利相对较小，其集聚地也局限在相对较小的地理范围内。第四，发展高新技术要重视创新网络和社会文化环境的构建，发达的高新技术区域存在着创新主体相互依存的集体学习环境。

中小企业集群在高新技术产业的发展中发挥了重要的作用，如硅谷的模式，而研究表明高新技术企业集群能极大促进科技型中小企业的成长（盛世豪、王立军，2004）。具体地说，高新技术产业集群主要通过以下方式影响科技型中小企业的成长：第一，作为产业集群基本平台的网络结构。高新技术产业集群是一种区域创新网络组织。在高新技术产业集群中，一方面，网络结构体现出"追赶效应"和"拉拨效应"，即科技型中小企业彼此的接近和了解使它们的互相影响加强。另一方面，高新技术产业集群对科技型中小企业还具有吸聚作用，包括外来企业的进入和本地企业的衍生；第二，高新技术产业集群的知识溢出和创新资源的可获得性。这里的知识包括技术知识、需求信息、供给信息、经营经验等。这些知识具有公共物品的性质，一旦被创造出来，传播的速度越快，拥有的人数越多，为群体带来的福利就越大。知识溢出使得产业集群内部科技型中小企业的创新资源可获得性就增加；第三，植根性和创新文化。其中具体包括高素质的劳动力队伍和共同的价值观念与创业文化背景。

朱方伟等（2004）在讨论高新技术产业集群的形成机理时指出，成熟的高新技术产业集群包含四个方面的特征：第一，集群内企业通过分工与合作形成了具有紧密技术经济联系的网络体系。第二，高新技术产业集群是资本和技术高度密集的组织，蕴含着高风险性和高收益性。第三，柔性集聚使得知识、技术等要素被重新组合，更加适合集群创新的进行。第四，设备服务提供商，科研机构、技术潜在用户都是高新技术产业集群的参与者。此外他们还认为，生产要素的转变是产业集群转型发展的核心，传统产业集群向高新技术产业集群演化的过程就是从基本生产要素向高级生产要素转变的过程。随着经济与科技的发展，对于知识和信息高度依赖的高新技术产业必将走向集群化发展。

此外，有研究学者在前人研究的基础上，从技术学习的角度对高新技术产业集群的发展机理进行了探讨，并构建了这一视角下集群形成和发展的多维度模型（楼杏丹等，2005）。他们认为，高新技术产业集群是技术创新体系的重要组成部分，知识又是高新技术产业集群的基础，知识的溢出效应使得高新技术产业集群能够获得持续的技术进步，因此，知识与技术学习的有效性是促进高新技术产业发展的重要因素。根据达尔·尼夫对"经济学习"的划分，可以依据学习主体的不同将经济学习划分为三个层级：组织内部的学习、公司之间的学习以及整个经济系统内部的学习。在高新技术产业集群中，企业集群内部的学习便是第二级经济学习，而经济系统内各种组织之间的学习便是第三级经济学习，这两级的经济学习是促进高新技术产业集群发的主要力量。并且，第三级学习远比第二级复杂，高新技术产业的发展是以互动学习为核心、以提高创新能力和竞争力为目标的多方面活动（图2—6）。

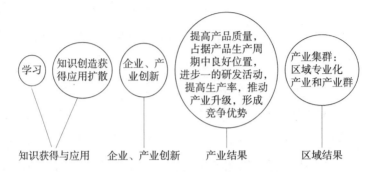

图2—6 以学习为核心的产业发展及其结果

两位学者还构建了高新技术产业集群形成和发展的多维度模型（图2—7）。在这个模型中，他们将集群内企业间的经济学习也就是第二级学习称为微观系统，将集群内部各个系统以提高创新能力为目的学习系统称之为中观系统，也就是第三级学习。

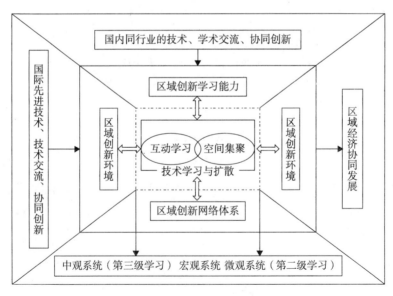

图2—7 高新技术产业集群形成和发展的多维系统模型

高新技术产业集群的形成机制被认为与一般产业集群又有很多相似之处，比如同样受本地产业联系、劳动过程等影响，但高新技术产业集群在形成过程中还会受到高新技术条件的制约，因此在形成与发展中会表现出一些与传统产业集群不同的特点①。与一般产业集群相比，高新技术产业集群不仅能产生各种积极效应，还具有一般产业集群所不具备的一些集聚效应，这些效应具体包括：（1）知识溢出效应。这一效应在一般的产业集群中也可能存在，但只是一个非常次要的要素，对一般产业集群的发展无法产生大的影响，而在高新技术产业集群中，产业的特殊性使得知识溢出效应成为了非常重要甚至是决定性的因素。（2）创新吸聚效应。由于集群内企业大都属于某一共同的高新技术产业，产品的共性使得后入群的企业通过模仿来缩小与先入群企业产品与竞争的差距，而先入群企业为保持优势不得不加快创新步伐，后入群企业也必须加快创新以追赶甚至赶超先入群企业，这个过程不断重复形成了一个以不断的技术创新和吸纳新企业为主导的良性循环。（3）技术的后发优势效应。由于知识的溢出，后入群的企业能够较为容易地模仿先入群企业的产品，但为此支付的费用则少之又少，后入群企业可以将节约下的研发成本用于进一步的创新或者其他环节，相比于先入群企业，其市场竞争力可能会更强，也就是后发优势。先进技术的获得使得企业能够在短时间内获得同等市场的竞争力，对于高新技术企业的效用尤其明显。

由此可见，研究者把知识溢出、企业衍生等内在的力量作为高新技术产业集群的重要机理，也有学者在此基础上把政府和研究机构等的外力作用也作为高新技术产业集群的创新机理②。也有学者认为，首先，政府非常重视高新技术产业的建设与发展，并发挥了很大的促进作用，主要有：颁布了一系列推动高新技术产业发展的政策法规、对进行公共

---

① 綦良群、李楠：《高新技术产业集群形成机理及集聚效应分析》，载《工业技术经济》2006年第2期。

② 刘茂余、于丽英：《高新技术产业的集群创新机制研究》，载《北方经济》2008年第7期。

基础研究的机构给予了大量的资金支持，为高新基础企业提供税收减免等优惠措施等，甚至会直接参与高新基础成果的转化。其次，高新技术产业与科研院所也有着密切的联系。高新技术产业是高度依赖人才的行业，而这种人才主要就集中在科研院所，依靠科研院所是高新技术产业发展的内在原因，而与科研院所联系的加强也促进了高新技术产业集群的发展与持续。

二、高新技术产业集群创新体系理论模型

高新技术产业集群创新体系的研究长期以来也受到了学者的重视，更有学者认为高新技术产业集群在世界范围内显现出了强劲的市场竞争力，表明它在促进区域经济发展方面有着不可比拟的优势，最终必然归结为由于创新体系的存在及有效运行，而促进了产业集群内创新的加速以及交易成本、生产成本的降低[①]。

如一般情况下对于体系和理论模型的研究一样，高新技术产业集群创新体系和理论模型的研究基本也包括：高新技术产业集群创新体系或者理论模型的要素以及各要素间相互关系也就是运行机制的研究。魏江在集群的创新系统方面进行了深入研究，指出集群创新系统是在狭窄的地理区域内，以产业集群为基础并结合规制安排组成的创新网络与机构，通过正式和非正式的方式促进知识在集群内部创造、储存、转移和应用的各种活动和相互关系。他认为，集群创新体系的主要核心是可以拥有知识流动机制的互动创新网络，而且还将其按照要素之间的正式和非正式联结方式分类，体现了体系动态、互动的网络特性。

创新体系的建立与完善会极大地推动高新技术产业的发展和竞争力的提高，但是我国高新技术产业集群仍然存在许多问题，诸如创新

---

① 王兴元、孙平：《高新技术产业集群创新体系"双钻石"框架模型》，载《科技管理研究》2005年第12期。

能力较弱、产业网络有待强化、产学研联合机制不强、产权不够明晰、缺少能促进高新技术产业成长的文化等。在此基础上，赵涛、高永刚（2004）系统分析了创新体系要素、创新活动过程和基于政府的创新要素，提出了建立和完善我国产业集群创新体系的具体措施[1]。两位学者的研究指出在创新体系框架中存在三种具有不同功能的要素，分别是主要参与者、次要参与者和制度。主要参与者是创新集群的基础，从事创新集群的基础活动，如研发、生产、应用等；次要参与者是指间接参与集群创新活动的组织，他们可以为主要参与者制定战略或规划，也可以通过制度的形式对主要参与者的行为进行限制，对他们的行为、关系进行规范，从而对主要参与者施加间接的影响；制度是用来对主要参与者的行为及其关系进行规范的集群内部的原则、惯例，通过政府或行业协会的执行力来对主要参与者的行为进行引导与限制。

该学者从政府的角度出发，探讨了政府在创新体系中的作用，并认为在创新体系中，政府起着重要作用，通过多种途径影响着创新体系。政府通过一些相关部门和政策影响着创新过程和创新要素的行为。通过总结，作者列出了政府对创新要素的影响，如表2—2。

表2—2　创新要素影响因素

	创新要素	示　例
供给角度	公共机构	公共产业的创新、建立新工业、在国有企业中先应用新技术
	科学技术研究	研究机构、支持联合科研、学习型社会、专业机构
	教　育	基础教育、技术教育、继续教育、再培训
	信　息	信息网络和中心、数据库、专利服务
环境角度	金　融	贷款。贷款担保、出口信用担保
	税　收	公司和个人的税收优惠、间接减免税
	法律规则	专利权、环境和健康规范
	政　策	规划、支持创新的地区政策和奖励、公共咨询

---

[1]　赵涛、高永刚：《我国高新技术产业集群的创新体系研究》，载《科学管理研究》2004年第4期。

	创新要素	示 例
需求角度	采 购	中央和地方采购和合同、公共研发合同、原型采购
	公共服务	通讯系统、公共场所、交通、建设、维护、保障
	商务事务	贸易规则、关税、货币政策
	外事机构	保障销售企业权利

国外学者对区域创新体系的研究一般包含集群创新体系的研究，相对于一般产业集群创新体系而言，高新技术产业集群具有独特的特征，如果将高新技术产业集群作为一般的区域创新系统进行研究，可导致研究范围人为缩小的现象。因此，王兴元、孙平（2005）认为将其放在国家甚至更高层面上进行研究将更加合理，即以区域创新网络为核心，同时考虑区域外部更高层次的创新体系与其形成的网络及连动关系。只有这样，才能真正揭示高新技术产业集群的特性、机制及其演化动态。并着重提出了高新技术产业集群创新体系"双钻石"框架模型，并给出了模型结构的系统解释，如图2—8。

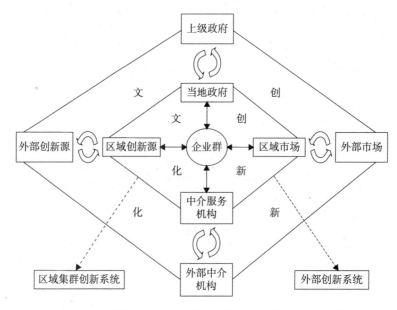

图2—8 高新技术产业集群创新体系"双钻石"框架模型

通过模型我们可以看出，它由核心成员——知识创新中心与高新技术企业集群以及区域内外部创新支持成员与环境协同构成。创新系统通过有机互动机制推动高新技术产业集群的形成与发展。高新技术产业集群创新体系类似于功能强大的生态系统，内部具有灵活的自我调节机制与创新功能，因而可以通过不断的创新，逐步增强集群在市场竞争中的适应性与创新性，从而保持和增强集群的生命力与竞争力[1]。同时，该类似于钻石状的模型将高新技术产业集群的创新体系分为具有四个层次的网络系统：即核心企业群、集群区域创新系统、集群外部创新支持系统及社会文化创新系统，它们共同构成了一个开放的社会系统，是不同部分互动的产物。有学者也支持这一创新系统模型，并以美国硅谷地区的高新技术产业集群为例说明了该模型的应用（王春梅、袁继祖，2006）。

在此研究得出的模型基础上，有学者以中国高新技术产业开发区为研究对象，通过对这类高技术产业集群创新体系构建和发展情况的调查统计，对创新体系各构成主体的运作及合作情况进行了分析研究，总结了目前中国高科技产业集群创新体系存在的问题，并提出了相应的改善对策[2]。这样的研究通过问卷等形式的实证研究，对于我们更好地了解高新技术产业集群提供了很好的借鉴。

也有学者从资源整合与区域创新系统关系的角度进行了研究[3]。他们认为，高新技术产业集群之所以能给地区带来较高的经济效益和较强的竞争能力，主要是集群内部各种资源的有效协调，各个创新主体的有效配合。清楚的识别高新技术产业集群内的关键资源是提高集群竞争力

---

[1]　王兴元、孙平：《高新技术产业集群创新体系"双钻石"框架模型》，载《科技管理研究》2005 年第 12 期。

[2]　孙平、王兴元：《高新技术开发区产业集群创新体系调查分析与改善对策》，载《科技进步与对策》2009 年第 9 期。

[3]　楼杏丹、徐维祥、余建形：《高新技术产业集群整合与区域创新系统关系研究》，载《科学学与科学技术管理》2005 年第 9 期。

和资源有效利用的途径。关键资源包括：（1）产业集群——组织资源；（2）企业家队伍；（3）政府——政策资源；（4）高等院校——智力资源；（5）金融支持体系；（6）中介机构——资源共享平台；（7）专业技术型孵化器；（8）无形资源。在识别这些关键资源的基础上对资源进行整合并与区域创新系统的耦合，耦合通过网络化的模式进行（图2—9），外围的实线框代表区域创新系统，内圈的实线框代表高新技术产业集群。

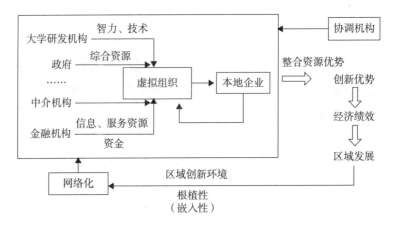

图2—9　基于资源整合的网络化模式

如上文所述，关于高新技术产业集群的创新系统或者区域创新系统的研究主要的关注点在于这些创新系统的构成要素及其各要素间的关系。而对于产业集群创新体系的构成要素，最全面的表述应是蒂姆·帕德莫尔和赫维·吉布森（Padmore, Gibson）提出的以产业集群为基础的区域创新系统"三要素、六因素"模型，即 GEM 模型。G——环境要素，包括资源和基础结构设施两个因素；E——企业要素，包括供应商和相关企业以及企业结构、战略和竞争两个因素；M——市场要素，包括外部市场和内部市场（图2—10）。可以看出 GEM 模型虽然基本涵盖了集群的构成要素，国内研究的成果基本能看到这里影子，但此研究没有阐明集群创新体系的互动网络特征。而国内学者对创新体系内部互动的研究更加深入，既包含了内在的影响又有外力的影响。

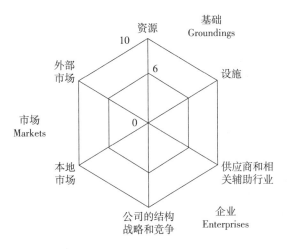

图 2—10　GEM 模型

三、高新技术产业集群的发展演化阶段

通过前文，我们已知产业集群作为一个具有生命力的产业群落，它的形成、发展与成熟也是一个逐步渐进的过程。一般认为，产业集群会经历一个形成、发展、繁荣、衰退和转型的过程，高新产业集群也不可避免地有其一般的发展演化过程，并且在不同的发展阶段不同的主体有不同的特点。

我国目前高新技术产业集群的构成基本如下：很少量的大型跨国公司、国内有实力的大公司和众多中小高新技术企业。这些企业是在地方政府多种多样优惠政策的吸引下，入驻各地高新技术开发区，从而形成了众多的分布在大城市、沿海及省会城市的高新技术产业集群。对于产业集群的阶段划分会因研究目的、研究对象、研究方法的不同而有所区别①。出于对知识经济时代高新技术产业集群风险识别与分析的目的，

---

①　朱方伟、王莉莹、王国红：《基于成长特性的高新技术产业集群风险研究》，载《研究与发展管理》2004 年第 8 期。

朱方伟等（2004）从集群成长的角度将高新技术产业集群分为孵化、发育、繁衍、衰退四个发展阶段。

孵化阶段是高新技术产业集群发展的最初阶段。群内只有少数企业，彼此间的交流与合作也很有限。此时，税收等优惠政策的激励作用会凸显出来，政府通过规划论证后，着手建立高科技园区，以吸引跨国资本，并开始介入高新技术产业集群的培育活动。高新技术产业集群是否能够最终形成还应当考虑交通和通讯因素。园区企业成长发展与高速扩张一般是在高新技术产业集群的发育阶段。在此阶段内，有关核心要素也会逐渐聚合。群内企业的数量开始增加，一部分跨国公司已经进入集群，企业间彼此分工协作的网络开始形成并不断发展。

繁衍阶段是高新区内产业发展的成熟与稳定增长阶段。在这个阶段，区内的网络组织开始发挥作用，企业之间各方面的协同效应明显，真正发挥了高新区的产业集群效应，不断调整区内产业发展方向使其更加适应市场和宏观经济形势以及微观产业发展趋势是极其必要的。衰退阶段是高新区的产业转化和转移阶段。区内的部分企业开始逐步向区外转移，由于技术升级、产品生命周期缩短、替代品增多等原因，部分企业不能适应市场变化，市场逐渐萎缩、经营情况恶化，导致群内企业数量开始减少，企业间上下游产业链断裂，分工协作网络被打破。虽然该分类方法对高新技术产业集群各阶段集群内各组成部分的特点分析的非常到位，也对各个阶段的识别有深入的见解，但是基于风险分析的角度并不能说明各个发展阶段在知识溢出、政府功能转变等方面提出建议。

学者们比较关注的另一个问题在于高新技术产业集群发展阶段划分的基础上，如何针对不同阶段的特点提出有针对性的方法来实现高新技术产业集群资源的优化配置，提高产业集群科技创新能力。对此，王宏起、王雪原（2008）提出通过科技计划引导与支持，实现高新技术产业集群科技创新资源的优化配置，是提高产业集群科技创新能力的一条有效途径[1]。科技计划是我国发展高新技术产业集群的一种比较常见的方式，作为各地政府发挥支持区域内高新技术产业发展、贯彻科技政策和产业结构调整方式和手段，对引导科技创新方向、协调配置创新资源和推动高新技术产业发展有重要作用[2]。他们认为，政府科技管理部门在利用科技计划支持高新技术产业集群实现资源优化配置时，应充分考虑高新技术产业集群在产生、成长、成熟和衰退等各阶段的发展情况和不同特点，研究和掌握产业集群各阶段拥有的科技资源及特征，利用科技计划加以分类引导，对促进高新区的创新和发展具有重要作用。

同时，他们还对高新技术产业集群不同生命特征阶段（产生、成长、成熟、衰退）各个集群要素（发展规模、成长速度、企业间的关联性、科技创新能力、产业协同网络、创新的主要内容、主要创新特点、创新方式和基础条件）进行了细致的分析（表2—3）。

表2—3　集群要素阶段特征

阶段 特征 集群要素	产生阶段	成长阶段	成熟阶段	衰退阶段
发展规模	高新技术企业数量少、产值规模较小	高新技术企业数量较多、产值规模较大	高新技术企业数量多、产值规模大	高新技术企业数量及产值规模减小
成长速度	高新技术企业、产品、技术性收入及产值增加速度较快	高新技术企业、产品、技术性收入及产值增加速度很快	高新技术企业、产品、技术性收入及产值增加相对稳定	高新技术企业、产品、技术性收入及产值负增长
企业间的关联性	开始集聚，但关联度低	产业关联度提高	产业关联度强	产业关联度降低

---

[1]　王宏起、王雪原:《基于高新技术产业集群生命周期的科技计划支持策略》，载《科研管理》2008年第5期。

[2]　姜念云:《关于政府科技计划的外部性》，载《中国科技论坛》2005年第1期。

阶段 特征 集群要素	产生阶段	成长阶段	成熟阶段	衰退阶段
科技创新能力	创新能力弱，专利少	创新活跃，专利数量开始增多	区域创新的主要力量，专利产品数量多	创新能力下降，专利数量减少
产业协同网络	无	初步形成	完善的创新网络	网络萎缩
创新的主要内容	面向市场，进行"短平快"的研究和新产品开发	在特色领域内开发具有市场前景及潜力的高新技术产品	重点在于提高自主创新能力，开发核心技术和系列产品	主要维持原产业技术领域研发和再造
主要创新特点	模仿创新	集成创新	原始创新	综合性创新
基础设施	不完善	形成，并逐步完善	较为完善	逐步消失

　　而科技计划支持对不同阶段的高新技术产业集群是不同的（表2—4），如当高新技术产业集群处于产生阶段时通过研发政策支持，培养一批具有科研创新优势的高新技术企业，为吸引高新技术企业的聚集和提高区内企业的创新能力奠定基础；成长阶段的高新技术产业集群的发展前景良好，对区域经济、社会、科技等各方面的影响力不断加大。在这一阶段，科技管理部门应采取不同的方式分别促进大中型企业及小企业及区域的整体发展。对于区内的大中型主导企业，应加强政策引导，鼓励其主动承担科技计划的重大、重点项目研发工作，提高区域内的重大项目创新能力；对于区内的中小型企业，可以通过创新基金扶持计划、火炬计划、创新成果推广计划等支持其发展。

表2—4　集群生命周期策略

集群生命周期	支持主体	科技计划支持策略
集群产生阶段	内部企业	辨别有发展潜力的企业，利用引导计划，促进短平快项目的研究与开发，培养企业研发优势
	创业平台	对初建阶段科技企业孵化器、创新中心给予平台支持

集群生命周期	支持主体	科技计划支持策略
集群成长阶段	中小企业	以中小企业创新基金、科技成果推广计划等促进集群企业发展，鼓励产学研合作，促进资源整合
	主导企业	以科技支撑计划为主，促进关键、重要技术的研发与攻关
	科技人才队伍	利用人才队伍建设计划，提高集群内人力资源数量与水平
集群成熟阶段	中小企业	利用中小企业创新基金等引导、鼓励中小科技企业开展技术与产品创新
	骨干企业	鼓励产学研联盟，征集骨干企业重大技术需求；鼓励申报重大项目、重点项目，提高其原始创新能力
集群衰退阶段	原大型企业	对改造项目重点进行科技立项支持，调整企业研发生产方向，调节资源优化配置
	新兴企业	引导新兴企业开发有市场前景和技术化优势的新技术、新产品、新工艺

高新技术产业的聚集效应对于区域创新能力的提高具有很大的推动作用，但是如果没有政府的政策引导和支持，仅依靠企业自然发展，很难实现对科技创新资源的优化配置，更难以形成产业协同效应。这对我们发展高新技术产业集群有很强的实践意义。

四、高新技术产业集群的竞争力体系研究

在高新区形成以后，如何判别集群对区域的影响、是否增强了所在区域的竞争力也是各个学者研究的重点问题。高新区是高新技术企业聚集的区域，从高新技术产业集群形成机制来看，高新区是一种由高新技术产业企业和研究机构、高校群集而成的特殊区域，它是高新技术产业集群的载体，高新技术产业集群的竞争力是高新区竞争力的基础，它在很大程度上代表着高新区的竞争力。从本质上来看，高新技术产业集群是一种网络化创新组织，技术创新是它的本质特征，创新能力是其核心竞争力，形成产业协同效应是其创新的最终目标。因此，这种基于高

新技术产业集群的高新区竞争力与一般工业园区有很大的区别①，普通工业园只是一种普通的企业聚集区，而高新区却有着自己独特的创新内涵与特征。高新区的竞争力是一种以技术创新为核心、以产业集群为基础、以环境支撑为后盾的可持续发展的综合性能力。

区域竞争力模型一直受到学术界关注，比较有影响力的模型有迈克尔·波特的"钻石模型"和前文提到的 GEM 模型。我国学者分析评述了波特的"钻石模型"以及蒂姆·帕德莫尔和赫维·吉布森的 GEM 模型的可借鉴之处和存在的主要缺陷，在此基础上构建了高新技术产业集群竞争力模型，也称为"七因素模型"（李琳，2007）。这是一个专门研究高新技术产业集群及所在高新区的竞争力因素模型。这与将国家作为研究对象的钻石模型不同，与将一般产业集群作为研究对象的 GEM 模型也不同，七因素模型的研究对象直接就是高新技术产业集群②。

此模型相比较而言最大的特点是：将政府作为一个独立的决定性因素。这一特点使这一模型更适合我国国情。由于我国的政治体制特点，以及发展中国家的现状，政府在高新区的形成与发展中起着异常重要的作用。所以将政府作用单列为一个因素。这个模型为我们研究高新区的竞争力提供了一种理论指导，但是应用价值并不是主要的贡献。

建立高新区竞争力的体系，是评价高新区发展水平的重要应用工作。李琳等（2005，2006）提出，由于高新技术产业集群的特殊性，高新技术产业集群竞争力的评价指标应充分反映创新对竞争力的决定性作用。评价指标体系应以反映产业集群在高新区竞争力中的基础作用为切入点，通过对高新区竞争力的特点和要素进行分析来寻找构建这一指标

---

① 李琳、陈晓红：《基于高新技术产业集群的高新区竞争力评价指标体系研究》，载《科学学与科学技术管理》2005 年第 3 期。

② 李琳：《高新技术产业集群的高新区竞争力"七因素模型"》，载《求索》2007 年第 8 期。

体系的思路。通过深入的分析，作者认为高新区竞争力的影响因素主要有五个，作者分别将其称为产业群集力、环境支撑力、技术创新能力、政府作用力、持续发展力。在这五个要素中，产业群集力是基础，其强弱会对技术创新能力、持续发展力产生影响；技术创新能力是核心，是决定高新区竞争力强弱的关键要素；环境支撑力和政府作用力是条件，是影响技术创新能力、产业群集力和持续发展力的关键环境背景和制度背景要素；经济发展力和辐射力、国际化程度能力是竞争力的显性体现。这五大要素交叉影响，构成了高新区技术产业集群的竞争力系统[1]（图2—11）。

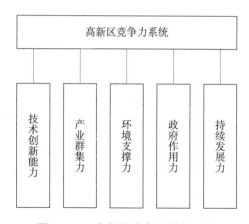

图 2—11　高新区竞争力结构系统

并且，在上述基础上构建了高新区竞争力评价指标框架，作者认为应该在系统性原则、层次性原则、突出重点与简明性的原则、定性与定量相结合的原则、动静结合的原则的基础上建立该评价指标框架。并给予每个要素相应的具体指标和权重，构建完整的高新区竞争力评价体系。其中，权重的确定通过层次分析法与专家咨询法两种方法相

---

[1] 李琳、兰婷：《基于产业集群的高新区竞争力指标体系的理论分析框架》，载《科技进步与对策》2006年第8期。

综合的方式予以配赋[①]。

高新技术产业集群的创新能力也是影响区域竞争力的核心因素，因此有学者也试图建立高新技术产业集群的创新能力评价体系。杨晓明等（2007）通过计算得出结论：传统产业集群技术创新能力一般，高新技术产业集群技术创新能力较好，高新技术产业集群技术创新能力远远高于传统产业集群技术创新能力[②]。并且运用系统理论对产业集群技术创新能力进行分析，从创新技术基础、创新转化能力、创新环境、创新经济支撑力的综合协调出发建立评价指标体系。其中，各指标的分值通过专家访谈法确定。

此外，马有才（2010）还探讨了高新技术产业集群与创新型城市协同发展的原理和机制，认为目前许多城市已将创新型城市建设与高新技术产业集群结合在一起，但基于高新技术产业集群的创新型城市建设不再仅仅是资金、劳动力等要素在地域上的简单集中，它更需要诸多方面的协同发展。利用协同学的基本原理分析了高新技术产业集群与创新型城市的关系，认为高新技术产业集群与创新型城市建设协同发展是创新型城市可持续发展的根本途径[③]。但是通过对以往研究成果的分析不难看出国内学者对高新区及高新技术产业集群的研究主要集中在理论探索，实证研究相对较少，主要集中在广东、浙江、长三角、北京、武汉等地。

---

① 李琳、杨婕:《基于产业集群的开发区竞争力定量评价》，载《求索》2010 年第 8 期。

② 杨晓明、王君石、王兆凯:《传统产业集群与高新技术产业集群技术创新能力的评价》，载《统计与决策》2007 年第 7 期。

③ 马有才、赵映超、杨洋:《高新技术产业集群与创新型城市建设的互动发展——基于系统动力学的角度》，载《科技进步与对策》2010 年第 18 期。

第三节　创新集群——高新技术产业发展之魂

一、产业集群创新问题研究脉络

迈克尔·波特（M. E. Porter，1998）分别对美国和意大利的产业集群进行了研究，并指出集群的存在能够促进创新的产生，特别是中小企业集群成为推动创新的组织形式。巴普提斯塔和斯旺（Baptista，Swann，1998）指出，如果技术性知识的转移在企业地理邻近性存在的情况下得到最好的发挥，那么来自于生产和研发核心企业的供给型技术溢出则非常容易发生。这些不断出现的技术溢出有助于集群的成长，从而进一步使集群成为了技术创新的组织形式。他们还认为，集群的发展进程、技术的自身特征、创新的过程和经济增长的本质均决定了技术创新活动在集群存在的情况下更容易发生。他们还通过实证调查，发现处于集群内的企业比外部孤立的企业更能创新[①]。1999 年，经济合作与发展组织（Organization for Economic Cooperation and Development，简称OECD）在提出"国家创新系统"（NIS, National Innovation System）之后，进一步发展了"集群"的概念，在《集群——促进创新之动力》的研究报告之中正式推出"创新集群"的思想。

随着人们对创新集群研究的逐步深入，对于集群创新的研究集中于模式和模型设计、创新动力与机制、创新的主体、创新的网络等方面。

（1）创新的形成模式

布雷斯纳汉（Bresnahan，2001）指出有关创新集群的形成和发展的讨论主要是围绕"自上而下"和"自下而上"两种过程模式展开的。

---

① Baptista R & Swann P: Do firms in clusters innovate more?, *Research Policy*, 1998（5）.

郑晓勇（2010）在此基础上具体介绍了这两种形成模式，指出这两种模式对应于不同的形成机制，"自上而下"的过程模式对应的是政府力量驱动型培育机制，其本质就是创新集群可以通过培育来促成；"自下而上"的过程模式对应的是市场理论驱动型自然演化机制，其本质就是创新集群能够在特定条件下自发组织而成。龙开元（2009）根据创新集群产生主要推动力的不同，将创新集群的发生模式分为四种：科技创新引导型、企业竞争升级型、出口需求拉动型、地方政策（政府）驱动型。事实上，前三种类型可归类为"自下而上"的自发形成，最后一种属于"自上而下"的政府培育型。

（2）创新动力

弗里曼和罗斯维尔（Freeman & Rothwell，1997）指出创新早已脱离单个企业的层次，企业与外部知识源的关联性已经成为创新的主要因素。谢米纳得和罗伯茨（Chaminade & Roberts，1999）认为知识是企业有别于其他企业的重要资源，而学习则是企业获得竞争优势的重要手段；兰德里（Landry）等人则提出社会资本在企业创新中具有非常重要的影响，企业的知识及与其他企业的关系是企业在创新过程中重要的无形资产。陈柳钦（2006）指出产业集群创新的动力来源有市场需求、中介组织、政府支持、科技推动、企业间的竞合、创新文化与价值观的激励等（表2—5）。

表2—5　有关创新动力的观点综述

学　者	观　点
Freeman、Rothwel	系统整合、网络
Chaminade、Roberts	知识、学习
Landry	社会资本（企业间社会关系和知识）
Thomas Brenner、Siegfride Greif	人力资本、非正式交流、企业相互依赖、企业相互合作、当地资本市场、公众舆论、当地政策
刘金英、聂明	利益诱导、生存压力
王福涛、钟书华	以技术创新为先导的市场竞争

学　者	观　点
陈柳钦	市场需求、中介组织、政府支持、科技推动、企业间的竞合、创新文化与价值观的激励

陶良虎、陈得文（2008）在前人研究的基础上，从产业集群的层面探讨了创新的动力，认为产业集群具有较完善的创新动力系统。产业集群创新动力因素主要包括社会资本、知识资本、市场需求、企业间的竞争合作关系、集群内中介组织及地方政府。产业集群的创新动力系统内又包含核心动力系统和辅助创新系统两部分。集群创新的核心动力系统由社会资本、知识资本和集群企业间的竞争合作关系组成；辅助动力系统则由市场需求、集群内中介组织及地方政府共同构成，他们共同作用促使创新的产生。

（3）创新机制

张学伟等（2011）给出了产业集群创新机制的定义，并对其特征、作用、形成机理进行了探讨。认为，产业集群创新机制是以特定区域的产业集群空间为前提，以多元有序的产业集群环境为基础，以集群内部企业之间的交互关系为纽带，以集群创新环境关系网络为平台，以创新知识、信息和技术的传递、流通、积累为渠道，以增强集群竞争优势、促进集群及内部企业的持续发展为目标的综合过程和作用机理。其具有确定性、层次性、多元性、多样性、综合性的特征。其动力主要来自产业集群解决资源供需矛盾、增强适应能力、扩大规模效应和提高抵御风险能力[1]。冯德连(2006)认为产业集群的内在机能及其相应的运转方式所构成的有机系统，就是创新机制。这一机制作为一个系统，由主体机制、动力机制、客体机制等子系统组成，可概括为"轮式模型"（Wheel

---

[1] 张学伟、刘志峰：《产业集群创新机制的形成机理和影响因素研究》，载《科技管理研究》2010年第2期。

Model），如图 2—12 所示。

在图 2—12 中，其纵坐标表示集约型程度，横坐标表示集群经营管理的粗放型程度。A 点代表完全的集约型经营，B 点则代表完全的粗放型经营。产业集群创新的轨道是从 B 向 A，也就是从粗放型经营转向集约型经营，这是一个持续变化的过程。图中的创新之"轮"在多种力量的促进和拉动之下向上移动，逐渐实现经营方式的转型。在这一模型通过轮式的移动清楚表达出了以企业家和政府在高新区转型中的"轴心"作用，同时还清晰地表现出了三种拉力和四种推力的动力机制[①]。

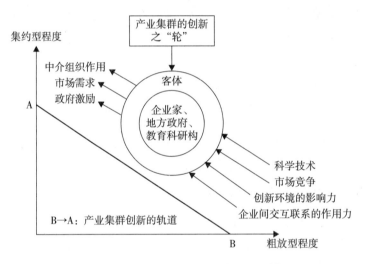

图 2—12　产业集群创新机制的"轮式模型"

（4）创新主体

创新主体是创新活动的参与者，目前学术界对此的探讨取得了共识，普遍认为在产业集群中的创新主体主要由企业、大学、研究机构、中介组织、政府五种类型的组织构成。冯德连（2006）对三者的关系进行了阐述，指出企业是产业集群技术创新的主体，政府起到的作用主要

---

① 冯德连：《经济全球化下产业集群的创新机制研究》，载《产业经济研究》2006 年第 3 期。

是辅助与促进，形象地说就是网络的促进器、动态比较优势催化剂以及公共机构的建立者，在这一系统中中介机构扮演的是联结科研部门与企业知识流动纽带的角色，而科研机构和大学则作为重要的创新源而存在，如图2—13。

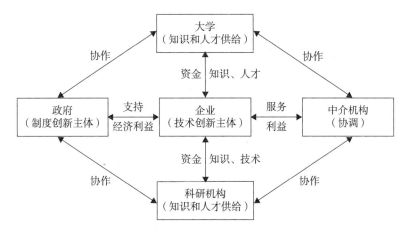

图2—13 产业集群创新的主体及其关系

（5）创新网络

创新网络的概念最早是由弗尔曼（Freeman，1991）提出的，他认为创新网络是应对系统性创新的一种基本制度安排，网络构架的主要联结机制是企业间的创新合作关系。并把这些网络形式概括为正式网络和非正式网络两种形式，并提出非正式网络对于集群有着非常重要的意义。创新网络的存在加强了集群资源共享和能力互补，降低了参与企业的风险。国外学者在此基础上进行了研究，如马歇尔（Marshall，1992）指出集群创新网络并不是单一的，而是由四种网络叠加而成的，这四种网络分别指企业家网络、技术网络、劳动力网络和投入——产出网络。罗尔夫登（Sternberg Rolf，2000）把创新网络看做不同的创新参与者的协同群体，认为网络具有协同创新特征。

国内对于创新网络的研究始于20世纪90年代。王缉慈（1999）将创新网络比作"有组织的市场"，在这个市场中企业不仅进行经济交流，同时还进行更为高级的知识、文化、技术、制度等各方面的交流，并且使交易费用大大降低。魏江（2003）认为与一般的集群或者战略联盟相比，创新集群的控制成本更低，也更加具有持续性。蔡宁等（2003）认为由创新网络形成的竞争优势远比由分工协作形成的竞争优势更具持久性。朱杏珍（2006）则对创新网络的概念进行了界定，她认为产业集群的创新网络是参与创新的行为者为了获取和分享创新资源而结成的合作创新体系，如图 2—14 所示。此外，她还对创新网络的主体构成、形成机制等进行了阐述。

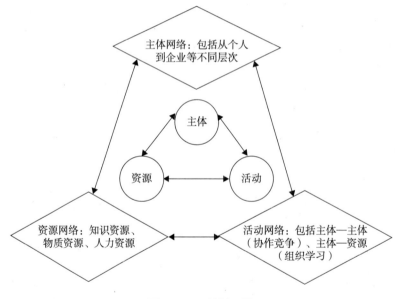

图 2—14　创新网络

（6）区域创新系统

集群创新常常与区域创新体系联系起来，把企业集群作为提升区域创新能力的有效途径。库克（Cooke，1994）对区域创新系统进行了较早和较全面的理论及实证研究，最早提出了区域创新系统（Regional Innovation System，简称 RIS）的概念。在其 1996 年出版的专著《区域创新系统》中，他对区域创新系统的概念继续进行了详细的分析和阐述，他认为区域创新系统主要是由在地理上相互分工与关联的生产企业、研究机构和高等教育机构等构成的区域性组织体系，而这种体系支持并产生创新。阿歇姆等人（Asheim，2002）认为区域创新系统是由支撑机构环绕的区域集群，区域创新系统主要由区域主导产业集群中的企业和制度基础结构两种类型的主体以及他们之间的互动构成。并且他还认为创新系统的形成有两个基本条件：一个是集群内部企业间紧密的创新合作；另一个是具有较强约束力的制度结构，且创新合作中有丰富的创新源。他还对区域创新进行了划分，将其分为了三种系统：本地根植性的区域创新网络、区域网络式创新系统以及区域性国家创新系统。希尔和布伦南（Hill，Brennan，2002）则从集群的内在视角对区域竞争优势进行了研究，并提出了由主导产业、供应者、需求者、人力资源和技术共同组成的集群创新系统，但此结构只是反映了集群创新系统核心要素的结构。王春梅、袁继祖基于上述理论对高新技术产业集群进行了划分，他们将其划分为 4 个层次，分别为核心企业群、集群区域创新系统、外部创新支持系统及社会文化创新系统[1]。

对集群进行研究的学者们普遍认为集群对创新有推动作用，但是产业集群的不同生命周期，创新的模式，创新的类型，以及如何进行创新仍需进一步的研究。政府、企业、科研院所、大专院校的地位、作用也有待进一步的明确。

---

[1]　王春梅、袁继祖:《高新技术产业集群创新体系框架模型实证分析》，载《科技进步与对策》2006 年第 7 期。

二、从产业集群到创新集群

在开放经济条件下，企业为了追求规模经济、资源的充分利用、降低交易成本、提高运营效率，在邻近的地理空间上集聚和相互共生依存形成了产业集群现象。随着集群在各地的发展，产业集群的功能不断增强，在原有规模经济效应的基础上，新的集群效应不断出现，如专业化分工，形成了专业化的生产和服务；集体效应，集群内的企业彼此间形成了一种互动性关联，在各个方面进行合作，以克服劣势；溢出效应，集群内的企业由于其地理邻近性，可以很容易地学习到新的思想、概念、技术，促进产业的升级。进入知识经济时代后，产业集群的创新功能被高度重视，有关集群创新功能的探讨成为学者们研究的重点。一系列新的集群概念如"创意集群"（creative cluster）、"创新集群"（in-novation cluster）在这样的背景下产生了，需要说明的是以上两个名词从本质上来看没有区别，两者可以相互替换。

创意产业概念最初由英国提出来，在 1998 年出台的《英国创意产业路径文件》中明确指出，创意产业指那些从个人的创造力、技能和天分中获取发展动力，以及那些通过对知识产权的开发可创造潜在财富和就业机会的活动。继英国之后，美国、新加坡、港澳台等地也纷纷引用并拓展创意产业的外延，发展创意产业，并最终形成了有影响力的创意产业集群。目前学术界对创意集群的研究基本取得了共识，一般认为，创意产业集群是众多的创意产业及相关的机构在空间上的集聚，其中相关的机构包括创意企业、教育或技术研发机构、政府、中介机构等。创意集群有利于创意的传播扩散和形成创新。而且创意产业作为一种在全球化的消费社会背景下兴起的新型产业，具有原创性、高技术、高文化、高附加值、高产业关联度的"四高"特征。

所以，集群功能从产业集群的低成本优势到创新集群的创新推动作用是时代发展的产物，也是时代发展的必然。学术界对于创新集群的研究已经有不短的历史了，以下我们将就有关创新集群的理论进行整理，以准确了解其理论研究的脉络。

三、创新集群的理论研究

（一）创新集群形成的背景与条件

创新集群是在特定的时代背景和条件下形成的，是在技术创新的范式调整、知识经济时代到来、全球化进程加快、国际分工日益精细等基础上产生的一种创新资源配置新方式。

从技术创新自身来看，技术创新的研究方式经历了一个由"线性范式"（Liner Model）到"网络范式"（Network Model）的转变，早在 20 世纪 70 年代形成的创新研究的"线性范式"认为，技术创新的过程遵循"发明→开发→设计→中试→生产→销售"等简单的线性过程，对创新的研究基本停留在单个企业的内部，技术创新活动的本身。后来，随着理论研究与实证研究的不断发展，出现了技术和市场的耦合范式（Coupling Model of Technology and Market），这一范式非常注重基础研究和市场的共同作用对创新的重要影响。市场所存在的不确定性和技术的进步，使得战略产业和核心技术越来越受到企业的关注，如何整合各种资源成为问题的关键，由此形成了整合范式（Integration Model）。这一范式将技术创新看做是 R&D、设计测试、生产制造等要素同时展开的平行过程，强调 R&D 与市场相交界面的整合、R&D 与生产界面的整合、企业与上游供应者的联系、企业与率先消费者的联系。既强调了企业内部创新的投入，也重视了企业与外界的交流与联系。从此，创新研究的视野从单个企业内部转向企业与外部环境的联系和互动。创新不再局限于某个企业，外部信息的获得与协调对创新越来越重要，它可以克服单个企业从事复杂的技术创新时的能力和资金的局限，降低创新活动中技术和市场的不确定性所带来的风险。网络范式（Network Model）的概念在此基础上被提出来。在技术创新过程中，以创新企业为中心，各种组织机构和企业参与并相互影响，组织间依靠信息、资源、通讯等渠道互相联系、互相制约，构成了超越空间限制的创新网络，这也正是创新集群形成与发展的基础。

知识经济（knowledge-based economy）是指建立在知识和信息的生产、分配和使用之上的经济。科学技术的进步、生产力的发展促使人类社会从工业经济时代进入到了知识经济时代。进入知识经济时代后，知识和先进技术逐渐成为重要的战略资源。发达国家与欠发达国家的差别，不再是资源禀赋或资本存量，而是创造并应用知识的能力。技术创新的周期越来越短，仅从企业内部的研究机构中获取创新资源已经远不能满足企业的需要，跨区域的创新合作变得越来越重要。知识的自由流动性，网络式的创新系统的存在也使得，产生于大学和各类科研机构的知识能够被直接转化为生产，科学技术与研发与生产的关系更加紧密，大学和各类科研机构的作用日益重要，形成了创新集群的"知识中心"。

全球化（globalization）的概念最早出现于 20 世纪 80 年代中期，进入 20 世纪 90 年代以来，经济全球化的进程大大加快了。经济全球化实现了资源和生产要素的全球配置，使得资本和产品在全球范围内流动，技术在全球范围内扩张，是历史发展的必然趋势。经济全球化除了促成了贸易自由化、生产国际化、金融全球化外，也引发了跨越边界的创新活动，使得创新活动的进程与战略发生了深刻的改变。如今，企业的竞争环境逐渐国际化，这就要求企业跟上时代的步伐，了解并不断地学习和掌握世界先进的科学技术，熟悉世界范围内竞争对手的科技实力。创新活动的国际化趋势对创新主体的资源利用能力提出了新的要求，这一趋势要求创新主体能够利用世界范围内的各类资源从事科技创新活动。跨国公司的存在，使得企业能够在最合适的区位上布局其特定的生产环节，在全球范围内配置科技资源，形成了创新的集聚。

当今世界正处于信息时代，作为计算机、通信和信息内容处理的复合体，信息技术可以说是当今世界发展最快、渗透力最强的新技术。信息技术的飞速发展，在技术上缩短了企业间、地区间的空间距离。各种信息和知识传播速度加快、扩散的范围更广，全球的创新资源就像一个图书馆。因此，创新主体能够比较容易学到各类先进的知识和技术。同时，随着信息技术与网络的发展，创新集群本地网络与外地网络的联结途径与机制在不断地改善，通过正式和非正式的学习机制从外地获取所需的技术和知识。

产业分工进一步精细化，产业分工降低了生产成本，却在一定程度上增加了交易成本，而产业的集聚就可以避免这个问题。伴随着经济全球化的发展，全球价值链和产业链形成，全球范围内的产业链是完整的，且越来越长，但在某些地方，产业链却日趋缩短。为了实现自身利益的最大化，保持持久的竞争力，不同的地区都会选择最具优势同时也最有利的产业环节，将其集中在本区域内。

（二）创新集群的理论谱系

整理有关创新集群的理论，可以得出创新集群理论的发展脉络，熊彼特对创新的研究和阐述导致了创新和长波理论的关联、技术变革和创新互动等理论的兴起；这其中技术变革、创新互动理论又和学习理论、制度理论、演化理论相糅合，形成了创新系统理论，形成了创新集群最为主要的理论来源；在这之后，创新系统理论又结合了区域理论形成了区域创新系统的相关理论；产业区、产业集群和创新地理学的发展使得地理空间维度上的创新系统研究逐渐区域融合与统一；而在技术空间维度上的研究则还在进行，并会在一段时期以内一直持续下去（图2—15）①。本文以下将分别对其脉络进行阐述，但为了直观

---

① 丁魁礼、钟书华：《创新集群：研究谱系与分析维度》，载《科研管理》2010年第6期。

展现出创新集群理论的发展脉络，在图 2—15 中还列出了马歇尔产业区和区位思想的演进，然而由于本章研究目的的需要和篇幅的限制并没有展开分析。

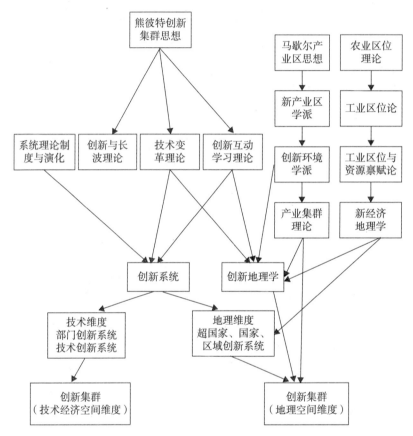

图 2—15　创新集群理论谱系

（1）创新集群研究的技术经济空间维度上的思想起源

熊彼特的创新集群思想是创新集群在地理空间维度上研究的起源，他将创新的分布归结为两种形态：一种是指在时间意义上，创新及其扩散所形成的集群；另一种则是在部门意义上指创新在各经济部门的分布是不均匀的，而是倾向于集中在某些部门。在其之后的学者们则主要开始在技术经济下的三个分支层面进行研究，即创新集群与长波理论；创新来源于学习理论以及技术变革理论。[①] 这三个理论并非相互独立的，而是存在千丝万缕的联系，尤其是在学习理论和技术变革理论之间。

①创新集群与长波理论

长波理论又称长周期理论，主要是指在资本主义经济发展中出现的持续长达50—60年的明显规则性波动。它是由范·盖尔德伦、康德拉季耶夫先后以大量统计资料进行论证得出的结果，之后，熊彼特又对其进行了研究。这三个人对于长波现象的关注和研究，构成了后来长波理论的缘起。20世纪30年代，熊彼特开创了技术创新的长波理论，分析了创新集群与长波的关系，主要强调一定时期重大技术创新群集的出现所带动的投资高涨以及技术革命潜力用尽后所导致的投资衰退，是推动经济发生长期波动的基本原因。熊彼特还提出了两个重要的假说以说明长波的上升与下降：第一，创新是推动经济增长最重要的动力；第二，创新在时间上不是均匀分布的，而是以"峰聚形式"出现的。[②] 但是，熊彼特的创新概念内容过于宽泛，涉及技术创新和组织创新及新市场的开辟等因素。德国经济学家门施推进了熊彼特的理论：他将三类不同创新与产业生命周期相结合，对长波进行了深入研究。他明确区分了基本创新与工艺创新，指出基本创新导致了产业和产业集群的出现，是推动经济增长的最重要的动力，经济停滞则是源于基本创新的匮乏。基本创新一般是在长波萧条阶段成群出现的。另外，他还以实证的方法证实了熊彼特的"创新峰聚假说"。弗里曼、克拉克和索尔特曾就创新集聚理论解释进行了有益的争论，并最终指出：相比于基础创新，相互关联创新的成组扩散在理解长波时更为重要。卡洛塔·佩雷斯则认为革命性技术的引入必须谨慎，在将其引入经济体系时，必须充分考虑制度和社会结构以及狭义的经济子系统因素。在熊彼特提出创新集群与长波关

---

① 丁魁礼、钟书华：《创新集群：研究谱系与分析维度》，载《科研管理》2010年第6期。

② 孙寿涛：《20世纪三派长波理论比较研究》，载《当代经济研究》2003年第10期。

系的基础上，许多学者进行了讨论。库兹涅茨就对是否任何创新都会引起投资和经济的大幅度波动存在质疑。还有许多学者也提出质疑，存在创新周期吗？创新中存在长波吗？创新和长波是否存在必然联系等，不一而足。

②创新集群与技术变革理论

创新活动的"密集"导致经济的波动，这种"密集"来自于在技术上有关联的创新和发明簇的集群，来自知识和技术的仿制和扩散过程，而不是来自由萧条引起的一系列基本创新的集群。技术创新的研究从"线性范式"过渡到"网络范式"产生了集群技术创新研究。在超越个体角度而从企业与外部环境关系的角度进行创新研究时，集群被认为是最有利于企业创新行为的一种环境。技术经济范式思想指出一项新技术经济范式的发展应当包括一整套代表最优实践的新规则和惯例。就特殊产品或工艺技术而言技术经济范式的变革超出了技术轨道，并且影响全系统的投入成本结构、生产条件和分布。

除此之外，由于集群内技术扩散的存在，某些企业会率先进行技术创新，从而在市场上获得超额利润，这时创新的出现会在集群内产生示范作用，其他企业会通过创新跟进来获得超额利润，由此使得创新在集群内得以迅速传播。此外，由于扩散的存在，先行企业会继续推进创新行为来维持自身的竞争优势；而进行创新跟进企业由于储存了一定的创新能力和条件，使得这些企业有可能进行自发的创新。最终，大量创新的产生又会引发进一步的技术扩散。由此形成了"创新—扩散—创新"的良性循环，直接促使创新集群的产生[1]。

③创新集群与创新互动理论

创新互动论是继熊彼特之后创新集群思想发展的重要来源。阿罗

---

[1] 吉敏、胡汉辉：《技术创新与网络互动下的产业集群升级研究》，载《科技进步与对策》2011 年第 15 期。

认为，创新过程是一个学习过程。罗森伯格则指出获得技术能力是一个有成本的学习过程。他还提出了"用中学"的思想，补充了阿罗"干中学"的思想。伦德瓦尔（Lundvall，2002）等的创新互动论又蕴含了互动学习的思想。这样，创新研究中学习理论的发展线索就可以概括为：从"干中学"到"用中学"再到"互动学习"。集群互动学习机制根据企业所处集群网络环节的不同可以分为横向学习、纵向学习和多角学习。企业集群最为显著的特征就是横向维度，即生产相似的产品的企业的空间聚集。横向关联实际上就是竞争合作关系，竞争关系主要表现为企业之间在共同的原材料、劳动力以及产品市场上的竞争；合作则主要体现在市场同创、集群整体品牌的培育和维护等方面。纵向学习是处于价值链上不同环节的经济行为体之间的相互学习，价值链前向互动则表现为生产商与用户之间的交流，价值链后向互动则表现为生产商和供应商的联系。"多角学习"指的是基于地方政府、高校、研究机构、中介机构等提供的平台展开的处于集群各个环节行为主体之间的一种互动学习方式①。

上述所有分析都是在技术经济空间中对创新集群的概念和谱系进行探讨，每个理论都表现出了一定的演化理论的特征。技术创新整个过程本身就是一个逐渐演化的过程，技术变革和技术系统理论都是演化经济学的重要分支。

（2）地理空间维度上创新集群研究的思想起源

区域创新系统的概念是在 1992 年提出的，英国学者库克较早对其进行了理论和实践研究。他将区域创新系统定义为由地理上相互分工和关联的企业、科研机构和高校等组织构成的能够支持并产生创新的区域性组织体系。这与以后的创新集群概念极为相似。

---

① 王岚:《中卫型企业集群的互动学习与分层耦合创新研究》，载《科技管理研究》2009 年第 5 期。

艾克认为，区域创新系统包含"知识应用和利用子系统"和"知识产生和扩散子系统"两个子系统。其中"知识应用和利用子系统"是以企业为核心，由供应商、顾客、合作者和竞争者共同构成的。"知识产生和扩散子系统"则由技术中介机构、劳动中介机构、公共研究机构和教育机构组成。而在"知识应用和利用子系统"和"知识产生和扩散子系统"之间，存在着知识、资源和人力资本的流动与相互作用。德劳瑞斯（Doloreus，2005）将"内部机制"描述为区域创新系统内部的基本动力，他总结出四种内部机制：其一是相互学习，指系统内部创新主体之间的相互学习的过程；其二是知识生产，指系统内相互信任的主体通过共享知识实现各自知识的增加；其三是邻近，指不同主体间的地理上的邻近能够有效促进区域创新系统的发展；其四是社会嵌入性，强调地方行为主体间应形成相对稳定的依赖于当地社会文化的非正式联系、信赖和协作关系[①]。

波特的国家创新系统思想突破了原有思想，强调了产业集群的地理集中。属于集群理论发展中的承前启后的理论，他的理论不仅继承了经济地理学和产业区思想，还为国家创新能力的决定因素提供了发展方向。但是，产业区和产业集群都过于强调地理集中对创新的促进作用，而忽视了创新活动在地理上的分布问题，创新地理学弥补了这个缺陷。

创新地理学是技术变革理论、创新研究理论融合产业集群理论和新经济地理学等理论而产生的。这一理论的研究主题主要有两个，即经济活动和经济增长的"空间集聚"和"区域集聚"，他们还为产业的集聚提出了合理的解释，即收入递增和运输费用作用下的产业前向关联效果和后向关联的结果。但是，经济活动不仅包括一般的生产经营活动，还应包含创新活动。创新的地理分布依然是值得探讨的一个话题，包括创新活动是否在空间上存在集聚，是由哪些因素导致的。

---

① 戚汝庆：《区域创新系统理论研究述评》，载《理论建设》2008 年第 1 期。

创新集群的主体包括企业、大学和科研机构，他们之间知识流动和扩散效率的高低是发展创新集群的重要影响因素。相当一部分的高新技术企业更愿意在重要的知识生产和传播基地的周边建立企业，这实际上是地理区位作用的发挥。大学研究院所不只是人才的聚集地，知识的生产中心，还是知识和技术网络的结点。所以，对于知识密集型的企业来讲，大学和研究院所的集中分布地区是他们的理想区位。高新技术企业和研究院所在空间分布上的联系不仅受到空间衰减规律的制约，还受到知识和技术的空间扩散规律的影响。高新技术企业不只倾向于集中分布在知识生产和传播基地，其分布还具有明显的地区分工，形成各具特色的"创新群专业区"。知识创新的地区分工可能是左右不同国家、不同地区知识经济和创新系统发展轨迹的关键因素，因为这种经济结构的变化在很大程度上影响了区域的人才结构、社会结构，甚至文化特色[1]。此外，创新集群活动与产业生命周期也存在关系，研究型大学往往只在周期的导入阶段促进创新活动的集群趋势，而技能型劳动力则会在整个周期中对创新集群提供动力。

（3）经济空间和地理空间维度创新集群的具体研究

创新集群的研究涉及经济空间和地理空间两个维度。丁奎礼、钟书华（2010）认为要研究创新集群的本质涵义，需要先回答三个问题：其一是创新集群的研究维度，并指出要从创新集群的地理空间维度和技术经济空间维度两个维度进行研究，而不能偏于某一个维度；其二是地理邻近或集中是否是创新集群的本质涵义，明确指出地理集中既不是培育创新集群的充分条件，也不是培育创新集群的必要条件。因此地理集中并非创新集群的本质涵义，但是我们并不能完全否认地理集聚的重要性，位置依然有着重要的作用；其三是知识和创新在创新集群中的角色，认为无论是地理空间维度还是技术经济空间维度，所有创新集群概

---

① 刘燕华、李秀彬：《国家创新系统研究中地理学的视角》，载《地理研究》1998 年第 3 期。

念都强调了知识和技能的密集交换，而这种密集交换必须依赖于各种互动连接和学习。基于对以上三个问题的回答，他们指出：创新集群是以新知识生产、新产品大量出现为本质涵义的创新型组织（创新型企业、各种知识中心和相关机构）在地理空间上集中或在技术经济空间中集聚并且与外界形成有效互动结构的产业组织形态[1]。

在地理空间维度下，对创新集群的研究主要集中在地理空间的接近或集中对于知识密集交换的重要作用。博塔戈瑞和蒂芙尼（Bortagaray 和 Tiffin）认为创新集群这一组织结构在限定的地理区域内，通过集体产业生产来创造新的产品和企业，知识交换、互动学习和可分享价值的高度集中是这一结构的基础。技术经济空间维度上的创新集群，考察重点是部门或技术系统中创新集群以及虚拟创新集群。德比若森（DeBresson，1989）认为创新集群来源于基于范式的不连续性、技术复杂系统、累积性的学习过程以及范围经济，而创新集群的培育是动态发展的源泉。熊彼特从微观层面指出，技术创新具有一定时间和空间成群出现的特性，技术创新并不是孤立事件，而是趋于结成集群，鱼贯而出。另外，还有许多学者从不同角度对其进行了分析[2]。汉弗莱和施密特（Humprey & Schmitz，1995）从学习特性的角度对创新集群进行了界定，指出创新集群是集群内相关行为主体通过直接和间接协作过程，来促进集体学习和创新。经济合作与发展组织（OECD，2001）从"技术—经济网络"层面指出，创新集群是由企业、研究机构、大学、风险投资机构、中介服务组织等构成。通过产业链、价值链和知识链，形成战略联盟或各种合作，从而形成具有竞争

---

[1] 丁魁礼、钟书华：《创新集群的本质涵义及其与产业集群的区分》，载《科技进步与对策》2010 年第 10 期。

[2] Chris Debresson:Breeding innovation clusters: a source of dynamic development, *World Development*, 1989（17）: pp.1-16.

优势和存在集聚经济和大量知识溢出特征的"技术—经济网络"[1]。龙果（2006）从空间物理维度指出，创新集群是以专业化分工和协作为基础的，同一产业或和相关产业的企业。集中在一定的区域范围内，通过地理位置上的邻近，企业间以及企业与所在区域政府、大学、中介机构之间交互作用，从而形成一种具有区域空间特性的创新网络[2]。王缉慈（2004）从集群与创新集群的关系上分析，指出创新集群是产业集群发展的高级阶段，产业集群是诱发创新集群的核心诱因和内在依据[3]。赵新刚等（2006）还从网络组织层面进行了解释，指出创新集群是通过形成长期稳定的创新协作关系而产生创新聚集，进而获得创新优势的开放的网络组织形式。国内外一些学者和机构在上述讨论的基础上，对创新集群形成的动因、运行机制、作用和效应等问题展开了研究[4]。这些研究基本上是以产业集群为基础，结合技术创新经济学对创新集群展开或规范或实证的研究。

迈克尔·波特（M. E. Porter，2001）在《创新集群：大学在经济发展中的作用》研究报告中根据其"钻石模型"，强调创新对经济发展的促进作用，他认为创新能力决定着竞争优势，进而决定着经济的繁荣程度。同时，他还强调了大学和专业研究中心的重要性，指出大学和专业研究中心是几乎所有区域创新背后的驱动力，而商业化机制则是将技术创新转化为经济成功的关键。国内一些学者都高度强调创新是产业集群的本质功能，创新集群是产业集群进一步发展的结果，强调创新集群区别于传统的低成本集群，而是基于创新的产业集群。

---

[1]　OECD: Innovative Clusters: Drivers of National Innovation Systems, *OECD Proceedings*, 2001.

[2]　龙果:《论技术创新的聚集和创新集群的形成》，载《当代经理人》2006 年第 17 期。

[3]　王缉慈:《关于发展创新型产业集群的政策建议》，载《经济地理》2004 年第 4 期。

[4]　赵新刚、郭树东、闫耀民:《美国圣地亚哥的创新集群及其对我国的启示》，载《生产力研究》2006 年第 8 期。

（三）创新集群的实质内涵及特征

（1）创新集群的内涵

本书认为创新集群是由一定地理空间内的大学、研究机构、科研服务机构、企业、政府等组成的，能够通过畅通的渠道聚集、开发、利用地域内外的各种创新资源，不断向外转移高新技术和推出高新技术产品、服务的网络体系。

从创新集群的构成来看，大学和科研机构是创造新知识、新技术的组织，是研究型创新主体，不仅可以创造出新的知识与技术，还可通过培训及科技成果转化等方式，有效地促进集群中知识、信息、技术等的扩散，以及创新人才的有效供给，为企业创新的实现提供智力和人才支持。目前，集群内大学和科研院所的数量多少已成为衡量创新能力的重要指标。制造商、供应商和相关支持企业是生产型创新主体，是创新集群的基本活动主体和重要组成部分，随着创新集群产业生命周期的演变，其参与主体的规模特征也不断变化。具体而言，在产业发展的初期和末期小企业是创新集群的主要参与者，而在产业发展的中期阶段大企业是创新集群的主要参与者。由于创新自身的重要战略性和高风险性，中央和地方政府部门也是创新集群必不可少的构成主体，在制定创新战略、支持性政策、优化创新环境等方面发挥着其他机构不能替代的作用。

从创新机制来看，创新集群创新的机制在于"集群创新"模式，在这一模式下，创新或知识能够直接转化为商品或服务，大学的地位更为重要，科学、技术、生产之间的关系更为密切，从创新到商业运营间的关系由直线型变为循环型。

从创新网络的角度看，集群中的创新网络是指在一定的空间范围内，构成产业集群的各个行为主体在交互作用与协同创新过程中，彼此建立起各种相对稳定的、能够促进技术创新的正式或非正式关系的总和。创新网络反映了集群中创新主体之间的关系，通过横向、纵向的联系，信息、技术、各种资源在网络内部不断流动以达到优化配置，促进技术创新行为。集群内不仅同类企业之间要形成一种网络关系，与非同类企业之间也要结成一定的网络关系。

（2）创新集群的特征

①参与主体多元化

在创新集群中，企业、研究机构、大学、政府和中介组织等参与了创新活动。企业是创新活动的主体，是创新活动的主导者与支配者，是创新集群的核心部分。研究机构和大学为集群提供研发和相关服务。政府起着引导、组织和协调作用。

②开放性

全球化的发展模糊了国界的概念，创新的进行、创新成果的传播都不可能局限在某一国家内部，创新组织必须与外部建立联系。通过全球范围内的资源利用与各国的创新合作，实现整体创新的不断发展。集群创新不仅仅要求在组织内部形成有序的常态化互动以及知识、要素等的交流，还要求集群内的节点与集群外的建立多层次、多方位的连接。

③高度的合作性

在技术创新需求的推动下，集群内的成员形成了一个联系紧密的网络。企业、研究机构、大学和消费者都是网络中的参与者。在创新集群中，公司和其他机构联系越密切，集群的创新就越好。在创新集群里，创新合作是全方位的，不仅包括集群内部各主体、各环节的合作，当然还包括创新集群之间的合作。

④动态性

时间因素在创新集群中具有空前的重要性，外部环境的快速变化要求创新集群形成并保持较高的动态性。通过制定基于时间的创新战略以加快创新步伐，引领产业发展。当代社会瞬息万变，企业的创新也必须不断地向前发展，如果仅凭着自己已有的创新故步不前，那么企业的发展将会停滞，集群的发展也就无从谈起。集群内的创新型企业需要及时更新自己的信息，不断地加强研发的投入，以世界创新技术的发展为导向，不断地进行创新，以实现创新集群的不断发展。

⑤高强度的研发经费投入

创新集群的发展关键在于创新，而创新就需要研发经费的支持。随着研发经费的增长，集群内企业的创新能力增强，创新活动所带来的经济效益就会增长，进而会推动集群的发展。反之，创新集群的发展会吸引更多的投资方，就会有更多的科研经费投入创新集群，如此不断循环，集群就会不断地创新发展。在创新集群里，大型的、组织机构比较完善的创新企业的研发投入占到了集群研发投入的较大比重，他们研发的成败对集群的发展有着重要的影响。尽管大型创新企业的研发遍布全球，但研发投入的重点还是在本国内部。

(3) 创新集群的类型

从内部结构和运作方式来看，可以把创新集群分为内聚性集群、新工业区、创新环境集群、邻近集群四类。

①内聚性集群

内聚性集群内的企业通过集聚，充分考虑各种要素，将企业定位于成本最低的区域，以达到降低成本的目的。内聚性集群内的企业在生产关联方面相互依赖的程度很高，其运作方式主要是集群内企业追求利益最大化的自发行动。在实现自身利益最大化的同时，也为其他企业获得利益创造了条件。内聚性集群一般位于城市的中心。集群内部绝大部分是中小企业，具有一定的灵活性，能根据外界变化迅速做出调整。除此之外，内聚性集群对内部企业的资格要求并不是很严格，企业可以自由进入集群，使得集群更有活力。新企业的进入带来了新的思想，新的技术；旧有的、经营不善的企业的退出使得集群能够除旧迎新，不断地向前发展。

②新工业区

新工业区内的企业主要是高科技企业，这些企业主要依靠 R & D

的高投入，研发新的技术和产品。在地理位置上，与内聚性集群相反，一般位于城区的边缘。区内聚集的大部分是知识密集型企业，产品的科技含量高，与内聚性集群相比，产品体积小，重量轻，相应的运输成本也就降低了。新工业区内聚集的企业与内聚性集群不同，包括了大型跨国公司和中小企业等各种规模的企业。而且新工业区主要从事高技术生产，所以对企业的资格要求相对来说也比较严格。

③创新环境集群

在创新环境集群中，社会资本的作用被强化了。社会资本主要是指社会关系和社会结构，存在于行为人的关系结构中，而不是行为人或物质产品中。在地理位置上，创新环境集群也位于城区，集群内的企业通过长期的合作、相互间的信任感和责任感不断增强，积累了丰富的社会资本，从而形成了社会网络。创新环境集群也是依靠小企业来发展的，但他并不是被动地回应，而是积极地促进创新，企业间合作的意识更强。

④邻近集群

在邻近集群里单个企业之间在地理位置上是邻居，但它们之间却没有持续的、系统的关联。集群内部的联系非常少，没有深入区域内部发展，形成地方生产体系，彼此间的依赖性较低。在地理位置上，集群内部企业位于大城市的外围，主要是中小型企业。集群内企业的单独创新能力比较强，往往发展有专门研究者研究出来的产品，其创新更多的是由需求拉动。

（四）创新集群演化的动力机制

动力机制是集群发展演化的核心问题，由于创新集群是在产业集群的基础上发展起来的，所以我们要首先对产业集群的动力机制进行了解。

（1）创新集群动力机制的概念与分类

创新集群的动力就是指促进创新集群形成和发展的一切有利因素。

一般来说，集群的动力包括形成动力和发展动力，由于创新集群是较高级的产业集群，是在产业集群的基础上发展而来的，已经度过了形成阶段，所以创新集群演化的动力主要是发展动力，生成动力主要体现在产业集群的形成过程中。

借鉴已有的研究成果，我们认为，创新集群演化的动力机制是指支撑和驱动创新集群形成和发展的所有动力要素构成的力量结构体系与其运行规则，动力机制具有一定的稳定性和规律性。

创新集群演化的动力机制的划分也有几种不同的依据，按照集群生命周期来分可分为生成动力机制和发展动力机制；按照集群动力产生的根源可分为内生动力机制和外生动力机制。内生动力机制和外生动力机制相辅相成，相互影响，共同构成了创新集群演化的动力机制。现实表明，拥有完善的动力机制能在很大程度上促进与保障创新集群的持续发展。

（2）创新集群演化的动力

创新集群是产业集群发展的高级阶段，集群创新能力的不断提升是促使产业集群向创新集群的演化的最主要的原因。因此，创新因素是创新集群演化必不可少的动力之一。

首先，具有市场自组织特点的创新集群的内生动力机制，对集群的发展演化有直接、基础性的影响，表现为（地理、组织、文化、制度和行业）邻近性、交易费用、专业化分工、规模经济、外部经济、知识共享、集群创新等机制。其中，企业间的分工是生产专业化产生的结果，也是产业集群形成的重要推动力。专业化分工最早是由亚当·斯密提出的，他将分工划分为社会分工、企业间分工和企业内分工三种形式。社会化分工网络将人员培训、销售网络的建立、运输成本的降低等全部纳入专业化分工里，形成了新产品、新技术的地理集聚。斯科特从交易成本的角度阐述了集聚产生的原因，他认为集聚的产生是企业对内部交易成本和外部交易成本进行比较的结果。这种比较使得分工更加深化，而企业为了降低成本会选择在一定空间内聚集，从而促进了集群的形成与发展，而集群又通过专业化分工和横向经济协作，进一步提高了交易效率，使得分工继续深入。

上述有关专业化分工、交易费用、外部经济和规模经济等理论已被学者们广泛研究，我们主要分析邻近性与知识共享、集群创新的关系。

①知识是公共产品，具有公共产品的非竞争性和部分排他性

这也是产生知识溢出的根本原因，新知识一旦形成，拥有者向一个新用户提供这项知识并不会产生什么成本，边际成本为零，也就是新知识在竞争市场上的租用价格为零。正是因为这一特性，知识可以共享。知识外溢性，主要是指知识（技术知识、需求信息、供给信息、经营经验等）一经产生就会很快扩散到其他地方，增进整个社会的福利。知识的稀缺性、重要性、外溢渠道都会影响知识外溢的速度和规模。

在当下的知识经济时代，知识是企业与其他企业形成差异，增强竞争优势的重要资源。而信息技术的进步为知识提供了高速传播的渠道，这为知识溢出创造了良好的条件。同时隐性知识的粘滞性，使其不能进行过长距离的传递。所以地理空间的邻近，为隐性知识的传递创造了条件，另外，邻近的地理位置也使得集群内知识流动有一种自发的力量驱使，即使各主体主观上进行阻碍，但是由于人员的频繁接触、流动，企业的衍生等信息流通更通畅、知识在集群中的传播速度加快，知识的外溢效应更明显，形成共享。李顺才（2003）也指出，在知识分工的制度下，单个组织仅凭自身能力谋求全球战略性发展将变得日益困难，拥有不同知识的组织之间建立知识联盟已成为知识经济时代的必然。知识的交互性越大，组织间联盟的可能性越大，知识流动的速度也会越快。

②地理邻近性在集群创新中有着重要的作用

科斯认为聚集产生的地理邻近性能使信息更为充分与对称，有效

减少交易中的机会主义行为，对集群的创新具有正向促进作用。

有相当多的研究证明了地理上的邻近性能使企业获得正的外部性收益。企业在地理、组织和技术上的多维邻近有利于主体间能够更容易地进行面对面的交流信息和转移隐性知识，解决存在的问题，分摊固定成本，同时有利于集群创新的实现。实证研究也表明距离知识源近的企业比远的企业更容易形成创新。

其次，具有制度政策孵化特点的创新集群的外生动力机制，对集群的发展演化起到间接、辅助性的作用，但却是长期的、重要的，主要来源于外部环境与政府有意识地调控行为，具体表现为：

①地理区位因素

产业集聚需要考虑的重要条件之一是地理环境、自然禀赋，在具有资源优势的地区往往会形成与该资源相关的企业的集聚。相比之下，自然资源对于创新资源的影响则并不是那么重要，取而代之的是知识资源，主要是指：知识资产和人力资源。知识资产主要指研究机构、高校、孵化器、科学园等，人力资源，则是指企业家、科学家、工程师和有技能的劳动力等。集群的创新能力和创新效率在很大程度上取决于企业获取知识的能力和整理利用这些知识的能力，这其中尤为重要的是区域合作中知识的协同性和互补性。有关知识溢出的知识将在下一部分具体介绍。

②外部竞争与集群品牌

在经济全球化迅速发展的今天，企业和集群只有积极地参与到国际竞争之中，才能抢占价值链的两端，才能获取竞争优势，提升企业或集群的竞争力（王孝斌，王学军，2011）；品牌是集群取得竞争优势的关键要素之一。从这方面来看，我国的产业集群尚处于初级阶段，许多集群的发展还是建立在廉价劳动力的优势上，产品的科技含量不高，而且很少有自主品牌，大多只是作为国外品牌的外包生产基地。产品所占的市场份额虽然很大，但产品利润的90%被处于价值链研发和营销环节的发达国家所取得，我国集群所得到的利润相当低。世界范围内的著名集群都有一个共同特点，那就是企业品牌、集群品牌共同发展，互相呼应。由此可见形成一个有名的集群品牌是集群取得成功的重要标志。知名的集群品牌能够迅速形成企业的集聚，直接加入到全球价值链之中并有力地向价值链高端攀升，从中获得高额的价值增值，带来强大的综合效益（陈继祥，2005）。

③政府政策

第一，政府调控行为的首要表现形式是集群政策，包括了税收政策、财政政策、金融政策，等等。它主要用于解决集群的"市场失灵"和"系统失灵"的问题。产业集群是自发成长起来的，要面临市场的不确定性和环境的动荡，难免出现市场失灵和系统失灵的现象。这时就需要政府发挥作用，来解决市场和系统所不能应对的问题，弥补市场和系统的不足，以提高集群运作效率。第二，政府的各种集群发展项目对集群的发展也有促进作用，如丹麦政府的"产业网络协作项目"成功地为300多个产业集群提供金融服务；葡萄牙的联合创新支持计划以创新和集群为核心，重点发展创新集群，等等。各种专项发展项目可以解决集群发展中存在的不足或某种危机，同时为集群的发展提供便利和优惠，也可以从某些方面寻找突破口来促进集群的升级。第三，鼓励投资也是政府政策的一个方面。投资涉及对外直接投资和对内直接投资。对外直接投资是将资金投向国外市场，可以扩大集群的知名度，提升集群企业在国际上的竞争地位，扩大市场占有率，进入更多新市场并调整产品适应新市场的需求。对内的直接投资可以给予集群资金上的支撑，有效缓解集群发展面临的资金"瓶颈"。并且，资金的投入还会带来跨国公司的知识、技术转移，接受国外一流的技术和经验，从而有效提高集群的生产效率。

（3）动力机制与创新集群的竞争优势

动力机制能够将有利于集群发展的要素转化为显性的竞争优势，

可见动力机制是推动集群发展的根本动力。产业集群所拥有的生产要素是其竞争优势的来源基础，资源禀赋带来的生产要素的优势只能形成低端的静态竞争优势，而转化为技术集聚的优势则能带来高层次的动态竞争优势（波特，1998）。创新集群的特点就在于它能将这种低端的静态优势转化为高层次的动态竞争优势。在这种机理下，不断聚集相关要素并转化为技术优势是产业集群的最根本的内在逻辑。集群主体对竞争优势的期望和在实践中对竞争优势的检验反馈，指引了动力机制的调整和优化，动力机制的逐渐完善又具备了更有效地利用要素的能力与方式，并促使集群去更新或获取更有价值的要素，如知识、技术等创新资源（刘恒江，陈继祥，2005）。集群在其运行中对其动力机制也进行着不断的调整，这是集群特有的、难以模仿与复制的优势。

（五）创新集群演化的路径分析

（1）产业集群演化阶段的划分

一般来说，我们可以把集群的生命周期分为萌芽、成长、成熟、衰退或更新四个阶段。

①萌芽阶段

当一个区域中若干具有龙头作用的创新企业形成集群的凝聚源时，标志着产业集群进入了萌芽阶段。在这一时期，高新区的基础设施基本完成；政府、科研单位、大专院校、专业的中介机构等还没有被加入到集群创新体系里，集群成员仅有企业这一单一主体组成。集群创新网络只有一条简单的产业链，没有形成相应的价值链和知识链。

②成长阶段

当集群内的创新活动逐渐频繁，企业不断衍生，产业相关企业进入高新区，政府、科研单位、大专院校、专业的中介机构等开始加入到集群里，完成高新区的产业空间聚集，产业规模逐渐扩大。创新文化开始形成，具有较强的跟随技术创新能力，创新网络不仅仅靠产业链，更重要的是靠价值链和知识链。此时，产业集群进入成长期。

③成熟阶段

当集群规模达到最大化，产业集群主体多元化，创新网络日趋完善，集群的学习、创新、制度文化日趋成熟，集群发展放缓但更加稳定时，产业集群进入成熟期。成熟期的产业集群即是创新集群。这一时期，资源和各种生产要素在企业内外流动，企业内部传递活动和外联活动等产业活动增加，企业成长较快，产业规模渐大，创新技术组织能力通过集群内的生产和社会创新网络进一步加强。

④衰退阶段或更新阶段

在创新集群的成熟阶段，创新路径容易被"锁定"，从而导致创新集群渐渐丧失活力，创新意识和创新能力逐渐减退，其竞争力也逐渐弱化，内部网络逐渐解体，新产品和专利增长速度逐渐递减时，创新集群进入衰亡期。

当然，创新集群演变还有另外一种结局，就是获得更新，重新发展。创新集群如果打破现有的内部结构和行为准则就可以解除"锁定"，重新树立创新意识，增强创新能力，积极进行创新活动；除了企业自身的努力，还需要政府正确的创新政策，支持创新集群本身的创新，向更高层次的创新集群发展。创新，永远是集群升级的动力，是实现创新集群跃迁的动力。

（2）创新集群的形成机理

创新集群的形成实际上是产业集群内部各行为主体互动并结网，根植于区域社会、经济、文化、制度文化之中，形成坚强的创新网络和营造良好的区域创新环境，在全球价值链上表现为不断向价值链高端攀升的过程。

第一阶段，大量的中小企业在一定区域内集中，但这时创新还未产生。在区内企业建立稳定的合作关系及形成专业劳动力市场的前提下，企业间的分工和专业化水平才会不断提高。否则，区域的发展只能被看做是多样化企业集中的区域，区域经济效率与效益都不高。像一般产业集群一样，当区域经济发展过程中出现具有龙头作用的创新企业时，就会形成集群"基核"，吸引其他企业进入，这就进入到创新集群的萌芽阶段。

第二阶段，区域内的专业化程度增加，企业不断衍生，大量企业涌入集群，集群规模迅速扩大。由于具有相同的历史基础和社会背景，区域内人与人之间的信任度增加，隐含经验类的知识、信息与技术等在区域内快速扩散和流动。政府、科研单位、大专院校、专业的中介机构等开始加入到集群创新体系里，区内组织机构不断完善，创新文化开始形成，此时，创新集群进入了成长期。

第三阶段，产业集群的形成并不能保证集群具有持续的创新活力和长久的竞争优势。一些成熟的产业集群内，企业与企业间、企业与其他行为主体间，在交互作用过程中都能积极参与到创新的过程中进行协同创新。各行为主体间形成的知识联系、价值联系与创新联系，建立集体学习的机制，使集群网络演化成创新网络，集群因此具有了动态的竞争优势。相反，集群只能是具有"静态优势的产业集群"，甚至可能锁定，最终失去竞争优势，进而退化或空洞化。

第四阶段，集群各行为主体不断进行创新，并不断优化集群创新网络与集群的创新环境，不断增加集群的附加价值，在全球价值链上表现为不断向价值链两端移动，演化为创新集群。此时，创新集群跨入了成熟期。

四、创新集群与产业集群的关系

创新集群与产业集群之间除了共同的集群特征（如地理邻近性或空间集聚性、网络性、根植性、开放性等）外，两者在形成背景、特征、构成主体、创新模式、组织结构等方面存在着显著的不同。

从产生背景和条件上看，创新集群是在知识经济时代和信息时代的背景下产生的，是国家创新战略的重要组成部分；是全球价值链高端分化集聚的产物。而产业集群已经有了很久的发展历史，是全球化进程中为了获得规模效益而集聚形成的产业组织。

从各自的特征来看，创新集群的特点是在组织形态上存在发达的组织间合作，创新过程上表现为研发经费的大量投入和知识、技能的密集交换，从产出上表现为新产品、新技术和新专利的不断涌现。产业集群的特点是依赖相关产业领域的企业和组织在某一地区集中，依靠价值链上细密的分工以降低成本，取得竞争力。从产出上看大多是成熟技术的产品。因此，创新集群分析的焦点在于创新，而产业集群分析的焦点在于生产。

从构成主体来看，创新集群由企业、大学、科研机构、中介组织、政府等多主体参与构成，不同的主体发挥着不同的作用。大学和科研机构是集群的创新源，而创新产业是创新的基本活动主体，政府是重要的支持者，提供政策和资金等各方面的支持。在产业集群中，主导企业是集群的核心。依靠产业链的分工合作形成众多企业的集聚。大学和科研部门只是起到了辅助支撑的作用，知识和技术的重要性还未被完全发掘。

从生产系统和知识系统上来看，生产系统以材料或产品的生产和贸易为中心，而知识系统是由"知识库"和"知识流"构成的。创新集群是以知识系统为依托，而产业集群主要是靠生产系统来发展。

从创新过程和创新模式上分析，产业集群的主导原则是开发、利用，主要是模仿性创新，其学习过程是适应性学习，主要是学习别人先进的思想、技术；创新集群的主导原则是探索，采取自主创新的模式，创新集群的学习过程是生成性学习，不仅学习别人的思想、技术，还在此基础上有所创新，有所产出。

从组织结构来看，创新集群的组织结构是基于技术（Technology-based）的，主要依靠科研机构的技术创新；而产业集群是根据产业链分工来进行组织的，组织结构是基于流程（Process-based）的。

从根植性的角度来看,创新集群由于其国际化和开放性的特征决定了它的根植性已经没有产业集群那么强了,创新所需要的人才和知识,在全球范围内流动,集群的创新不再是依靠本土的资源进行,更需要吸纳全球的知识和技术。而产业集群更强调依靠自身的优势进行发展,重视其根植性、内生性,而不能仅靠外来企业、资金的扶持,具有鲜明的地方特色。

从价值链上所处的位置来看,创新集群位于价值链上的关键环节,处于高端,数量虽少但扮演着整个价值链核心管理者的角色;而产业集群处于价值链的中低端,数量多且处于创新集群的控制之下。

而从集群的辐射的视角来看,产业或产品的集聚,对集群外的经济、科技辐射力度较小;而创新集群是创新源泉,可以带动周边地区经济的繁荣,让周边地区成为创新集群的第二梯队,如表2—6。

表2—6 产业集群与创新集群的比较

	产业集群	创新集群
产生背景和条件	全球化	知识经济和信息时代
本质特征	价值链或供应链的互动连接	新产品的大量出现;知识密集交换;创新连接
产出	成熟技术的产品	新技术、新专利
构成主体	企业是中心,是创新的主体,大学和科研机构发挥辅助作用	强调大学和科研机构的创新源作用
生产系统和知识系统	生产系统	知识系统
创新过程与模式	开发、利用,模仿创新	探索,自主创新
学习过程	适应性学习	生成性学习
组织结构	基于流程的	基于技术的
根植性	强	较产业集群弱
在价值链中的位置	中低端	高端
对周边经济的辐射程度	弱	强

总的来说,产业集群和创新集群相互联系、相互影响。产业集群是创新集群形成的基础,而创新集群是产业集群发展的高级阶段,但是产业集群重视群内主体间的产业联系,对外显示的是一种经济功能;而

创新集群注重群内主体间的创新联系，对外显示的是一个创新源或创新系统。但是，产业集群和创新集群内部都存在着集群创新行为，并且集群创新能力的增强是产业集群发展为创新集群的必要条件。

五、国家高新区创新集群的发展

随着知识经济和信息时代的到来，我国把增强自主创新能力、建设创新型国家上升到了国家战略的高度。作为创新战略的载体，国家高新区正面临着转型，实现创新型的发展，建立创新集群是目前工作的重点。只有成功地建成一批有活力的创新集群，才能提高我国的自主创新能力，实现建设创新型国家的战略。

（一）国家高新区创新集群建设的基本条件

（1）国家科技发展战略的实施

①《国家中长期科学和技术发展纲要》的发布

2001 年 1 月，党中央、国务院继 1956 年知识分子会议、1978 年全国科学大会、1995 年全国科技大会之后召开了第四次全国科技大会，这也是新世纪召开的第一次全国科技大会。这是一次全面贯彻落实科学发展观，增强自主创新能力，建设创新型国家的动员大会。于 2006 年发布了《国家中长期科学和技术发展规划纲要（2006—2020 年)》（以下简称《纲要》），并做出了《关于实施科教规划纲要增强自主创新能力的决定》（以下简称《决定》)。

《纲要》共分十个部分，部署了 11 个国民经济和社会发展的重点领域以及 68 项优先主题，16 个具有战略意义的重大专项，27 项重点领域的前沿技术，18 个基础科学问题以及 4 个重大科学研究计划。它们涵盖能源、资源、农业、制造业领域，载人航天和探月、转基因生物新品种培育等战略工程，生物、信息、制造等领域的前沿技术以及蛋白质、纳米等科学研究。《纲要》指出，在今后的 15 年中，我国科技工作的指导方针为：自主创新，重点跨越，支撑发展，引领未来。《纲要》

也对科技发展的总体目标进行了规划，预计到 2020 年将要实现的目标为：自主创新能力显著增强，科技促进经济社会发展和保障国家安全的能力显著增强，为全面建设小康社会提供强有力的支撑；基础科学和前沿技术研究综合实力显著增强，取得一批在世界具有重大影响的科学技术成果，进入创新型国家行列，为在本世纪中叶成为世界科技强国奠定基础。

中央在《决定》中强调，要认真贯彻、执行《纲要》的规定；坚持走中国特色的自主创新的道路，把增强自主创新能力放在更突出的位置；深化科技经济体制与科技体制改革，整合科技资源，推动科技与经济的紧密结合。《决定》同时还强调配套政策的制定和实施，指出，为了确保《纲要》的执行，需建立涵盖财政税收、政府采购、知识产权保护、人才队伍建设等各个方面的政策体系，形成经济政策与科技政策相互协调的良好局面。

在这次会议上，中国科学技术部副部长刘燕华还阐述了未来中国科技发展的思路，在未来的发展中，主要是实现五个转变：从模仿为主转向自主创新；从注重单项技术研发向注重继承创新转变；从以科研院所为主力的点式创新向国家整体创新转变；从单纯注重科研向科研与科学普及并重转变；从一般性国际科技交流向全面科技交流转变。为创新集群的发展指明了方向。

②科教兴国战略的深入实施

自 1995 年 5 月，江泽民同志在全国科技大会上的讲话中提出了实施科教兴国的战略，确立科技和教育是兴国的手段和基础的方针以来，经过 15 年的发展，我国的科教兴国战略取得了显著的成效，科技发展水平有了长足的进步。实现了科技与经济的有机结合；繁荣了科技事业，培养、造就了一支高水平的科学技术队伍，全民族的科技文化素质显著提高；重大学科和高新技术的一些领域的科技实力接近或达到了国际先进水平。为我国进一步增强创新能力，发展创新集群，建设创新型国家提供了保障。

③ "973 计划"的实施

国家重点基础研究发展计划，即 "973 计划"，在 1997 年 6 月 4 日由原国家科技领导小组第三次会议决定制定和实施的，旨在加强国家战略目标导向的基础研究工作，随后由科技部组织实施了。制定和实施 "973 计划"是党中央、国务院为实施 "科教兴国"和 "可持续发展战略"，提高基础研究和整体科技水平而提出的科学发展计划，是提高我国创新能力的重大举措。

"973 计划"项目是对国家的发展和科学技术的进步具有全局性和带动性、需要国家大力组织和实施的重大基础性研究项目。十几年来，"973 计划"始终坚持面向国家重大需求，立足于国际科学发展前沿，为经济建设、社会可持续发展提供了科学支撑。

促进基础研究与国家目标结合，解决国家战略需求中的关键科学问题。在重大疾病防治方面，建立和完善了新药创制系列研究平台和方法；在战略矿产资源研究方面，发展了多项找矿预测的新技术和新方法；在节能减排方面，开发了系列传热传质强化单元装置并用于工程实践；在气候及气候变化的方面，揭示了季风系统突变与全球变暖之间的密切关系。

上述成果引领了行业理论和技术的发展，促进企业创新能力的提高。"973 计划"注重关键科学问题的提炼，解决行业发展的瓶颈问题，提升作为创新主体的企业科研能力。十几年来，"973 计划"在化工、钢铁、铝材、聚合物材料、油气勘探开发等领域取得了一系列行业关键性成果，促进了相关行业的发展，产生了良好的社会和经济效益。

"973 计划"同时还培养、聚集了一大批相关领域的顶尖人才，形成了诸多创新团队。这一事实证明，政府实施的重大科研计划是培养人才的有效方式，是凝聚顶尖人才的重要平台。在十几年里，参与 "973 计划"的人员共计 1.8 万人，其中有 502 位院士、637 位国家杰出青年科学基金获得者。围绕着这些重大科研项目聚集了众多的顶尖人才，吸引了一批海外学者回国，并形成了诸多创新团队。

④ "863 计划"的实施

1986 年 3 月，面对世界高科技蓬勃发展、国际竞争日趋激烈的严峻挑战，邓小平同志在王大珩、王淦昌、杨嘉墀和陈芳允四位科学家提出的"关于跟踪研究外国战略性高技术发展的建议"上，做出"此事宜速作决断，不可拖延"的重要批示，在充分论证的基础上，党中央、国务院果断决策，于 1986 年 11 月启动实施了"高技术研究发展计划"（863 计划），旨在提高我国自主创新能力，坚持战略性、前沿性和前瞻性，以前沿技术研究发展为重点，统筹部署高技术的集成应用和产业化示范，充分发挥高技术引领未来发展的先导作用。选择对中国未来经济和社会发展有重大影响的生物技术、信息技术等 7 个领域，确立了 15 个主题项目作为突破重点，以追踪世界先进水平，为中国在世界高科技领域占有一席之地奠定了更加坚实的基础。

（2）大学的研发能力增强，科研机构的发展

世界上的高新区，一般都是依托大学和研究机构建立和发展起来的。中国的高新区也是如此，大多数建立在高等学校和科研院所比较集中的智力密集地区，并以高等学校和科研院所为依托和后盾，利用他们在知识、技术、人才和科研成果等方面的优势，从事高技术的转化、开发和生产。因此，高等院校在高新区的建立和发展过程中起着重要的作用，高校科研的发展与改革也与国家科研改革和发展密切相关。随着科教兴国战略的实施，我国科研工作、高校的科研能力和水平有了很大程度的发展。特别是国家"211 工程"和"985 工程"的实施，国家对高校建设进行了较大的投资，使得国内的一些高校在软硬件设施上有了很大的改善，也为相关高校的学科建设、人才培养提供了很好的平台，一批优势学科和研发能力突出的人才显现出来。除此之外，高校自身也有一些转变，目前高校的科学研究，既抓住基础研究不放，也开始面向国

家和企业的需求进行科研活动，与实际的联系日益密切；另一方面，高校的团队合作精神也日益增强，各种工程研究中心、技术研究中心、重点实验室纷纷在高校内建立，高校成为了知识创造的中心。2009 年，高新区内聚集的各类高等院校已达到 391 所，促进了高新区的企业与大专院校、科研院所建立各种合作关系，并积极推动了产学研合作体和共建研发基地等；高新区还集聚了国家工程（技术）研究中心 263 个、开放实验室 860 个、产业技术检验检测平台 417 个、技术转移中心 175 个。以青岛高新区为例，高新区内分布着中国海洋大学、青岛大学、青岛科技大学、青岛理工大学、山东科技大学、中国石油大学等高等学府。另外，各种研究所、重点实验室、中试基地、产业孵化器、工程技术研究中心在高新区内落成。十家由国家认定的企业技术中心也为高新区的发展提供了重要的支撑作用。目前青岛高新区内聚集了各类专业人才，其中两院院士 24 人，外聘院士 25 人，中国青年科学家奖 2 人，他们成为了促进青岛高新区发展的一支重要研发力量，在高新区创新中发挥着越来越重要的作用。

（3）中介服务体系的不断完善

中介机构是技术创新服务体系的一个重要内容，各类信息服务机构、企业孵化器、知识产权机构、资产评估机构、投融资机构、技术服务机构等科技中介服务机构，是促进经济与科技的结合，将企业、大学、研发机构联系起来的桥梁和纽带。经过二十多年的发展，我国孵化器的规模仅次于美国居世界第二。据统计，现在全国拥有的孵化器有 600 多家，其中国家级孵化器 200 多家，孵化场地面积约 2300 万平方米；在孵企业 4 万多家，从业人员 80 多万人；累计毕业企业 600 多家，上市科技企业 60 多家。我国孵化器的发展正在与国际发展趋势接轨，逐步实现平台专业化、标准国际化、管理企业化、服务专家化、融资市场化、政策规范化，为我国高新区的创新发展奠定了基础。许多高新区还积极建立多元创新服务体系，建立毕业企业孵化基地，营造从企业橱窗、成长到产业化等不同发展阶段的"接力式"的创新服务环境，为企业提供全过程服务。以青岛高新区为例，园区内形成了以科技评估中心、知识产权服务中心、技术产权交易中心、科学技术信息研究所等在内的较为完善的中介服务体系。区内科技孵化器的建设也不断发展，近年来孵化基地面积迅速膨胀，已经形成具有明显地方特色和国内较强影响力的创新孵化体系。科技企业孵化器从最初成立的 2 个创业基地发展到目前的 20 个，其中国家级科技企业孵化器 4 家，包括青岛高新技术创业服务中心、青岛经济技术开发区高科技创业服务中心、青岛软件园和高新区新产业团地创业中心，后两者刚刚被评为国家级科技企业孵化器。总孵化面积超过 50 万平方米，在孵企业超过 700 家，已成为科技成果转化、培育科技企业的重要载体。截至 2008 年，入孵企业共 796 家，其中经认定的高新技术企业 111 家（青岛创业园 43 家、开发区创业园 29 家、科技街孵化中心 4 家、市南软件园 35 家）。青岛创业园创业基地内已入驻企业 300 余家，聚集了一大批技术创新能力强、成长潜力大的中小企业，这些企业集中在电子信息、软件、光机电一体化、海洋生物、环保节能等产业领域。入驻企业经过几年的培育，经济实力不断增强，创新能力不断提高。市南软件园已吸引了包括微软、IBM、用友、浪潮等国内外知名软件企业在内的 145 家企业落户，其中包括美国、日本、韩国、瑞典等国家的外资软件企业 28 家，园区已集聚软件研发人员 5000 余人。

（4）投融资体系的不断完善

由于科技开发具有周期长、风险大、信息不对称等特性，决定了高新技术产业的成长要有新型融资渠道和方式来保障其创立、成长、壮大，健全的风险投资体系和完善的资本市场是高新技术产业发展的基本要素，这是高新技术产业集群发展的必备条件，并与高新技术产业集群的发展相辅相成。《纲要》对促进创新的金融政策进行了明确的要求，提出要建立完善风险投资体系，制定支持创业风险投资的法律支撑政策，推进创业板改革，建立适合不同类型企业的多层次市场投资体系，努力为高科技中小企业在海外上市创造便利条件。逐步建立技术产权交易市场，探索以政府财政资金为引导，政策性金融、商业性金融资金投入为主的方式，采取积极措施，促进更多资本进入创业风险投资市场。建立全国性的科技创业风险投资行业自律组织。搭建多种形式的科技金融合作平台，政府引导各类金融机构和民间资金参与科技开发。鼓励金融机构改善和加强对高新技术企业，特别是对科技型中小企业的金融服务。鼓励保险公司加大产品和服务创新力度，为科技创新提供全面的风险保障。中国人民银行、证监会、银监会、国家发改委、财政部、科技部等多个部门也在国务院的领导下，加快研究提出发展我国风险投资和资本市场的具体政策措施。

经过多年的建设，许多高新区已经初步形成了多种融资方式相互补充的、紧密服务高新技术产业与研发机构发展的投融资服务体系。

（二）国家高新区创新集群建设路径

（1）加强创新集群的理论与政策研究，加大宣传力度

目前，国内外虽然有很多学者都对创新集群进行了研究，但由于其出现的时间较晚，相对于其他理论研究来说，对创新集群的研究还比较少，特别是关于创新集群的基础理论，如创新集群的发展演变、动力机制、创新机制等，所以应加强对创新集群的理论研究，为实践提供理论基础。另外，还要加强对创新集群的政策研究，分析各种政策工具在创新集群发展中的作用，充分利用各项政策为自身发展服务。对创新集群的认识也有待进一步深化，要对创新集群有一个明确的阐述，并在理论基础上形成实践共识，在共识的基础上使创新集群的建设成为相关主体的自觉行为。

（2）发挥大学和科研机构的知识中心作用

大学和科研机构作为创新主体，不仅可以为集群创造出新的知识与技术，实现知识的扩散；还可以为集群输送大量的高素质人才，为高

新区的发展提供知识、技术和人才支持。鉴于大学和科研机构的重要作用，集群应依托并进一步发挥大学和研究机构的作用。首先，要充分调动大学和科研机构内高素质人才创造良好的科研和生活环境，以调动其科研积极性；其次，要建立良好的外部联系通道，在科研阶段尽可能的和风险资本合作，在取得科研成果后，要提供成果产业化的渠道，建立起大学知识产权商业化机制以促进知识的高效传播和扩散。除此之外，大学和科研机构自身也应积极参与到创新集群的各种发展活动之中，以社会以及集群发展需求为导向，进行课程设置和研究方向的选择，培养适应市场需要的高素质人才，同时要积极地支持教授、研究人员、学生所进行的科技创业活动。

（3）发展产业联盟

产业联盟（Industry Alliance）是指出于确保合作各方的市场优势，寻求新的规模、标准、机能或定位，应对共同的竞争者或将业务推向新领域等目的，企业间结成的互相协作和资源整合的一种合作模式。联盟成员可以限于某一行业内的企业或是同一产业链内各个组成部分的跨行业企业。联盟成员间一般没有资本关联，各企业地位平等，独立运作。

进入 20 世纪 90 年代以来，产业联盟在我国初见端倪，TD-SCD-MA 产业联盟、宽带联盟、WAPI 联盟等一大批高新技术领域的产业联盟日益兴起。产业联盟能以较低的风险实现较大范围的资源配置，成为企业优势互补、拓展发展空间、提高产业或行业竞争力、实现超常规发展的重要手段，已然成为一种重要的产业组织形式，对产业发展、企业成长特别是高新技术企业的快速成长具有重要意义。目前许多国家的高新区正着力于促进产业联盟的发展，通过构建产业联盟，使企业间的资源进行水平式双向或多向流动，进而提高合作方的创新力。促进企业间、产学研之间、联盟之间的合作与交流，形成创新网络和创新集群，鼓励产业联盟开展各类活动。将具有共同目标的企业、大学、科研院所等主体聚集在一起，通过有效地沟通，促进产业的技术和信息交流，提高创新效率，从而推动创新集群的发展。

(4) 发展创新服务业

创新型服务业是以高新技术为支撑，以研发、创新为核心，以提升服务对象创新能力为目的，强调技术集成和模式创新的新兴产业，是经济全球化的产物，是产业价值链分解，尤其是研发产业链分解的结果，也是服务业中最具创新活力的行业。创新型服务业具体包括三类行业：第一类是由于技术进步而直接形成的新的服务业形态，如数字出版、网络游戏、移动网络服务等；第二类是基于市场分工、从制造业中衍生和分化出的以科技进步为依托的生产性服务业形态，如技术研发、工业设计、技术交易、科技咨询等新业态；第三类是由于科技进步（特别是信息技术）赋予传统服务业新的内涵而形成的服务业态，如电子银行、电子商务、远程医疗、远程教育等。

我国高新区应大力发展以研发服务、创意设计服务、科技服务、互联网服务和节能环保服务等为核心的创新服务业。发展创新服务业，要从人才、投融资、税收、科技平台和科技服务体系建设等方面进一步完善促进创新服务业发展的政策体系。大力支持创新服务业企业充分把握全球产业价值链分解、重组、融合的大趋势，瞄准价值链的关键环节，通过技术、组织、流程、业务模式等多个方面的综合创新和根本性变革，实现商业模式创新；通过差异化、独特化的商业模式提升竞争力，创造新的商业逻辑来提升价值，保持竞争优势，实现快速发展。同时，改善天使投资和风险投资发展环境，加强区域内风险投资机构与天使投资机构的对接，对进入成长期的企业和优质项目给予风险投资支持。

(5) 加强政策体系的建设

20 世纪 70 年代以来，主要发达国家就对创新集群的政策进行了研究和实践尤其是近年来，创新集群政策的研究更加系统化、制度化，为我国的政策研究提供了借鉴，各国有关创新集群的发展政策，如表2—7。

表2—7　典型国家的创新集群政策

国　　家	创新集群政策
美　国	保护知识产权，加大科技投入并促进创新成果产业化
英　国	政府的角色定位于催化剂和经纪人，启动区域集群项目
瑞　典	扶持潜在集群，规范市场环境
比利时	对某些集群项目给予财政补贴，鼓励技术扩散，保护知识产权
奥地利	扩大政府购买需求，建立合作创新平台
荷　兰	构建知识平台，提供战略信息
日　本	政府主导合作创新，预测行业发展方向，促进产学研一体化
澳大利亚	规范市场环境，鼓励合作创新
韩　国	政府主导引进创新或合作创新，带头承担科研任务
新加坡	重点保护知识产权

从表2—7可以看出，其政策主要着眼于宏观环境的建设，及规范市场环境和引导企业自主创新或合作创新。在规范市场环境方面，政府采取市场硬件设施建设、保护知识产权、创立产学研一体化的创新平台等政策；在引导企业创新方面，通过财政支持、税收优惠、资金支持等促进集群创新。

国外的经验表明，从制度层面着手，采取自上而下的政策设计原则是克服市场失灵的可行性措施。规范有效的市场环境可以促进企业的自主创新，适时的政策引导可以促进企业之间的合作与资源共享，推动集群创新。

长期以来，政府对我国高新区的建设和发展起着重要的作用，迄今为止，政策在我国高新技术产业发展方面所起的作用是极其重要的。良好的政策环境是创新资源集聚和高效利用的前提，是高新区快速、持续、协调发展的根本保证。产业集群技术创新的政策体系包括了支持和规范集群技术创新行为的全部要素，需要从财政支持、税收保障、金融支撑、知识产权保护、市场硬件设施建设、促进产学研的一体化等方面综合考虑。

①财政支持政策

落实倾斜性财政政策，就要调整财政对科技产业的投入方式，改变原来直接补贴的财政支持政策，更多地采用间接扶植，扶持的对象应由原有的科研机构、科技人员，变为科研开发项目和开发环节。财政投入的重点要放在公共产品和准公共产品领域，因为技术创新密集的地区对公共技术平台的要求更高，这个平台的使用不会导致他人对该项技术使用的减少，政府财政投入才能使资源配置达到最优。在现有的基础上继续加大财政对集群创新的支持，增加预算内对科研的支持，另外还可以合理利用预算外资金，把财政部门管理的小型技改贷款、教文卫行政周转金、工交商贸企业周转金、支农周转金等各项周转金，向科技开发倾斜，保证技术创新资金需要。另外，还应建立新型政府资助管理体制，革新部分政府专项资金、补贴的下达方式，实行项目招投标制、专家同行评议评审制和成本核算制，使政府专项资金、补贴资金投入更具有公平性和竞争性。又如，青岛市高新区为了实现二次创业，建立创新型的集群，指出要设立战略行新兴产业发展专项，加大财政投入，着力支持重大产业创新发展工程、重大创新成果产业化、创新能力建设、公共技术服务平台等。

②税收保障

实施税收政策应当尽量发挥有限税收资源的最大效能，系统地规划设计促进创新集群发展的税收优惠政策。主要是要转变税收优惠方式，由事后利益让渡的直接优惠转向侧重于税前利益让渡的间接优惠。目前国家对高新区的税收优惠多是采取包括减税、免税、优惠税率和税收扣除等在内的直接优惠，是针对经营结果的减免税，不但会直接减少国家的税收收入，而且也会使区内企业形成一定的政策依赖性，不利于集群的发展，使得支持的力度减弱。间接优惠包括加速折旧、投资抵扣、亏损结转、费用扣除、提取风险准备金等，它侧重于税前优惠，主要通过对企业征税税基的调整，激励纳税人调整生产、经营活动使其符合政府的政策目标，具有较好的政策引导性，有利于体现市场竞争的公平性，形成"政策引导市场，市场引导企业"的机制。间接优惠方式中加速折旧、再投资的税收抵免两种方式可以更加有效地引导企业的投资或经营行为，鼓励企业从长远角度制定投资或经营计划。

③金融支持

完善创新的投融资体系和信用体系。首先要进一步加快建立与高新技术企业成长规律相一致的投融资体系，创新融资、担保、贴息等机制，除了利用传统的商业银行信贷资金外，还可以利用一些新的融资方式，形成多层次投资主体的投融资体系，包括政府引导资金，它是由政府主导成立的基金，本身具备分散投资、降低非系统风险的作用，使得机构投资人更容易实现总体收益的稳定增长；天使基金，是专门投资于企业种子期、初创期的一种风险投资，它更青睐于具有高成长性的科技型项目；创业风险投资，通过向处于创建和重建过程中的未上市企业进行股权投资，并为其提供管理和经营服务，以期在企业发展成熟或相对成熟后，通过股权转让获取资本增值收益。除了要加强投融资体系的建设外，企业自身也要不断地创新发展，使自己能够获得更多的资金支持。其次还可以引导企业利用主板市场、创业板市场、海外融资等资本市场进行融资。主板市场进入的门槛比较高，一些新建立的高新技术企业可能无法进入主板市场，它们可以更多地利用创业板来融通资金，创业板市场是专门协助高成长的新兴创新公司特别是高科技公司筹资并进行资本运作的市场，另外企业也可以从海外获得发展资金。要多方引入国内外投资型企业入区，推进技术产权交易融资，积极探索"高新区＋高技术成果＋民营资本"联合支持高科技项目的有效途径，构筑重大产业化项目金融服务的快速通道。改变信用担保模式，充分发挥银行对科技产业的支持作用，引导商业银行积极参与区域科技成果产业化过程。以青岛高新区为例，为了促进创新集群的发展，高新区指出，要鼓励金融机构针对战略性新兴产业开展金融创新。扩大动产质押贷款、应收账款融资、订单融资、仓单提单全质押贷款等金融产品的范围，研究发展股权质押、专利权质押、商标专用权质押、信用贷款等贷款新模式。加大对战略性新兴产业中小企业的金融支持力度。成立中小企业融资担保中心，推动科技型中小企业信用体系建设，鼓励中小企业成立贷款联保协会或专业信用担保公司，鼓励保险机构积极开发为中小企业服务的保险产品，发展中小企业信用保险体系。完善企业上市培育工作机制，优化上市扶持政策，推动有发展活力、科技含量较高的战略性新兴产业企业上市。扩大政府直接投资的创业投资引导基金规模，拉动不少于30亿的社会资本设立一批创业投资基金，重点投入创新产业。

④知识产权保护

创新集群内企业的技术创新在现实中存在着一个矛盾，即"如果技术创新成果扩散较快，创新企业所取得的收益可能会低于付出的成本，使得企业创新的积极性下降；反之，如果新成果一直被封闭，则会造成社会资源的浪费，不利于创新的发展，阻碍了社会的进步"。这一矛盾在一定程度上影响了政府的决策，制约了集群的发展，为了解决这一矛盾就需要加强知识产权管理。知识产权制度是实现创新的必要保障，也是尊重科技人员和知识的重要体现。知识产权管理的一个重要特征是"使创新成果具有合法的垄断性"，它通过对创新产品授予专利等措施使创新者将发明迅速商业化和产业化，并且独占创新所带来的利益，促进了企业创新的积极性。所以，国家各级政府应加强对知识产权保护和科技成果转化的立法建设，强化政府相关职能部门、高新技术企业决策者和管理者的知识产权意识，更好地促进创新资源的应用和创新集群的发展。以青岛高新区为例，目前区内有完善的专利申请制度，使得企业的创新成果能够得到较好的保护，而且区内还分布着大量的专利申请代理机构，代理机构的存在使得企业可以专心于科研创新，而不用分神于专利申请的一系列复杂手续，提高了创新的效率。

第四节　基于人力资本视角的高新区发展
差异成因分析

一、关于高新区发展水平差异的研究

从 1988 年中国第一个高科技产业开发区在北京中关村成立以来，已经有 20 多年了，高新区依托我国的科技实力和工业基础，同时利用一系列高新技术产业化优惠政策以及各项改革举措，引进一切可能的国内外先进科技资源和管理模式，创造了良好的投资环境和创业环境，最大限度地推动和发展了科技产业化进程，已经成为我国发展高新技术产业的基地，也为各区域和我国的经济增长提供了强劲的动力。根据世界银行的报告：高科技产业开发区对全国 GDP 的贡献率为 7.1%。2007 年，54 家高科技产业开发区培育了全国一半的科技企业和产业孵化中心，共申请注册了 5 万项发明专利，这一数字超过了国内公司注册专利总数的 70%，这里还培育了 120 万名研发人员，占到开发区全体员工总数的 18.5%，高科技产品出口占到全国的 33%。在高科技产业开发区成立的 15 年时间里，从这里制造的高科技产品占到全国一半的份额，出口的高科技产品占到全国的三分之一[①]。

高新区成功的模式在全国推广以后，各地纷纷大展拳脚，以求高新区起到科技创新、产业升级和转型以及地方发展龙头的作用，但是在发展过程中却显现出了巨大的差距，发展水平的差异也逐渐出现。其中据世行报告，在 2006 年，按增加值排名前五位的高科技产业开发区分别是：北京中关村、上海张江、南京、无锡和深圳；2010 年，按国家

---

① 曾智华：《打造增长和竞争力的引擎：中国经济特区和产业集群的发展经验》，世界银行 2010 年报告。

高新技术产业开发区的工业总产值来看，最高的北京地区 419302193 千元，而最低的 37505222 千元，只有北京的 1/11。在反映高新区创新能力的技术收入方面同样存在着同样的问题，排名前十的北京、天津、沈阳、上海、杭州、济南、广州、重庆、西安地区的国家高新区的技术收入占总技术收入的比例高达 75%。[①] 关于高新区发展水平的差异，在学术界也有所研究，主要体现在对高新区评价体系的建立，如创新评价体系、竞争力评价体系等的建立，并由此来评价各个高新区的发展。

李梦玲、赵希男两位学者早在 1995 年就构建了一个对高新区进行综合评价的指标体系，这一体系包含 28 个指标，其二级指标涉及信息集聚、资本集聚、人员集聚、企业集聚、成果集聚、基地建设、产品孵化、企业孵化、区内建设、区外扩散与渗透、国内开放、国际开放等。两位学者继而采用层次分析与专家咨询相结合的方法对那一时期的 22 个国家级高新区进行了评价。调查的结果表明，虽然当时高新区在产值、收入、利润等方面均呈现出较大的增长，但各高新区的发展是存在很大差异的，这 22 个高新区的发展程度极不均衡。[②] 学者张伟也于 1998 年提出了一个包含空间规模、经济实力、人才实力、开发效益 4 个一级指标的高新区综合评价指标体系，他通过定量、定性结合的方法对 52 个高新区的发展状况进行了评价，并依据发展状况将其分为了三类：(1) 发展较好的高技术区有：北京、上海、沈阳、天津、武汉、西安、石家庄等 7 个；(2) 具有发展潜力的高技术区有：吉林、郑州、南京、中山、苏州、广州等 6 个；(3) 欠发育的高新技术区有包头、珠海、保定、鞍山、无锡、南昌、株洲、佛山、桂林、南宁、厦门、海南、绵

---

① 根据《中国火炬统计年鉴 2010》相关数据整理。

② 李梦玲、赵希男：《高新技术产业开发区系统评价与分析》，载《科研管理》1995 年第 1 期。

阳、宝鸡和乌鲁木齐 15 个。[①] 在此基础上，刘容增（2002）也利用因子分析法对我国高新区发展的态势进行了定量分析。根据对得分情况的分析，最后的结论是北京、上海发展情况最好，珠海、包头、宝鸡、海南和乌鲁木奇等高新区发展不甚理想。为此，本书将全国 52 个高新区(不含杨凌)的发展现状分三个等级：一级为发展良好、二级为中等、三级为较差，因此总体上，高新区的发展与地区经济发展状况、城市综合实力相一致，表现出东部沿海地区好于中西部地区，大城市、特大城市好于中小城市的特征。

随着指标和统计工具的应用，对高新区发展水平的评价也更加科学、客观，汪婷、向隅（2005）从制度效率和规模效率出发，利用包络分析方法（DEA），选用企业和人员数作为投入指标，选用工业总产值、技工贸总收入和出口创汇作为产出指标，对我国 53 个高新区的相对效率进行了评价[②]；结果发现，"只有厦门高新区和深圳高新区同时处于制度有效与规模有效地位，同时，其余 51 个国家级高新区的生产活动均未能达到制度有效和规模有效，其中 43 个高新区在不同程度上存在规模收益递减的问题"并认为"这反映了我国国家级高新区数量显得过多，总体效率不高，高新区之间存在有缺乏合作、竞争过度的现象，损害了这些高新区的运作效率"。

此外，高新区的创新能力在发展过程中也呈现出不同，范柏乃（2003）提出了包含资产总额、研究开发经费、研究开发人数、中高级职称人数、人均资产、人均研究开发经费等 16 个指标的评价体系。在此基础上，利用统计软件，得出了体现 52 个国家高新区技术创新能力强弱的效用值。研究结果表明，我国高新区之间的技术创新能力存在着

---

① 张伟、顾朝林、陈田、邱友良：《中国高新技术区的综合评价》，载《地理研究》1998 年第 3 期。

② 汪婷、向隅：《我国高新技术产业开发区发展状况比较评价》，载《技术经济与管理研究》2005 年第 4 期。

显著的差异。依据技术创新能力的强弱，52 个高新区大体上可以划分为 6 类[1]，如表 2—8。

表 2—8 高新区创新能力的强弱分类

类 别	高新区
1	北京、上海高新区，它们的各项评价指标、效用值都明显高于其他高新区
2	深圳、南京、无锡、佛山、青岛、苏州等高新区
3	杭州、天津、长沙、武汉、西安、沈阳、长春、吉林、广州、福州、海口、成都、厦门、哈尔滨、绵阳、郑州和大连等高新区
4	淄博、石家庄、南昌、济南、珠海、昆明、南宁、重庆、合肥、中山、威海等高新区
5	株洲、太原、潍坊、襄樊、常州、大庆、兰州、包头、保定、桂林、洛阳等高新区
6	贵阳、宝鸡、乌鲁木齐、鞍山等高新区，这几个高新区技术创新能力的效用值在 1 以下，显著地低于其他高新区

二、高新区发展水平差异现状

通过以上学者的研究可以看出，高新区经过多年的发展，各个经济指标突飞猛进，从 1995 年到 2009 年间，高新区企业数、总收入、工业总产值、净利润、上缴税额、出口创汇、年末从业人数都呈现出逐步上升的趋势。而另外一个方面，各个高新区之间的发展水平也逐渐显现出差异（见附录表 1），普遍认为发展较好的高新区一般分布在东南沿海，中西部的高新区发展水平相对落后。那么到底发展水平差异的现状是怎样的？这些现状是怎样造成的呢？通过对《中国火炬统计年鉴2010》、《中国火炬统计年鉴 2009》、《中国火炬统计年鉴 2008》的整理，比较各个高新区之间具体指标，可以说明以上两个问题。

本文取以上各个指标的三年平均数，按照各个指标的大小进行简单排序，然后将排名最后相加得出综合成绩，如果最后得出的综合成绩数值最小，即说明综合发展的水平越高，经过计算得出的结果

---

[1] 范柏乃：《国家高新区技术创新能力的评价研究》，载《科学学研究》2003 年第 6 期。

如表2—9：

表2—9 国家高新区综合成绩排名

排　名	地　区	排　名	地　区	排　名	地　区	排　名	地　区
1	北　京	15	沈　阳	29	郑　州	43	昆　明
2	上　海	16	长　春	30	吉　林	44	南　宁
3	西　安	17	长　沙	31	包　头	45	兰　州
4	成　都	18	济　南	32	宁　波	46	保　定
5	广　州	19	珠　海	33	中　山	47	株　洲
6	天　津	20	合　肥	34	石家庄	48	绵　阳
7	武　汉	21	常　州	35	洛　阳	49	福　州
8	无　锡	22	佛　山	36	南　昌	50	桂　林
9	深　圳	23	淄　博	37	宝　鸡	51	泰　州
10	苏　州	24	太　原	38	青　岛	52	贵　阳
11	南　京	25	重　庆	39	威　海	53	乌鲁木齐
12	大　连	26	哈尔滨	40	大　庆	54	湘　潭
13	杭　州	27	潍　坊	41	鞍　山	55	海　南
14	襄　樊	28	厦　门	42	惠　州	56	杨　凌

这种划分是以规模和效益为基础的，并不能体现高新区的创新能力等方面，但是从分析结果可以看出北京、上海依然增势不减，排名靠前的基本属于东部沿海地区，但是中西部的基本状况有所好转，而中西部的西安、成都、武汉则鹤立鸡群，体现了中西部发展势头的强劲。

另外一种反应地区间发展差异的指标是变异系数：是采用统计学中标准差和均值比来表示的，其公式为：

$$V = \left[\sum_{i=1}^{n} (X_i - \bar{X})^2 / n \right]^{1/2} \frac{1}{\bar{X}}$$

其中：V为变异系数，Xi为地区某属性值（如人均收入和人均工业总产值），n为地区个数。V反映了各地区某属性值相对于该指标平均值的整体离散状况，V越大表明某属性值的区域间差异越大。我们计算2008、2009年54个国家高新区以及2010年56个国家高新区的变异系数（表 2—10 和表 2—11），通过观察标准差的大小可以看到各个高新区人均收入和人均工业总产值的标准差很大，说明高新区间发展水平存在显著差异。

表 2—10　高新区人均收入均值和标准差

年　份	N	Minimum	Maximum	Mean	Std. Deviation
R08	54	336.67	1832.04	811.512	299.9472
R09	54	262.23	2091.81	875.553	311.2470
R10	56	351.25	1818.09	923.911	289.7022

资料来源：由《中国火炬统计年鉴 2010》、《中国火炬统计年鉴 2009》、《中国火炬统计年鉴 2008》整理得出。

表 2—11　高新区人均工业总产值均值和标准差

	N	Minimum	Maximum	Mean	Std. Deviation
G08	54	48.07	1716.34	708.239	301.7892
G09	54	212.42	1985.84	773.315	292.4152
G10	56	312.38	1774.06	812.583	269.8427

资料来源：由《中国火炬统计年鉴 2010》、《中国火炬统计年鉴 2009》、《中国火炬统计年鉴 2008》整理得出。

三、高新区发展水平差异的原因

那么，这种现状出现的原因何在？除了高新区之间同质化严重，导致相互竞争激烈、资源配置不均以外，运用地区间经济发展差距形成的原因也可以解释高新区发展水平的差异。学术界关于中国地区间经济发展差异的实际情况、趋势和内在原因有很多种不同的观点，就差距形成的原因来看，代表性的观点主要有四个：

（1）地域差异说

这种观点的认为中国当代地区发展的不平衡是由于要素禀赋的静态差异所造成的。其中具有代表性的成果认为，沿海地区在自身地理优势和低运输成本上实行市场改革和开放政策，吸引了大量的外资和流动劳动力，极大地促进了经济的发展。Bao 等人发现地理因素可以解释省份经济增长变化原因的 60%，尽管每个省份都有自己的普遍的或者独特的政策，但是绝大部分的投资选择沿海地区主要在于其便利的运输和地理优势①。由于循环累计效应的作用，他们还预测沿海地区将继续持续增长，中国地区间差异将依然存在。此外，地理因素被认为是比政策因素更为持久的因素，户口制度将农民绑在土地上、地方保护主义减少了省际贸易机会，从而造成了地域间发展的不平衡。

（2）制度差异说

此理论认为造成地区间发展差异的主要原因在于我国从计划经济向市场经济转型时期的制度安排导致的，此阶段各地区市场成熟程度的不同以及计划体制下形成的产品和各种要素价格扭曲在市场经济中国的延伸造成了地区间发展水平的拉大。其中，魏后凯（1998）认为未来的市场竞争是人才、技术和经济综合竞争。其中人才是最关键的因素。然而无论是以上三种要素的投入如何，要很好地发挥其功能和功效，都必须有相应的制度保障。因此得出结论，认为在未来市场竞争和区域发展中，制度创新将起到越来越重要的作用②。王必达（2003）认为，制度变迁是后发展地区经济增长的发动因素，并进一步提出由技术模仿创新所带来的制度移植是落后地区发展区域经济的主要形式③。孙敬冰等（2005）在比较了东、中、西部三区域的制度性差距，得出了区域制度和非正式制度差异是造成区域经济发展差距的重要原因。曹阳（2009）认为制度非均衡发展是形成区域经济发展水平差异众多因素中最重要，此外制度中非正式制度对区域经济发展有潜移默化的深层次影响④。

---

① Bao S & CHANG G H & SACHS J R D, Geographic Factors and China's Regional Development Under Market Reform, 1978-1998, *China Economic Review*, 2002（13）.

② 魏后凯：《跨世纪我国区域经济发展与制度创新》，载《财经问题研究》1998 年第 12 期。

③ 王必达：《关于后发展区域经济制度变迁问题的理论探讨》，载《经济学家》2003 年第 6 期。

④ 曹阳：《区域经济发展的差异性与制度发展的非均衡》，载《经济学家》2009 年第 12 期。

（3）市场机制说

市场机制对于资源的重新配置作用明显，由于市场机制存在的客观性，生产要素必然由回报率低的地区流向回报率高的地区，也可以说要素配置效率高的地区对生产要素有更强的吸引力。这种理论认为，正是这种市场机制的作用，使得回报率高的地区累积的生产要素越来越高于回报率低的地区，导致了地区间发展的差异的不断扩大。如范剑勇对产业集聚的研究，他认为产业集聚是由制造业规模递增、厂商为节省制造业产品的运输成本、要素的流动性等综合因素引发的，这些因素使得上下游企业存在内在冲动集聚在某一地区。通过实证分析后发现，在地区间高贸易壁垒存在的情况下，我国东部沿海地区人口初始条件和优越的地理位置以及中西部地区劳动力的跨省流动这三个因素促使了产业在东部沿海地区的集聚，使我国东部沿海地区成为中国制造业中心。这一产业集聚的产生是我国当前地区差距形成的重要原因。

（4）综合因素说

这种观点认为中国区域发展差距形成的原因是多方面的，需要进行综合的全面的分析，同时这种观点也是被普遍认同和接受的观点。概括起来主要有以下主要观点，如表2—12。

表2—12　综合因素说的主要观点

学　者	综合因素内容
魏后凯、刘楷（1997）	地理区位、资金投入、产业机构效应、投入产出效果因素、地区发展战略的取向以及政府的政策作用
陈国阶（1997）	历史、自然、社会等综合因素长期演化的结果并受世界区域发展不平衡的影响
张文宣、张伦伦（2001）	生产要素分布于流动、政策和制度因素、地理位置和历史因素、经济结构因素
苏方林等（2004）	自然条件和社会、经济、文化等因素以及原有基础和政策上的原因
胡大立（2006）	中西部与东部民营经济发展水平的差距
任建军、阳国梁（2010）	固定资产投资区域差异化、中央项目基本建设投资区域差异化、房地产投资区域差异化、外商投资区域差异化、信贷配给区域差异化

综上所述，区域经济差距形成原因是非常复杂的，可以归因的经济因素就有：投资倾斜、吸引资本能力差距、开放的次序及程度差距、市场化程度、基础设施建设差距、地区产业结构变动、资本、劳动力等原因，此外还有区位、人口素质、历史、意识、文化等多方面因素。

同时，人力资本也作为一个单独的因素来解释区域发展不平衡的原因。其中，中国社科院人口研究所的研究表明，我国地区差距扩大的原因是东西部间人力资本要素禀赋差距不断扩大导致的。其中，李玲（2003）研究表明我国地区间发展不均衡的原因是由以人力资本为依托的知识、技术、信息等相关因素造成的。彭小辉（2007）认为人力资源差距是我国地区间经济发展差距诸多成因中的关键因素；没有人才也就没有知识、技术的积累，便会失去赖以生存和发展的实体，所以实施人才战略是缩小我国东中西部经济发展差距的必然选择。郭玉清等（2007）从经济的内生增长理论出发，通过对 1990 年以来中国地区经济差距的实证研究分析，认为中国落后地区的低人力资本禀赋难以同本地的创新形成良性互动是导致其经济增长速度缓慢的原因，因此加强人力资本建设才是解决地区间发展不平衡、缩小地区发展差距的根本因素。①

通过对地区间发展差距的研究同样可以借鉴于分析高新区间发展水平的不一，这种差距造成的原因可能是多方面的、综合的、复杂的，故本书仅从人力资本的角度进行分析，用人力资本的视角来解释高新区发展差异的形成和演进。

四、高新区发展差异的原因探析

（一）研究假设与模型建立

根据上文分析，假定影响高新区经济差距有三种因素：资源禀赋因

---

① 郭玉清、杨栋：《人力资本门槛、创新互动能力与低发展陷阱——对 1990 年以来中国地区经济差距的实证研究》，载《财经研究》2007 年第 6 期。

素、制度差别因素以及对外依赖因素。资源禀赋因素指与经济发展和收入水平相关的资源丰富情况，尤其是人才资源禀赋；制度差别是由我国处于经济转轨时期所带来的，由于各地市场化程度的不同带来的各地开放程度、政府干预等的制度差异；对外依赖因素，是指高新区对外出口的依赖程度，是一个与区域产业结构、技术结果相关的因素。

本书构建下述模型希望验证这三大因素，特别是人才因素对高新区间发展差异是否真正存在影响，程度如何？本书参照郭玉清、杨栋（2007）的研究方法，采用多元回归分析法对人才资源、制度差异及对外依赖三大因素对高新区间经济发展水平差异进行实证研究。

多元回归分析的模型为：

$$Y = \beta_0 + \beta_1 X_1 + \beta_2 X_2 + \beta_3 X_3 + \varepsilon$$

其中，Y 为因变量，表示高新区经济发展水平的指标；X_1、X_2、X_3 为自变量，分别代表人才资源、制度差异及对外依赖三大因素；ε 为残差，即那些通过人才资源、制度差异及对外依赖三大因素不能解释的部分；β_0—β_3 为需要确定的模型参数，反映的是某一自变量对因变量的影响程度。

（二）**指标选取和数据采集**

（1）反映高新区经济发展水平的指标的选取

在反映高新区经济差距指标中最具有代表性是总收入水平，在计算时对此指标取自然对数处理。数据采集于相应年度的《中国统计年鉴》和《中国火炬统计年鉴》。

（2）人才资源指标的选取与数据采集

由于人才资源的独特性，其资本存量的计算存在相当难度。目前来说，主要的衡量方法有：①受教育年限法。该法属于投入角度的度量方法，将经济体中的劳动力按接受教育程度分类，然后按不同劳动力的人力资本性质对其进行加权求和，即得到该经济体的人才资本存量。

$$H = \sum HE_i t_i$$

公式中 HE_i 为某年的人才总数；t_i 为某层次人才受教育年限。这种方法简明扼要，数据的可得性与精确性都令人满意，但是它忽略了知识的累积效应，不能充分反映不同教育阶段的时间价值存在的巨大差异。②教育经费法。该方法从人力资本核算的角度测算培养和教育劳动力的成本，也是度量人力资本的重要方法之一。而这种成本包括公共教育支出的部分以及其他公共机构用于培养和培训劳动力的部分，当然还包括个体支出的部分。导致统计口径的差异较大，而个人支出的部分更是无从统计。③承认识字率。以此来代表人力资本只反映人力资本存量的一部分，未接受正规教育而通过其他方式获得人力资本的部分得不到反映。

在综合考虑统计口径与数据的可获得性的基础上，本书采用了最能综合反映地区人才数量和质量的人均人才受教育年限指标。该指标的获取首先根据人才的统计口径（中专或中高级以上）来确定各层次人才的数量，从而把人才资源从一般人力资源中剥离出来。同时，借用不同层次人才的培养需要花费的教育年限来衡量和表示人才质量。在这里把大专以上受教育年限取 16 年（由于研究生受教育年限为 19 年、本科受教育年限为 16 年、大专毕业受教育年限为 15 年），计算得到总的人才受教育年限。人才受教育年限总和为：

$$H = \sum (P_i B_i)(i = 1, 2)$$

其中，P_i 为第 i 种学历层次的人才数目；B_i 为第 i 中学历的人才受教育年限。为了剔除由于各高新区从业人数大小带来的问题，为了更准确地进行各地区的比较，得到高新区人才总的受教育年限后再除以各个高新区的总从业人数，得到各地区人均受教育年限值。数据采集于《中国统计年鉴》、《中国劳动统计年鉴》以及《中国火炬统计年鉴》。

（3）制度差别指标的选取和数据采集

改革开放以来，我国的经济建设所取得的成就举世瞩目，然而在这一过程中也出现了地区间的经济、法制等建设的失衡问题，市场发展程度的不同使各地的制度体系存在明显的差异（樊纲和王小鲁，2003、2008），制度的差异又会对企业产生显著影响，例如，制度环境差的地区往往市场的资源配置能力也差，政府控制着大量资源而企业无法通过市场机制获得所需的资源，这更加剧了资源配置效率低下的问题。因此，我们借鉴樊纲和王小鲁（2003、2008）的市场化指数来代表制度的差异（表2—13）。

表2—13 中国市场化指数情况（按省份）

地　区	2005	2006	2007	平均值
北　京	9.23	9.21	9.32	9.25
天　津	8.49	8.74	9.25	8.83
河　北	8.69	8.70	8.69	8.69
山　西	7.00	6.85	6.96	6.94
内蒙古	6.86	6.79	7.01	6.89
辽　宁	8.45	8.48	8.67	8.53
吉　林	7.65	7.78	8.31	7.91
黑龙江	7.74	7.61	8.07	7.81
上　海	9.96	9.87	10.27	10.03
江　苏	10.32	10.55	10.60	10.49
浙　江	9.90	9.97	10.12	10.00
安　徽	9.83	9.86	9.80	9.83
福　建	9.94	9.99	10.34	10.09
江　西	7.70	7.99	8.41	8.03
山　东	8.52	8.71	9.05	8.76
河　南	8.87	8.28	8.54	8.56
湖　北	9.03	9.04	9.11	9.06
湖　南	7.67	7.57	7.68	7.64
广　东	10.61	10.65	10.65	10.64
广　西	9.13	8.77	8.92	8.94
海　南	8.52	8.64	8.54	8.57
重　庆	8.90	8.95	8.81	8.89

地　区	2005	2006	2007	平均值
四　川	9.44	9.52	9.46	9.47
贵　州	6.67	6.75	6.62	6.68
云　南	7.40	7.70	8.07	7.72
西　藏	−1.09	−0.05	1.13	0.00
陕　西	7.67	7.25	7.13	7.35
甘　肃	7.12	7.05	6.57	6.91
青　海	5.59	5.82	5.07	5.49
宁　夏	6.79	6.63	7.03	6.82
新　疆	6.52	6.47	6.26	6.42

资料来源：樊纲、王小鲁、朱恒鹏：《中国市场化指数》，经济科学出版社 2010 年版。

由于市场化指数是以省份为对象的，在实际整理过程中需要把各个高新区对应于所在的省份当中，从而体现制度上的差异。

（4）对外出口的依赖程度

很多高新区的发展依赖于出口贸易的发展和外资企业的直接投资，尤其是东部沿海地区的高新区。改革开放以来，中国优先支持沿海地区发展外向型经济，这些地区体制改革先行，并在贸易、投资和税收等方面享受优惠政策，对吸引国内外资金和人才起到了重要作用，并使得这些地区的经济与社会发展日益领先于其他地区。所以，我们把对于出口的依赖作为影响高新区经济发展水平的又一重要因素，并用出口创汇额与总收入的比值来代替这一因素，由于出口创汇以美元计价，故折算汇率运用 2008、2009、2010 年三年美元对人民币的每年年平均汇率，分别如表 2—14 所示。

表 2—14　美元对人民币年平均汇率情况（2008—2010）

年　份	汇　率
2008	6.948
2009	6.832
2010	6.7695

资料来源：数据由相关《中国统计年鉴》整理而来。

（三）结果及分析

通过对数据采用 SPSS 统计软件进行多元回归分析，描述性统计结果如表 2—15。

表 2—15　描述性统计结果

Descriptive Statistics	N	Minimum	Maximum	Mean
人均收入的自然对数	164	5.569	7.646	6.712
市场化指数	168	6.420	10.640	8.870
出口依赖程度	164	0.005	0.949	0.180
人力资本	164	1.996	12.121	6.500

从描述性统计的情况来看，最后共有有效样本 164 个，人力资本状况中人均最小受教育年限仅为 1.996 年，而样本中最大的人均受教育年限为 12.121 年，为最小值的 6 倍，可见人力资本状况的差距之大，平均值为 6.5 年。出口依赖程度也有巨大差距，最小值仅为 0.5%，而最大值却有 94.9%，平均的对外依赖程度为 18%，如表 2—16。

表 2—16　Pearson 相关系数分析

		人均收入对数	市场化指数	出口依赖程度	人力资本
Pearson Correlation	人均收入对数	1.000	0.285	0.025	0.483
	市场化指数	0.285	1.000	0.620	-0.054
	出口依赖程度	0.025	0.620	1.000	-0.308
	人力资本	0.483	-0.054	-0.308	1.000
Sig. (1-tailed)	人均收入对数	/	0.000	0.374	0.000
	市场化指数	0.000	/	0.000	0.245
	出口依赖程度	0.374	0.000	/	0.000
	人力资本	0.000	0.245	0.000	/

从 Pearson 相关系数上来看，人才资源、制度差异及对外依赖三大因素间不存在多重共线性。所以，最终的回归结果如表 2—17 所示。

表 2—17　高新区间发展水平差异因素分析的回归分析结果

变　量	标准化的回归系数	T 统计量	相伴概率
(Constant)	5.363	26.723	0.000
市场化指数	0.094	3.907	0.000
出口依赖程度	−0.050	−0.297	0.767
人力资本	0.080	7.118	0.000

根据表 2—17 中的数据，高新区发展水平回归模型估计的结果为：

$$Y = 5.363 + 0.094X_1 − 0.050X_2 + 0.080X_3 + \varepsilon$$

$$(0.000)\ (0.000)\ (0.000)\ (0.767)$$

$$T = (26.723)\ (7.118)\ (3.907)\ (−0.297)$$

R=0.575，F=26.29，DW=1.688，检验值显示，回归方程整体拟合度较好，模型效果较理想。式中：Y 代表高新区的人均收入取自然对数；X_1 代表高新区人才的人均受教育年限；X_2 表示的是各个高新区的市场化指数，代表高新区间制度的差异；X_3 表示的是出口创汇占总收入的比值，用以衡量对外出口的依赖程度。

从最终的回归结果可以看出，在假设的影响高新区发展水平差异的主要因素中，人力资本对高新区发展水平的差异有显著的解释力，而且是显著的正向影响，可见，人才因素对高新区间人均收入差距的扩大起主要作用。此外，市场化指数也对高新区间的发展水平差异有显著的解释力，说明制度因素也是各个高新区间发展差异的重要原因，因此不断深化改革，扩大开放，加强制度创新也就成为落后高新区加快发展的另一途径。对出口的依赖程度没有成为影响高新区间发展水平差异的显著变量。

（四）稳健性检验

上文从人均收入的角度对高新区的发展水平进行衡量，现采用高新区人均 GDP 的自然对数作为替代变量来衡量高新区的发展水平进行稳健性检验。分析结果如表 2—18，与采用人均收入作为衡量变量相比，最终结果没有发生变化，从结果中可以看出人力资本因素依然是影响高新区间发展水平差异的主要解释变量，并且是正相关的；市场化指数仍然具有正向解释力，虽然相伴概率相对提高；对出口的依赖程度对于高新区间发展水平的差异依然没有解释力。

表2—18　稳健性检验结果

变　量	标准化的回归系数	T 统计量	相伴概率
(Constant)	5.415	19.318	.000
市场化指数	0.090	2.653	.009
出口依赖程度	0.051	0.217	.828
人力资本	0.053	3.387	.001

此外，技术创新对于高新区的长远发展至关重要，已经成为高新区竞争力提高的根本因素。本书还检验了人力资本对于高新区技术创新能力的影响，本书把 Y 换做人均技术收入的自然对数，其他因素照旧进行回归性分析。我们可以得出以上三个因素对于高新区技术创新能力的影响。分析结果如表2—18。

表2—19　各个因素对于高新区技术创新能力的影响分析

变　量	标准化的回归系数	T 统计量	相伴概率
(Constant)	−1.471	−1.208	.229
市场化指数	0.139	0.945	.346
出口依赖程度	−1.781	−1.744	.083
人力资本	0.471	6.916	.000

$$Y = -1.471 + 0.471X_1 + 0.1390X_2 - 1.781X_3 + \square$$

$$(0.229)\ (0.000)\ (0.346)\ (0.083)$$

$$T = (-1.208)\ (6.916)\ (0.9475)\ (-1.744)$$

其中，Y 代表的是各个高新区技术收入与总收入的比值，代表的是高新区的技术创新能力。从结果中可以看出，人力资本因素成为第一位的解释因素，对高新区的技术创新能力有正的显著影响，值得注意的是出口依赖程度在10%的置信区间内变得有解释力，但却是反向的影响，而各个地区的制度因素则变得没有显著影响。由于本书的研究目的所限，对此现象并不再做解释。

从以上分析中，可以看出人力资本是影响高新区发展水平以及技术创新能力的重要解释变量。人力资本已经成为高新区不断发展与增强创新能力、调整产业结构的关键。

第三章
高新区的转型方向研究

通过以上从产业集群以及高新技术产业集群、创新集群的视角对高新技术产业园区的分析，可以得出以集群的视角来解决当前高新技术产业园区存在的诸如创新能力不足的问题是可行的。因此，按照国家"十二五"规划的要求，重点发展高新技术产业、战略新兴产业集群是高新技术产业园区转型的方向。此外，高新技术产业园区的转型还必须同时注重产业升级的要求以及可持续发展的要求，这方面的内容将在以后两章中论述。

本章从产业集群的视角对高新技术产业园区的转型方向进行了研究，从当前转型的背景出发，提出了几点转型的路径。当前全球化背景下，技术研发也逐渐呈现出国际化的趋势，由于研发活动具有很强的正向"外部性"，不可避免地会产生一定的外溢现象，这就使得我国在接受外资研发的过程中得到一些收益，而且作为技术水平相对较低的一方，先进技术的流向肯定会偏向我国。在全球化、信息化快速深化的时代背景下，全球价值链的空间分化进一步加速，产业链、价值链的全球化与产业链、价值链的片段化成为新一轮产业分工的新特点。作为全球价值链中的一部分，国家级高新区的战略转型必须着眼于全球价值链治理结构，集中力量发展最有竞争力的战略环节，实现高新技术产业的技术升级、产品升级、过程升级和功能升级。

此外，国内以温家宝总理在北京中关村高新区发表讲话为标志，我国高新区进入了以提高自主创新能力为核心任务的"二次创业"全面提升期，从主要依靠土地、资源等要素驱动向主要依靠技术创新驱动的发展模式转变，从主要依靠优惠政策、注重招商引资向注重优化创新创业环境、培育内生动力的发展模式转变，从注重硬环境建设向注重优化配置科技资源和提供优质服务的软环境转变，从注重引进来、主要面向国内市场向注重引进来与走出去相结合、大力开拓国际市场转变，我国高新区正处于战略转型、转轨时期。我国"二次创业"时期的高新区战略转型也由"主导产业强化"阶段向"创新生态演进"阶段转换。而建设高新技术产业集群、创新集群则是其有效的组织形态和发展模式。具体来讲，针对我国高新区这块"制度飞地"多年形成的无关联的产业以及企业"扎堆"的情况，我们应当借鉴产业集群的战略，特别是高新技术产业集群，通过引入相关的产业形成知识中心，从而完成阶段性转换；此外，产业技术创新联盟也是形成创新集群，推动科技创新能力发展的重要组织形式，而高新区具有形成产业技术创新联盟的天然优势和土壤；而且，"二次创业"时期的高新区发展阶段转换中，高新区内的企业仍然是技术创新的主体，但是目前高新区很多都是依靠政府来主导的、靠政策和优惠来生存的，因此政府主导型园区向企业（联盟）主导型园区转型也是新形势下的必然要求。

第一节　高新区转型的背景分析

一、国际背景：研发国际化

长期以来，跨国公司（MNCs）的研究与开发活动基本集中于本国，自 19 世纪起，随着经济全球化的发展，为满足世界范围内的市场需求，跨国公司开始进行海外研究与开发活动，并且在这个过程中，跨国公司首先要考虑其全球化布局，而将其研发的全球化放在次席。根据传统理论，由于R&D公司经营战略具有一定的聚合、规模效应，因此各个研发机构应当保持区位的相近，再加上经营战略往往由总部公司制定，因此，R&D机构一般位于母公司。但是，这种集中化方式目前来看已经越来越不适用，这主要是因为：（1）随着知识经济时代的来临，很多资源特别是与知识相关的资源是跨国存在的，跨国公司若想获得该资源就必须在接近新知识源的区位建立；（2）随着全球经济一体化的发展，现代企业的竞争已突破国家的界限成为国际市场的竞争，R&D机构在母公司会减缓新产品向全球市场的推广速度；（3）各地人才流失，影响企业的发展。因此，跨国公司必须在全球范围内建立R&D机构，以便及时迅速的收集各种信息，增强其国际竞争力，最终实现产品海外市场的商品化[1]。

自20世纪70年代之后，随着国际竞争的加剧，产品生命周期的缩短，以及本土化产品越来越受到重视，跨国公司间的联盟，特别是研发机构之间的战略联盟越来越受到青睐。自20世纪80年代后期以来，跨国公司开展国际研发活动逐渐成为一种共识。其主要形式包括：在海外设立研发机构和与海外机构开展研发合作。

（一）研发国际化趋势增强

联合国贸易和发展会议公布的《2005年世界投资报告》认为，近年来，跨国公司的研究与开发工作国际化趋势增强，跨国公司把更多的研发工作转移到境外。

（1）跨国公司海外投资迅速增加

随着国际间竞争的不断加剧，通过在海外市场进行投资特别是关于研发方面的投资来转移竞争压力成为各跨国公司新的举措。作为当今

---

[1] 段军山：《跨国公司研发国际化的"溢出效应"及对我国政策分析》，载《世界经济研究》2005年第8期。

世界经济实力、科研实力最强的国家，美国无疑将成为跨国公司集中投资的焦点。据 1997 年统计数据显示，跨国公司在美国的研发投资占美国研发总投资的 16%以上，投资额近 172 亿美元。

（2）跨国公司海外设立研发机构比率增加

目前，跨国公司已越来越倾向将 R&D 机构设置在海外，其目的一方面是出于为海外子公司提供更方便的技术支持；另一方面也是出于更充分的利用全球资源。根据全球 500 强企业研发机构的分布状况统计，我们可以看出，跨国公司的海外研发比率已经相当高，平均水平接近39%，其中，英国、德国、意大利、瑞士及荷兰的跨国公司海外研发比率分别高达 60%、66%、50%、78%、81%，美国和日本的跨国公司海外研发比相对较低，分别为 31%和 8%。此外，从外国公司在本国所设研发机构占本国研发机构总数的比率来看，美国为 39%、英国为50%、荷兰为 55%、加拿大和意大利为 62%、日本最低为 3%[①]。

（3）海外研发的贡献度提高

正如跨国公司海外研发投资的初衷一样，海外研发机构的作用已经越来越明显，且其对跨国公司科技创新的贡献程度也日益增强。

（4）海外子公司研发对东道主国家影响增强

从 1993 年到 2002 年，跨国公司海外子公司的研发支出已经由 300亿美元增长到 670 亿美元，其占全球研发支出的比重也由原来的 10%上升到 16%。这一现象在发展中国家表现的更加明显，以 1996 年至2002 年数据为例，海外子公司的研发支出在发展中国家的研发支出中所占的比重已经由原来的 2%上升到 18%。

（5）专利的国际化申请程度提高

衡量研究和开发产出的关键指标之一便是申请专利的数量。因此目前衡量跨国公司研发活动国际化程度的重要指标便为专利申请的国际

---

① 廖春：《论跨国公司研发的国际化趋势》，载《国际贸易问题》2003 年第 11 期。

化程度。从目前来看，跨国公司在专利申请方面早已呈现出国际化与分散化趋势，据统计，在1965—1986年20多年的时间里，世界各国境外注册专利数量年均达20万以上。以美国为例，美国是全球最大的专利申请国，根据约翰·哈奇道恩对美国1945年到1990年统计数据的研究，他发现外国居民被授予的专利数量占美国政府专利授予总量的比例从8.2%上升到19.9%。从在美国注册专利的境外跨国公司地理来源来看，各大跨国公司在美国注册专利比例已相当高，尤以欧洲小国为甚。在世界569家最大的跨国公司中，英国、瑞士、荷兰、比利时的跨国公司在美国申请的专利均超过本国专利授予量的40%，分别为42.1%、46.7%、57.8%、62.8%。

(6) 国际技术联盟不断增加

伴随着科技的发展与进步，研发活动日趋复杂，其集约化发展已成为当今世界科技开发的主流，各个跨国公司组成技术联盟共同进行技术开发也已成为普遍现象。自20世纪80年代以来，世界性的跨国公司技术联盟发展非常迅速。据统计资料显示：从1980年到1989年10年间的时间里共成立了4192个国际跨国公司技术联盟，且其中1560个是在前五年时间里成立的，占37.2%，而后五年则成立2632个，占62.8%。以IBM公司为例，截至1991年，该公司已经组建战略技术联盟两万多个。从技术联盟产生的效益来看，在1980年以前，美国排名前1000家公司所组建的技术联盟产生的收益占其总收益的1%，到1990年这一比例上升到7%，到1985年这一比重已经提高到18%。目前，越来越多的中小型企业也纷纷参与到跨国战略技术联盟中来。

此外，联合国贸易和发展会议于2005年对全球研发投入最大的一些跨国公司进行的调查结果显示，69%的公司表示海外研发活动的比重肯定会上升，只有2%的公司持相反观点，另有29%的公司认为研发国际化水平将保持不变。并且，跨国公司扩大研发工作的首选对象是中国，美国和印度分别居第二位和第三位。

（二）在我国跨国公司研究国际化的现状

自 20 世纪 90 年代初，跨国公司开始在华设立研发机构，其标志便是于 1991 年成立的由北京邮电大学与北方电讯公司合作组建的北邮—北电研发中心，自此之后，越来越多的跨国公司来华设立研发机构。根据商务部关于外资企业在华投资数据表明，跨国企业在华投入的研究与开发资金已经累计超过了四十亿美元。根据科技部"跨国公司研发全球化及其对中国的意义"课题组的调查，在《商业周刊》所列示的全球前 1000 强的企业中，从 1994 年到 2000 年，在中国设立研发机构的企业由两家增加到 28 家，所设立的研发机构也由 2 个增长到 32 个，而且这种增加不单是数量的增加，还包括研发机构规模、规格的升级。据统计，从 1998 年到 2000 年，诺基亚中国研究中心的员工从 10 人增加到 100 多人，规模增幅明显。不仅如此，许多大型公司在华设立的研发机构规格也很高，甚至有些公司在华的研发中心是该企业除母国研发中心以外最大最重要的。这种迅速的扩散，究其原因，主要有以下几点：（1）国内市场巨大的消费潜力和不断升级的竞争；（2）充分利用中国低成本的人力资源，尤其人才资源；（3）我国提供的各种税收优惠；（4）信息技术的飞速发展及研究开发活动的细化分解。

随着我国加入世界贸易组织（WTO）及全球经济一体化的发展，中国经济面临着市场化、开放化及国际化的转型，跨国公司研发国际化的趋势对中国来说无疑是一次巨大的契机。虽然我国还是一个发展中国家，但是由于中国日益增长的经济与科技实力、迅速扩张的市场及其在全球经济中的地位，近年来，跨国公司来华投资设立研发机构的步伐明显加快。但是，相比之下，跨国公司在中国的研发活动还不成熟，处于初级阶段，而且发展并不均衡。总体而言，跨国公司在华的研发投资主要有以下几个特点：

（1）引进先进技术

江小涓（2004）以跨国公司母公司为参照系，将外商直接投资企业使用的技术划分为母公司先进技术、母公司比较先进技术、母公司一般技术。如果外商直接投资企业同时使用两种或三种技术，以其主要产品为主；如果几种技术水平的产品销售额大致相等，就以其水平最高的技术为准。调查表明外商投资企业中45%使用母国较先进的技术，42%使用母国先进技术，只有13%使用母国一般技术。同时，调查以国内企业作参照系，将外商直接投资企业的技术划分为填补国内空白技术、国内先进技术和国内一般技术。与前面类似，如果企业同时使用两种或三种技术，以其主要产品为主；如果几种技术水平的产品销售额大致相等，就以其水平最高的技术为准。研究结果表明，相当一部分跨国公司提供了填补国内技术的空白。

(2) 研发投资分布集中

跨国公司在华设立的研发机构分布集中，多位于像北京、上海等科技发达的经济中心城市。有研究显示，跨国企业在华研发的机构中，规模以上的有50家左右，其中北京、上海和广州就占了48家。大多数跨国企业之所以将重点研发机构选择在中国的大中城市，形成如此集聚化的布局，是有其特定原因的。一方面，大中城市的高等学府和科研机构相对比较多，有着较强的研究开发能力与人才资源，能够为跨国企业的海外研发进行技术支持；另一方面，跨国企业纷纷集中在这些城市，可以形成一定的集聚效应，能够在某些方面进行一定的合作，降低研发成本和技术风险，实现一定的战略协同作用。

(3) 研发投资行业集中

电信、软件、化工、生物等技术领域是目前跨国公司研发投资的主要领域，而其他非技术领域则较少涉及。例如通讯领域的诺基亚和朗讯，计算机领域的英特尔和微软，机械设备领域的通用，医疗设备领域的西门子，大型电气设备领域的施奈德，以及化工领域的杜邦等。这些集中的行业共同的特点是需要大量的资金支持，科技含量很高，而且拥有着广阔的市场前景，可以为跨国企业带来丰厚的利润。通过向这些资金密集型的以及需要大量先进创新技术的重点行业进行大规模的投资，跨国企业可以很好地完成其全球战略，充分把握市场的需求，掌握在关键性行业研发创新的实力。

（4）越来越注重本土化业务单元

过去大部分跨国企业所设立的境外研发中心是公司的内部机构，即非独立法人机构，且这部分机构约占跨国公司在华设立研发机构总数的75%。研发机构为非独立法人，这减少了成本，有利于管理与控制。但是，其对东道国特定的经济文化和市场环境并不是很熟悉，在实施本土化经营的过程中，迫切需要在华研发机构实现人才的本地化和研发的本土化，只有这样才能真正实现跨国经营，使得研发的成果得到当地的认同，实现研发成果的成功转化。随着中国经济的持续快速发展，越来越多的跨国企业将研发中心设立在中国，并且进行实质性的本地化研发，使得各项技术的研发适用性增强，贴合了中国的市场需求，实现真正意义上的在华技术创新和研究开发。

（三）研发国际化带给中国企业技术创新的机遇

（1）越来越多的跨国公司在我国国内进行研发投资，对我国技术创新的升级起到了一定的推动作用

科技是第一生产力，经济的发展离不开科技的支持，随着我国经济的发展及产业结构的不断调整，跨国公司的对华投资战略也发生了转变，即由传统的劳动密集型转变为现在的技术密集研发型。针对这一契机，通过不断加强本土化的研发参与，提升我国研发人员的素质，学习世界先进技术，从而带动我国整体的技术创新水平无疑具有重要意义。

随着近年来跨国公司在中国研发投资活动的不断加剧，我国的研发体系也得到了长足的发展。众所周知，人力、财力和物力是现代技术创新与研发所必备的关键，而跨国公司在华的研发投资正好为我们的研发提供了资金及技术支持，这无疑对我国技术体系的完善起到巨大的作用。

一般而言，研发活动具有较强的"外部关联性"，其在具体的研发过程中一定会产生一些技术外溢现象。因此，作为技术水平相对落后的一方，接纳跨国公司的研发投资也就意味着先进技术的学习过程。此外，跨国公司在华设立研发机构后，其不可避免地会将其本国的先进技术引入中国，且该机构引进先进技术的便利性是国内企业所不可比拟的，而且其对先进技术的消化及利用的程度也很高，这同样也对我国的技术创新具有重要意义。

（2）有利于培养我国的技术型人才

跨国公司研发的大量投入，势必造成对各方面人才的需求量增加，尤其是本土人才。针对目前普遍就业难的现状，跨国公司的研发投入无疑对解决大学生就业难题具有重要意义，而且相比于国内的一些企业，跨国公司往往更加注重人才，其把人力资源放在最重要的位置，重视人力资源的开发和利用，建立创新的激励体制。因此，随着跨国企业招募技术人才的日益增多，使得一些高素质的科技人才在进入中国企业之后，会将一些先进技术的研发方式及理念转移进来。通过这一途径，我国企业就可以利用这一技术条件来对各种资源进行有效整合，进而实现以科技人才培育带动技术进步的可持续发展之路。

事物具有天然的对立性，跨国公司研发的国际化也正是如此，其在带来种种好处(溢出效应)的同时也会带来一些负面影响，比如说"挤出效应"，即在一定程度上阻碍了我国的自主创新。此外，我们还应清楚地意识到跨国公司不是只付出、不求回报的慈善机构，由于其掌握了大多数的先进技术，从某种意义上说他们已经成为"技术创新活动"的规则制定者，因此为保证其利益最大化，他们会想方设法的将技术创新成果据为己有，以保证其竞争优势。

二、国内背景:"二次创业"

"二次创业"的首次提出是在 2001 年 9 月，科技部在"国家高新区所在市市长座谈会"上通过总结国家高新区 10 年的发展经验时提出的。2005 年 8 月，在第四次国家高新技术产业会议上，温家宝明确指出："国家高新区正步入一个崭新的发展阶段，正面临着'二次创业'。"这次会议为高新区"二次创业"进行了"四位一体"的定位，即国家高新区要努力"成为增强自主创新能力、促进技术进步的重要载体；成为带动经济增长方式转变、区域经济结构调整的强大引擎；成为高新区企业'走出去'的平台；成为世界高新区产业发展的前沿阵地"。

随着经济的发展及世界形势的风云变幻，"二次创业"在新时期又被赋予了新的内涵。科技部在《国家级高新技术产业开发区十一五规划纲要》中指出，"二次创业"的目标是实现"五个转变"，即高新区的发展模式要从要素驱动向技术创新驱动转变，要从外生动力向内生动力转变，要从"大而全"、"小而全"向集中特色优势产业转变，要从重硬环境向重软环境转变，要从重"针对国内市场的引进"向重"进出结合、开拓国际市场"转变。这五个转变即为高新区"二次创业"在新时期的"内涵"，用一句话来总结就是：通过自主创新，实现自主发展，改变重引进的经济结构，使国家高新区成为我国乃至世界高技术产业的前沿阵地。

在此国内国外背景下，实行高新区的转型是不可避免的。唐风泉、王昌林（2002）从全球制造业转移对中国高新区提出的新要求出发，认为我国高新区经过十多年的发展，已经具备了吸引全球制造业转移的良好条件，全球制造业转移有利于促进高新区发展再上新台阶，并且全球制造业转移有利于吸引和稳定高科技人才，建立开放型的创新体系，提出了高新区，应该通过营造全球化的招商和国际化的创业环境、提高创新能力和高新区管理水平、加强产业配套能力建设来抓住全球制造业转移带来的高新区发展的机会。韩伯棠、朱美光（2005）通过对"二次创业"内涵的分析，对高新区运营模式、管理体制、园区功能、产业结构及园区体制等方面提出了建议。吕政、张克俊（2006）通过对"二次创业"发展路径分析后认为，目前我国高新区正处于"一次创业"向"二次创业"转型的过渡阶段,在这一转换阶段过程中,存在诸如价值链低端锁定、旧体制惯性、企业扎堆等障碍,要想实现高新区的顺利转型必须采取一系列措施。他们同时还提出,以体制创新和高科园立法打破体制惯性,以转变资源供给方式,扭转发展的路径依赖,以差异化、特色化定位取代同质化定位,以专利和技术标准战略冲破价值链低端锁定,以培育集群式发展机制替代企业"扎堆式"集中,以搭建创新中介服务网络,增加社会资本排除边界"阴影"。这些不同角度的研究对于我们做好"二次创业",实现高新区的转型具有重要价值。

高新区的转型应牢牢抓住技术创新、增强自主创新能力这条主线,完善高新区发展的政策体系,实现高新技术产业生产中心向国际研发、制造中心转型;"扎堆"式产业空间向区域创新网络和高新技术产业集群转型;政府主导型园区向企业(联盟)主导型园区转变。

第二节 基于"碎片"整理与产业分工的高新区转型

一、全球价值链

(一)全球价值链概念的形成

首先是价值链概念的提出,自 20 世纪 80 年代以后,价值链逐渐成为学术界广泛关注的热点。1985 年,迈克尔·波特(Michael Porter)在其著作《竞争优势》(Competitive Advantage)一书中指出:"每一个企业都是在设计、生产、销售、发送和辅助其产品的过程中进行种种活动的集合体。所有这些活动可以用一个价值链来表明。"这些活动可分为基本活动(内部后勤、生产经营、外部后勤、市场和服务等)和辅助活动(研发、采购、基础设施建设等)两类,这些活动相互联系、有机统一形成一个创造价值的动态过程,也就是价值链。

　　波特在其《竞争优势》一书中还指出：价值链不应该受到企业这一概念的束缚，还可以扩展到企业与企业之间关系的视角，并首次提出了价值系统（Value System）概念。"在整个价值链系统中，包括三种最重要的价值：一是上游价值，即供应商输送到企业价值链之中原材料的价值链；二是渠道价值，即企业销售产品到顾客手中所经过的销售渠道的价值链；三是顾客价值，即企业产品销售给顾客而参与到买方价值链的部分"。通过这样，上游价值——渠道价值——顾客价值共同形成一个完整的价值系统，如图3—1。迈克尔·波特的价值链理论突破了单个企业概念的束缚，它揭示了企业间的竞争，并指出企业与企业的竞争是价值链的竞争而非单一环节的竞争。但是，该理论的局限性也正在于此，没有突破企业范畴。在现实中，参与全球价值链各个环节的一般是产业集群，而非单个企业，相应的各个环节的联系相当于不同产业集群之间的联系，企业和集群在能力上是存在差距的。

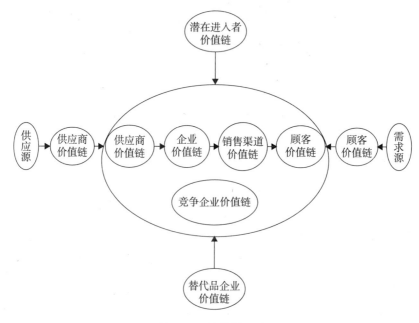

图3—1　价值链系统

随后，在 1985 年，科洛特在其著作《设计全球战略：比较与竞争的增值链》中首次采用价值增值链（Value Added Chain）的视角来分析国际战略优势。他认为："价值链从本质上说是一个资本、技术、原料和劳动等各种生产要素的投入过程，及将各种生产要素进行重新组合形成商品，最终通过市场'交换'形成价值的循环过程。"在此基础上，他还突破企业层面的价值链研究，认为企业竞争能力与国家比较优势决定了一个国家的商业战略。他认为，国家的比较优势决定了各个国家及地区在全球价值链上的分布，而企业竞争能力则决定了该企业在该国价值链区位上的环节或技术层面。一个企业要想确保其竞争优势就必须在该环节或该技术层面加大投入。与波特价值链理论相比，这一理念突破了企业的范畴，更能体现价值链的垂直分离和全球空间资源的再配置。

在这之后，1994 年，格里菲（Gereffi）通过研究美国零售业价值链，创造性的将产业组织与价值链分析结合起来，最终提出了全球商品链（Global Commodity Chain，GCC）的分析法。格里菲认为全球商品链主要包括以下几个方面的内容：全球价值链通过一系列具有地方集聚性、特殊适配性和社会结构性等特征的社会网络将具有相互联系的家庭、企业等聚合到世界经济网络中；商品链的每一个环节一般表现为一系列节点的集合；任意节点都包括生产资料的投入（原材料、劳动力）、运输通道、营销通道及市场交换等内容。

格里菲在 20 世纪 90 年代关于价值链的研究始终没有突破商品这一概念，而且他也并未关注企业价值创造、企业价值获取对于价值链的重要性，全球价值链这一概念最终形成是在 21 世纪。2001 年，格里菲与其合作者共同推出了一期对于全球价值链的研究具有里程碑式的意义的特刊——《价值链的价值》（*The Value of Value Chains*）。该特刊出版后，许多学者开始对全球价值链进行多视角系统分析，而全球价值链的基本理论框架也由此建立。

2001 年，斯特恩（Sturgeon）通过研究发现全球价值链主要包含生产性主体、地理分布及组织规模等三个方面的内容。生产性主体主要是指全球价值链的参与主体，主要包括供应商、生产商、零售商等；地理分布是指全球价值链突破国与国之间的界限，具有全球性的特征；组织规模主要是指全球价值链包括参与了某种服务或产品的全部主体。此外，他还阐述了生产网络与价值链两者内涵的不同：生产网络所注重的是相关企业的关系，而价值链则更注重一种商品或服务从生产到消费的一系列过程。

2002 年，联合国工业发展组织发布了名为《通过创新和学习来参与竞争》（*Competing Through Innovation and Learning*）的年度工业发展报告，该报告指出：全球价值链是以实现产品或服务价值为最终目的的，包括在全球范围内涉及产品（服务）的生产、销售以及回收处理的过程。它强调全球价值链是通过一系列经济活动联接在一起的企业网络组织集合，而非单纯的互补企业组成，它所关注的焦点是各方的契约关系及联接方式而非单纯的企业。

（二）全球价值链的三个环节及微笑曲线

一般认为，全球价值链包括三大环节：一是技术环节，包括产品（服务）研发、技术培训、技术创新等环节；二是生产环节，包括材料采购、加工、质量控制、测试、包装等环节；三是营销环节，包括销售渠道、批发零售、售后回购及品牌推广等环节。通过对比三大环节的价值创造能力，我们可以发现其会呈现高—低—高的"U 形"，即"微笑曲线"形状。微笑曲线（Smiling Curve）最早是由宏基集团创办人施振荣先生，在 1992 年为"再造宏基"而提出的，以作为宏基的策略方向。微笑曲线两端朝上，左边是研发，属于全球性的竞争；右边是营销，主要是当地性的竞争。这两个环节的附加值都很高。中间是制造，当前制造产生的利润低，全球制造也已供过于求，但是研发与营销的附加价值高，因此产业未来应朝微笑曲线的两端发展，也就是在左边加强研究开发，提高技术水平；在右边加强营销与服务。

微笑曲线的形成，源于国际分工模式由产业内分工向产品内分工的转变，也就是参与国际分工的世界各国企业，不再单独完成某一产品的生产，而是根据自己的优势只完成产品生产中的某个环节。从过程产品到最终产品再到最终产品销售，产业链上各环节创造的价值随各种要素密集度的变化而变化。发展中国家的企业由于缺少核心技术，主要从事制造加工环节的生产，付出的只是土地、厂房、设备等物化要素成本和简单活劳动成本，可替代性很大，没有竞争优势，附加值比较低。而跨国公司掌握的研发环节和营销环节，其所投入的信息、技术、品牌、管理、人才等知识密集要素，具有不可替代性，附加值比较大。另外，按照成本与收益、风险与收益的正比匹配原则，跨国公司作为生产过程的最大投资者和最终产品销售的风险承担者，自然成为最大的收益者。

随着市场竞争越来越激烈，全球价值分配越来越不均衡，掌握关键资源的领先企业垄断实力增强，将获取更多的垄断租，而分散在全球各地的低成本供应商则不断受到上游和下游企业的挤压，使得中游的附加价值被进一步压缩，利润空间越来越小，利润由中间环节进一步向上下游转移。中间环节在全球价值链上的地位趋于边缘化，平缓的"微笑曲线"成了陡峭的"大笑曲线"（见图3—2）。所以，企业应不断努力向微笑曲线的上游发展，获取更多的附加价值。

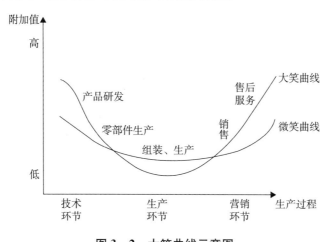

图3—2　大笑曲线示意图

（三）全球价值链的成因

价值链的不同价值增值环节需要不同生产要素，或者虽然需要的要素种类相同，但搭配比例不同。例如产品的研发和营销环节需要大量具有较高专业素养、创新精神的人员，注重的是质；而生产环节需要的是大量普通技工，更注重量。一个国家、一个企业往往拥有完整的价值链，即独立完成产供销的整个活动过程。但是市场化经济要求资源的有效配置，一个企业、一个国家从事所有的活动显然是不现实的，按照比较优势理论，让每个企业生产适合它生产的产品、让每个国家发挥它的资源禀赋，才能最大限度地利用资源，提高社会经济效率。比较优势要求企业、国家根据自身特点和市场规律寻找自身定位，并将主要精力放在比较优势上，发挥特长从而在长期发展中获得竞争优势。

经济全球化的不断深化，大大消除了跨国生产布局的制度性障碍，跨国公司大量涌现。同时，信息技术的高速发展，网络等先进信息传递方式的出现极大地降低了信息在全球范围内流动的成本，加快了传递的速度，使跨国公司能够在全球范围内管理其分支机构。另外，运输技术的进步，不同运输工具的出现，使得企业的可选择性加大，新型运输工具的出现，缩短了运输的时间，也大大降低了货物跨境流动的成本，进一步促进了全球价值链的形成。各国各企业积极参与到全球化进程中，国家制定相应的优惠措施以吸引外资，这为促成价值链各环节在不同国家的落地生根创造了条件。原本完整的价值链被打散分配到全球范围，使得原本集中封闭的价值链扩散到全球形成全球价值链。

（四）全球价值链的驱动模式

那么，在全球价值链的各个环节中，哪些环节是整个价值链运行的关键环节呢？答案是，不同的驱动模式对于产业升级有着不同的意义。格里菲（Gereffi，1994）通过研究全球价值链的驱动力提出生产者驱动与购买者驱动两种驱动模式。也就是说，全球价值链的驱动力来源有两个：一个是生产者，另一个是购买者，全球价值链的正常运行正是在生产者或购买者的驱动下进行的，这初步解释了全球价值链的驱动模式。

生产者驱动型是指市场需求取决于生产者投资，最终形成的生产供应链垂直分工体系。在生产者驱动的价值链中，生产厂商拥有雄厚的资本、优越的技术优势，他们控制着关键技术，从而可以通过改变供应来主导市场需求，谋求市场扩张，由于生产者对价值链有强大的影响力，他们便成为整条价值链的核心，绝大多数价值也因此流向生产者。生产者驱动型价值链强调技术创新、工艺流程改进以及产品的更新换代，因此这种价值链多分布在技术密集型产业，如计算机、航空及大型装备制造业等，苹果、IBM、诺基亚等知名品牌正是生产者驱动型价值链的代表。

购买者驱动型是指，一些具有强大营销网络及品牌优势的企业通过贴牌生产（OEM）或全球采购所组织起来的商品流通网络。在购买者驱动型价值链中，以大型制造商、品牌商和代理商为首的购买者在整条价值链中发挥领导者的角色，其主要特征就是购买者拥有强大的品牌优势和国内销售渠道，将核心竞争力定位于设计和营销环节，以通过全球采购和OEM整合全球生产能力，发挥大脑总体控制功能，将分散于各国的生产网络联接起来，为自己生产，从而填补自己源源不断的市场需求，同时拉动那些奉行出口导向战略的发展中国家的工业化。这种价值链常见于鞋业、服装、自行车和玩具等劳动密集型的传统产业，其研发营销品牌优势多由发达国家的大型零售商、品牌商占据，而生产环节多外包给发展中国家的制造商。沃尔玛、家乐福、阿迪、耐克等公司正是购买者驱动型价值链的代表。

随着研究的不断发展，人们发现一个产业可能既有生产者驱动又有购买者驱动，没有一个绝对的界限，所以兼具生产者驱动和购买者驱动的中间类型便被提出来了。例如信息技术（IT）行业，其公认的核心竞争能力来源于中央处理器（CPU）和操作系统等典型的生产环节，不过一些企业在流通环节的出色表现，也说明了该行业中也存在购买者驱动的特征。IT 行业从驱动力方面就可以看做是一个兼备生产者驱动和购买者驱动共同特征的中间模型。该产业链条的价值增值偏重于生产环节和流通环节；在生产环节向流通环节转变过程中，价值的边际价值增值率先递减，然后又递增。

不同驱动力的价值链应该采取不同的市场竞争原则。如果参与以产业资本为原动力的生产者驱动价值链，就应该尽力增强其核心技术能力以保证其竞争优势；如果产业参与的是以商业资本为原动力的购买者驱动的全球价值链，就应该重视销售渠道的扩展。中间模式则视具体情况，选择重视技术开发或营销渠道的扩展。

（五）价值链治理模式

格里菲（Geferri）首先提出了价值链治理的概念，是全球价值链治理研究的开拓者。他认为在经济全球化的背景下，市场机制不可避免地会存在一些缺陷，而全球价值链正是对这些缺陷的一种弥补，而这种弥补作用，即为全球价值链的治理功能。早期对价值链治理的研究主要集中在外部治理上，即外部制度环境建设，随后关注点转移到整个战略环节的治理。汉弗莱和施密特兹（Humphrey，Schmitz，2002）通过研究领导公司对价值链的控制程度，将价值链分为准层次级型、网络型、市场型三种，市场型的治理模式下各行为主体间的协调能力最低，而准层次型治理模式下行为主体间的协调能力最高。三种治理模式并非互斥而孤立存在，其相互影响、相互作用，在一定条件下可实现动态转换。

准层次型价值链又称等级型价值链，发达国家采购商与发展中国家制造商之间存在着控制与被控制的关系，彼此间缺乏信任，所以其运行的核心就是管理控制。

网络型价值链又可以划分为模块型、关系型和领导型三种，包含了更多的买卖双方相互依赖，因而更有利于企业间的相互学习和创新。钱平凡、黄川川（2003）认为，模块化是系统的分解与集成，它是追求创新效率与集约交易费用的分工形式，不过承担具体模块的经济体不但要能在既定的规则下完成该环节，而且要在该环节中有很好的创新和突破。关系型治理模式由于企业依声誉而集聚，其一般具有空间邻近性及社会同构性等特点。相对于关系型，模块型给了生产、设计等环节更大的弹性空间。领导型治理模式中众多中小厂商主要依附于几个大型厂商。由于改变这种依附关系的转换成本很高，而且中小企业往往受大型企业严格的监督或控制，因此其很难进行转换。模块型相对于领导型最大的区别在于模块型有着更多的不确定性或弹性空间，使其在市场更新速度快而不稳定或非成熟的产业中具有很大的竞争优势，而领导型治理模式则对市场稳定或成熟的产业具有比较大的竞争优势。企业间的网络治理关系这种全球价值链治理模式，对于发展中国家制造商无疑是最理想的，但现实中它们很少能够嵌入其中。

市场是组织经济活动最为简单和有效的一种模式，市场型价值链就是买家与生产者彼此独立，相互选择。其运行的核心机制就是价格机制。

张辉（2006）在对前人的研究工作进行深入分析的基础上，对这三种模式进行了更细致的比较，以便能对网络型治理模式有一个更清晰的认识，见表3—1。

表3—1　三种治理模式的比较

关键因素	经济组织方式		
	市　场	等级制	网　络
一般基础	合约—产权	雇佣关系	互补性分工、力量
交易方式	价格	公司规则	网络关系
冲突解决方式	杀价—法律强制	管理命令—监督	互惠互利—声誉
弹性程度	高	低	中
经济体中委托数量	低	中到高	中到高
组织氛围	不信任	官僚体系、照章办事	回旋余地大、互利性
行为主体行为选择	独立、转换成本低	从属、依赖上级，转换成本高	相互依赖
交易主体间关系	公　平	表面公平，实质不公平	应尽义务

二、产业分工

(一) 国际产业分工的发展历程

随着生产及贸易的全球化，国际产业分工发生了全面而深刻的变化。自第二次工业革命以来，国际产业分工历经了产业间国际分工、产业内国际分工以及产品内国际分工三个阶段。目前，当今世界正处于产品内国际分工阶段，而微笑曲线的发现正为其分工提供了理论依据。

产业间分工是人类历史上最早出现的，也叫部门分工，是一种部门专业化，产业边界清晰。产业间的分工模式以垂直分工为主，是一种部分国家供给初级原料，而另一部分国家供给制成品的分工形态。如发展中国家生产初级产品，发达国家生产工业制成品。其产生和发展是由绝对优势和比较优势原理来解释的。

产业内分工，即不同区域可能选择同一个产业部门，但其产品种类存在差别，也可称为产品间分工。强调的是产品专业化，产业边界较清晰，是在同一产业的不同产品之间进行分工。其产生和发展主要是受规模经济效应的引导。

产业间分工和产业内分工是与产业间贸易和产业内贸易相对应的。无论是产业间分工还是产业内分工都暗含了同一种假设——空间锁定，即假设所有的产品都是由某一国家单独生产，而不考虑国际分工的可能。而两者的区别则在于产业间分工是由生产要素及价格差异两个关键要素所决定的；而产业内分工则主要是由于规模经济所派生的。产业内分工分为水平产业内分工及垂直产业内分工两种表现形态。水平产业内分工主要是由于消费者对产品多样化的偏好，而垂直产业内分工则是由技术水平差异所决定的。也有学者将产品内分工称为生产的分割化 (Jones & Kierzkowiski, 1990)、价值链切片化 (Krugman, 1994,1995)、外包 (Grossmann & Helpman, 2002)、多阶段生产 (Dixit & Grossman)、生产的非地方化 (Leamer, 1996)，等等。所以国际产业分工进入了第三个阶段——产品内分工。

（二）产品内分工的概念界定

产品内价值链分工实际上是一种垂直专业化的产业内分工，其核心内涵是指同一产品的生产分散到世界上多个地区进行，各个区域按照产业链的不同环节、工序甚至模块进行专业化生产。越来越多的国家参与到特定产品生产过程的不同环节。另外，赫梅尔斯等人（Hummels，2001）对产品内分工必须满足的三个条件进行了阐述：第一，一种最终产品的生产过程要由多个连续的可分解的工序（Multiple Sequential Stages）组成；第二，有不少于两个的国家参与产品某一阶段的专业化生产；第三，在生产过程中，最少有一个国家使用从他国进口的原材料，且其生产的产成品中有一部分必须出口。

（三）产品内分工产生的条件

（1）要素禀赋差异——产品内分工形成的前提条件

要素禀赋对于不同国家来说存在显著差异，具体来说处在价值链顶端或者说处在国际分工顶层的发达国家具有劳动力资源短缺、资本及技术要素充足的特点，而处在价值链底端的发展中国家则正好相反。随着发达国家经济的发展，资本、技术要素的累积及劳动力成本的上升，当这些矛盾到达一定程度之后，发达国家会将劳动密集型产业或者是环节外包到发展中国家，其本国将集中优势发展技术密集型产业或者环节，这样产品内分工便逐渐形成。

（2）产品工序的可分性——产品内分工形成的必要条件

产品内分工之所以能顺利进行，其必要条件之一便是该产品或服务在技术上能够被分解，且该分解不受时间和空间的影响。不同生产工序的可分离性越大，产品内分工的可能性就越大，技术决定产品内分工所分解单元的大小，技术越先进，国际分工越细致，技术落后，国际分工越粗糙。

（3）规模经济的存在——产品内分工形成的先决条件

通过分工来实现某一组织在某一环节上的专业化发展，其根本目的正在于扩大市场规模，减少成本，实现规模经济。对于参与分工的任意中间商来说，只有产品内分工所带来的收益高于其机会成本时，其才会选择分工。同时，只有某一厂商在特定的生产环节达到规模经济状态或者说实现单位生产费用最低时，它才有可能参与社会分工。

（4）成本的降低——产品内分工发展的重要保障

随着全球经济一体化的深入及第三次科技革命的发生，产品内分工成本显著降低，其具体表现在以下几个方面：一是运输成本的降低，航空、远洋、高速公路、铁路的飞速发展显著降低了运输成本；二是通讯成本的降低，移动电话、互联网等新通讯手段彻底颠覆了原有的通讯格局，并使得距离对通讯成本的影响几乎可以忽略不计，而且与传统手段相比更快捷、更方便；三是交易风险及交易成本的降低，在这方面最具代表性的当属金融业的创新，信用卡、网络支付、电子银行的出现在很大程度上降低了交易风险与交易成本。成本的降低对于推动产品内分工具有显著的意义。

（5）贸易自由化——产品内分工的制度保障

随着经济的发展，自由贸易越来越成为世界各国促进经济发展的重要手段。自由贸易要求各国应降低国际贸易壁垒，而这为国际产品内分工提供了重要的制度保障。由产品内分工的特征我们可以看出，产品内分工是跨国界的，因此与跨境活动相关的成本，如关税等将会显著影响产品内分工的形成。由于近年来贸易自由化的发展以及多边贸易组织的成立，国与国之间的贸易壁垒显著降低，如发达国家平均关税已由原来的40%左右降为现在的3%—4%，这无疑推动了产品内分工的形成。

（四）产品内分工的特征及比较

产品内分工与产业间分工及产业内分工相比，其明显呈现出新的特征：

（1）产品内分工是各个国家比较优势的真实反映，它使得国际劳动分工呈现不平衡的发展趋势

由于发达国家位于价值链的顶层，掌握大多数核心技术，且这些专业化知识很难被取代。因此价值链上这些层次的"进入壁垒"及"退出壁垒"都很高，再加上其参与主体不仅包含简单劳动者，还包括具备专业化知识和技能的高素质人才，因此很难被代替。而位于价值链底层的发展中国家，由于其横向差别很小，其"进入壁垒"和"退出壁垒"相对较低，且其参与主体主要是一些简单劳动者，很容易就被代替。

（2）产品生产的各个环节被分散于不同的国家和地区，以充分利用各地的比较优势

根据比较优势理论，每个国家或地区都具有自己的比较优势，产品生产的每个环节会寻求最具优势的国家和地区，集中进行生产。

（3）跨国公司成为产品内分工的重要载体

随着全球经济一体化的发展，跨国公司这一组织形式得到迅猛的发展，跨国公司也逐渐成为国际分工的主导力量。目前，大型跨国公司为追求其利益最大化，往往更倾向于集中优势发展那些具有知识密集、高附加值等特点的环节，如产品设计、研发等环节，而将那些较为低端的生产性环节分包给世界各地的合作商。

表3—2 产业分工的类型与比较

分工类型	新型区域产业分工	传统区域产业分工	
	产业链分工	部门间分工 （产业间分工）	产业内分工 （产品间分工）
专业化形式	功能专业化	部门专业化	产品专业化
分工特点	按产业链的不同环节、工序进行	在不同产业之间进行	在同一产业不同产品之间进行
产业边界	弱化	清晰	较清晰
分工模式	混合分工	以垂直分工为主	以水平分工为主
空间分异	产业链不同环节、工序在空间上的分离	不同产业在空间上的分离	同一产业不同产品在空间上的分离

分工类型	新型区域产业分工	传统区域产业分工	
	产业链分工	部门间分工 （产业间分工）	产业内分工 （产品间分工）
理论基础	资源禀赋和技术水平差异、规模经济等	地区比较优势或资源禀赋差异	产品差异、偏好差别、需求重叠、规模经济

综上所述，自第二次工业革命以来，国际产业分工历经了产业间国际分工、产业内国际分工及产品内国际分工三个阶段。目前，随着经济全球化和信息技术的不断发展、生产工序的空间可分性以及要素禀赋的差异，使得在全球范围内从事生产成为了可能，所以有关产品内分工的研究越来越受到重视，研究的程度和范围也不断加深。这就需要专业化的企业孵化器，尤其是高新技术企业。对于专业孵化器的需求，使得对其的研究和建设日益受到重视。

三、科技企业孵化器的理论阐述

（一）科技企业孵化器的界定

科技企业孵化器是伴随着高新技术产业的兴起而发展起来的，它的发展具有一定的区域特性。作为一种特殊的经济技术组织形态，企业孵化器的功能在于，为创业者提供良好的条件和环境，帮助创业者尽快实现从科技研究到产业化的进程，并提供综合服务，帮助新兴的中小企业成熟长大，形成一定规模，为社会培养一批成功的企业，提供大量的就业机会。随着20世纪50年代末新技术革命的兴起，美国为鼓励创业、刺激就业，首先发明了科技孵化器。第一个科技企业孵化器于1959年在贝特维亚工业中心诞生，其当时的主要目标是为了缓解社区的高失业率的状况，主要功能集中在场所和基本设施的提供、基本企业管理职能的配备以及代理部分政府职能上面。由于该孵化器产生的作用积极显著，在20世纪70年代后期，欧洲国家开始着手引进及设立大量的孵化器。进入20世纪80年代后，孵化器在亚洲国家传播开来并得到了迅猛发展，自此之后，孵化器在全球蓬勃发展。

企业孵化器翻译成英文有多种表述，如"Incubator"、"Enterprise Center"、"Innovation Center"、"Hives"等。由于世界各国的产业政策、组织机构的性质及运作方式的不同，孵化器在不同国家的发展也各不相同。对于企业孵化器的内涵的界定也有多种看法，目前比较有影响的国内外学者和机构对企业孵化器的界定，如表3—3。

表3—3　国内外企业孵化器的定义

代表人物或组织机构	主要观点
Plosila and Allen（1985）	企业孵化器应具备4种基本的设施与服务：组织与网络组织；地产建设经验与管理相关设施经验；提供商业服务的渠道；办公设施与孵化空间
Roymond W.Smilor（1987）（设施论，体系论）	提出用孵化体系的商品化架构来解释企业孵化器，认为企业孵化器是一个创新体系，该体系的设计是为了协助创业者创办的初创企业的成长
Finkle（1988）	企业孵化器被定义为一个设施或计划，它为处于早期发展阶段的中小企业提供商业、办公或工厂空间及相关的技术支持
Carroll（1989）	企业孵化器是一个设施，提供低成本的出租空间给小型创新企业，管理者着重维持并提供新创企业所需的商业发展的服务渠道
Davidson（1989）（组织论）	企业孵化器是一个组织，通过提供空间、服务和咨询，帮助新创企业发展
Steffens（1992）（工具论）	企业孵化器是一项促进经济景气的工具，创造了新企业，增加了企业的机会，提供低成本的空间、可公用的设备以及创业者之间的团体关系
Rustam Lalkaka（1994）	企业孵化器是一座具有少数管理顾问人员的设施，此设施以一个整体与负担得起的组合形式来提供实体空间、共享的设备以及技术与商业支持服务的渠道
Monlar L. 等（1997）	把企业孵化器视为提供协助企业成长的资源，用来支持创业者成功创业
联合国开发计划署（UNDP）	认为企业孵化器是一种受控制的工业环境，这种环境为培育新企业而设计，目的是创造条件用于训练、支持和发展一些成功的小企业家和赢利企业
国际企业孵化器协会（NBIA，1993）	企业孵化器是一种企业支持计划，其对象是新创立的公司。凭借自己拥有的专门技术和公用的资源网络提供商业或技术支持的渠道

代表人物或组织机构	主要观点
经济合作与发展组织 （OECD，1997）	企业孵化器必须配合不同的经营者，帮助进驻企业解决一些管理上的暂时需求
中国科技部（2003） （服务机构论）	企业孵化器是由于社会化分工而产生的旨在促进和实现高新技术产业化的社会经济组织

由上表我们可以看出，不同的学者或机构对于孵化器内涵的阐述各不相同，其中具有代表性观点的有"组织论"、"体系论"、"工具论"、"环境论"、"资源论"，等等。本书将从孵化器性质、构成要素及运营模式三个方面对企业孵化器进行界定：

（1）从科技企业孵化器的性质来看

科技企业孵化器是支持科技创新的公共服务平台，它是用来扶持中小企业快速健康成长、促进产学研结合、支持科研成果产业化的专业服务机构。它具体包含多种表现形态：如专业型孵化器、创业服务中心、留学人员创业园及大学科技园等。孵化器从本质上说是一个不以盈利为目的的"中介服务机构"，其具有特殊的双重属性：社会公益性和经济盈利性。社会公益性是指其不以盈利为目的的本质属性，它是孵化器产生的根本出发点；经济盈利性是指维持孵化器可持续发展的衍生属性，不以营利为目的不代表其不需要盈利，它是孵化器健康运行的重要保证。

科技企业孵化器还是一个智能服务产业。孵化器的经营管理者必须具备相应的智能，以团队、个人的方式尽可能多地为在孵企业提供全方位和全程服务，尽可能多地为在孵企业开拓、挖掘、配置资源，提供包括人力资源、市场营销、发展战略在内的大规模的咨询服务和经纪、融资等中介服务。

（2）从其构成要素分析

科技企业孵化器是包含孵化对象、孵化团队、孵化服务及孵化资源等多种要素的复杂系统。该系统的构成要素相互作用、相互影响，具体如图 3—3 所示。

图 3—3　科技企业孵化器的构成与孵化效应

　　孵化对象是指孵化器的服务对象，即被孵化的客体，具体包括正处于种子期或成长期的中小科技企业或科研项目。一般而言，孵化对象都拥有在其领域的某一核心产品或技术，且其具有良好的市场前景。对孵化对象的选择非常重要，不仅关系到孵化器的定位和形象，在孵企业的质量也会直接影响企业孵化器运营的最终绩效。一般来说，每个企业孵化器都会按照自身的标准，选择具有发展潜力的创业企业进驻企业孵化器。

　　孵化团队是孵化器正常运行的保障主体，其一般包括技术、管理、财务、法律等多方面人才，它是以科技企业为对象，依托高效的孵化管理来为企业的健康快速成长提供孵化服务保障。企业孵化器的特征和服务目标对人才提出了更高的要求，要求管理团队具备三种能力：创业管理能力、企业管理能力和企业孵化器运营能力。

　　孵化服务是孵化器运行的根本目的，它是孵化团队对孵化对象进行功能增值的各种手段。企业孵化器作为一种中介服务机构，为孵化对象提供孵化服务的质量直接关系到其切身利益。因此，建立健全孵化服务体系不仅关系到孵化器的自身利益，其对于促进孵化对象的健康快速成长也有重要影响。具体孵化服务包括技术服务、管理服务、财务服务、法律服务及房产服务等。

孵化资源是企业孵化器生存与发展的最基本条件之一，它具体包括厂房、设备、土地及商务设施等硬件资源和技术、资金、信息等软件资源。孵化团队通过利用孵化器内部集聚的各种孵化资源，以共享的方式向孵化对象供给配置。

（3）从其运营模式来分析

由于世界各国的产业政策、组织机构性质及运作方式的不同，孵化器在不同国家的发展也各不相同。然而从孵化器的自身特点来看，各国孵化器在其体制、管理团队、融资政策及服务平台建设等方面，存在诸多相似之处。首先，在体制方面，各国孵化器普遍采用公司制形式，即孵化器通过建立完善的激励、约束机制，按照市场规则运营。其次，在管理团队建设方面，各国孵化器普遍建立由高校、高级技术人员、高级管理人员及政府人员组建的专家型团队。第三，在融资策略方面，各国孵化器普遍重视引进风险投资，利用风险投资培育成功企业；第四，在服务平台建设方面，各国政府都注重专业孵化器的建设，通过聚集同一产业链上相关企业来形成产业集群。

通过上述对孵化器自身特点的分析，我们可以看出，企业孵化器是以促进初创企业健康快速成长及科研成果产业化为目的的，通过为入驻企业提供专业而廉价的服务来直接降低创业者的创业成本，进而提高创业成功率的中介服务组织。

（二）科技企业孵化器的目标和功能

不同国家和地区创办企业孵化器的目标总体上是创造就业机会、发展地方经济、促进技术商业化，但各国和地区特定的目标有所不同，企业孵化器的发展特征呈现差异性。各国孵化器的目标和特征，如表3—4所示。我国在《科技部关于进一步提高科技企业孵化器运行质量的若干意见》（2003年4月7日）中，提出企业孵化器应努力建设完善以下功能：市场定位功能；成果转化功能，促进科技成果的转化和应用；产业培育功能；要素集成功能，将资金、技术、人才、信息、管理、市场等各种资源加以整合和集成，形成资源的优化配置；更新价值观的功能，建立适应社会主义市场经济的价值观。简而言之，中国创办企业孵化器的主要目的是为了促进科技成果的转化和支持中小科技企业的发展。

表3—4 部分国家企业孵化器的目标和特征比较

国　家	主要目标	主要特征
美　国	创建新企业，创造就业机会，培养企业家	企业孵化器类型多，最初由政府和社区主导，然后转为多元化，营利类企业孵化器与公益类企业孵化器并存，企业孵化器孵化的企业具有较高的成活率和成长率，是非常有效的区域经济增长的工具
加拿大	促进地区经济发展，促进大学的科研成果转化，减缓人才流向美国的速度	联邦政府作用有限，主要由一些地方政府支持，孵化器行业的规模小，但发展速度快
日　本	加快新兴产业的发展，增加现有产业的附加值，促进科技成果产业化	所有权与经营权有时分离，导致无效率；全职孵化器经理占36%，孵化器与孵化经理概念与美国有所不同。企业孵化器的意义更加广泛，包括科学园
法　国	以创造就业机会为主	绝大多数由市政局或其他机构合伙创办，由社团（非营利机构）管理，为孵化器的服务和活动制定详细的标准
德　国	支持初创企业、新技术开发与推广、大学与企业间的技术转移	非正式的支持服务，出租场地，必要的基础设施与服务，全职管理或地方政府兼职管理，产、学、研合作

（三）科技企业孵化器发展环境

企业孵化器是一种经济组织，其实质是孵化企业的企业。一个国家的企业孵化器的发展离不开一定的环境支撑，必须具备一定的宏观环境和微观环境。宏观环境是指企业孵化器发展的整个社会环境，包括政治、经济、文化等；微观环境是指企业孵化器所处的区域环境，包括创业服务体系、创新服务体系等。

　　企业孵化器发展的宏观环境是指企业孵化器所处的整个社会环境。宏观环境主要包括政治与政策、经济、科技与教育、工业基础、文化和国际环境。政治和政策是科技企业孵化器产业化发展的前提条件；经济基础和经济环境是科技企业孵化器产业化发展的基础；科技与教育是企业孵化器可持续发展的保障；文化对科技企业孵化器的产业化产生间接的影响。

　　企业孵化器发展的微观环境是指科技企业孵化器所处的区域环境。科技企业孵化器发展的微观环境，主要包括政府支持的外部环境、科技中介服务体系、投资机构、科研机构等。政府为企业孵化器的发展提供有力支持；科技中介服务体系能够完善创业服务体系；投资机构成为企业孵化器、在孵企业发展资金的重要来源；科研机构是科技企业孵化器体系的重要组成部分。

　　（四）科技企业孵化器发展的新模式——专业孵化器

　　作为顺应时代发展要求的产物，科技企业孵化器需要随着时代的发展而不断创新，提升孵化功能，关于企业孵化器演变路径问题已成为重要的关注点。科技企业孵化器经过多年的发展，其目前已经从低阶段的政府主导模式过渡到较高阶段的市场化运作模式，即其孵化模式已经由"政府主导＋综合孵化"转变为"风险投资＋专业服务＋专业孵化"。景俊海（2001）认为，从国外企业孵化器的发展实践来看，企业孵化器组织经历了经典综合型企业孵化器（着眼于企业组织创立）、现代综合型企业孵化器（着眼于孵化企业快速发展）、专业技术型企业孵化器（着眼于对某一专业技术领域企业进行孵化）、专业人才企业孵化器（着眼于扶持专门人才创业）、国际企业孵化器（着眼于外国企业创业）、虚拟企业孵化器（着眼于孵化企业配置创新资源）和创业投资集团孵化器（着眼于集团投资主导孵化企业）等7种组织形态。我国目前大多数孵化器属于综合型孵化器，正在努力向专业型转变。

　　专业孵化器是一个专业化相当强的服务体系，其目的是为了培育特定技术领域新创企业。一般来说，当综合性孵化器发展到一定的规模之后，为了便于促进特定技术领域专业技术商品化及相关企业的集群化，其在孵化服务、孵化对象、孵化条件等方面将实现专业化演变。专业孵化器不仅要提供综合孵化器所提供的常规服务，如场地、研发、生产、网络、办公、法律、政策及市场推广等，还必须有一系列专门服务体系。不仅要有硬件技术支撑平台，如先进实验设备、实验仪器、检测手段、试验基地等，还要开展软件服务，包括专业技术咨询、专业人才推介、专业项目培训、专业法规咨询及行业供应商咨询等。

专业孵化器与综合性孵化器相比具有特有的优势：首先，可以形成一个以专业孵化器为核心的分工精密的服务体系，它可以有效提高中介机构的服务效率，实现资源的有效整合；其次，通过对孵化对象进行筛选，选择特定领域的企业聚集在孵化器内，进而实现相关企业的集群，这对于新创企业的健康成长及彼此间的学习交流无疑是有利的，可以提高企业的成活率；再次，专业孵化器可以通过专业的行业分析，为新创企业确立发展方向。因为专业孵化器了解产业特点，与高校、科研院所等也有着密切的联系，能够为创业企业提供专业的知识和服务；第四，可以提高企业的创新能力。良性的产业发展，既需要大型企业的引导，也需要广大中小企业的支持。而目前专业孵化器正在承担起培育中小企业的重担，其通过集聚相关产业形成产业集群，促进企业间的交流，提高企业的创新能力；第五，实现共性技术的供应及技术平台的模块化管理，降低创业成本。企业在初创阶段，往往需要投入大量资金购置设备，而这部分资金对于很多中小企业来说是一个沉重的负担。然而对于处于同一领域的中小企业来说，每一家企业都购买势必会造成有限研发资金的浪费，不利于整体的发展。因此，专业孵化器通过购置某一特定领域的通用设备以满足驻内企业的需求，这样既可以节省资金，提高资金的利用率，同时也可以减少创业者的创业成本，降低创业风险。

基于全球价值链的产品内分工，使得原有的综合性的孵化模式不能适应新的需要，需要更具专业性的孵化器与产品内的专业化分工相协调，针对生产的不同环节有针对性地进行培育，使企业具有在某一环节的独特优势，更具竞争力。

首先是以政府主导为基础，提供专业化的公共服务。专业孵化器的设立是政府扶持和培育新创企业健康成长的重要举措。为新创企业提供公共服务，体现了政府对自主创新的支持，而这也决定了孵化器在运作初期的定位即为非营利中介服务机构。在孵化器的发展初期，将孵化器进行市场化运作，将会降低其公共服务的质量，改变其设立的初衷。

其次是引入风险投资，实现孵化器的长期发展。高新技术产业与风险投资往往具有不可调和的矛盾。高新技术产业普遍存在风险高、投入大、周期长的特点，而这些特点正是风险投资者所要规避的风险。因此，许多具有创意的项目因得不到资金而退出。针对这一现状，我们可以借鉴以色列孵化器的先进经验，即通过进行种子期投资，将科技成果引入孵化器进行孵化。通过这种方法，新创企业不仅得到孵化团队的专业孵化服务，其还得到相应的资金支持。孵化团队作为新创企业的股权所有者，必定会提高其孵化服务水平以确保其投资得到回报，而这样就会形成良性循环。

最后是延伸专业孵化器的服务，拓展产业孵化空间。当孵化器发展到一定阶段，局限于一个地区的发展总是有限的。专业孵化器应将已形成的服务体系向周边延伸，主要表现在以下方面：第一，在享受政策、技术和信息服务方面，孵化器外的周边创业企业也可以享受，形成"虚拟孵化器"的服务空间，充分利用资源；第二，在设备利用方面，孵化器外企业也能共享机器设备，共用专业服务平台，节省运营成本，降低风险，提高设备使用率；第三，在投融资方面，除了孵化器内的项目外，对于其他创业且具有市场前景的项目，孵化器也应进行扶持和投资。专业孵化器应凭借其专业服务及风险资本，积极向外拓展，扶持和培育更多的中小企业，最终带动我国的自主创新水平的提高。

综上所述，自 20 世纪 50 年代第一个企业孵化器在美国建立起，有关企业孵化器的研究便成为了焦点，各种研究成果不断涌现。企业孵化器也经历了较快的发展，但其形式还主要是由政府主导的综合性的孵化器。但是伴随着高新技术产业的蓬勃发展和产业分工的不断细化，不同国家的不同企业所从事的生产环节变得更加具体、更加细化，对先进技术和资金等高质量资源的需求越来越多。综合性的企业孵化器已经不能满足企业发展的需要，一个新的组织形态——专业孵化器被提出来了，专业孵化器致力于某一个专业的领域，为从事高新技术的中小企业，提供早期发展所需的资金和专门技术，帮助它们提高专业水平，大大提高了创业期科技企业的成活率，对企业的发展至关重要。随着现实条件的不断变化，专业孵化器也将被新的孵化器形态所取代，目前有关虚拟化的孵化器的研究也越来越多，企业孵化器组织应不断地适应时代的发展趋势，完善自身的同时，为企业提供更好的服务。

四、产品内全球价值链分工下的产业升级

（一）产品内全球价值链分工下产业升级的内涵

在国外，对产业升级的正式研究是由格里菲（Gereffi，1999）等人在 20 世纪 90 年代末开始的。随后，一些国外的学者从宏观和微观两个层面进行了分析。从宏观层面来分析，波特（Poter，2002）指出，当资本相对于其他资源禀赋（劳动力等）更加充裕时，产业即升级为发展资本或技术密集型产业，以获取比较优势。从微观层面来看，学者布恩（Poon，2004）指出，产业升级就是从低价值的劳动密集型产业向高价值的资本或技术密集型产业转换的过程。无论是从宏观方面理解还是从微观方面理解，产业升级从本质上说都是从价值链的低端向价值链的高端不断转移的过程，即从低附加值环节向高附加值环节转移。国内学者对于产业升级也有相关研究。高秀艳（2004）通过其研究指出产业升级是指产业的产业结构及产出总量由低层次向高层次转换的过程。苏东水

(2000) 通过研究发现产业结构的演化主要体现在以下几个方面：一是一、二、三级产业在国民经济中权重的演化；二是由低附加值产业向高附加值产业的演化；三是产业结构由劳动密集型向资本密集型，再向技术密集型，及最终向知识密集型的演化；四是产业结构由低水平加工向高水平加工的演化。

本书认为，从产品内分工及全球价值链的角度来看，产业升级是指尚未嵌入价值链的企业或者说已经嵌入价值链但位于较低层次的企业，通过嵌入价值链或向高层次价值链进行迁移来提高其竞争力的过程。由于一项产业所获得的附加价值受其所在国家或地区在全球价值链中位置的影响，因此，发展中国家要想提高其产业竞争力，就必须进行产业升级。

（二）产品内全球价值链分工下产业升级的模式

对于产业升级问题的研究，格里菲（Gereffi,1999）将产业升级分为部门间升级、部门内升级、经济活动上的升级和产品的升级四个层次。部门间的升级是指从劳动密集型产业向含更高价值的资本或技术密集型产业转变；部门内的升级是指由低价值的生产环节向高价值的环节转变；经济活动上的升级是指产品的生产、设计及营销能力的提升；产品的升级是指在保持同类型产品不变的条件下，由简单、低附加值的产品升级到复杂、高附加值的产品。

此后，学者汉弗莱和施密特兹（Humphrey，Schmitz，2000）在前人研究的基础上，提出了为后世所广泛采用的产业升级的四种模式：一是工艺流程升级（process upgrading），即通过引进新技术和先进的生产组织形式，降低成本，提高效率，其结果表现为提供更廉价和质量更好的产品。此时产业的竞争力仍然较弱，产业内企业仍处于价值链中的从属地位，没有成为领导者，而是受到领导企业的控制。二是产品升级（product upgrading），即通过引进新产品或改进已有产品，增加产品的市场份额，其结果是产品重新定位，从低端到高端。此时产业内企业的自主品牌经营能力尚不完善，因而其生产活动是围绕着原有价值链展开的，仍然没有取得对价值链的控制权。三是功能升级（functional upgrading），即通过重新选择在价值链中的位置，专注于价值高的环节，把低价值的环节外包，获取更多的价值。随着自主品牌经营能力的提高，价值链内企业会通过激烈的竞争战胜原有的领导企业，确立自己的领导地位，此时嵌入产业已具备强大的竞争力。四是链条升级（chain upgrading），是嵌入全球价值链的产业升级的最高形式，其具体是指在保持相关产业不变的条件下，从一条含价值量较低的价值链升级到一条含价值量较高的价值链，其结果表现为利用现有能力开拓新市场，同时实现价值创造能力的提升。在这种模式之下，企业能够且愿意放弃原有落后的价值链，并且能专心构建新的价值链，以获取竞争优势，甚至成为市场的垄断者。全球价值链四种升级模式的比较，如表3—5所示。

表3—5 全球价值链四种升级模式的比较

升级模式	升级本质	实践形式	产业的价值链地位	产业竞争力
工艺流程升级	过程更加有效率	通过引进先进技术和生产组织形式，提高效率，获取更多的价值	从 属	较 弱
产品升级	比对手更快的产品研发	通过引进新产品或改进已有产品，增加产品的市场份额，比竞争对手更有效率，移向更先进的生产线	从 属	较 强
功能升级	在价值链中的位置改变	重新组合价值链中的环节，提升在价值链中的地位，专注于价值量高的环节，把低价值的环节外包，获取更多的价值	领 导	强
链条升级	移向新的、价值更高的价值链	从一条价值链跨越到一条新的、价值量高的相关产业的价值链，获得更多的价值	领 导	具有垄断实力

2002年，联合国工业发展组织公布其年度工作报告《通过创新和学习来参与竞争》，这份报告指出：全球价值链对于发展中国家提高其

国际竞争力具有显著意义。面对未来复杂的国际环境，对于广大发展中国家的企业而言，其当务之急是通过采取系统的行动，获取其发展所必要的技能，以便于更好地融入全球价值链中，进而增强其竞争力。

通过对全球价值链四种升级模式的比较分析我们可以看出，产业升级归根结底都是从低附加值环节向高附加值环节转变，从低附加值的劳动密集型环节向高附加值的资本或技术密集型环节转变，其具体表现为企业在全球价值链中顺着价值阶梯逐步提升的过程。产业升级的演进过程究其本质是一种要素禀赋比较优势的变化过程，其演进过程一般是按照流程升级、产品升级、功能升级、部门升级的顺序，但也有例外情况。

（三）产业升级的前提——嵌入全球价值链

通过前面章节的论述我们可以得知，产业升级通俗理解即为尚未嵌入价值链的企业为取得技术进步或市场联系而融入价值链；已经嵌入价值链的企业，不断实现从价值链低端向价值链两端的转移。所以，要实现升级就必须嵌入全球价值链。一个企业可获得的附加价值的大小，直接由其在价值链中的位置决定。所以在嵌入全球价值链之前，企业必须准确地知道价值链上各环节的附加值的大小，以便在合适的时机嵌入正确的环节。

对于每一个企业来说，为了获取更多的利润，都想嵌入具有高附加值的研发、服务等环节。但是历史经验表明：企业对于自己在全球价值链中的定位一定要依据其相对经济水平和技术能力。经济水平有限、技术能力较低的企业一定要结合自身的技术水平及核心能力明确自己的定位，寻找适合自己的价值链环节，并且寻找合适的机会嵌入价值链，主要包括低端嵌入、中端嵌入和高端嵌入三个时机。有关嵌入的理论将会在下一部分进行详细的介绍，此处不再赘述。

（四）产业升级的路径——向全球价值链两端延伸

产业升级的前提是嵌入全球价值链，那么产业升级的路径与目标则是沿着价值链向附加值较高的两端转移。但是不同的产业部门，其驱动力的不同会导致向价值链的不同端点移动，也就是说，不同的驱动模式之下产业升级的路径也各不相同。

（1）购买者驱动型价值链升级路径

购买者驱动，是指发达国家企业凭借其强大的营销网络及品牌优势，通过贴牌生产（OEM）或全球采购等方式组建商品流通网络，并以此来引导市场需求，进而巩固其比较优势。购买者驱动型价值链中，附加值集中在流通环节。所以购买者驱动型全球价值链的升级路径一般会遵循传统的演进方式，即按照工艺流程升级、产品升级、功能升级、链条转换的路径进行演进，其升级的难度越来越大。工艺流程和产品升级需要一定的技术和设备，这些都可以通过购买或学习来取得，相对而言比较容易，所需的时间也比较短。但是从产品升级到功能升级就会变得十分困难，不是简单地掌握了技术和拥有了设备就能够进行的，还需要一定的营销观念和品牌形象等无形资产的存在，而且，其作用已经超过了有形的机器、设备等。然而这些无形资产往往需要一个企业花费大量人力、物力、财力才能取得，甚至可能始终无法取得。所以许多企业往往会停滞在产品升级这一环节，而无法实现功能的升级。至于链条的升级，由于情况复杂所以还不能够明确的划分是进入流通领域还是生产领域。

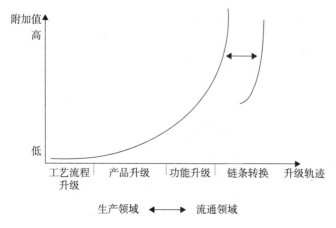

图3—4　购买者驱动型全球价值链下的产业升级

（2）生产者驱动型价值链升级路径

生产者驱动是指市场需求取决于生产者投资，最终形成生产供应链垂直分工体系。生产者驱动型的全球价值链更强调上游的生产领域，即其价值增值主要集中在生产领域，换言之其更强调产品的设计与研发、工艺及技术的创新等环节。因此，相比于购买者驱动型价值链，其升级一般按照功能升级、产品升级、工艺流程升级、链条转换的顺序进行演进。一般来说，生产者驱动型价值链的功能升级相对较容易，而产品升级和工艺流程升级则相对较难。大多数产业的升级会受阻于此，升级呈现出不断减速的发展特征。在这两个升级过程中，工艺流程的升级会显得更加困难，产品升级主要依赖先进的设备和技术，这些一般很容易从市场上进行购买；而工艺流程升级需要的可能是一些买不到的隐性知识。与购买者驱动型一样，链条升级依然无法准确地确定其升级后所在的领域，如图3—5。

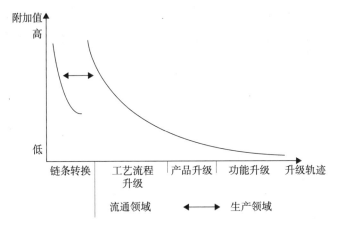

图3—5　生产者驱动型全球价值链下产业升级轨迹

（3）两种不同驱动力价值链中企业升级的比较

不论是购买者驱动型还是生产者驱动型，其在价值链中的升级过程中，都存在着从低附加值向高附加值转移和低附加值环节不断剥离的动态发展特征；同时价值链内各环节上的产业并非进入价值链后就自然而然地实现了升级，而是需要企业在激烈的竞争中主动地进行产业的升级发展，实现产业的升级。

在购买者驱动型价值链产业升级的过程中，非实体性产业活动的比重会上升，即其比较优势会从有形资产向无形资产过渡。而在生产者驱动型价值链产业升级的过程中，实体性产业活动的比重会不断上升，即其比较优势绝大多数来源于有形资产，如表3—6。

表3—6　购买者驱动和生产者驱动的升级比较

项　　目	购买者驱动型	生产者驱动型
升级轨迹	产品升级—工艺流程升级—功能升级—链条转换	功能升级—产品升级—工艺流程升级—链条转换
关键环节	功能升级	产品升级、工艺流程升级
经济活动的特性	非实体性和空间化增强	实体性不断上升
核心竞争力	主要依靠无形资产	越来越依赖有形资产
升级的主动性	需要企业的主动行为	需要企业的主动行为
链条转换	无法确定新领域	无法确定新领域

（4）中间型价值链升级轨迹

随着经济的发展，传统二元驱动机制的局限性越来越大，如汽车、服装、IT等产业在一定程度上同时具备了生产者驱动与购买者驱动的特征，而单一驱动机制对此难以解释，因此，介于两者之间的中间型驱动应运而生。

因为中间型价值链不是偏重于生产和流通中的一个环节，而是同时偏重于两个环节，所以就其升级而言，一般需要先确定产业链条的动力是来自于生产者还是购买者，然后根据判断结果分别遵循具体的生产者驱动型或购买者驱动型的升级轨迹。通常情况下其升级相对比较复杂，所以需要有针对性的进行具体分析。

根据中间型全球价值链产业升级图（图3—6）我们可以看出，图的左半部分即生产者驱动的部分，其附加值主要集中在生产领域，并且从生产领域转向流通领域的过程中，边际价值增加率是递减的；而对于图的右半部分即购买者驱动的部分，其附加价值主要集中在流通领域，其在生产领域转向流通领域的过程中，其边际价值增加率是递增的。因此，企业一定要根据其所在行业的特点，明确其在全球价值链中的定位，结合驱动机制，确定延伸方向。

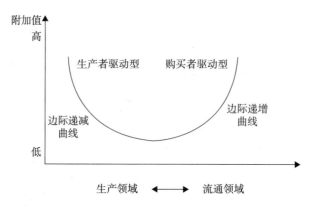

图 3—6　中间型全球价值链下产业升级

（五）不同价值链治理模式下的产业升级

汉弗莱和施密特兹（Humphrey，Schmitz，2002）对不同治理模式下的升级之路进行了研究，指出在不同价值链治理模式下，产业升级的类型也是不同的，如表 3—7。

表 3—7　不同价值链治理模式下的产业升级类型

价值链治理模式	产业升级类型
准层次型	流程和产品升级易于实现，但会阻碍功能升级
网络型	升级的条件最优，但由于能力要求高，发展中国家生产者难以介入
市场型	流程和产品升级速度慢，但功能升级的道路开阔

（1）准层次型价值链下的产业升级

格里菲和麦默道韦克（Gereffi，Memedovic，2003）认为进入准层次型全球价值链，有助于发展中国家制造商流程和产品升级，因为他们从全球购买者那里学到了大量的提升生产流程、提高生产连续性和产品质量的知识，提高了他们对客户订单的反应速度，之后进入设计、营销和品牌建立阶段实现功能升级。但进入准层次型全球价值链是否有助于功能升级还存在很多争议。格里菲（Gereffi，1999）通过对东亚国家的成衣生产的研究，认为进入全球价值链的发展中国家的生产商，其升级始于生产，随后进入产品设计、产品销售和品牌生产。也就是说发展中国家的生产商不仅能实现工艺流程升级和产品升级，还能实现功能升级。霍布玳（Hobday，1995）发现从贴牌生产（OEM）向自主设计、贴牌生产（ODM）转变比从自主设计、贴牌生产（ODM）向自我品牌生产（OBM）转变容易。张向阳、朱有为（2005）通过研究发现，制造商在向设计和营销环节发展时所遇到的障碍主要可以分为两大类：一类是购买者的影响，由于目前全球价值链的价值增值主要集中在产品研发、营销及品牌等非生产性环节，而对于制造商而言，他们很难获取这些核心能力；另一类则是资源的限制，通过开拓国外市场以增加其品牌竞争力需要投入大量的资源，这对于发展中国家制造商来说困难太大、风险太高。

（2）网络型价值链的产业升级

对于发展中国家制造商而言，尽管嵌入网络型价值链能给其带来更好的发展机会，然而由于自身能力的不足，发展中国家的制造商很难与发达国家的制造商、购买商组建成网络型价值链模式。发达国家供应商和制造商之间存在的能力互补网络关系有助于其产业升级，发展中国家内部亦是如此，其内部亦存在这种互补的网络关系。斯特金（2002）通过研究发现，发展中国家存在一种模块化生产的网络关系。他认为发展中国家制造商必须拓展其业务范围、提高其产品及服务的质量，增强其竞争能力，以满足其承包外包服务的需要。

（3）市场型价值链的产业升级

相比于前两者的升级模式，市场型价值链既不会为企业的发展提供机遇，也不会给企业的发展设置障碍。因此，在市场型价值链治理模式下，企业更加灵活，但是其产业升级的速度也相对较慢，其面临的如在产品研发、设计、营销等环节的问题也相对较多。因此，在这种治理模式之下，各国可以通过组建商业协会以帮助企业实现健康快速发展。

价值链治理模式的变化会导致产业升级的不同，而制造商能力的提升也会导致价值链治理模式的变化，因此，价值链的治理模式与产业升级相互影响，相互作用。准层次型治理模式会在企业之间存在能力差异及供应商存在失败风险时得以应用，但是如果供应商的失败风险下降时，该治理模式又会被其他模式所代替。首先是市场型治理模式的出现，这时已经有众多的供应商可以满足购买商对其生产能力的要求。随着供应商的生产能力进一步提高，网络治理模式将替代市场型的治理模式，为产业升级提供更好的环境。

综上所述，有关产业升级的研究一直是学者们关注的热点，全球价值链下产业升级的研究从 OEM 研究到 OBM 研究，再到目前学术界所公认的四种升级模式的研究，这无疑反映了产业升级研究的重大历程。一般而言，产业升级遵循"流程"、"产品"、"功能"及"部门"四种循序渐进的升级顺序，而这一顺序也体现了要素禀赋比较优势的变化过程。当然，不同驱动类型价值链的升级路径也不完全按照这一顺序进行，如生产者驱动型价值链的升级路径一般会按照"功能"、"产品"、"工艺流程"、"链条"的升级转换顺序；而中间驱动型价值链升级，一般需要先确定产业链条的动力是来自于生产者还是购买者，然后根据判断结果分别遵循具体的生产者驱动型或购买者驱动型的升级轨迹。由此可见，不同驱动模式下的全球价值链下的产业升级应根据具体情况确定升级轨迹，而不应一味地照搬固有的模式。不同价值链治理模式下的产业升级遵循了产业升级的一般模式，但是在不同治理模式下，各升级阶段所遭遇的阻力是不同的。准层次型治理模式下功能转换环节是企业升级的关键，而市场型治理模式下流程和产品升级的进展会比较缓慢，网络型治理模式下各环节的升级条件都比较优越，但是由于壁垒较高，发展中国家很难进入。所以，处于不同治理模式下价值链上的企业，要认清自己的位置，有重点的进行各阶段的升级，最终保证整个产业的顺利升级。

五、全球价值链的嵌入

（一）嵌入的界定

嵌入即根植，是指新的、外来的个体与原有或本地的经济组织、法律文化等社会环境融合的动态过程。根植性的概念最早是由波兰尼（Polanyi，1968）提出的，他认为"人类经济嵌入或缠结在经济或非经济的制度当中，非经济制度的引入是非常重要的。因为在分析经济的有效性时，宗教和政府可能像货币制度或减轻劳动力强度的工具和机器的效力一样重要"。波兰尼提出的嵌入思想当时并没有受到学者的重视。

后来，格兰诺维特（Granovetter，1985）重新对嵌入进行了阐释，并将其发扬光大。他认为，"根植性就是经济行为深深植入网络与制度等社会关系之中。与嵌入紧密相关的一个概念是网络，它是指由契约关系维系的一种经济组织，组织内企业通过广泛的交流与合作，体现出相互依存性。嵌入就是网络外个体加入网络，成为一员的行为"。与市场理论相比，网络理论认为，根植性把行为主体的动机从追求短期经济利益转移到建立关系上来，是通过信任和互惠来达到的。虽然格兰诺维特是在波兰尼的基础上进行的研究，但二者的界定还是存在区别的，波兰尼强调经济活动是一个制度化的过程，而格兰诺维特则认为经济活动是一个人际互动的过程，并强调人际互动是决定组织交易及交易成本的重要因素。魏后凯（2008）对根植性概念的演变做出总结。

（二）嵌入的动因及特性

（1）嵌入的动因

盖晓敏、张文娟（2010）从经济地理的角度对企业嵌入的动因进行了解释。她们认为，企业嵌入可以从制度、社会、经济、文化四个方面加以理解：在制度方面，完善的制度可以降低产业集聚的沟通成本、行为成本及交易成本，因此国家应当通过不断完善区域制度来为产业集聚创造良好的环境；在社会方面，产业集聚是由若干个相互关联的主体组成的，单个主体必须融入或嵌入社会区域之中，这些参与主体包括政府、企业、顾客、供应商、行业协会、中介机构、金融机构等；在经济方面，经济因素是企业在做投资决策时最先考虑的因素，它关系到企业的自身利益（生产成本、交易成本等）。经济因素具体包括要素禀赋、市场规模及潜力、技术创新等内容；在文化方面，企业的设立与发展必然会受到企业所在地风俗文化的影响，产业集聚亦是如此。接纳当地文化，企业会享受文化带来的收益；排斥当地文化，企业难以顺利发展。

需要指出的是，四个方面并不是同时发挥作用的，根据企业嵌入的阶段的不同，关注的方面也不同。在嵌入的初期，企业比较关注的是经济嵌入和制度嵌入，随着企业逐步走向成熟，其会更加关注社会和文化的影响。因此，只有依照这种嵌入顺序演进，一个企业才能达成嵌入的目标，实现发展。

除了上述四点外，本书认为技术方面的考虑也是嵌入存在的动因。信息技术时代的到来，使得技术实力在一个企业的发展中发挥着越来越重要的作用。一个企业嵌入到某一地区，必定会受到当地的先进技术水平的影响，或者其拥有的先进的技术水平会影响到当地企业的发展，二者之间互相推动。所以对技术获取的考虑，也可以看做是企业嵌入的一个动因。

（2）嵌入的层次性

哈格杜恩（Hagedoorn，2006）将嵌入性分为 3 个层次，即环境嵌入性、组织间嵌入性与双边嵌入性①，图3—7显示了嵌入性的层次结构。

---

① Hagedoorn J, Understanding the cross-level embeddedness of inter firm partnership formation, *Academy of Management Review*, 2006 (3), pp.670-680.

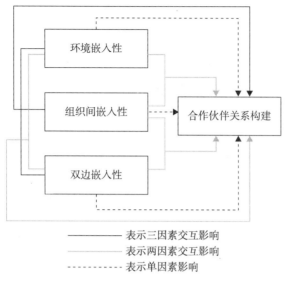

　　　　　　　　　　　 ———————　表示三因素交互影响
　　　　　　　　　　　 ———————　表示两因素交互影响
　　　　　　　　　　　 - - - - - - - - -　表示单因素影响

图 3—7　嵌入性的层次结构

　　环境嵌入性是指国家及相关产业的环境会影响企业的行为。其中，企业所处的国家环境是宏观层次的嵌入性，企业所处行业的特点是中观层次的嵌入性。不同国家之间企业愿意合作的倾向受国家宏观环境的影响，如发达国家的企业与市场化程度不高的发展中国家的企业在进行跨国经营时，表现出不同程度的参与合作倾向。企业所处的产业特点也会影响企业间合作的倾向，主要是不同行业企业间的合作，而非不同国家间的合作。哈格杜恩认为，将环境嵌入性进行划分具有十分重要的意义，它能够使我们认清环境嵌入性并不是一种无差别的企业行为。

　　组织间嵌入性是指企业所处的网络环境、合作历史、关系累计会影响企业的行为。根据交易成本理论我们可以得出，组织间的合作历史、关系累计不仅能够显著降低信息的不对称性，还可以通过建立信任这一关系来降低交易成本[①]。此外，从学习效应理论来看，企业间的合

---

① Dyer J H & Singh H, The relational view: cooperative strategy and sources of inter organizational competitive advantage, *Academy of Management Review*, 1998（4）, pp. 660-679.

作与交流能够促进企业的共同进步，更好地进行研发和设计活动。所以，企业所处的网络环境以及与其他企业的关系和交流对一个企业的发展至关重要，必须予以重视，以实现更快的发展。

双边嵌入性是指合作企业的双方关系会影响企业的行为。在现实条件下，信息不对称的情况普遍存在，任何企业、个人都不可能获取所有与交易相关的信息，因此，企业在选择合作对象时往往更青睐于原有的合作伙伴，这样不仅在一定程度上降低了信息不对称的风险，还节省了"搜索成本"和"选择成本"①。通过不断的合作，加深对彼此的了解和认识，从而建立起了相互间的信任，这种信任被认为是建立新的合作关系和发展长期合作关系的基础。总而言之，当企业的重复合作产生信任时，这种信任的程度将与企业间关系的稳定性成同向变动关系，也就是说信任程度越高，关系越密切，企业间合作的稳定程度也就越高，反之，就越低。所以，企业应重视企业间信任的建立。

企业嵌入性的三个层次相互作用、相互影响，其共同影响企业新合作关系的形成。因此，单独强调任意一层面对企业嵌入性的影响都是片面的，因为企业在建立新合作关系时都会受到外部环境、组织惯性的影响，只是程度不同而已，而关系网络是组织惯例中重要的组成部分。

（3）嵌入的方式

根据融合的方向，将嵌入分为正向嵌入和逆向嵌入，正向嵌入即新个体嵌入到本地经济社会网络中，逆向嵌入则是指本地经济融合到外来经济体中。刘卫东（2003）根据嵌入的动因，将其分为主动嵌入和被动嵌入。顾名思义，主动嵌入是外来经济因为良好的基础设施、适宜的

---

① Chung S & Singh H &Lee K , Complementarity , status similarity and social capital as drivers of alliance formation, *Strategic Management Journal* , 2000（1）, pp. 12-22.

制度环境、有竞争力的产业基础等主动扎根，被动嵌入是指外来经济为适应当地"制度约束"而建立本地联系，如果没有外界压力，外来经济倾向于不与本地产业建立联系。外来经济与本地产业建立联系的程度取决于二者的谈判实力，它是外来经济与本地之间博弈的结果。邱海雄、于永慧（2007）总结前人的观点根据嵌入的对象将嵌入分为历史嵌入、文化嵌入、关系嵌入、制度嵌入、结构嵌入和认知嵌入几个方面。历史嵌入是指经济现象受到历史传统的影响，文化嵌入是指经济现象受到社会文化环境的影响，制度嵌入和结构嵌入是指人类的经济行为受到制度的约束，同时也会受到社会环境的影响，关系嵌入是指人际关系网络的嵌入性，认知嵌入是指经济行为受到行动主体的知识背景文化认同等认知层面的影响。另外，根据嵌入的时机的不同，可分为低端嵌入、中端嵌入和高端嵌入。低端嵌入适用于大多数发展中国家，中端嵌入适用于新兴工业体和发展中国家部分产业，高端嵌入适用于部分新兴工业体及发达国家。

（三）嵌入全球价值链的内涵及必要性

结合嵌入的概念，新的、外来的个体与原有或本地的经济组织、法律文化等社会环境融合的动态过程。嵌入全球价值链就是指，一个企业或产业进入全球价值链，并不断适应新的环境，从事价值链上各环节的活动的过程。

在产业分工日趋细化，经济全球化不断加深的背景下，任何集群都不可能是一个孤立存在的系统，集群内产业已融入全球生产网络，地区经济发展已纳入全球框架。全球价值链的形成过程中涉及诸多相对独立（片断化）但又密切相关（链条化）的上下游环节，因此，地方产业集群的发展与升级必须与全球价值链有机地联系在一起，企业要融入全球生产体系，就必须参与或控制全球价值链的若干环节，即嵌入全球价值链成为它的一个组成部分。

全球经济发展的实践也表明，一个国家经济的发展不仅取决于该国对产业的选择，还取决于该国在某产业特定环节的选择。由于全球价值链的本质体现为两方面：一方面是指不同的企业控制着已被分解为若干个相互独立的环节；另一方面是由于同一个企业控制若干独立环节，该企业基于统一控制的优势，将资源和信息在全世界范围内进行整合，以此使价值链的每一环节都能处于最具有竞争优势的地点。国与国之间的比较优势在这种分工细化的影响下，更容易体现为价值链中某一独立环节的优势。因此，一国并不能追求参与或控制价值链上的每个环节，而应决定"参与多少环节"，即国家对某产业在全球价值链中的定位。

只有实现准确定位，确立本国产业的战略环节，将产业嵌入到全球价值链中，与全球相关产业体系实现互动，不断加强与外界的交流合作，才能保持自身的竞争优势，促进产业的升级。这种客观经验和现实趋势同样适用致力于发展高新技术产业的高新区，高新技术产业自身也存在着价值实现能力和价值分享能力高低不同的环节，将高新技术产业嵌入全球价值链，确立高端战略环节，对实现高新区的长足发展刻不容缓。

（四）嵌入全球价值链的时机选择

产业在全球价值链的位置直接决定了其获得附加价值的大小，因此在嵌入全球价值链之前有必要熟悉全球价值链上的利润分配原则。由于技术积累有限，创新能力不足，在嵌入全球价值链的过程中，很难直接步入高附加值环节，在这种情况下，产业必须正确评估自身经济发展水平与技术发展水平，积极寻找适当的机会嵌入全球价值链(低端嵌入、中端嵌入、高端嵌入)。

（1）低端嵌入——适合大多数发展中国家

低端嵌入也称 OEM 方式嵌入，主要是指发展中国家缺乏资金及核心技术，但拥有劳动力优势、资源优势、市场优势，可以大力吸引外资，因而采取加工贸易、建立合资企业、被跨国公司并购的方式，纳入国际生产销售体系，由此进入国际市场，嵌入全球价值链。在此过程中，发展中国家企业位于价值链中间环节，即微笑曲线的最底端——生产制造阶段。

但应当注意的是，嵌入全球价值链的最底端是手段而不是目的，是过程而不是结果。通过"引进来"，充分利用外国资金、技术、销售网络等，享受技术扩散带来的好处，积极吸收对自己产业创新有益的知识、技术、经验，然后进行技术积累，提高创新能力，为中端嵌入、高端嵌入做准备。

（2）中端嵌入——适合发展中国家部分产业

发展中国家低端嵌入全球价值链后，经过一段时间的技术积累，部分产业已经具备了一定的创新能力。在大力吸引外资、引进技术的同时，具备一定资金和技术实力的企业，可以进行直接投资，收购跨国公司业务，建立自己的品牌开拓市场，以便"走出去"。

（3）高端嵌入——适合发达国家

持续的技术引进、消化吸收和再创新，一些国家逐步培育了自己的创新能力、核心技术和品牌优势，在此基础上，跨国公司可以集中力量控制优势环节，如研发设计、管理服务、品牌运作等，即控制高附加值环节，而将技术密集型产品的制造外包。高端嵌入主要适用于发达国家，对于初嵌入全球价值链的发展中国家还不适用。

另外，地方产业集群的嵌入过程一般是首先有集群内的领先公司，通过频繁的外部联系获取丰富的信息和知识，他们根据所处区域以及自身的特点，逐渐专注于价值链的某一个或某几个自己具有优势的环节，而放弃非核心化的经济活动，使得领先公司的竞争力进一步提升，吸引了集群内部其他企业的模仿，出现了集群整体产业活动基于全球价值链的垂直分离。整个集群逐渐专注于价值链的高附加值环节，转移非核心业务，嵌入全球价值链。

第三节　基于区域创新网络的高新区转型

"扎堆"式产业空间向区域创新网络和高新技术产业集群转型，建设工业园促进产业集聚，打造产业链以促进产业联系，建设创新中心、创新网络等以推动地方创新体系的形成等。高新区是中国经济转型过程中产业空间组织的一种转型制度形式，正在经历一个企业"扎堆"向产业集群，特别是高新技术产业集群的转变。具体过程为"扎堆—集聚—集群（集聚＋联系）—创新集群（集群＋合作）"。

一、从"扎堆"到高新技术产业集群：概念辨析

（一）"扎堆"

从我国 1984 年开始建设经济开发区开始，伴随着加入 WTO 以后的跨国公司纷纷在中国直接投资，大量的制造企业、非制造企业迅速落户各个经济开发区、高新区。这些企业来自五湖四海、不同行业、不同规模，形成了高新区内企业鱼龙混杂，呈现出"扎堆"的特征。比如，以苏州昆山开发区兴起为代表的江苏沿江开发区从东到西、从南到北呈现出迅速发展的态势；后来，由于受到土地资源稀缺的限制，沿江开发区提高了进区的门槛标准和产业的关联度，导致很多规模不达标或者非关联产业的企业逐步落户到江苏北部的欠发达地区。

那么为什么会有这么多的企业，选择各个高新区或者技术开发区作为栖息地呢？有学者提出用"制度飞地"来解释这种现象。这种现象大多出现在发展中国家，被认为是发展中国家启动经济发展通常采用的一种增量发展的模式。新古典发展经济学家认为，经济发展的过程是农村剩余劳动力和人口向城市和工业部门不断转移的过程，在这个转移过程中，城市化和工业化占用了大量的农村土地。但是这种理论包含着市

场有效性这样一个假设，即在巨大的国内外市场的诱惑下，由于工业化资本的边际产品收益远高于劳动力成本而源源不断地进行投资，又反过来吸收大量劳动力。这个假设在发展中国家是不存在的，比如中国、印度、巴西等。发展中国家由于市场经济制度的不完善导致市场机制的不健全及由此带来的市场失灵时有发生，最关键的问题是发展中国家交易成本高，契约得不到有效执行，产权得不到有效保护。这些问题带来的后果是即使有资本投资，资本回报率也会大打折扣，不确定性大大增加，必然导致资本投资不足，特别是外国资本的投资不足。按照新古典发展经济学家尤其是刘易斯和托达罗的理论，投资的不足会带来吸纳劳动力不足、农村人口向城市人口转移的不足，导致经济发展放缓，最终形成制度缺失——投资不足——制度缺失的发展恶性循环。因此，打破这种恶性循环的一个可行的办法就是增量发展模式，即在原有制度之外，重新开辟一个地区，建立有效的制度环境，有效保障产权和合约的执行来吸引资本投资。这个地区就是现在所称谓的经济开发区、经济特区或者高新技术开发区等，因为超越了原有的制度又叫做"制度飞地"。

此外，"政策租"的假设（郑江淮等，2008）更能说明企业"扎堆"高新区的实质。资本具有天然的逐利性，会选择那些投资回报高、投资成本低的国家和地区进入。但是，在具体选择投资地区时，除了产权保护等因素以外，比较实际的考虑因素包括税收优惠、土地成本、基础设施建设、交通、通讯等方面。在发展中国家，这些资源的配置权掌握在政府手中，特别是在现行的中央和地方政府体制下，地方政府有更大的自主权，而政府官员也展开"锦标赛"式的政治竞争机制。因此，在GDP及招商指标的推动下，地方政府有动力去想方设法降低投资的直接成本，甚至不惜牺牲现有的财政收入来提供这些要素。由于这些要素和措施只能在特定的"制度飞地"内实施，相对于现有体制来说，特定空间内的企业获得的超额政策收益，从实质上来讲是一种租金。也就是说政府主导的开发区等通过"政策租"来吸引投资，相对的，入区的企业的目的也是获得这部分"政策租"。在"政策租"的假设下，由大量进驻企业形成的园区并不是自然形成，企业间没有关联性，企业进驻追求的是"政策租"而不是靠近产品或者要素市场的好处，所以只能称之为"扎堆"。这种现象在越不发达的地区越明显，在产权保护制度和经济绩效差的地区，企业更愿意进入高新技术开发区、经济开发区等，因为开发区作为"制度飞地"可以有效地保护企业不被掠夺，企业"扎堆"现象也就越严重。

（二）集聚

19世纪末20世纪初，古典经济学的创始人马歇尔专门就企业在一定区域的聚集问题进行过分析，在他的《经济学原理》一书中，把这种集中于某个地方的工业称之为地方性工业，并解释了这种现象的原因。

早期对于工业集聚现象进行研究的还有近代工业区位理论的奠基人——德国经济学家韦伯（Alfred Webber）。他通过这种集聚现象重点研究的是工业区位的选择问题，试图寻找工业区位移动的规律，判明各个影响工业区位的因素以及作用的大小。在他的分析中，工业之所以能聚集，是因为各个工厂为了追求集聚的好处，即利益的增大、成本的节省而自发地实现的，只有当工厂为追求集聚的好处而迁移、所增加的运费小于或者等于因集聚而节约的生产成本时，迁移才有可能发生。

大量的研究将企业的集聚行为归因于交通运输成本、资源禀赋的优势地位、规模报酬、具有专业化的供应商及劳动力市场、基于知识外溢的外部经济等因素。并且，一般认为，集聚的产生是企业偶然集中的结果（因为研究者大多以市场导向的集聚进行研究），是由企业集聚带来的外部正效应的不断自我累积来强化集聚所形成的效果。

（三）集群

波特（1998）认为产业集聚和产业集群并非相同的概念，并对其进行了区分，认为产业集聚（industrial agglomeration）指某一特定类型的产业在地理空间上的聚集，而产业集群侧重的是某一特定地理空间上聚集的企业之间的相互关系，即企业聚集在某一空间区域而形成的有机整体。显然，产业集群要比产业集聚的要求更高，可以看出，产业集群类似于一个由生物有机体所组成的产业群落。集群具有产业和空间的双重理解维度。并且具有集聚与联系两个根本性的概念与判断标准。对产业集群的标准有两个要点：第一，在空间和产业两个维度上呈现出本地集聚的特点；第二，在空间和产业两个维度上呈现出联系的特点。也就是说，产业集群＝集聚＋联系。

所以，产业集聚并不等于产业集群，产业集聚只是产业集群产生的必要条件而不是充分条件，单单是地理位置上的集中并不一定能使企业与企业之间相互依赖；产业集群要想发挥集聚的优势，就必须形成区域内的共生机制，使产业集群内的企业与企业之间相互联系和依赖。理解这一点对于后起发展产业集群的发展中国家来说非常重要，忽视企业间内在联系机制的建立，会导致产业发展战略的失败。

（四）创新集群

基于集群文献和传媒报道的急剧增加，在关于集群的概念上出现了比较盲目与混乱的状态。王缉慈、王敬甯（2007）将促进高技术创新的集群称为创新集群，但需要注意的是，高新技术产业仅仅在空间上聚集并非就是创新集群。

产业集群与创新集群的概念和变量特征有所不同，后者更侧重于不同产业的融合以及不同技术的交叉，从而产生新兴产业和激进式创新，因此在创新集群中特别需要产学研近距离紧密的技术合作和隐含经验类知识的交流网络。所以我们认为，一般而言，创新集群是由基于一定地域的大学、研究机构、专业科技服务机构、企业、政府等组成的，并能通过畅通的渠道聚集、开发、利用地域内外的各种创新资源，不断向外转移高新技术和推出高新技术产品、服务的网络体系。

从构成主体来看，大学和科研机构是研究型创新主体，一方面它们是创造知识和技术的中心，可以创造出新的知识与技术。另一方面大学和科研机构培训的人才以及转化的科研成果，可以实现创新型人才充分而有效的供给，以及有力地促进产业集群中信息、知识、技术等的流动，为企业提供人才和智力的支持，促进企业创新。目前，大学和科研机构的数量已经成为衡量集群创新能力的重要指标。生产型创新主体主要包括经销商、制造商以及相关的支持企业，它们是创新集群的基本活动主体和重要组成部分，随着创新集群产业生命周期的演变其参与主体的规模特征是不同的。具体而言，在产业发展的初期和末期，小企业是创新集群的主要参与者，而在产业发展的中期阶段，大企业是创新集群的主要参与者。由于创新自身的重要战略性和高风险性，中央和地方政府部门也是创新集群必不可少的构成主体，在制定创新战略、支持性政策、优化创新环境等方面发挥着其他机构不能替代的作用。

从创新机制来看，创新集群创新的机制在于集群创新，知识和创新能够直接被转化为生产或进行商业化，科学与技术，科技与生产之间的联系更加紧密，大学在创新过程中的位置更加重要，从创新到商业运营间的关系由直线型变为循环型。

二、从"扎堆"到高新技术产业集群：转换条件

通过对从"扎堆"到以发展高科技为特点的创新集群的概念界定，我们可以得出各个概念要实现由简单的产业空间内的"扎堆"向集聚的转换，并一直发展到创新集群，都应具备一定的转换条件。首先，要使区域内的企业由"扎堆"发展到有集聚经济效应的区域，必须建立产业空间内各个企业之间的联系，空间内企业为了节约运输成本、分享劳动

力资源、靠近需求市场等因素而产生分散所无法达到的发展水平。其次，当集聚的空间发展到一定水平以后，其他配套的、互补的、相关的产业如果能够出现，通过这些产业间建立的联系，企业加速了学习及提高的进程，使得产品在成本和质量上的水平不断提升，带来产品的升级或者流程的升级，这个时候产业空间内集群才会产生。再次，高新技术产业发展越来越重要，有些更是涉及国家战略的新兴行业，但是由于高技术行业及高技术产品的特点，对集群的创新要求更高。对知识在企业内的传播及交流要求更好，同时对集群内主体的合作要求更高，包括正式与非正式的交流、产学研的合作等，因此能够创建创新网络便成为集群向创新集群（高新技术产业集群）转换的首要条件。

从弗里曼（Freeman，1991）发表最早关于创新网络的论文"Networks of innovators: A synthesis of research issue"以来，关于创新网络（Network）已经成为研究集群创新的重要机制。创新网络是由构成产业集群的不同行为主体（例如政府、企业、大学、金融机构、中介机构等），在一定地域范围内通过不断地相互作用和协同创新所形成的，彼此之间相对稳定且能够加速技术创新步伐的各种正式与非正式关系的总和。创新网络通过资源、信息、各种技术在网络内不停流动，横向与纵向之间的联系，促进技术创新、优化资源配置，各创新主体之间的关系也在创新网络中得到了体现。在集群内，非同类企业要和同类企业一样，彼此之间形成一定的网络关系。

创新网络形成后的作用有三种视角可以解释：交易费用视角、资源相互依赖视角以及知识扩散与创造视角（knowledge-base）。交易费用视角的观点主要认为创新网络内通过分享研发设备、研发人才、研发知识等 R&D 组织活动会带来成本递减，从而造就了创新活动的增加，同时，成本的降低会促使创新网络的形成。资源相互依赖视角认为，任何组织不可能拥有维持生存及持续发展的全部资源，都需要从外界环境（自然环境、社会环境）中交换获得必要的资源，因此，组织的行为也就会受外在环境（包括其他组织）的影响和制约，组织间的相互依存关系也因此得以形成。豪尔（Hall，1991）通过研究发现，所有组织都必须依托外在环境而存在，没有可以完全独立的组织。组织为了维持其生存，就必须从外部环境（包括其他组织）吸收必要的资源，这样组织间的资源依赖关系就得以形成。此外，组织不能仅仅被动地依赖于外部环境，其需要主动出击来控制和改变外部环境，使其按照有利于自己的方向发展。简单来讲，创新网络使网络内企业能够获得创新活动的资源或者改变创新网络内资源，从而使其他成员能够获得创新源泉，这是网络外部企业所不能实现的。知识扩散与创造视角（knowledge-base）是最近研究的热点问题，卡尔森（Karlsen，2005）等人的研究案例包括硅谷、波士顿 128 公路、北卡三角研究地带、意大利北部等。这种观点认为，知识的扩散更容易在创新网络内完成，网络中的组织相对于其他公司更容易获得中心与影响力的位置，网络合作和关键资源与促进知识转移相联系，网络不仅促进网络中的知识转移，还促进新知识的产生。

三、从"扎堆"到高新技术产业集群：政策建议

由以上分析可以看出，根据对产业区内企业聚集性质的分类与转换条件，只要创造出一定的转换条件，从扎堆到集聚，再到集群，最后发展为高新技术产业的创新集群是很有可能实现的，或者可以加快其实现转化的进程。以下分别提出实现转换条件的各个政策建议，希望对于高新区建设能提供有益的借鉴。

首先，从"扎堆"到集聚经济，实现企业间关联是关键。这就要求政府在入园企业的批准和审核上，更加注重企业间关联及价值链治理，放弃一味求大的目标，不对入园企业实行规模上的硬性指标。因为如果地方政府一味追求大企业入驻园区，但是这些大企业间没有任何关联，企业价值链上的企业仍在园区外，那么，园内企业就无法获得由于转移

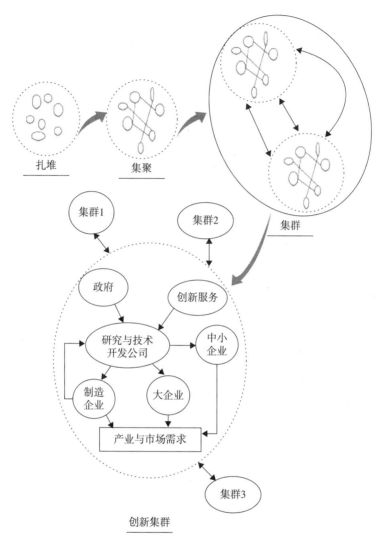

图 3—8 从"扎堆"向创新集群的转换示意图

成本降低等带来的好处，也无法通过价值链上的学习提高与其关联企业的技术水平。这样的后果是，哪怕入园的企业再大也只是大企业之间的"扎堆"，不会产生集聚经济的效果。在这方面可以参考的例子是诺基亚入驻"星网工业园"，诺基亚在入驻工业园后也把自己的合资企业与供应商等价值链企业一同带入园区，按照诺基亚的意图，星网工业园的运作模式就是一个聚在一起的产业链，从芯片到集成电路板到机壳和显示屏等外部件由不同的厂商生产，首先诺基亚要做的工作只是将这些不同元器件组装成最终产品，当然，还有一些软件和界面的设计研发。这样的模式既产生集聚效应，增加经济效益，又可以实现价值链上下游企业之间的相互学习，有力促进了产品质量的提高和产品升级。

其次，从集聚到集群，实现产业关联是关键。相对于集群来说，集聚产业区的产业是单一的，可能在同一相邻区域内产生若干个不相关的产业集聚区域。那么，此时政策制定者的首要目标是引导存在关联关系的产业入驻园区，从而实现各个集聚产业之间的关联，这样不仅可以实现内部知识的扩散，更有外部新知识的流入，加强企业间的学习能力，更有利于技术创新和产品创新能力。

再次，从集群到创新集群，产学研方式的创新网络是关键。产学研合作是解决创新问题的一种绝佳途径，也是我国在发展技术创新，尤其是自主创新时的一种至关重要的制度创新。企业和高校与科研机构结成联盟的关系是天然的。首先，企业急需大量的新技术、新工艺，来更新设备和产品，以期在激烈的市场竞争中获得生存和发展。其次，高校和科研机构由于缺乏资金支持，无法将科研成果市场化，这就需要加强产学研的合作。产学研合作的本质首先是一种创新体系，由企业、科研机构、高等院校为主体，以政府和中介机构等为纽带组成的一个创新系统。经济环境、社会环境和与国内外的交流情况犹如各个齿轮间的润滑剂，影响该系统创新效果的好坏。其次来说，它是学术性活动与产业性活动的统一，二者相互依赖，相互支持。再次，它必须以市场为导向，这是因为它是一种合作，与价值的获得有关，在市场经济环境下，技术开发、科学研究、生产试制必须和市场统一起来才能合理、持续发展[1]。此

---

① 袁胜军、黄立平、刘仲英：《产学研合作中存在的问题及对策分析》，载《科学管理研究》2006 年第 12 期。

外，创造一个良好的软环境也是对各个阶段均非常重要的因素。

第四节 基于产业技术创新联盟的高新区转型

党的十七大提出，"要加快建立以企业为主体、市场为导向、产学研相结合的技术创新体系，引导和支持创新要素向企业集聚，促进科技成果向现实生产力转化"。产业技术创新联盟为其实现提供了一个可行的路径，2007 年 6 月 10 日，由科技部主导的 6 部委共同组织的国家产业技术创新战略联盟签约暨试点启动会议的召开，标志着我国产业技术创新联盟建设工作正式开始。2008 年科技部等六部门又联合发布了《关于推动产业技术创新战略联盟构建的指导意见》（以下简称《指导意见》），提出要支持和鼓励一批重点领域联盟的发展和壮大。随后，2009 年 12 月，科技部出台了《推动产业技术创新战略联盟构建与发展的实施办法（试行）》（以下简称《实施办法》），明确联盟的构建要以国家战略产业和区域支柱产业的技术创新需求为导向，实现企业、大学和科研机构等在战略层面的有效结合，共同突破产业发展的技术瓶颈。自《指导意见》颁发以来，产业技术创新战略联盟构建工作在全国各省市有序展开。

一、产业技术创新联盟的概论

（一）产业技术创新联盟的内涵界定

目前，我国与产业或技术有关的联盟有很多提法，包括战略联盟、技术联盟、技术战略联盟、产业技术联盟、产业技术创新联盟等。从这些名词中可以发现战略联盟是这些概念的逻辑原点，而产业技术创新联盟可以看做是战略联盟的一种。

战略联盟是两个或两个以上的企业，以获取竞争优势为目的，自愿采取的企业间的合作安排。产业技术创新联盟是指在确保各方共同利益的前提下，以企业的发展需求为基础，以相关契约为保障，以技术创新为目标，由企业、科研院所、大学、政府及其他组织机构所组建的利益共享、优势互补、联合开发、风险共担的科技创新组织。

对于产业技术创新战略联盟，从组织形态来看，它是以企业为主体，通过各参与主体的联合开发及优势互补所形成的利益共同体；从其运行机制来看，它是各方参与主体以具有法律效力的契约关系为约束，从而建立的一种利益共享、优势互补、联合开发、风险共担的运行机制；从其目标任务来看，它是以科技创新为目标，通过构建技术服务平台，培育创新型人才，最终加快科研成果的产出及相关成果的产业化。

产业技术创新战略联盟的主要参与主体包括企业、科研院所、大学、政府及其他组织机构等。其主要参与方式及其职责分工，如图3—9。

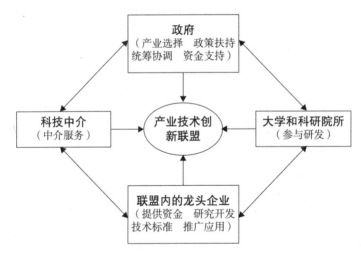

图3—9 产业技术创新联盟参与者及分工示意图

(二) 产业技术创新联盟的理论基础

有关产业技术创新联盟的理论依据，国内外许多学者都对其进行了研究，主要有以下几种观点：交易费用理论，资源依赖理论，价值链理论，核心能力理论，网络理论以及国家创新体系理论。

（1）交易费用理论

交易费用理论是现代产权理论的基础。1937 年，著名经济学家罗纳德·科斯（Ronald Coase）在《企业的性质》一文中首次提出交易费用理论，该理论认为，企业和市场是两种可以互相替代的资源配置机制，由于存在有限理性、机会主义、不确定性和小数目条件使得市场交易费用高昂，为了节约交易费用，企业作为代替市场的新型交易形式应运而生。一方面，企业作为一种交易形式，可以把若干个生产要素的所有者和产品的所有者组成一个单位参加市场交易，减少交易者的数目和交易中的摩擦，从而降低交易成本；另一方面，在企业内部，市场交易被取消，企业家指挥生产，因此，企业替代了市场[①]。

产业技术创新可以通过交易费用理论加以解释。对于一个企业来说，如果其单独进行新产品或新技术的研发，那么它就不用对外支付相关的委托、谈判及签约等费用，但是其要支付更多的研发成本——组织费用；但如果企业通过委托研发或直接购买相关技术的市场方式进行新产品或新技术的研发时，它就会支付相应的交易费用。当企业支付的组织费用大于交易费用时，企业会选择市场手段来进行新产品、新技术的研发；当企业支付的组织费用小于交易费用时，企业会选择内部研发。然而，当边际研发活动所导致的组织费用等于其节省的交易费用时，企业就处在了均衡规模状态。

产业技术创新联盟的存在，可以将一些市场业务内部化，变相扩大了企业规模，从而降低了交易费用。但它不是一个真正的企业，这又可以避免企业规模扩大所带来的管理上的组织失灵问题。

（2）资源基础理论

资源基础理论是由沃纳菲尔特（Wernerfelt）于 1984 年首度提出的。他认为，企业是各种有形和无形资源的集合体，这些资源可以转变成独

---

① R.H.Coase, *The Nature of the Firm, Economica, New Series*, 1937（16），pp.386-405.

特的能力。这些资源的稀缺性、不可模仿性和不可替代性使得从市场上取得这些资源存在一定的难度，所以合作建立联盟变成了一个可行的选择。资源学说也强调通过集合和使用资源以达到价值的最大化。这就是说，企业努力寻求一种能最优化资源边界的方法，这种方法将实现资源价值的最大化，优于其他合并资源的方法。

钟书华（2003）通过研究发现资源问题会导致企业陷入困境。随着科技的发展，企业间的竞争，尤其是核心技术的竞争变得越来越激烈，企业为保证其技术优势就必须投入更多的资源。然而，企业自身不可能拥有其发展所需的全部资源，因此，企业还必须从外界不断地摄入资源。由于外部环境具有不确定性，企业为保证技术的顺利研发，它就不能被动地依赖于外部环境，而应该采取主动措施来管理或控制外部环境。针对这一状况，通过以契约的方式组建企业技术联盟，使得联盟内部成员可以"相对自由"地共享所有成员的资源，这不仅可以在一定程度上解决单一企业的资源困境，同时还解决了由于信息不对称导致的"资源质量问题"。此外，如果企业技术联盟引入大型的跨国公司，那么对于中小企业，通过借鉴跨国公司强大的资源配置能力来满足其发展无疑具有重要意义。

（3）价值链理论

1985 年，迈克尔·波特首次提出了价值链理论，他认为所有企业都是在产品的研发、生产、销售及其辅助生产的过程中进行各种活动的集合体，所有这些活动可以用一个价值链来表明。波特的"价值链"理论揭示，企业与企业的竞争，不只是某个环节的竞争，而是整个价值链的竞争，而整个价值链的综合竞争力决定企业的竞争力。基于比较优势理论，一个企业只能在价值链上的某些环节拥有优势，而不可能在价值链上的所有环节都拥有绝对的优势，为了获得整体优势的最大化，合作便成了可行之路。

从价值链的角度考虑，企业建立产业技术创新联盟实际上是联盟各方基于其比较优势通力合作，以确保各种要素在联盟内的高效流通，最终实现价值链的横向或纵向扩展。随着产业分工的深入，各个企业都将自身的优势资源集中于价值链的某一环节，而不是参与到整个产品生产流程，通过与参与到价值链不同环节的企业结成联盟，形成在各个环节都具有竞争优势的产业链。在此情形下，企业间的竞争逐渐演变为两条价值链之间或者是价值链与企业间的竞争。

（4）核心能力理论

核心能力理论代表了战略管理理论在 20 世纪 90 年代的最新进展，它是由美国学者普拉哈拉德和英国学者哈默（C. K. Prahalad，G. Hamel）于 1990 年首次提出的。他们认为，核心能力是企业获取竞争优势的源泉，是在企业资源积累的发展过程中建立起来的企业特有的能力，是企业最重要的战略资产，具有价值性、独特性、难以模仿性、延伸性、动态性和综合性等特征。其中最基本的特征是独特性，不易被模仿。所以，核心能力很难通过市场交易取得，但可以通过合作双方的直接密切的接触，企业人员的沟通交流，合作研究等途径进行转移，所以产业技术创新联盟是企业获取这些核心能力的关键形式。

当代技术飞速发展，企业要维持具有核心竞争力的能力，单靠企业自身是远远不够的，还要借助于外力的支持。产业技术创新联盟的构建为企业不断进行知识、技术学习，增强自身的技术能力提供了可能。通过联盟来增强核心能力还具有周期短、成本低、风险小等优势。所以，核心能力的培育和发展也需要产业技术创新联盟的存在。

（5）网络理论

网络理论是揭示企业间关系和产业集聚机制的重要理论之一。该理论强调经济系统的各部分存在技术上和组织上的相互依赖关系，而这种关系介于市场交换关系和垂直等级关系之间，也包括企业与公众机构、企业与政府等网络关系。网络结构在协作群体企业的共同防御和相互配合中发挥重要作用，既有利于提高各成员企业的自律性，又有利于在相互协调，共同运作的基础上促进彼此的交流，从而不断提高对环境的适应能力。

产业技术创新联盟是企业间的网络化系统，它为网络内的企业提供它们自身所不具有的经验、技术和人才等资源，实现资源的共享，避免对已有资源的浪费或者对资源的重复建设。产业技术创新联盟的存在，扩大了企业可利用的资源的范围，提高了使用的效率，减少了沉没成本，同时又可以减少企业对新资源的投入，降低转换成本，使企业能够较快地进入或退出行业，提高了战略调整的灵活性。

（6）组织学习理论

组织学习理论的重点在于联盟能够使企业获得学习的机会，提高其技能，增强竞争力。企业形成联盟的伙伴关系是为了获得组织学习的机会，企业通过更高的技能来强化它的竞争位置，而产业技术创新联盟能够使企业从其伙伴处学到新的技能，提高其能力。另外还有学者研究指出，在复杂扩展的行业中，专家资源是分散的，创新与新产品的开发主要发生在学习性企业网络中，而不是在单个的公司中。这些都说明了产业技术创新联盟存在的必要性。

二、产业技术创新联盟的机制

（一）产业技术创新联盟的发展背景

（1）生产全球化和技术全球化的推动

生产的全球化是经济全球化和国际分工深化的主要特征。国际分工进一步向广度和深度发展，参与国际分工的企业越来越多，而且国际分工也越来越细，已经从过去的单一的垂直型分工发展为垂直型、水平型和混合型多种分工形式并存的格局。单个企业从事所有的生产活动已经变得不切实际了，企业应该加强合作，只参与自己的优势环节，创造最大的价值。另外，技术全球化、研发全球化的发展也使得单个企业单独从事研发活动的相对成本上升，而多企业合作开发不仅可以降低成本，还可以提高成功的机会。鉴于全球化的发展趋势，合作成为了一种必然的选择，而产业技术创新联盟就作为合作的一种形式应运而生。

（2）经济结构变化导致产业共性问题突出

同处于发展中的企业存在许多共性的问题，比如新技术的研发，新的技术标准的制定，相关产业的配套，中小企业的进入壁垒以及与产业相关的一些社会规则等。面对这些共性问题，一个企业的力量往往是微不足道的，他们不能也不愿自己去解决这些问题，往往希望政府提供支持或与其他企业共同解决这些问题。政府政策的支持是促进产业发展和创新的重要手段，但是，市场经济条件下，政府仅是起到一个支持的作用，关键还是在企业，这就要求企业结成联盟，来共同解决共性问题，实现自身的发展。

（3）政府政策调整的结果

政府政策的调整促进了产业技术创新联盟的发展。由于全球产业竞争的加剧，许多国家的政府都更加关注本国产业的国际竞争力，放松了对合作创新的垄断管制，从提高本国产业竞争力的角度出发重视支持产业技术创新联盟，以解决在产业发展和技术创新过程中所面临的共性问题。党的十七大报告明确提出，要加快建立以企业为主体、市场为导向、产学研相结合的技术创新体系，引导和支持创新要素向企业集聚，促进科技成果向现实生产力转化。

（二）产业技术创新联盟的成因

构成产业联盟的主体比较复杂，既有企业，也有大学、研究机构，甚至还有政府，共同组成了一个复杂的合作网络。从企业这一核心主体的角度来分析，产业联盟的形成动因可归纳为三个方面：经济动因、技术动因和市场动因。

（1）从经济学的角度来考虑，产业技术创新联盟能够降低企业间的交易成本，优化配置，合理利用资源，提高自身价值

首先，在交易成本上，一方面，联盟内部企业间的交易活动不存在用于寻找交易对象、订立合同、执行交易、洽谈交易、监督交易等方面的费用与支出。另一方面，联盟内部企业间的信任，也可以减少各种

履约风险，即使在交易过程中产生了冲突也可以通过协商的方式予以解决，减少了企业间摩擦所产生的损失。其次，在资源互助上，联盟内部的企业可以相互利用彼此的资源，不仅节约了资源的取得成本，还可以提高资源的使用效率，避免资源的闲置或者重复构建。最后，在组织学习上，联盟内部的知识溢出效应使得内部成员能够比较容易获得先进的知识和技术，在不需付出巨大成本的条件下，提高自身的核心能力，从而创造出更大的价值。

（2）从技术方面考虑，当代的科学技术不仅局限于某一学科，而是各学科知识相互融合

任何一个企业都不可能拥有所有的先进技术，而且在激烈的市场竞争下，技术的生命周期大大缩短，这也不允许企业花费大量的人财物来从事新技术的开发。但是，核心技术的存在又是一个企业的关键资源。所以，为了实现技术的配套开发，企业必须与其他企业或者机构建立联盟，借助于他们的技术优势，来实现新产品的迅速开发，跟上技术发展的速度，在竞争中取胜。除此之外，技术创新成果具有多用途性，一项技术创新中应用的技术可以被复制、移植到其他企业的产品生产中去，从而使得各企业都可从中引发一系列新技术和新产品，实现产业技术创新的集群效应，并可在研究开发中节约费用和时间，企业也可获得更多的经济效益。最后，组成联盟还可以分散技术创新的风险。在科技飞速发展的今天，技术成为一个企业的关键竞争力的重要组成部分，但是新技术、新产品的研究开发费用较高而且失败的机率也比较大，单个企业往往难以承担研发失败的风险和损失。然而，联盟内存在较多的企业，可以有效地分散研发失败的风险。

（3）从市场动因来考虑，规模经济的实现是以市场需求为基础的，当市场需求有限时，规模经济就难以实现

产业技术创新联盟的存在使得联盟内成员各自的市场边界交叉融合，在一定程度上扩大了自身的市场需求，使得联盟内成员可以在更大

的范围内实现规模经济。

一个企业若想进入一个新的市场，其所要付出的成本和承担的风险都是比较高的。但是，由于联盟的存在，一方面，联盟各方通过联盟关系，利用联盟的营销网络方便地进入新的市场，降低开拓新市场的成本。另一方面，通过联盟组织，利用联盟成员已有的市场知识和经验，特别是营销网络，可以将由市场知识的局限性和文化的差异等导致的市场风险降到最低程度。除此之外，基于联盟内部的溢出效应，联盟各方可以较容易地取得新的知识和技术，用联盟内其他成员的优势来弥补自己的劣势，从而加强自己产品的竞争力，在激烈的竞争中取胜。寻求一个好的联盟者也可以充分利用其品牌形象来提升自己的品牌价值。

（三）产业技术创新联盟的运作机制

产业联盟的运作机制，是联盟正常运转的保障，可以为联盟各方带来预期利益，对增强自身竞争力发挥更积极更有效的作用。基本的产业技术创新联盟的运作机制包括以下几种：进入退出机制、监督自律机制、内部协调沟通与信任机制和利益分配与风险共担机制。

（1）进入退出机制

在联盟成立后，建立联盟的进入退出机制有利于保证联盟内成员的质量。当一个企业或者组织机构申请进入联盟时，应对其进行考核，了解该组织的组织架构、管理模式、盈利状况、信誉度等相关信息，以确定是否接受该申请机构。对于已经是联盟成员的组织机构，要定期进行考核，了解其对联盟规章的遵守情况，企业运营情况等信息，以确定是否继续承认其成员身份。如果相关组织机构违反了联盟的规章，或者其自身状况已经不符合联盟的要求，对于这样的机构，联盟应将其从联盟组织中剔除，以保证联盟整体的实力和信誉度。

（2）监督自律机制

产业技术创新联盟是建立在共同的目标和相互信任的基础上的，但是联盟成员作为一个经济人，可能会在利益的驱动下存在机会主义倾向。所以，需要建立一个监督机制，加强对联盟成员的监督，约束其行为。一方面，政府应该制定相应的规章制度，对联盟的存在进行相应的规范，并且定期对联盟及其内部成员进行评估审核，甚至进行更长时间的访问调研；另一方面，联盟组织自身也要建立相应的规范，规范成员的行为，对于违反规范的成员给予警告甚至剔除联盟的惩罚。还应加强对联盟成员自律意识的宣传。除了外部的监督之外，联盟成员的自律意识和行为也是联盟良性运转的关键。联盟成员应提高自律意识，约束自己的行为，实现联盟利益和自身利益的协调发展。

（3）内部协调沟通与信任机制

信任是合作的基础，成员之间的信任是联盟建立的基础。产业技术创新联盟应该在联盟成员中建立起有效的信任机制，以减少内部成员间的摩擦，进而降低联盟成员的成本，提高运作的效率，规避经营风险。成员之间的信任能促进相互之间的交流与合作，实现联盟的整体优势，提高联盟的层次，扩大联盟的规模。

联盟内部成员构成复杂，成员间在组织形式、工作方式、文化理念等方面存在着差异，因此，不断加强内部成员的沟通、实现成员的充分交流是建立信任机制的关键。可以通过以下四点来实现这个目的：第一，建立起联盟信息交流机制，实现成员之间的人员、资料相互交流，以及情报互通、高层互访；第二，建立联盟的危机处理机制，完善危机的防范与预警制度，以解决不同文化传统间的冲突、处理争端等；第三，建立和完善联盟高层协调机制。促进高层的交流、友好互访。完善高层正式磋商制度、非正式磋商制度、高层互访制度、高层对话交流制度等；第四，建立联盟文化冲突处理机制，促进联盟内部成员更好地沟通交流与合作。

（4）利益分配和风险共担机制

建立与市场运行规则一致的利益共享和风险共担机制是联盟成功的关键。原因有两个：一是成员之间利益共享才能保证持续稳定的合作；二是风险共担机制使成员形成合力应对挑战，事半功倍。产业技创新联盟各参与方实际上是一种典型的"非零和博弈"，他们试图从联盟合作中取得利己又利人的"双赢"效果。所以，在联盟活动中，利益分配成为联盟矛盾的焦点。产业技术创新联盟要明确创新产出的利益共同体，要充分发挥市场在配置资源中的基础性作用。在产业技术创新联盟中利益分配的核心问题是知识产权的保护和知识产权的评估，联盟成员可以通过预先制定股权安排制度、契约安排制度等，对其拥有或控制的知识产权、专利技术、技术秘密等技术成果进行约定。

同时，运行产业技术创新联盟时，面临着双重风险：技术研发失败风险和联盟内部成员的机会主义倾向。当面临技术研发失败风险的时候，为将危害减少到最低，联盟内部成员要通过联盟分担风险，打破已有的仅有企业承担风险的状况，大学和科研院所，以及政府这些参与主体都应该承担部分风险，政府可以通过税收优惠等政策，资金投入分担或其他措施降低企业的风险，支持风险投资公司加大对产业技术创新联盟的投入力度。对于机会主义倾向，联盟可以制定正式的惩罚机制，如司法强制力，对企业的行为进行约束，减少机会主义的风险。另外，也可以依赖商业信誉、商业道德等非正式的制度约束。

三、政府对产业技术创新联盟的支持

（一）政府的作用及定位

产业技术创新联盟是政府运用市场经济手段，促进产学研结合的重要尝试，也是在产业层面落实国家创新体系的战略举措。政府在联盟中的地位是无可替代的，其特殊性在于它可以从法律、政策等方面进行整体的、客观的和外部的协调。政府的介入可以推动联盟的发展，避免联盟低效状况的存在，降低联盟的运作成本。但是政府的过多干预也会使联盟产生依赖性，不利于联盟的持续发展，所以我们有必要对政府职能进行明确的定位，以更好地促进联盟的发展。

政府作为产业技术创新联盟的出资主体，发挥资源、财政优势发展技术创新联盟。政府直接投资可以解决联盟中的资金匮乏问题,缓解企业的压力。对于高等院校和科研院所,政府通过引入竞争机制,刺激其在市场经济条件下将科研成果更多的转化为经济成果,以提升其生存发展能力。

政府的引导从宏观层面看,政府通过政策制定,调整产业结构,引导企业从事高新技术领域,发展当前热门和重点的行业,以避免科研盲目化和非经济化。从微观层面看,政府以财政资金为引导,组织产业内企业、高等院校和科研机构等共同参与建立联盟,共同完善产业链,实现技术创新,提高联盟自主创新能力及市场竞争力。政府还应引导技术创新要素按照市场规则组合,调节联盟运作过程中的摩擦与冲突。

产业技术创新联盟是在市场机制下建立的,不可避免的会产生一些缺陷。政府作为一个监督者参与到联盟中来,可以避免联盟成员的机会主义缺陷,克服联盟"学习的悖论"、道德风险等制度缺陷。除了监督联盟的运转外,政府还要发挥其润滑剂的作用,加强联盟内各成员的沟通与交流,增强彼此之间的信任,建立健全联盟的信任机制,以提高运作效率。

随着政府职能的转变,建设服务型政府成为构建社会主义和谐社会的必然要求。对产业技术创新联盟来说,政府作为公共服务产品的提供者,其公共服务表现在:公共服务平台的建设,通过平台开展成果发布、技术推介、用户交流、宣传培训、研讨交流、会议展览等活动。推动相关技术、产品的示范应用,积极为企业技术创新提供服务。

(二)国外经验

产业技术创新联盟的正常运营离不开政府的支持。从发达国家的实际经验来看,各国产业技术创新联盟的发展都存在政府介入的现象,其不同之处在于所采用的手段及方法的不同。

(1)欧美政府促进产业技术创新联盟发展的先进经验

自19世纪80年代起,随着国际竞争的加剧,美国的传统产业及高科技产业普遍面临生产力下降的问题,面对此种情况,产业技术创新联盟应运而生。近年来,为保证产业技术创新联盟的健康发展,美国政府又相继颁布并实施了许多项优惠政策，如加强技术转移立法，修改反垄断法，加大知识产权的保护力度等。美国政府对于促进技术创新联盟的最大特点在于：通过放宽政策法规，创造更有利于技术创新的环境，刺激企业进行研发投资。

与美国的情况相似，欧盟在 20 世纪 80 年代以后也实施了促进产业技术创新联盟发展的政策，以应对高科技产业的国际竞争。1984 年欧盟正式启动的"四年科技发展框架计划"对欧盟产业的发展具有深远的意义，目前欧盟正在进行第七个科技发展框架计划。欧盟政府对于促进产业技术创新联盟的特点在于：一是政府高度支持产学研合作，而产业技术联盟的出现为企业、科研机构及政府加强沟通与合作提供了服务平台；二是政府对于一些具有基础性、关键性的技术研发合作活动提供支持。

（2）日韩政府促进产业技术创新联盟发展的先进经验

对于产业技术创新联盟的发展，日本政府一直采取高度支持的政策，然而其出发点已经由最初的帮助、扶持衰落企业转变为"促进产业集聚，实现资源高效配置"。目前，日本产业技术联盟普遍沿用 1961 年日本矿业及制造业技术研究会的形式，其最大的特点是产业技术创新联盟由政府出资创办及引导。

作为亚洲国家技术发展的典范，韩国政府一贯支持产业技术联盟的发展，且其受日本经验的影响较大。目前，韩国政府普遍沿用日本产业研究公会（IRAs）的模式，推行日本式的产业政策。自 1967 年起，韩国政府先后颁布并实施了科学技术促进法、产业技术开发促进法、特定研究机构支持法、技术发展促进法等诸多政策法规，而这些法规对于韩国产业技术联盟的发展发挥了巨大的作用。

（三）我国政府促进产业技术创新联盟发展的措施

（1）从立法角度考虑，政府的首要职责是营造良好的政策环境，这是前提和基础

政府要通过新立或修订法律法规等手段，对产业技术创新联盟给

予支持。这种支持目前主要是为了规避现行体制或法规约束。这些法律和制度的制定实施，为企业参与产业技术创新联盟提供了法律保障，也起到了引导和示范作用。自 2008 年科技部等六部委发布了《关于推动产业技术创新战略联盟构建的指导意见》后，各项政策法规不断涌现，为联盟的发展提供了很好的支持。但是政策不能替代市场机制，在联盟建设和运行过程中，政府在提供指导的基础上，应致力于发展企业的作用，而不是替代企业的作用。

（2）从制度支持角度考虑，需要完善产权制度、创新制度、激励和保障制度

资源具有稀缺性，任何组织及个人都不能按自己意愿随意使用，产权制度因此而确立，它是组织或个人据以使用某项资源的凭证。对于产业技术创新联盟而言，其科研人员、产出的科研成果等均为稀缺资源，与此同时科研成果的归属问题，科研人员的激励、约束问题也随即产生，因此政府必须建立完善的产权机制加以规范。有关产权制度主要包括：知识产权制度和人力资本产权制度。

知识产权制度是用来解决联盟科研成果归属等问题的一项重要产权制度，它是一种对无形资产价值的认可。对于产业技术联盟而言，无形资产往往占很大比重，因此政府必须通过建立完善的产权制度以避免其受侵犯，以此鼓励企业加大研发投资。

人力资本产权制度是产业技术联盟所必须建立的另一项产权制度，它对于解决联盟内科研人员的激励、约束问题具有重要作用。随着知识经济时代的来临，人力资本已成为企业或组织最重要的一项资源，人力资本产权制度的确立，有利于激发员工的积极性，保障员工在联盟的地位，提高联盟的经济效益。

创新制度的建立是时代发展的必然，也是产业技术创新联盟的核心，政府应该加强对创新制度的建设。创新制度一方面要求政府在建立创新制度的过程中应当明确创新目标和创新内容，充分发挥其主导作用，创新合

作方式，完善各方合作机制；此外，创新制度还要求联盟内部自我创新，具体包括决策机制创新、管理机制创新、发展及运作机制创新等内容。

政府激励机制的建立对于产业技术创新联盟的发展具有重要意义。面对日益激烈的国际竞争，政府通过综合运用多种手段，鼓励、刺激联盟进行创新活动，确保联盟在竞争压力与创新利益中快速成长，最终实现产业技术的创新。此外，政府在不断采取各种优惠政策的同时，也应当注意兼顾公平，以避免由于政策不公所导致的利益冲突。

政府保障制度的确立对于产业技术创新联盟的发展同样具有重要意义。政府需要通过设立并实施严格的法律措施，来确保联盟的发展有章可循、有据可依。

（3）从组织支持的角度来考虑

科技日新月异，企业在进行科技创新时面临着巨大的挑战。一方面由于企业自身能力的不足以及科研资金的局限，很难按照其预期目标完成技术创新；另一方面是由于企业自身难以对未来技术的发展趋势进行有效预测，其预期目标往往与实际偏差较大，给企业造成巨大损失。但是政府可以有效地克服这两个问题，这就要求其开展技术预见和技术规划工作，并将预测结果进行公示，以减少企业技术创新失败的风险。除此之外，政府相对企业而言，还具有信息优势。因此，政府应当通过建立相关信息共享平台，为企业提供相关咨询服务，以降低企业的信息搜寻成本，加强企业间的交流，促进企业间的合作。

（4）比较关键的一个支持因素——资金支持

产业技术创新联盟的发展需要大量的资金，单靠联盟企业自身的资金注入是不足以解决问题的，政府应采取一些金融财税政策，为联盟的发展提供支持。第一，国家应当成立一个特殊的研发基金，一方面为联盟内企业提供其研发所需的启动资金，另一方面它还必须向一些特殊企业提供资金支持，如从事产业共性技术研究、重要领域研究及重大技术创新研究的企业等。第二，针对中小企业产业技术创新联盟，政府应当提供专门的信贷支持，以提高其技术创新的积极性，解决其经费不足的困难。第三，政府还可以通过税收减免等政策来刺激联盟企业进行技术创新。企业技术创新具有高投资、高风险的特点，因此，政府可以针对联盟企业的固定资产、无形资产投资等行为来抵免企业所得税及有关的增值税等，降低联盟企业的风险，提高其技术创新的积极性。

第五节　基于企业（联盟）主导的高新区转型

高新技术产业不仅在推动生产力迅速发展，促进社会共同进步中发挥着举足轻重的作用，并且已经成为企业、国家竞争力的体现，对于国家的竞争起着至关重要的作用。而高新技术的发展最重要的是推动技术创新，因此技术创新也已经由一种竞争手段变为国家发展战略。我国的高新产业园区是高新技术产业发展的载体，我国目前共有国家级高新技术园区88个，汇集了国家大部分的研发资金和创新型人才。高新技术产业及园区的发展关键在于自主创新，这也是"二次创业"的出发点和"十二五计划"的战略目标之一。在我国，一直实行的是政府主导型创新，即官方运用行政、经济、法律手段自上而下实施的有组织的创新行为。具体来说，政府首先制定某一个时段内的总体创新规划，相关部门根据总体规划提出一些创新项目，而后通过动员人力、财力及物力完成项目，最后将项目研究成果分配给有关部门以实现研究成果的商品化或产业化。

从国际上看，当今的创新型国家，都走过政府主导下的技术创新的历程。在工业化的初期和中期，民间力量较为薄弱，绝大部分研发投入、研发机构和科研人员应当由政府提供，政府在技术创新中处于主导地位。在美国，"20世纪60年代全社会科研经费中政府投入占65%，70年代占55%，在2000年美国政府的科技经费中还有33%投向企业"。与之相对的是企业（联盟）主导创新，在创新主体、动力机制、创新层次、创新优势等方面与政府主导创新机制不同（表3—8）。

表3—8 两种主导创新模式

类　型	政府主导创新	企业主导创新
创新主体	政府、政府所属的科研机构、实验室及国有企业	科技研究者、科技机构和企业，特别是中小科技企业
动力机制	满足社会公共需求，主要考虑社会效益，致力于弥补市场失灵	满足个体需要和市场需求，主要考虑经济效益，致力于提高产品竞争力，追求利润最大化
创新层次	重大的、投资大、回收期限长的	面向市场的、实用型的创新产品
创新优势	集中力量办大事	机制灵活、决策迅速

两种创新模式都是我国发展高新技术产业的重要力量，对于两种模式的定位在我国的不同发展阶段也会不同。在现阶段，往往表现为政府主导创新为主，企业（联盟）主导创新为辅的形式。这种观点认为，我国企业特别是民营企业的创新能力较弱，所以应该由政府出面进行科技攻关，由于创新和知识具有外部性，科技创新成果会被各个企业所应用，促进科技的发展和技术水平的进步。但是，政府主导创新在带来"溢出效应"的时候，往往也会带来"挤出效应"，政府的科技投入会挤出本应由企业完成的科技创新投入，造成企业创新投入、创新能力以及竞争力的循环衰退。故探讨政府行为特别是科技创新方面的行为在集群发展与区域创新中的作用是比较两种模式主导权问题的首要条件。

一、政府在集群发展与区域创新建设中的作用

政府在产业集群发展和区域创新建设中的作用一直受到学者的关注，尤其是在发展中国家。在发达国家，产业集群的产生大多是自发行为，属于市场主导的产业集群，这些集群市场机制十分完善，产业集群的产生与演化都是依赖产业与市场的互动方式来完成的。这是一种自下而上的发展模式，是企业为了追求自身的利益最大化而选择具有专业化经济优势、人力资源优势以及创新氛围的地区的行为。政府在其中主要

起到的是辅助性和间接性的作用，只有在"看不见的手"失灵时才会干预，重在引导。在发展中国家中，以政府主导作用发展产业集群的居多，集群的产生与发展主要以政府的扶持为主，也就是说主要采用的是自上而下的发展模式，且其中不乏如印度班加罗尔软件产业集群等成功案例。

班加罗尔被誉为亚洲的"硅谷"，其内驻扎着400多家海内外知名信息技术企业，现已成为印度的软件王国。班加罗尔的成功离不开印度政府的大力扶持，首先，由于软件行业能够更快捷、方便地吸引外国先进技术，带动国内基础设施、服务及教育的快速发展，缩短与发达国家之间的差距，再加上政府也更愿意对软件行业进行投资，因此，印度政府明确制定了发展软件产业的产业发展目标，这对于班加罗尔软件产业的发展起到了巨大的推动作用；其次，印度政府制定了"印度信息技术性行动计划"，成立"国家信息技术特别工作组"及"信息技术部"，保障发展软件产业这一战略计划的有效落实；再次，政府注重加强对基础设施的建设，创造投资环境以吸引国内外信息技术公司前来投资；最后，印度政府还提供包括软件产业风险基金、无息贷款及税收减免等资金政策来确保班加罗尔产业集群的发展。

那么，政府究竟在产业集群发展与区域创新建设中发挥怎么样的作用呢？很多学者对此做了深入的研究，首先是在区域创新方面。目前的研究表明，政府在区域科技环境方面、区域科技创新服务方面、区域科技创新合作方面、区域科技创新政策方面、区域科技创新制度方面起着重要的作用。

持这种观点的学者认为，基于以下三个原因，政府参与区域创新体系的建设是必要的。首先，政府拥有单个私人企业无法比拟的信息优势，可节约构建区域创新系统的成本。其次，我国的市场体系不完善，由此带来的市场失灵以及产权界定等问题都需要政府参与。再次，创新活动的外部性可能会导致"搭便车"现象的普遍存在，如何保护企业的知识产权也是政府参与的重要原因。

　　那么，紧接着很重要的一个问题就是政府在区域创新体系建设中的定位是什么？王玉霞、蒋伏心（2008）认为，政府在创新系统中的定位体现在以下四个方面：第一，供给公共产品。为基础研究、先导产业、战略产业和高新技术产业等领域的创新提供资助和扶持，并在高新技术开发区、孵化器、风险投资公司和科技中介等创新的支持服务体系建设领域，发挥政府的公共服务职能，更好地促进服务体系的发展；第二，促进创新主体互动合作。政府在创新主体之间搭建平台，并且建立中介服务，沟通主体间的需求，激励主体创新，实现信息共享，并且加强和完善知识创新和技术创新的结合程度；第三，激励私人创新主体。包括财税扶持、政策激励、服务配套等一系列制度创新与保障，尽可能增加私人创新主体的创新收益，降低创新风险，增加创新的动力。第四，依托区域的发展目标、产业结构以及资源禀赋，制定相应的产业发展战略，形成特色产业、主导产业和优势产业，推动区域产业结构升级①。也有学者认为区域创新系统中，政府应遵循有所为有所不为的原则，在区域创新系统中扮演好自己的角色，既不能"越位"，也不能"缺位"，并认为政府主要的定位包括：区域创新活动规则的制定者、区域创新的导航者、区域创新系统有效运行的服务提供者、区域创新活动的协调者、区域创新系统运行的推进器。具体到微观层面的创新来看，产学研方式是一种创新主体间合作创新的模式，在其中政府又该如何参与呢？王子龙等（2003）提出了产学研模式中各个主体间的"足球队模式"，即政府在"足球队"中充当的是裁判员的角色，这就意味着政府是不能上场比赛的，裁判员不能兼任队员的角色；而企业作为足球队的"队长"带领着科研院所、高校及中介机构这些"队员"在"裁判员"（政府）的宏观调控下，与市场机制相结合，可以有效防止区域创新过程中

---

① 王玉霞、蒋伏心：《创新系统中地方政府定位和技术创新能力的城市间比较——以"南京模式"为例》，载《南京社会科学》2008 年第 9 期。

可能存在的市场调节失灵和系统功能失效问题。同时，充分发挥创新网络的整体功能，实现"1+1 > 2"的整体效益，使区域创新网络系统能够充满活力地高效运作① （图3—10）。

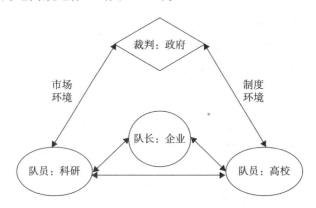

图3—10　产学研中政府定位

在产业集群的发展中，政府的作用也不可或缺。在企业集群的发展和演进过程中，每一阶段都有失败的可能，特别是自发形成的企业集群，会由于外部竞争环境的恶化、创新失败、其他区域的竞争导致企业迁徙等原因，在集群的不同阶段可能都会"夭折"。在这种情况下，政府应该充分发挥其宏观调控职能，与产业集群内部的企业合作来降低甚至消除这种风险，使产业集群更好地演进和发展（图3—11）。

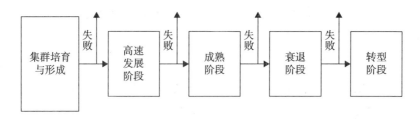

图3—11　产业集群的演进结构

---

① 王子龙、谭清美、许萧迪：《区域创新网络中的政府职能分析》，载《科学管理研究》2003年第3期。

迈克尔·波特早在 20 世纪 90 年代初，就曾指出政府制定的相关产业政策以及相应的制度安排，对于产业集群的形成与发展有着重要的影响，两者的关系十分密切。我国学者钱志新却持不同的观点，他认为，政府不应过多地干预产业集群的发展，政府应致力于完善各类基础设施，为产业集群的发展创造良好的外部环境，依靠价值规律和市场调节，制止危害集群良性发展的行为，引导产业集群依据自身的运行规律健康有效的发展①。

通过以往的研究可以发现，政府在产业集群发展与区域创新中起到积极正面作用的占大多数，正如世界银行在 1997 年世界发展报告中所指出的那样，政府主导的发展已经失败了，但是没有政府的发展也将是失败的。没有一个有效的政府，发展是不可能实现的。但是，从以往的研究中，我们也可以看出，虽然认为政府在其中发挥的作用很大，但很少有学者认为政府应直接主导创新，直接干预或者参与创新的过程。事实上，园区政府对企业过多的扶持和帮助，如引导集群发展的方向，制定促进其发展的优惠政策，为其提供各种技术服务平台，只能在短期内提高集群发展的速度，不利于集群的长远发展。原因在于，集群内企业过多依赖政府制定的各种优惠政策，容易造成企业脱离市场环境、忽视激烈的市场竞争、缺乏创新意识和危机感等许多问题。也有学者提出过政府分阶段发挥作用的想法，如通过研究政府在集群发展过程中的作用，把集群分为两个阶段：第一阶段，企业集群刚刚处于起步阶段，各方面都还不成熟，需要地方政府的大力扶持。此时，地方政府进入集群的发展，通过制定各种优惠政策，帮助集群内中小企业建立完善的服务体系，为中小企业不断成长提供良好的外部环境。第二阶段，中小企业的实力不断增强，政府应该逐步退出，选择恰当的时机调整各种优惠政

---

① 钱志新：《产业集群的理论与实践——基于中国区域经济发展的实证研究》，中国财政经济出版社 2004 年版，第 167—175 页。

策和扶持手段，减弱对集群发展所施加的直接影响。

事实上，从发展高新技术产业与高新技术产业集群的角度来讲，创新的主导模式由政府来主导也是有待商榷的。以下从高新技术产业发展的特点、新阶段创新模式的差异以及由传统产业集群向创新集群的转型三方面，来论述政府主导的创新模式不适合现阶段高新技术产业的创新和发展。

二、政府主导创新模式不适用于高新技术产业的原因分析

（一）高新技术产业的发展不同于传统产业

第一次产业革命，改良了蒸汽机的发明，为人类提供了更加便利的动力，生产效率大幅度提高，企业的长期平均成本随着产量的增加而逐步降低，规模经济成为企业的优先选择，最好的例子便是"福特生产方式"。通用性技术的运用，决定了机器设备在生产中的主要地位，从而平均成本随着规模的增加而递减，所以以政府为主导，宏观调配人财物等各种资源，可以充分发挥资源优势、降低成本，实现经济产出最大化。

但是，在高新技术产业迅猛发展的十几年里，集群性和创造性两大特征愈来愈明显，人才发挥的效用越来越大，拥有更多的创新型人才，充分发挥他们的聪明才智和积极性，可以大大提高企业的生产效率和市场竞争力。在这样的条件下，与传统产业不同的是，中小企业由于能够充分激发职工积极创新的欲望，成为了促进高新技术发展的生力军。与此形成鲜明对比的是大企业在这方面的欠缺，这也是可以理解的，因为要达到秩序与创造性的双赢是非常困难的。企业规模愈大，就必然会需要一些自我管理的机制，也就是需要一定的秩序，秩序需要人遵照常规、标准化的工作方式，一旦达到严谨与周全，创造性就会被慢慢埋没。可以说，大企业的秩序和创造性是一对不可调和的矛盾。此外，政府主导的大型企业的激励机制也是制约其发展高新技术产业的障碍。首先，规模大的企业机构多、层次多，上下级界限明显，上级拥有

的权力比较绝对，每一个职工都需对其上级领导负责，容易造成人多事少、互相推诿、效率低下等不良后果。例如，一个在高新技术产业领域中的大型企业把一个研发项目分解为若干个具体的小任务，然后分配给研发人员，然而完成这种具体明确的任务使研发人员很难发挥其个体创造性。其次，研发人员的技术创新成果不能由研发人员分享，我国也没有有效建立起以技术换股份等有效的激励措施，使人力资源的供给大打折扣。而小企业规模小，层次少，员工的切身利益一般都同企业的发展紧密相关，或者创业人员本身就是从事创造性活动的人员，员工的人力资本供给和创造的积极性很高①。

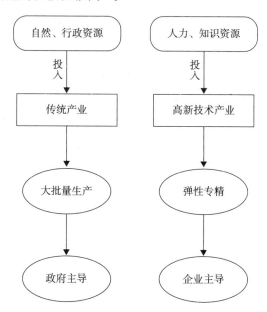

图3—12　传统产业与高新技术产业的主导主体

因此，发展高新技术产业不同于发展传统产业，过去那种政府支配资源信息、组织高新技术开发的以政府为主导的模式势必会压抑个体创造性的发挥。企业或者由企业、科研机构、大学组成的联盟由于能充

---

① 舒马赫：《小的是美好的》，虞鸿钧、郑关林译，商务印书馆1984年版，第118—119页。

分发挥人力、知识的作用，技术创新的供给比政府主导的创新要大，成为科技创新的主体（图3—12）。

（二）激进型技术创新与渐进型技术创新

创新经济学家根据作用效果的不同，把技术创新活动分为渐进型技术创新和激进型技术创新两类，其中，前者主要是对产业产出范围、产出效率的改进，而后者主要是对产业结构的改进。

对于选择政府主导创新还是企业主导创新，这是基于两种创新模式的不同特点来决定的，同时这也取决于创新主体的能力及其相对信息优势。从现实来看，目前发展中国家普遍采取以追赶为目的的政府主导渐进型技术创新，其原因主要有以下几点：首先，采取渐进型技术创新可以避免对产业结构进行调整，再加上技术范式一定，其风险程度会相对较低；其次，政府作为创新主体，具有企业所不可比拟的信息优势及协调能力，在发展中国家，由于政府掌握绝大部分信息，能更方便地学习各种先进经验，因此其工作重心往往是组织人力、财力及物力进行技术创新而免去信息搜寻，并且在进行技术创新过程中，政府能够进行统筹运作，协调各个独立组织，缩短技术创新时间，增加技术创新的可能性。同时，在政府主导模式下，如果发现技术创新的预期目标与实际相差甚远，修正预期目标，确立新目标，协调各个组织使得整个科研团队进行目标转变对政府来说也相对容易，且协调成本也相对较小。因此，在发展中国家，政府主导远远高于企业主导，且其获得成功的可能性较大，这一点也在实践中得到了验证。因此，在发展中国家，由政府主导的渐进性创新活动是最有效率、最有把握的，同时也是我国一直在采用的。

在自主创新阶段，由于不能沿用传统的技术范式，因此该阶段的技术研发属于激进型技术创新。激进型技术与渐进型技术相比有不同的特点，不仅方向让人难以琢磨，而且在发展前景、市场机会以及结果上的风险和不确定性相对更大。因为信息会随时间的推移而明朗，但未来依旧不可预知，因此这就需要"摸着石头过河"的精神，不断调整研究方向，各个项目和研究主体间也会出现竞争资源、相互替代的情况。可见，在创新过程中，规避风险、寻求技术突破方向最重要的是拥有充分的技术以及市场信息。如果采用政府主导的创新模式，在探索未知的情况下，项目的成败及盈利状况会受随机事件的影响，假如市场真的发生随机事件并且必须改变原有研发道路时，政府的局限性就会出现。因为政府不能亲自感受市场变化，其无法获得"一线"信息，这就会导致政府反应能力及运作效率的降低。相反，如果企业主导创新，那路径改变风险就会被转移到大量的、分散的企业、高校及科研院所等联盟成员上去，一方面由于这些主体能在第一时间感受、应对市场变化，分散风险、降低损失，另一方面它还能通过各种企业不同范式之间的相互交流、相互启发，加快技术创新的步伐。因此在自主创新的阶段，应该选择企业（联盟）主导创新的模式。近年来，虽然我国明确规定了自主创新的基本战略，政府也相继出台了多种政策法规，但从本质上说，我国政府还是强调政府主导的创新模式，即其仍将工作重心放在"重点攻关"及"攻关"分钱、分人及分物上，而没有通过建立鼓励创造性发挥的机制来充分调动微观经济主体的积极性。美国的自主创新方式与我国显著不同，它强调微观经济主体——企业及个人的作用，谁先取得技术突破，政府就将其列为行业标准。通过这种最大限度地调动微观经济主体的创新积极性，美国技术创新引领全球也是一种必然。

我国走过了数十年的科技创新的道路，现在处在产业升级的关键阶段，而制定的"二次创业"的目标又要求我们增强自主创新能力、完成由制造向研发的转变、不断向上游产业链升级。这些都要求我们更加注重激进型创新的研究，也就自然的要求我们建立以企业（联盟）为主导的创新模式。

（三）创新范式的转变

高新技术产业经过几十年的迅速发展，技术创新已经从简单的"线

251

性范式"向"网络范式"转变。阿斯姆（Asheim，1998）对线性范式与网络范式的特征进行了系统的比较（表3—9）。

表3—9 阿斯姆对创新的线性范式与网络范式的系统性比较

项　　目	创新的线性范式	创新的网络范式
创新主体	大企业和研发机构	小企业和大企业、研发机构、客户、供应商、大学、公共机构
创新投入	研发	研发、市场信息、技术竞争、默会知识
典型工业部门	福特时代的制造业	柔性工业部门

研究范式的不同会影响到不同主导方式的创新是否能够达到预期成果。高新技术产业集群的特点是需要复杂的知识以及存在巨大的风险和收益，这样的特点决定了只有一个高水平的企业往往是不够的，企业间、企业和各个研究机构间形成联盟，在竞争合作中形成知识的扩散网络，知识在"空气中扩散"，从而提高各主体的知识存量，越来越多的"高知识"企业之间更可能产生创新的源泉。此外，高风险性的特点也决定了各个主体间相互合作的关系，共担风险、共享收益。

在线性创新模式下，由上至下的创新模式是可行的（图3—13），政府根据产业发展的需要和国家战略的需要来确定创新项目，并且把资源分配到研究能力和硬件条件相对较好的大企业以及科研机构中去，通过实验以及经验的积累会产生技术进步，如生产效率的提高、产品的改进等。

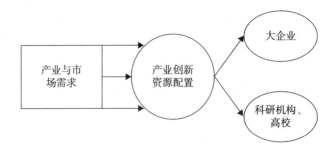

图3—13　政府主导的创新活动

但是，在网络创新的范式下，这种主导创新的模式却很难奏效。只能通过市场的力量，以市场需求为基本出发点，企业以及科研机构、高校组成创新的联盟，企业采用入股或者投资的方式与研究开发中心建立产学研的机制，而政府在其中发挥的是辅助的、以服务为主的作用，同时也积极与联盟交流，解决政策和环境上的问题（图3—14）。

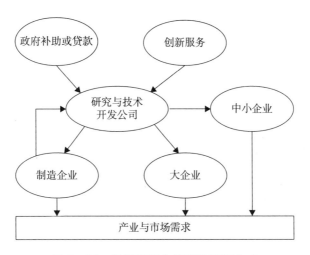

图3—14　创新集群中的商业运行方式

从图中可以看出，创新集群的参与者非常丰富，各个主体出于各自需求来投入科技资金，获得科技成果并迅速转化应用，由此形成一个正循环。王缉慈（2010）提出，产业集群的衰退，在基于低成本优势的产业集群中更容易发生。当出现更具有成本优势的地区时，集群内的企业很可能会转而向这一区域内集聚从而在新的地区产生新的集群，这样的案例在东南沿海地区屡屡发生。但是基于创新模式形成的集群，不容易在一定地区内产生，但是一旦产生，就会充满活力，不容易被取代或者衰退。

三、实现高新技术产业及园区由政府主导向企业（联盟）主导的转型

（一）政府致力于制度创新，提供良好的环境

制度的重要性，随着新制度经济学的兴起而逐渐被人们所认可。道格拉斯·诺斯和罗伯特·托马斯在合著的《西方世界的兴起》一书中，明确指出了在技术进步与经济发展过程中制度所起到的重要作用："有效率的经济组织是经济增长的关键，一个有效率的组织在西欧的发展正是西方兴起的原因所在。"而关于"二战"后近代技术发展史的研究也表明了制度对于技术进步和经济发展的重要性，早就存在的蒸汽机直到产业革命时才得到广泛的推广和应用，就是因为那时候建立起了必要的经济制度。在出现专利保护制度、财产保护制度、公平竞争的制度等以后，产业革命才在18世纪轰轰烈烈的发生。这样的先例也为如今高新技术产业的发展提供了宝贵的经验：政府确定重点课题、指导研究工作、配置资源并安排生产运行，并不会是促进技术进步与经济发展的最有效方法，只有运用分层次的政策工具，改善社会服务，建立良好的制度安排，营造有利于技术创新的经济制度环境，才能有效促进技术进步与经济发展。

政府制度创新应是全方位、多角度的，以"一切为了科技创新"为出发点，为创新主体的企业、科研机构、高校院所组成的联盟提供服务。比如，改善行政管理，禁止"四乱"现象，即乱摊派、乱罚款、乱收费、乱检查现象，创造公平的竞争环境；同时简化审批手续，开辟创业"绿色通道"，对其实行便捷的服务政策；更为重要的是，放宽对新办企业经营场所和注册资金的种种限制。同时，可以参照中关村的例子，由各个高新产业园区根据特点制定相应的法律制度。其中，《中关村科技园区条例》被称之为"中关村基本法"，《条例》最明显的创新在于：第一，可创立有限合伙公司；第二，保险公司及个人财产权；第三，

可做法律未禁止的事。这样极为宽松的环境就极大地调动了科技人员的积极性,并在法律上扫清了障碍。此外,政府还应建设和完善信息服务平台、公共技术试验和测试平台、产学研(中介)互动平台、多渠道投融资服务平台、人才服务平台和国内外交流平台,为科技型中小企业快速成长提供专业化服务(图3—15)。

```
三个保障:
开放的、可快速拓展的空间
优质的高增值配套办公和生活设施服务
优惠的、远瞻性的政策服务

四大平台:
专业化研发平台
规模化融资平台
开拓型市场网络平台
高端人力资源培养引进平台

六类服务:
全方位商务服务    开拓性会展服务    深层次财务服务
深层次法律服务    合作性咨询服务    互动的信息服务
```

图3—15 政府为企业提供创新服务体系

(二)建立企业(联盟)主导型产学研合作模式

学者们在对产学研研究的基础上逐步认识到,若将研究与产业在知识经济时代里分割开来,则会带来严重的矛盾:国家投入大量的研发资金却得不到有效利用,而另一方面企业却由于缺乏研发实力而挣扎在新技术和新成果的寻觅路上。这也是对国家资源的巨大浪费。实际上,产学研合作是解决上述问题的一种绝佳途径,也是我国在发展技术创新,尤其是自主创新时一种至关重要的制度创新。企业和高校与科研机构结成联盟的关系是天然的,首先,在激烈的市场竞争中,企业为了求得生存和发展,必然会通过大量采用新技术、新工艺,以使自己的设备、产品等在更新换代中保持市场竞争力,这就需要依赖于人才和科技。其次,对高校和科研机构来讲,创新成果只有在产生更多经济效益时,才能推动科技研发工作的良性发展,并更好地服务于社会,但这却缺乏资金的支持。产学研合作的本质首先是一种体系的创新，它是通过政府、中介机构等纽带，由企业、高等院校、科研机构为主体而组成的一个创新系统。无论是经济环境、社会环境，还是国内外的交流情况，都会影响该系统的创新效果和效率。其次，它使学术性活动与产业性活动相互支持、相互依赖，是这二者得以统一体现的载体。再次，它必然会以市场作为导向。这是因为产学研是一种合作，并且与将来的价值获得有关，而在市场经济环境下，科学研究、技术开发、生产试制等必须和市场统一起来，符合市场需求，方能获得持续、合理的发展。

市场导向和社会需求应当是产学研合作方坚持的科研立项依据。在产学研合作中企业的作用是不可忽略的。不仅仅因为企业是项目经费的提供者，更因为它们是需求的提出者。因为在产学研合作关系中，与市场最近、与客户最近的均是企业，也只有通过企业这个载体，高等院校与科研机构的科研成果才能真正实现产业化转化。然而，在实际发展中以市场和企业为主导的产学研合作存在着很多问题，主要表现在：第一，企业远未成为合作创新项目的资金投入主体和科研成果需求主体，合作动力不足，合作障碍重重。例如在我国大中型企业中，仅有25%的企业拥有研发机构，仅有30%的企业存在研发活动，研发投入的平均值也才占到销售收入的0.76%，这样的企业研发创新现状必然难以适应激烈的国际竞争和科技创新的要求。第二，在科研机构和高校中，由于科研人员及政府资金的过度集中，资源利用率较低，成果的转化过于分散，成功率低。第三，合作模式单一，往往采取技术委托、技术转让的形式进行，以项目为纽带，缺乏长期的合作。第四，科研导向型科研体制弊端明显，导致科技没有很好利用游离于企业之外的大量科技资源，例如，在不少发达国家，存在着高达170%—200%的仪器设备利用率，而在拥有科学仪器设备数量比欧盟15国总量还要多的我国，设备利用率却还不到25%。其中，目前突出的问题是，产学研合作还停留在小作坊模式，"点对点"模式是产学研合作中通常会采取的合作方式。"点对点"模式即科研人员参与企业的某个项目攻关，当难关被攻克，也就意味着合作该结束了。这种以项目攻关为主要目的的产学研合作往往缺乏技术集成，根本无法为企业做出尽善尽美的项目，因而已经发展成为限制产学研纵深发展的瓶颈之一。要想突破这种局限，就必须改变项目攻关的单纯目的，转而寻求建立一个长期的、制度化的、稳定的利益共同体[①]。

因此，需要加强产学研合作模式的创新，其中产学研合作中的共担风险、共享收益，以及建立产学研发展的良好环境是当前的重点。当前在发达国家比较成熟的长期产学研合作模式是我们需要逐步学习和推广的，其中包括共建经济实体以及产学研合作的技术并购模式。具体来说：

（1）共建经济实体

这是指企业为了其长远发展的需要，利用产学研各方的资源优势，按照现代企业制度来组成长期的合作经济实体。这种合作模式的优势表现在：企业的行为以自己需求出发寻求合作伙伴，实现了资源的紧密结合与优化配置，从而实现优势互补、风险共担和利益一体化；另外，还可以在市场、组织、管理等方面进行合作。在利益分配方面，则可以约定或者按照各方的出资比例，并结合技术的独占性、预期收益率、风险性、市场的紧迫性等因素来确定。在实践中，则可以采用股份制公司、有限责任公司、科研或生产联合体等合作形式。此外，还有共建科研型经济实体这一特殊的表现形式，具体表现为研究开发中心、中试基地等。它们一般依附于企业或大学和科研机构而设立。通常，大学或科研院所以其成熟的科技成果的知识产权进行技术入股，企业主要以资金入股，各合作方各尽其能，组建起新的经济实体，以实现科技成果转化或

[①]　袁胜军、黄立平、刘仲英：《产学研合作中存在的问题及对策分析》，载《科学管理研究》2006 年第 6 期。

高新技术产业化的目标。在运作模式上，共建经济实体作为独立法人按照公司法运作，从形式上独立于投资企业，但又为投资企业提供技术发展服务。为了保持并发挥大学和科研机构的优势，可以通过设置用于基础性研究、科技开发、学科建设和优秀学生奖励的"发展基金"、优秀学生毕业后可直接留任公司等激励措施形成长期的研发人才库，实现可持续的科技创新发展。

（2）产学研合作的技术并购模式

这是产学研合作的高级形态，对于企业来说，获得创新资源和技术的手段不只有直接研发一种，直接购买也是一种重要的手段。简单来说，就是企业以拥有上下游研发成果所有权的公司为目标，购进那些崛起中的中小型科技公司及相关原创技术或产品，以寻求渠道并利用其进入新的产业或市场领域，利用收购、投资或控股等方式，通过创新主体外部化来完成企业的产业创新。自20世纪80年代以来，并购获得中小创新公司从而获取创新技术的方式愈发重要，此外，技术更迭中许多创新型小公司如雨后春笋般涌现，为技术并购提供了可能。就目前我国情况来看，高新技术产业快速发展，但很多企业规模比较小，其进一步的技术升级和企业发展遭此限制。但如果被有资源优势的大企业并购，则大企业就可以运用自身能力，来协助发展这些掌握某一方面高新技术的中小高新技术企业。这样可以形成资源和技术的双重良性互补，充分发挥新技术的市场潜力与优势，反过来又可以促进被收购企业的研发能力，更好地提高其技术创新能力。所以，通过技术并购这种紧密、高级的结合方式，可以使那些掌握高技术、但市场能力不足的中小高新技术企业突破其自身的限制，同时使并购方企业的技术水平大大提高，从而产学研的合作会更为紧密、有效。

综上所述，政府在促进科技创新中的作用不可忽视，但是企业以及企业、科研机构、研究院校组成的联盟更应该成为自主创新的主体。当代的科技发展从形式和模式上都发生了翻天覆地的变化，"多点开花"、"百花齐放"成为当今自主创新的潮流，任何一个组织和企业都无法预测以后创新的方向，而作为市场主体的企业（联盟）才是这一方向的探索者、感应者与应对者。早在20世纪90年代，就有学者提出当我国民营经济发达、市场机制充分发挥作用的时候，市场主导型产业集群模式将成为主流（仇保兴，1999）。尽管企业为主导，但是不能忽视政府的推动作用，尤其是我国在市场机制不健全、中小企业创新能力还有限的情况下，创造适宜企业和创新企业生长的"土壤"和"空气"，将会成为政府以及高新技术园区管理机构的重任。而建立企业（联盟）主导型产学研合作模式则又是增强自主创新能力的有效途径，特别是建立长期、稳定、制度化的合作模式尤为重要。

第六节　高新区发展的政策体系

目前，高新技术产业已经成为促进社会进步、推动生产力发展的强大动力，其在国民经济中的战略作用及导向作用已经越来越明显。高新技术园区（以下简称高新区）作为一种经济发展模式，带动了世界高新技术及其产业的迅速崛起，极大地促进了世界经济的发展，当今各国都把发展高新区作为促进本国高新技术产业及经济发展、提高国际竞争力和劳动生产率的重要手段。因此，对于高新技术产业及高新技术产业园区的研究也已经成为目前理论界的热点。到目前为止，学术界对政策的研究仍然多是从某一具体方面进行的，比如对诸如融资、政府推动计划以及税收方面的政策研究非常丰富，而从整体上对高新技术产业及园区发展的政策体系和框架的研究少之又少。但是，关于这方面政策体系的研究有着举足轻重的作用，尤其是针对目前高新区产业政策的制定脱离实际及相关政策落实不到位等现状，因此，必须加大对高新技术产业及园区政策体系的研究。本节主要研究了高新技术产业及园区发展政策体系的目标和功能，并构建了包括原则、内容和框架的政策体系。

一、高新技术产业及园区发展的政策体系的目标和功能

（一）政策体系的目标

在《国家级高新技术产业开发区十一五发展规划纲要》中，国家科技部明确提出新时期国家级高新区"二次创业"的思路是要实现五个转变。可以说，《纲要》对五个转变的论点，很好地阐述了高新技术产业及园区发展的政策体系所要达到的基本目标，其中的内涵就是：实现高新区自主创新转型，通过自主创新，实现自主发展，改变重引进的经济结构，使国家高新区成为我国乃至世界高技术产业的前沿阵地。

国家高新区的"二次创业"确立了"四位一体"的目标，即国家高新区要努力"成为增强自主创新能力、促进技术进步的重要载体；成为带动经济增长方式转变、区域经济结构调整的强大引擎；成为高新区企业'走出去'的平台；成为世界高新区产业发展的前沿阵地"。

相应地，高新技术产业及园区发展政策体系的具体目标为完成向自主创新能力转换，具体来说是上文所述的四点能力，与温总理提出的"四位一体"的定位恰好一一对应，分别是：自主创新能力；经济发展能力；国际竞争力；产业升级能力。

（二）政策体系的功能

（1）激励功能

政策体系旨在创造有益于技术创新的环境和条件，所以，激励作为市场经济主体的企业进行创新性的活动，必然是政策体系的功能之一。企业通过对政策体系的了解能够得知对自己有利的政策，增加了与产业政策管理部门或者高新技术产业园区管理部门的双向沟通，使政策信息能够顺畅的流通，激励企业的创新活动，同时增强产业和园区的创新能力。

（2）引导功能

政策体系应该具备引导产业和企业创新的功能。通过改变政策体系中各子政策的侧重点，把企业的创新活动引导到具有战略地位的新兴产业，增强这些新兴的高新技术产业的竞争力和创新能力。

（3）协调功能

政策体系应当具备协调功能，即各项政策应当相互融合，共同作用于高新技术产业及园区的发展。目前，针对我国高新技术产业及园区的政策众多，然而这些政策却没有发挥其预期作用，这在很大程度上是由于各个政策相互独立、缺乏沟通，甚至有些会出现相互重复、相互抵触等现象。因此，必须注视和强调政策体系的协调功能。

政策体系的激励、引导及协调功能是多种政策综合运用的结果。由于目前我国现有政策的"独自发挥"，尚未形成一个系统的整体，其各种功能也因此受到限制而难以发挥作用，这也导致了目前我国政策"多而费"的困境。因此，必须建立完善的高新技术产业及园区政策体系以确保其健康、有序发展。

二、政策体系设计的原则、内容与框架

随着高新技术产业及园区的不断发展，相关产业政策也已形成一个庞大的体系。从横向来看，高新技术产业政策按内容——高新技术需求、供给、成果转换可以分为优惠政策、发展政策及协调政策。从纵向来看，高新技术产业政策可以划分为宏观层次与微观层次。对于产业政策的作用，我们不能忽视其对我国高新技术产业发展所起到的促进作用，但是我们也应看到这些政策"多而费"的弊端。因此，建立高新技术产业及园区发展的政策体系必须遵循一定的原则。

（一）原则

（1）系统性

孙科、张永安（2002）提出了要以新的视角，运用系统科学的理论

与方法，研究和建立完善的高新技术产业政策体系。从纵向来看，政策体系有宏观与微观之分，宏观政策是指国家对于高新技术产业的总体规划，微观政策则是指高技术开发区根据自身的条件、特点及规划制定的政策。而从横向上看，从高新技术成果需求、促进高新技术成果供给、加快高新技术成果转化等方面的政策。因此，如何协调横向政策与纵向政策，这无疑是高新技术产业及园区政策体系高效运营的关键，这也就要求在建立政策体系时一定要保持其系统性。

（2）可操作性

可操作性主要表现在横向的政策上，在政策体系中，纵向政策一旦确定，与其配套的实施方案也将会由相关部门制定，相互关联，相互协调的各执行部门会形成一定独立的政策"执行域"，其具有局部的可操作性。

（二）内容与框架

高新技术产业及园区的政策可以划分为纵向政策和横向政策，从纵向上可以分为宏观政策和微观政策，由上文得知，宏观政策是国家从整体和大局考虑，对于发展高新技术所做出的相关指示、规划以及制定的国家政策。而微观政策则是指由高新技术开发区依据自身的个体特点、发展趋势所做的规划。二者相互影响、相互作用，宏观指导微观，微观服从宏观。

（1）高新技术产业政策

宏观层面的高新技术产业政策应该更注重研究共性技术、具有战略意义的新兴产业技术等，从而为微观层次的技术应用和在此基础上的应用创新提供支持，具体来说主要包括以下几个方面：

开展产业共性技术的研发计划。国家致力于产业共性技术的研发，由一个或多个产业共享研发成果，对于整个行业或产业都将产生巨大的推动作用。目前我国开发的重点基础研究发展计划或者专项主要有"973计划"、"985 计划"、自然科学基金以及知识创新工程等。国家的大力支持是产业技术研发的重要保证，因此政府应积极设立产业共性技术研发计划，对计划范围内的项目给予政策优惠和拨款支持。还应调整国家科技计划支持的重点，在产业共性技术的研发中起引导作用，积极支持共性技术的研究。

完善与产业共性技术研发配套的基础设施建设，建立与之相适应的技术支撑平台。我国在很早之前就已经认识到基础设施建设以及良好的科技基础条件对于科学技术发展的重要性，大力支持基础设施的建设，从而极大地改善了我国的科技基础条件，但是，技术支撑平台仍然满足不了科学技术发展的需要，整体水平较低。加快产业共性技术研究，开发技术支持平台建设，有利于打破部门所有的局限，整合和共享科技资源，为科学技术的扩散创造条件。

建立多维主体协作产业创新公共平台。由于一些产业创新活动要求科技多方面的关联性、成果共享，且该创新活动的基础研究具有不确定性且投资额巨大，因此公共平台应运而生。公共平台特别适合应用于那些需要政府出面引导，通过政策扶持，整合全国科技资源的产业创新活动。这些平台具有不确定性及复杂性的特点，单靠行业内部的企业很难完成创新或者创新效益不高，而政府又难以和数量众多的企业建立直接的合作创新关系，这时，为产业创新活动搭建一个创新公共平台就显得尤为重要。

（2）供给政策

供给政策是指由政府直接介入产业创新活动，为其提供技术支持，主要有：科学和技术开发、公共事业、教育和培训、信息服务等。主要包括以下两个方面：

为高新技术产业创新建立完善的中介服务体系。该体系不仅是高新技术产业创新的一个重要组成部分，也是产业进行技术创新扩散的重要基础。高新技术产业及园区的"二次创业"就是要培育支撑高新区经济持续发展的高新技术产业集群机制，而中介服务体系在其中发挥着重要作用。首先，要依托各个高新产业园区，加强孵化器的专业化建设，加速科研成果的产业化。其次，要依托地方科研院所（知识中心），进一步完善产学研合作机制。第三，要尽快形成多元化的风险投资机制，大力发展专业化的信息与技术服务，为高新技术企业的衍生与成长提供金融与信息支持。最后，充分利用高新区发展的政策体系，支持科研机构、中小企业积极申报各类科研支撑计划，为其提供各类信息咨询服务，同时为申请者提供匹配的资金支持和配套服务。要积极扶持各类孵化器建设（包括企业型、园区型等），促进科研成果的产业化和高新区产业集群机制的形成。

成立高新技术产业研究创新基金，努力吸引多元资金。目前，我国政府对于产业创新的财政投入力度在逐渐加大，但是其强度却远远满足不了技术创新的要求。但是，仅仅依靠政府的财政资金投入，其总量还是达不到产业创新持续发展的要求。因此，政府应引导企业出资，拓宽融资渠道，成立高新技术产业研究创新基金，吸引社会各界的多元资金。同时，可以采用对成员企业招标的方法进行基金支持的项目选题。企业可以选择贷款或者项目投资两种方法资助创新活动的开展，减少政府拨款的方式，以取得更好的支持效果。

（3）环境政策

产业创新活动离不开一个良好的政策环境，这里所说的环境政策主要是指对科技发展和研究产生间接影响的规范经济体系的政策、制度、法令，主要包括税收优惠政策，财务金融政策以及相关各项法规和策略等。主要有：

发展风险资本，引导向高新技术产业的资本投资。高新技术产业投资不同于其他投资项目，具有高风险、高收益的特点，即投资高新技术产业需要更多的资金且风险也更大，但是一旦投资成功，将会带来巨大的社会效益和经济效益。所以，与之相对应的是风险资本。最为成功的代表就是美国的纳斯达克市场，拥有 500 多家总金额超过 15000 亿美元的风险投资基金，极大地推动了美国高新技术产业的发展。虽然我国的风险投资已有十余年历史，但是至今仍处于起步阶段。

建立高新技术产业贷款担保机制，引导和扶持企业加强高新技术产业的资金投入。高新技术企业的高风险性以及巨大的正向外部性，决定了政府特别是高新产业园区出面担保，通过高新技术产业贷款担保机制的运行（如图3—16）可以有效降低银行贷款风险；真正将重点放在技术创新上，因为园区的担保不是以营利为目的；更严谨、更规范；放大能力突出，带动银行和民间资本投向高新技术企业。当然，也可以由园区提供资金与民间资金合资，成立专门开展银行风险贷款担保业务的担保公司。

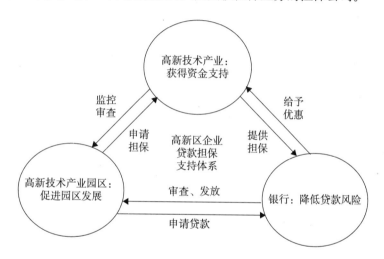

图3—16　高新技术产业贷款担保机制的运行

完善知识产权保护制度。进入知识经济时代后，随着世界经济和科技的飞速发展，知识产权的重要性日益突显。在世界贸易组织的法律文件中，知识产权被视为与货物贸易、服务贸易并列的跨国贸易活动的三大支柱之一。在未来全球经济竞争中，其实质就是经济的竞争，经济的竞争是科学技术的竞争；科学技术的竞争，归根到底就是知识产权的竞争。许多国家，尤其是发达国家已把知识产权保护问题提升到国家战略的高度，通过对知识产权的保护来确保其在经济和科技领域的国际竞争优势。首先，在我国，加强知识产权保护可以吸引更多更高技术含量的FDI，但同时会影响FDI的溢出效应；其次，加强知识产权保护可以激励本土企业的研发动力和创新能力。

（4）创业政策

创业政策旨在通过制定一系列的政策，以营造一个良好的创业环境，达到增加创业机会、减少创业风险、提高创业能力的目的。夏清华（2007）指出，制定创业政策，可以帮助创业型企业整合资源和获取信息，增加创业成功的机率，而且，可以减少企业创业的成本、扶持处于创业初期的新创企业的成长。在创业活动中，创业政策是一种外在驱动力，由政府制定，并从外部推进创业型企业的发展。由此可见，充分发挥政府的引导作用，制定有效的创业政策，才能有效的提升创业型企业的创业能力。具体主要有：

产业园区支持计划。高新技术产业园区不仅要在发挥现有企业技术创新上发挥重要作用，而且要成为中小企业创业的"乐土"。因此，产业园区的创业支持计划必不可少，通过建立良好的硬件条件，更重要的是通过支持计划创造良好的创业环境。例如，在批准高新技术产业成立时，政府应简化审批手续和步骤，为高新技术产业的建立开辟"绿色通道"，努力做到"一站式服务"；对于新办企业，要放宽对其注册资金及经营场所的限制，政府采购时，要涵盖中小企业，支持其发展，尽量降低市场准入门槛；政府要改善自身管理，禁止任何人员或部门以任何形式乱收费、乱罚款、乱摊派、乱培训、乱检查等。

SME 规划。关于创新集群的研究表明，中小企业的集聚和相互交流能更好的发挥知识的扩散和溢出作用，是创新活动中最有活力的部分，如位于意大利北部的陶瓷和鞋制品的中小企业集群。因此，中小企业规划的任务就是：一是继续保持中小企业数量增长，促进社会就业。二是进一步优化中小企业结构。三是引导中小企业集聚发展。四是提升企业经营管理水平。五是完善中小企业服务体系，优化成长环境[①]。其

---

① 工业和信息化部：《"十二五"中小企业成长规划》，2011 年 9 月 23 日。

中，完善中小企业服务体系是关键，要全面落实支持中小企业发展的金融政策，重点加强和改善小企业金融服务，完善多层次中小企业信用担保体系，进一步拓宽中小企业融资渠道。继续壮大中小企业创业板市场，加快推进全国性场外交易市场建设。

（5）需求政策

需求政策是指政府以市场为着眼点，通过公共服务、贸易管制、政府采购制度以及倡导建立行业标准联盟等措施，明确其对技术的需求，进而对科学技术的发展产生影响。

政府采购制度。政府采购制度在促进核心企业技术创新的需求政策中起主要作用。政府采购是指政府本身或其代理人为满足自身消费或提供公共服务而以一个消费者的身份，进行采购活动。政府采购十分有利于扶持核心企业渡过创业初期的困难阶段，解决企业在初创期因市场不稳定以及巨大的竞争压力所造成的市场需求问题，所以，政府采购政策是十分必要的。

行业标准联盟。高新技术企业建立属于自己行业的行业标准，成立行业标准联盟，可以增加高新技术产业的市场需求。另外，政府鼓励创新主体，积极参与标准化活动有助于其了解市场需求和标准要求、成立行业标准联盟可以增强市场竞争力。制定行业技术标准要结合知识产权，因为专利是技术标准的关键。行业标准一旦被广泛认定，会带来巨大的经济效益。

（6）框架

基于高新技术产业及园区发展的政策体系的原则和内容，建立了政策体系的框架（如图3—17所示）。从框架中可以看出，纵向上看分为宏观政策和微观政策，宏观政策一方面指导微观政策；另一方面，宏观政策的变化和调整可以作为外部信息的一种，重新指导微观政策的方向以及项目。横向上看，各省市及各高新技术产业园区的政策制定机构和部门不仅制定包括供给政策、环境政策、创业政策、需求政策在内的微观政策，更要根据政策的效果逐个进行评估和评价，再根据评估的结果反馈给系统，重新调整和改变各个政策的方向和侧重点。同时，各个横向政策间也要相互协调，因为这些政策关系到园区的众多机构与部门。另外，要重视和处理好园区发展的政策体系中横向和纵向、时间和空间的关系。从时间上看，要制定短期政策以促进高新技术产业的突破发展，还要高瞻远瞩，制定中长期政策，扶持高新技术产业长远发展。从空间上看，结合现有基础，并考虑到促进整个社会经济的长远发展，选好有利于各个高新技术产业发展的区位。时空结合、纵横交错，建立一套具有中国特色的政策体系。

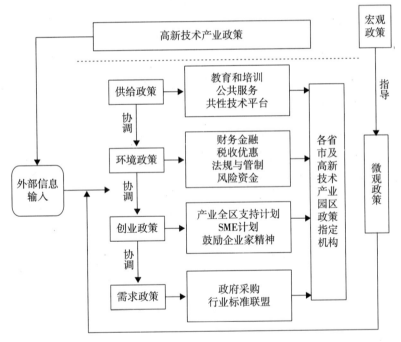

图 3—17 高新技术产业及园区发展的政策体系

三、政策性金融

资金对一个企业的形成和发展起着至关重要的作用，尤其是对前期投资比较大，风险较高的高新技术产业来说，其影响不容忽视。所以，除了前面提到的发展风险资本，建立信贷机制外，政府还实施了政策性金融来支持高新技术企业的发展。

（一）政策性金融的内涵和功能界定

（1）政策性金融的内涵

有关政策性金融的定义，目前学术界从不同的角度给出了多种解释，比较有权威性的是白钦先教授和井手文雄教授的观点。白钦先教授认为政策性金融和财政金融不是完全等同的概念，它们所指代的范围也不是完全一一对应的。他认为，政策性金融是在一国政府支持和鼓励下，以国家信用为基础，运用种种特殊的融资手段，严格按照国家法律法规限定的业务范围、经营对象，以优惠性存贷利率或条件，直接或间接为贯彻和配合国家特定的经济和社会发展战略或政策，而进行的一种特殊性资金融通行为或活动。井手文雄则认为政策性金融就是财政投融资，是同一种政府财政信用形式，他认为政策性金融是以特定的财政资金，对指定的特别会计、政府关系机关和各种特殊法人进行投资和借贷，以促进社会资本的形成[1]。在这里，我们比较赞同井手文雄的观点，认为政策性金融也叫财政投融资，是政府为实现一定的产业政策目标，依靠国家信用筹集资金，将资金投向继续发展的部门、企业或事业的一种资金融通活动。由此可见，政策性金融是以实现产业政策目标为出发点，以优惠的利率、贷款期限、担保条件等为手段向特定的领域提供资金或信用支持。

结合定义，政策性金融主要有四大特征：公共性、财政性、市场性和金融性。公共性主要是指其所支持的主要是提供公共产品的领域，实现的是公共目标。财政性主要是指其手段是通过财政投融资这只有形之手提供支持。市场性强调除了政府的有形的手发挥作用外，市场这只无形的手也必须发挥其作用，通过市场化的运作，引导更多资金投资公共

---

[1] 肖科：《中国政策性金融促进自主创新的有效性研究》，武汉理工大学出版社 2010 年版。

产品领域。金融性主要是指政策性金融除了要实现其产业政策目标外，作为一个独立的市场运作主体，必须保证其获得合理的经济和社会收益。

(2) 政策性金融的功能

政策性金融除了具有一般金融的中介功能和服务功能这两个基础功能以及资源配置功能这个核心功能外，还形成了自己的特定功能，一种调节功能，主要包括直接的资金支持功能和间接的投资引导功能。从发展逻辑上来看，资金支持功能产生在前，间接的投资引导功能产生在后，因为只有市场机制能有效发挥作用，才有可能引导市场行为。

①直接资金支持功能

资金支持功能，是直接将财政资金投给某产业，以实现其发展的直接行为，其主要是为了克服市场失灵问题。市场失灵主要包括市场不选择和市场滞后选择，市场不选择是指对于风险和收益不匹配的领域，市场不选择；市场滞后选择是指在企业发展初期，商业性资本不进入，当企业发展起来后，风险收益实现匹配后，商业性资本进入，政府资本退出。现实中大量存在着市场失灵的行为，部分产业其投资需求量大、风险高，而且回收期长、收益低，使其难以在市场中筹得所需的资金，这时就需要政策性金融发挥其作用，对其进行投资，支持其发展。也就是说政策性金融执行部门利用自己所有的资金，对市场机制不能为其提供发展资金，而又关系国计民生，具有较大社会效益的产业链或领域进行直接投资，解决其发展的资金瓶颈，发挥直接促进该产业或领域发展的资金支持作用。

②间接投资引导功能

投资引导功能是一种间接功能，政策性金融部门的资金投放可以向商业性金融机构和其他投资者暗示国家的经济发展方向，引导其投资行为。主要是通过政策性部门对一些产业进行投资，向商业金融机构及其他资本拥有者传递有利的政策信号，增强其投资信心，促使其后续的投资。投资引导功能其实是在尊重客观规律的基础上发挥人的主观能动性，是政府实施宏观调控的比较有效和常用的方法。

一般来说政策性金融引导功能的实现，有两种基本方式：一种是将政策性资金投入需要资金的领域，帮助该产业起步，待其走向成熟阶段，收益和风险实现匹配后，商业性金融机构就会主动介入，为其提供资金，这时政策性金融的引导功能就实现了。另一种是国家并不直接将政策性金融资金投入需要的领域来引导商业性资本，而是直接给予商业性资本一定的优惠政策，如对商业性资本的投资利息进行补贴，投资亏损进行补助等，以降低其风险，提高其收益，使其投资收益在初期实现匹配，增强其投资信心和投资意愿。

③政策性功能实现的途径

政策性功能的实现主要有两种途径：一种是通过组建专门的政策性金融机构来行使政策性金融功能；另一种是通过现存的金融机构来进行特定的操作组合来实现政策性金融功能。目前我国政策性金融功能主要是通过相关政府部门财政投融资政策组合和组建专门的政策性金融机构来实现。目前在我国，专门组建的政策性金融机构主要有四家，包括成立于1994年的国家开发银行、中国进出口银行、中国农业银行以及2001年正式揭牌运营的中国出口信用保险公司。在自主创新领域，实际上发挥政策性金融功能的主要是中央及地方科技主管部门通过科技计划的方式进行的政府财政科技投入。

（二）我国的政策性金融

1993年11月，中共十四届三中全会提出了"建立政策性银行，实行政策性业务与商业性业务分离"。同年12月，国务院做出了建立三家政策性银行，实现政策性金融和商业性金融分离的决定，三家政策性银行均直属国务院领导，由国家财政全额拨付资本金。1994年三家政策性银行正式建立，包括了国家开发银行、中国农业发展银行和中国进出口银行。2001年又组建了中国出口信用保险公司。四家银行各有专攻，但是，这四大政策性银行都没有涉及自主创新的领域。事实上，中央及地方科技主管部门主持实施的各类科技计划，在我国自主创新领域发挥政策性金融的功能。近年来,我国各类科技政策性金融工具主要是围绕国家战略任务、基础能力建设、经济发展和改善民生四大主题发挥作用的。它致力于支持基础研究、前沿技术和公益研究,显著增强了我国的科技原始创新能力、获得高新技术产业核心技术的重大突破,为促进经济发展方式转变,提高自主创新能力和建设创新型国家做出了重大贡献。

(三)科技政策性金融的工具结构

根据研究目的和重要程度,我国的科技政策性金融工具可以分为三类:战略主体类科技计划、政策引导类科技计划和配套辅助类科技计划,如表3—10。

表3—10 中国科技政策性金融结构

	工具名称	主导部门	设立目的	启动时间
战略主体类科技计划	重大战略发展研究计划	国家重点基础研究发展计划(973计划)	科技部	支持面向国家重大战略需求的基础研究领域和重大科学研究项目	1997年
		国家高技术研究发展计划(863计划)	科技部	跟踪国际高技术水平,缩小同国外差距	1986年
		国家科技支撑计划	科技部	面向国家经济和社会发展需求,重点解决经济社会发展中的重大科技问题	2006年
		国家自然科学基金项目	国家自然科学基金委员会	自由探索性基础研究	1986年
	科技基础条件建设计划	国家科技基础条件平台建设	科技部	提高我国自主创新能力和建设创新型国家	2003年
		国家重点实验室	科技部	针对学科发展前沿和国民经济、社会发展及国家安全的重要科技领域和方向,开展创新性研究	1984年
		国家工程技术研究中心	科技部	探索建立经济与科技相融合的新机制,推动科技成果向生产力转化,实现创新成果的产业化	1991年
		科技基础性工作专项	科技部	构筑科技基础性工作的有效机制和科学体系	

	工具名称	主导部门	设立目的	启动时间
政策引导类科技计划	星火计划	科技部	科技兴农，推进农村可持续发展	1986 年
	火炬计划（包括科技企业孵化器等）	科技部	发展高科技，实现产业化	1988 年
	国家重点新产品计划	科技部	对高科技产业化进行政策性扶持和引导	1988 年
	技术创新引导工程	科技部、国资委、全国总工会	提升企业的自主创新能力	2005 年
	国家软科学研究计划	科技部	实现决策科学化、民主化	
	国际科技合作计划	科技部	提高自主创新能力，形成对外国际科技合作与交流平台	
配套辅助类科技计划	科技型中小企业技术创新基金	科技部	支持科技型中小企业技术创新	1999 年
	农业科技成果转化基金	科技部	提高农业科技水平，促进农民增收	2001 年
	科技富农强县专项行动计划	科技部	把"科教兴国"战略落实到基层，依靠科技促进县域经济发展	2005 年
	科研院所技术开发专项	科技部	加速中央级科研单位开发研究实力和持续创新能力的提升，促进科研院所的改革与发展	2000 年

（1）战略主体类计划

战略主体类科技计划，主要包括两个方面：一方面，是带有前瞻性、引领性和全局性的重大战略研究发展计划；另一方面，是对科技资源进行战略重组和系统优化，促进科技资源的高效配置和综合利用。

目前，我国的重大战略发展计划主要包含四大政策性金融工具：国家重点基础研究发展计划（"973 计划"）、国家高技术研究发展计划（"863 计划"）、国家科技支撑计划、国家自然科学基金项目。

①国家重点基础研究发展计划

该计划于 1997 年启动，主要是支持面向国家重大战略需求的基础研究领域和重大科学研究项目，其研究成果对我国未来发展和科技进步具有战略性和带动性。该计划自实施以来已形成了专家咨询和政府决策相结合的决策模式；项目管理和经费管理相结合的管理模式；联合多部门行业共同发展的组织模式；科学评价重大基础研究项目的经济和社会效益的评价模式，在提升基础研究水平，增强自主创新能力等方面发挥了重大作用。

②国家高技术研究发展计划

该计划于 1986 年启动，其主要是为了解决事关国家长远发展和国家安全的战略性、前瞻性高技术问题，发展具有自主知识产权的高技术，以增强我国在关键高技术领域的自主创新能力。该计划重点支持以下几个高新技术领域：信息技术、生物和医药技术、新材料技术、先进制造和能源技术、资源环境技术、海洋技术等。其在发展过程中形成了各类办公室，各司其职又协同配合的管理机构体系和以专题和项目为主的两种组织实施模式。

③国家科技支撑计划

国家科技支撑计划于 2006 年提出，是面向国家经济和社会发展需求，重点解决经济社会发展中的重大科技问题的国家科技计划。它以加强集成创新和引进消化吸收再创新，克服技术瓶颈约束，获取具有自主知识产权的重大成果，提升国际竞争力为目标；以加强科技与经济合作，政府主导和市场作用结合，增强自主创新，实现产学研相结合等作为实施原则；创新财政科技经费投入方式，建立动态调整和滚动安排项目的机制，主要支持能源、资源、环境、制造业、信息产业、农业、人口与健康等 11 个领域。

④国家自然科学基金项目

国家自然科学基金成立于 1986 年，主要支持自由探索性基础研究。国家自然科学基金经过 26 年的发展，形成了尊重科学、发扬民主、提倡竞争、促进合作、激励创新、引领未来的工作方针；科学民主、平等竞争、鼓励创新的运行机制；依靠专家、发扬民主、择优支持、公正合理的评审原则和以学科体系为框架，以合资评议和绩效评估为依据的管理体系。它对促进我国自然科学基础研究，促进基础学科建设，提升我国的基础研究水平发挥了重要的推动作用。

科技基础条件建设计划是以夯实科技创新基础为目的，通过对科技资源进行战略重组和系统优化，提高科技资源的配置和使用效率的科技发展计划的总称。目前我国的科技基础条件建设计划主要有：国家科技基础条件平台、国家重点实验室、国家工程技术研究中心和科技基础性工作专项等，全部都是在科技部的主持下开展工作的。

①国家科技基础条件平台建设

国家科技基础条件平台是在 2003 年，由科技部牵头，联合国家发展和改革委员会、教育部、财政部、中国科学院、中国工程院等 16 个相关部门参与的，以科技资源共享和高效利用为核心，以提高我国自主创新能力和建设创新型国家为目的的技术创新支持平台。该平台为科技进步和技术创新服务，致力于科技基础条件资源共享、数字化、网络化、智能化和系统化的基础支撑体系，主要由资源共享制度、物质与信息系统和专业人才队伍三个部分组成。平台建设启动以来推进了以研究试验基地和大型科学仪器设备共享平台、自然科技资源共享平台、科技数据共享平台、科技文献共享平台、科技成果转化公共服务平台、网络科技环境平台等六大平台为主体框架的国家科技基础条件平台建设，为各类科技创新活动提供了公平的竞争环境。

②国家重点实验室

国家重点实验室是 1984 年为解决我国基础研究整体实力薄弱的问题而提出建立的。主要任务是针对学科发展前沿和国民经济、社会发展及国家安全的重要科技领域和方向，开展创新性研究。它实行国家重点实验室分级分类管理制度，国家对国家重点实验室坚持稳定支持、动态调整和定期评估，实行"开放、流动、联合、竞争"的运行机制。从首个国家重点实验室建立以来的二十多年间，国家重点实验室取得了重大的成就，50%的国家自然科学奖是由国家重点实验室获得的，成为我国推动科技创新，提高自主创新能力的重要方式。

③国家工程技术研究中心

国家工程技术研究中心于1991年由原国家计委提出，科技部主导实施，主要承担探索建立经济与科技相融合的新机制，推动科技成果向生产力转化，实现创新成果的产业化等任务。国家工程技术研究中心主要依托科技实力雄厚的科研机构、高等院校和企业，推动工程化成果向相关行业辐射、转移和扩散，培育新兴产业和带动传统产业的改造升级；同时培育一流的工程技术人才，形成我国科研开发和技术创新的产业化基地。

④科技基础性工作专项

科技基础性工作专项涉及科学数据、科学标本、资料信息的收集、整理、保存以及传输等工作，是科技创新的重要基础性工作。近年来，我国实施科技基础性工作专项主要是为了解决科技基础数据、种质资源库和科技基础标准建设的问题，构筑科技基础性工作的有效机制和科学体系。

(2) 政策引导类科技计划

政策引导类科技计划包括了星火计划、火炬计划、技术创新引导工程、国际科技合作计划、科技型中小企业技术创新基金等。

星火计划是我国在科技部主持下，于1986年开始实施的，该计划旨在以科技兴农，推进农村可持续发展。该计划坚持政府与市场双驱，发挥市场经济资源配置的基础作用；主要依靠金融机构贷款和企业自筹资金；选择成熟、先进、实用的技术将其引向农村，推进科技兴农，推动农村经济又好又快的发展。

以发展高科技，实现产业化为目标的火炬计划是在1988年正式启动的。在实施的二十多年间，该计划以提高企业自主创新能力为核心，以建设创新型国家为己任，以国家高新技术产业开发区、科技型中小企业技术创新基金、科技企业孵化器等一系列政策工具为载体，开展了一系列活动，包括：实施"育苗"工程，培育科技型中小企业，加速科技型中小企业群体发展；开展"造林"工程，推进高新技术由产业集群向创新集群升级；构筑技术创新环境体系，促进高新技术产业化。对优化科技创新环境、促进技术成果转化、转变经济发展方式等做出了积极贡献。

技术创新引导工程是为提高企业自主创新能力，2005 年 12 月，国家科技部、国务院国资委、中华全国总工会联合启动实施的。该计划旨在促使企业成为技术创新的主体，提升企业核心竞争力，为建设创新型国家提供有力支持。通过政府引导和市场机制相结合的方式，引导形成拥有自主知识产权、自主品牌和持续创新能力的创新型企业，建立"以企业为主体、市场为导向，产学研相结合的技术创新体系"。开展技术创新引导工程的一个重中之重是引导和支持高新技术产业开展以增强自主创新能力为核心的"二次创业"，推进高新技术产业化和科技型中小企业的孵化发展。

国际科技合作计划是由科技部主管的，科技部合作司及国际科技合作计划办公室具体实施的，旨在推动国际科技合作，充分利用全球科技资源，实现我国创新能力发展的重要平台。该计划坚持引进来和走出去相结合，项目、基地、人才、资源相结合，引进、消化、吸收、创新相结合的管理模式。坚持以我为主，互利互惠；为我所用，支撑创新；政府引导，多方参与的基本原则。自实施以来，加强了与发达国家的合作，分享了世界的先进研究成果，解决了关键技术瓶颈和重大科学问题，引进和培养了一批国际顶尖人才，为我国科技创新积蓄了重要的力量。

科技型中小企业技术创新基金是 1995 年由国务院批准设立的，旨在为科技型中小企业提供技术创新所需的资金。该基金具体由科技部主管，科技部火炬高技术产业开发中心管理实施。其资金来源主要有三个：一是中央财政；二是从所支持的创业投资机构回收的资金；三是社会捐赠的资金。这些资金将以直接资助和间接资助的方式投入到电子信息、生物医药、新材料、光机电一体化、节能与新资源等领域的中小技术创新企业。直接资助主要是以无偿资助、贷款贴息和资本金投入方式对企业进行资助；间接资助主要是靠财政资金的引导和杠杆作用，带动风险投资机构、金融机构和民间资金的投入。该基金建立运行十几年间，成功培育了100多家科技型中小企业在国内外证券交易所上市，为我国高新技术产业的发展做出了极大的贡献。

此外，还有配套辅助类科技计划，其主要包括农业科技成果转化资金，科技富农强县专项行动计划和科研院所技术开发专项。农业科技成果转化资金主要由中央财政拨款对农业科技创新提供支持，自建立以来重点支持了动植物新品种、集约化种养殖、现代农业装备与农业高新技术等领域，极大地提升了农业科技水平，促进了农民的增收。科技富农强县专项行动计划由财政部和科技部联合于2005年启动，旨在把"科教兴国"战略落实到底层，扶持东部欠发达地区和中西部地区的发展。科研院所技术开发专项主要是为了促进科研院所的改革与发展而设立的，该专项资金属于科研补助资金，主要用于支持中央及技术开发型科研机构。

因此，目前所形成的高新技术产业政策以及各省市及科技园区政策已经形成相互交叉、相互渗透、相互影响的状况，况且在面临不断变化的政策运行背景的前提下，现有高新技术产业政策难以发挥应有的作用。因此，建立系统性、可操作性强的高新技术产业及园区发展的政策体系势在必行。根据政策体系所要达到的"五个转变"的基本目标以及"四个能力"的具体目标，本节建立了以高新技术产业的宏观政策以及微观方面的供给政策、环境政策、创业政策以及需求政策在内的政策体系。政策体系的系统框架具有指导、反馈等运行功能，更有灵活性和时效性，具备引导、激励创新要素集聚，发挥创新功能的作用。资金作为企业开展科研创新获得的重要条件，所以本节还重点对我国政策性金融进行了分析，我国的科技政策性金融工具可以分为三大类：战略主体类计划、政策引导类计划和配套辅助类计划。战略主体类计划主要负责基础研究和科技基础条件的建设，主要目标是增强我国的原始创新能力以及集成创新能力，属于国家的主体科技计划。政策引导类计划以促进企业成为技术创新的主体，提高企业的自主创新能力为核心，通过发挥直接资金支持和间接投资引导两大功能，加快我国应用研究的发展和创新成果的产业化。配套辅助类计划主要依托于战略主体类科技计划和政策引导类科技计划，从事若干辅助配套工作。

第四章
高新区产业集群升级的路径选择

　　2008 年的国际金融危机，给世界各国的经济发展带来了严重冲击，全球消费市场严重萎缩，经济增长乏力，有的国家甚至出现了负增长，希腊至今深陷债务危机泥淖，不能自拔。我国虽然在金融危机以来逆势增长，但是也面临着内外交困的严峻挑战。一方面，由于欧美国家经济增长率的下降，各国借产业保护、提高就业之名，行贸易保护之实，纷纷对我国采取了诸如反倾销、要求人民币升值等措施，提高我国产品进入其国内市场的壁垒，使我国经济增长三驾马车之一——出口受到了严重的遏制。在这种形势下，产业结构升级、经济增长方式转变的任务依然艰巨而紧迫。

　　产业结构的优化与升级是一国产业结构合理化和高度化的统一，指产业间各种关系的协调和产业结构从低级水平向高级水平的发展，涉及各产业间在生产规模上比例关系的协调、产业间关联程度的提高等，还包括产值结构的协调、技术结构的协调、资产结构的协调和中间要素结构的协调；在整个产业结构中由第一产业占优势比例逐级向第二、第三产业占优势比例演进，由劳动密集型产业为主导逐级向资金密集型产业、技术知识密集型产业为主导演进；由加工、制造初级产品的产业占优势比例逐级向制造中间产品、最终产品的产业占优势比例演进。在促进经济发展方式转变、产业结构优化升级的载体中，产业集群因其高成长性、强增长力、快成长速度、广关联性受到人们广泛关注，产业集群已经成为一些地区经济增长的主要动力和国际竞争力的重要来源，在地区经济发展中发挥着越来越重要的作用，成为一国和地区竞争优势的重要来源。

近年来，我国产业集群在国内经济高速增长和国际产业分工体系日渐形成的基础上，随着国际化和工业现代化的不断推进逐步发展起来。然而，目前我国产业集群的主要特征还停留在低成本的层面上，其核心竞争优势仍处于集群发展的低端。温家宝总理在《我国国民经济和社会发展十二五规划纲要》中提出，要大力发展节能环保、新一代信息技术、生物、高端装备制造、新能源、新材料、新能源汽车等战略性新兴产业。在这一国家产业战略的背景下，哪些因素对产业结构的优化升级产生影响，各国又是如何产业集群实现升级的，对我国的产业集群升级又有怎样的借鉴意义，已经成为学术界和产业界亟待解决的重要课题。

第一节 产业结构升级概述

一、产业结构升级的内涵

一国产业随时间的推移而发生的变化表现为任何产业都有一个产生、发展、成熟和衰退的过程。产业产生的标志主要有两个：一是出现一种全新的产品，而且这种产品具有广阔的发展前景和庞大的市场潜力；二是有没有生产这种产品的厂家。只有这两个条件同时具备，才意味着有一种新兴产业正在产生和初步形成。一种产业是否进入发展期，其主要标志为：有无能够相互协作、互相补充、配套生产的厂家群体出现。而成熟期的主要标志是已经形成独立的生产体系且关键技术得到广泛应用和普及。一种产业是否进入衰退期，则表现为产品产能过剩并有生产厂家退出这一行业。

产业随时间推移所发生的升级过程，实际上也是生产要素（即劳动力、资金、信息、知识、技术等）在各个产业直接不断流入和流出的过程。当某一产业处于形成和发展的时期，随着企业数目的增加和整个产业生产能力的扩大，聚集的生产要素越来越多，这些生命力旺盛的新兴产业吸引着生产要素从另一些产业转移过来。而处于衰退期的产业，生产要素会随着大量企业的退出而不断流出，流向其他尚有吸引力的产业。

产业的产生是创新的结果，创新推动着产业的发展、成熟直至衰退的过程，不断孕育新的行业。产业结构的优化和升级过程，表现为产业之间优势地位连续不断地更迭。产业结构优化和升级演化为一个历史发展过程，并是一个在知识创新、技术创新和产品创新的推动下从低级形态向高级形态转变的过程，也就是产业结构的高级化。产业结构优化和升级的实质内容包括三个方面：一是产业规模由小变大，即产业数量增加，产业关联复杂化。二是产业结构水平由低变高，技术和知识密集型产业逐步取代劳动密集型的产业。三是产业间网络关系增强，即产业之间的集群和耦合程度提高。产业规模扩大和耦合是在产业网络不断发展更迭过程中发生或实现的。在任何情况下，产业结构中总是存在着4种类型的产业——萌芽产业、成长产业、成熟产业、衰退产业，其增长率由高到低分布，市场份额由低到高，然后转低。在知识创新、技术创新、产品创新推动下原有老的产业增长减速，不断地被新的高增长的行业所取代，这种产业间优势地位的更迭，形成了产业结构优化与升级的有序演变。在创新的作用下，产业结构优化与升级是一个连续、渐进的过程，而当创新积累到一定程度，有着更新、更高技术水平的产业群体会全面取代原有的产业群体，产业结构就会发生质的变化，这种质的变化即是产业结构优化升级。

二、影响产业结构升级的因素

产业结构演进是一个有规律性的动态过程，产业结构优化和升级的决定因素主要是产业部门间的劳动生产率、需求结构、供给成本、国际贸易和技术创新等。

（一）产业部门劳动生产率差异

随着经济的发展，经济体内各个产业部门的劳动生产率差异不断发生变化。一般来说，农业部门存在着大量的过剩劳动力且专业化程度低，其劳动生产率在三个部门中是最低的；工业部门尤其是制造业部门由于人均资本占有量大和专业化程度高，其劳动生产率较高，重工业的劳动生产率又比轻工业高；第三产业的劳动生产率最高。对劳动者而言，由于相对劳动生产率高的部门人均产值大，人均收益就要高于相对劳动生产率低的部门，从而形成产业部门间的收益差。劳动者的逐利动机推动着劳动力从低收益部门向高收益部门流动，基于此的产业间就业结构的变动导致了产业结构的变动。

（二）消费需求结构对产业结构升级的影响

随着人均收入的不断提高，人们的消费需求会由以生存为主的衣食住行等低层次需求逐步向改善性、多样性高层次需求转移，恩格尔系数不断降低。英国经济学家威廉·配第率先研究了经济增长和产业结构变动时间存在的关联性，在其基础上英国经济学家克拉克在对二十几个国家总产出和各部门劳动投入时间数据实证分析之后，验证了总量增长与结构变动之间的关联，他认为：劳动力随着人均国民收入水平的提高首先由第一产业向第二产业转移；如果人均国民收入水平进一步提高，劳动力向第三产业转移。

（三）国际贸易对产业结构升级的影响

国际贸易是来自外部从需求和供给两方面影响产业结构变动的因素。一般来说，各国间要素禀赋的差异导致了产品生产的相对优势，决定了各国进出口结构的变动，从而影响其产业结构的变动。根据"赫克歇尔—俄林"要素禀赋理论，各国生产产品的相对优势往往建立在该国某生产要素是否丰裕的基础上。比如在一定时期，由于某些生产要素价格低，便能在国际贸易中获得比较优势。这种建立在生产要素禀赋优势基础上的国际贸易，必将导致需求国家和出口国家产业结构发生变化。

（四）技术创新对产业结构升级的影响

按照熊彼特的观点，技术创新是引入一种新的生产函数，从而提高社会潜在产出能力。技术创新对产业结构的影响主要有以下两个方面：一方面，技术创新影响需求结构，从而导致产业结构的变化。另一方面，技术创新影响供给结构，从而直接导致产业结构的变化。但是，从另一个角度来说，技术创新只是决定供给成本的因素之一，虽然在没有创新的情况下供给成本也会因规模经济、资源比较优势以及劳动力价格下降等原因而降低，但是这种供给成本的降低会影响产业结构的优化与升级。历史经验表明，这种结构变化的意义不大，不足以推动产业结构的质变。只有在发生技术创新的情况下，相对成本的巨大变动才能对产业结构发展产生本质上的影响。

三、产业集群与产业结构升级

从国内外产业结构发展的实践来看，产业集群已经成为一国或地区提高产业竞争优势的重要途径之一，也是促进产业结构优化升级和转变经济增长方式的重要突破口。

首先，产业集群的规模需求效应。从理论上来说，对某种产品的强劲需求会导致产业集群的产生和生产的地域专业化。对产业集群产品的需求，会带动设备、原材料、劳动力等生产要素向某个地区或者产业的聚集，从而推动地区产业结构的不断演进升级。

其次，产业集群的产业关联效应。产业集群的关联效应是指，在通过投入产出结构发生纵向或者横向联系的产业之间，一个产业的地区集中会吸引相关产业向该地区集中而出现产业集群。由于集群内产业的关联效应以及技术在产业集群内部的扩散性，使得产业集群成为大量技术创新的载体，从而有效地促进产业结构的优化升级。

再次，产业集群的成本效应。从生产要素投入的角度看，产业集群能够减少能源、原材料、产品的运输成本等的投入，实现各种要素的规模供给，从而降低产业集群产品的供给成本。

四、产业集群升级的意义

（一）转变经济发展方式是应对复杂多变的国际环境的必然选择

始自 2008 年的国际金融危机，给世界各国的经济发展带来了严重冲击，全球消费市场严重萎缩，经济增长乏力，甚至出现了负增长。美国等发达国家，因为国家结构性原因，短期内没有其他更好更快的办法解决经济增长乏力、失业居高不下的问题，2011 年 9 月，国际货币基金组织发布的关于全球经济形势的分析报告称，2011 年全球经济增长率大约为 4%，2012 年全球的经济增长率大致与此持平，全球经济增长停滞，特别是美国经济增长乏力，欧州受债务问题困扰造成的经济增长率下降，会对中国经济增长"三驾马车"之一的出口造成很大影响。为了将金融危机的冲击"转嫁"给我国，纷纷采取诸如反倾销、要求人民币升值等措施提高我国产品进入国际市场的壁垒，我国出口导向型的经济面临着"内忧外患"严重失衡的挑战，如 2011 年 10 月 11 日美国会参议院通过的《2011 年货币汇率监督改革法案》，将对中国最有竞争力的产品，中美贸易逆差最大、中国对美出口增加最快的产品产生巨大影响，不仅涉及低技术产业的产品，而且还涉及高技术产品，如计算机与电子产品等，而且还会涉及战略性新兴产业。同时，美国等国还要求我国承担更大的节能减排责任，使得我国在低碳经济时代，资源、环境约束下的发展面临着严峻的考验，如 2011 年 11 月 28 日在南非德班举行的世界气候大会上，美国要求中国等新兴经济体承担强制减排责任。如何在全球经济中一枝独秀，续写增长的奇迹，这就要求我国必须转变经济发展方式。

（二）产业结构优化升级是转变经济增长方式的内在要求

1979 年以来，改革开放大大解放了中国的生产力，长期以来年增长率超过 9% 的经济发展速度向世界展示了增长的奇迹。我们也看到，我国经济的高速疾行主要是依靠传统"三高一低"的粗放型发展模式，这种发展模式使我国经济、社会和生态发展中不平衡、不协调、不可持续的问题越来越突出，制约科学发展的体制机制障碍依然较多，主要包括：经济增长的资源环境约束强化、自主创新能力不强、产业结构不合理、地区发展不平衡、投资和消费关系失衡等。同时还出现了一些新的矛盾和问题，如廉价土地、廉价劳动力和降低关税等发展战略难以为继。以能源消耗为例，按汇率 GDP 比较，朱训（2003）的结果是，中国 1 亿美元 GDP 所消耗的能源是 12.03 万吨标准煤，大约是日本 1 亿美元 GDP 所消耗能源的 7.20 倍、德国的 5.62 倍、美国的 3.52 倍、印度的 1.18 倍、世界平均水平的 3.28 倍；以城乡收入差距为例，2005 年以来，城乡居民收入差距在经历了扩大趋势后，已经呈现缩小的迹象，据统计，2011 年城镇居民人均可支配收入与农村居民人均纯收入之比为 3.13：1，2010 年该收入比为 3.23：1，但中国社科院人口与劳动经济研究所所长蔡昉认为，衡量收入分配的库兹涅茨拐点在中国还远没有到来，真实收入分配差距仍在扩大，资源和资产分配严重不透明、不规范、不平等，影响着真实收入分配状况。诸如以上深层次问题和矛盾的存在及其日益深化，极大地制约了我国经济的全面、协调、持续、快速、健康发展。推进产业结构优化升级，转变经济发展方式，就是要实现以人为本，实现经济、社会和生态环境全面协调可持续发展。

（三）发展高新技术产业集群是产业结构升级的必由之路

过多依赖投资和出口来发展经济，而不注重自身创新能力的提升，不致力于关键、核心技术等的开发与创造，将会导致经济持续、快速、健康发展难以为继。国际金融危机爆发以来，为寻找新的经济增长点，发达国家加快了产业调整的步伐，世界诸多发达国家和发展中国家都纷纷加大对高新技术产业，尤其是青睐于对战略性新兴产业的投资。新兴战略产业的兴起是我国实现产业优化升级的有利契机，能够为转变经济增长方式提供强有力的产业支撑。在新一轮科技革命的推动下，以新能源、新材料等为代表的战略性新兴产业集群的兴起，为我国产业结构优化升级提供了难得的历史性机遇。我们应该认真汲取发达国家产业结构优化升级的经验和教训，以及其产业战略的本质，借助政府力量，加快高新技术产业集群的发展，从而确保实现整个经济结构的转型与升级。

（四）我国高新区高新技术产业集群的迅猛发展

作为知识经济的主导产业，高新技术产业集群作为一种极具特色的产业组织形式，已经扮演了推动经济发展的重要力量这一角色，而高新区也成为了高新技术及新兴产业发源并发展的重要基地，一批成长性较好的新兴产业由此催生并得到大力发展，进而形成产业集群。从产业门类来看，绝大多数现代高新技术产业门类都已在高新区的发展中有所涵盖，包括生命科学和生物工程、能源科学和新能源、材料科学和新材料、微电子和电子信息、生态科学和环境保护、光电子和光机电一体化、空间科学和航空航天技术、地球科学和海洋工程等，且都初具规模（万钢，2008）。现阶段，我国产业集群已经覆盖到大部分的传统行业，形成了较大的经济规模，也形成了一些特色区域产业和品牌，并出现了规模较大的龙头企业，产品外向度不断提高，为区域经济形成日益完整的产业链条和合理的资源配置格局奠定了基础，为区域经济的技术创新和整体进步奠定了基础，最终为我国产业结构优化升级、转变经济增长方式找到了有效的路径。

第二节 产业集群升级的理论基础

一、产业集群优化升级的内涵和外延

从理论和实践来看，产业集群是地区和产业提升竞争力和创新能力的重要载体。这些在地理上靠近，同处或相关于一个特定产业领域的中小企业，高密度地聚集在一起，形成"产业簇群"、"特色产业区"、"块状经济"等复杂的有机整体，具有较强的竞争力，这种竞争力可以来源于规模经济和范围经济，也可以来源于运输成本的节约或者创新知识的外溢等。产业集群升级，指的是产业集群获取高附加值的能力和可持续发展能力的持续提升，它的发展是一个基于经济、社会和生态环境多维度的动态发展，它的实现需要依托产业集群的大规模生产、知识溢出以及配套系统的完善，包括各种先进生产设备、工艺流程与技术的应用及严格的质量管理和环境管理，其内涵是产业的生态、知识、科技水平不断提高，外延是一国产业结构的升级、经济发展方式的转变。

二、产业集群升级的理论基础

（1）集群产业升级的生命周期理论

集群生命周期理论认为，集群成长的过程具有明显的阶段性特征，但是学者们对于各个阶段的划分则有所不同，比如克鲁格曼（1991）、波特（1998）、斯旺（1998）都认为企业集群的成长过程类似于生命周期，存在着一个从产生到消亡的过程。一个典型的集群成长周期大体包括集群形成、持续增长、饱和与转型、衰退、消亡或复兴成长五个阶段。而提克（Tichy, 1998）借鉴费农的产品生命周期理论，从时间角度出发，根据集群的总体发展历程，将产业集群发展分为形成阶段、成长阶段、成熟阶段和衰退阶段。国内研究者刘友金构建了基于焦点企业成长的集

群升级的四个阶段 CLC（Cluster Life Cycle）模型，其中四个阶段包括：集群萌芽阶段、集群成长阶段、集群成熟阶段和集群层级化阶段，每一阶段焦点企业在集群中的作用不同。该理论表明并不是所有集群都能保持长期的竞争力，集群的竞争力往往会由于内部或者外部的某些力量而受到威胁，甚至被削弱而走向衰败。因此要想保持竞争优势、延长生命周期，企业集群就必须在其成长的各个阶段都及时进行积极的拓展与升级。

（2）进化理论

基于进化理论的产业集群升级五阶段成长模型理论从集群的内在机制和要素关系演变等方面总结和命名集群的发展阶段，荷兰经济学家范迪克在长期对发展中国家集群进行实证分析并结合进化论理论的基础之上，提出了集群五阶段成长模型：地理位置型集群、市场型集群、劳动分工型集群、创新型集群和功能齐全的工业区五个阶段，并分析了每个阶段的内部机制与地方政府的支持系统与政策取向（M. P. Van Djjk, 1999）。他长期对发展中国家的企业集群进行研究，尤其是对印度、秘鲁以及非洲国家的一些企业集群的实地调研，认为马歇尔式的工业区是集群升级的最高阶段，这样的产业集群能进行自我调节，具备长期可持续发展的能力。国内学者王珺在集群经济的分工联系和发展进程模型结合具体实践，把产业集群分为三个阶段，即专业市场型、纵向配套型和合作扩展型（王珺，2002）。

产业集群从低级向高级阶段的演变过程其实就是集群升级的过程，这也可以看做是生命周期曲线的上升阶段，可能发生在集群成长的每一个阶段。以上两种产业集群升级理论均对我国产业集群升级的实践具有较高的借鉴意义。

第三节　产业集群升级的动力机制

集群成长和集群升级研究的密不可分，使得研究集群成长的动力机制为研究集群升级的力量源泉提供了基础和条件。从技术、营销与管理三个方面来看，集群升级主要源自创新驱动、市场驱动和学习驱动三方综合的结果。其中创新驱动和学习驱动可以看做是集群升级的内生动力源泉，而市场驱动是指依靠国内外市场拉动集群成长并升级，这是一种外生动力，还可以将其归纳为全球化的影响、全球价值链的嵌入和治理等方面。

一、产业集群升级的创新驱动

（一）创新决定着产业集群的成长与衰退

从理论上讲，重大产品的成功研发一般都会导致一个新兴产业的出现，而针对其的深度创新又会大幅度降低该产业部门产品的成本，促使该产业及其相关上下游企业集群均进入一个高速增长的阶段。库兹涅茨认为，当这种增长的高速度达到一定程度之后，便会出现衰退的趋势。在这些影响产业集群衰退的因素中，最显著的影响变量是创新的减缓。如果在某一个产业的发展过程中出现创新减缓倾向，这是因为创新使该部门产品的成本大幅度下降，从而把这种产品由需求弹性较高的高档品转变为价格低廉、需求弹性较低的必需品。在这种情况下，进一步的创新基本不会引起产量增长的进一步加速。这种倾向使创新丧失了对于降低成本的潜力，从而难以获得更大的预期收益。由于创新的动力来源于预期收益，所以在该产业预期收益下降时，就会减弱创新的动力，而把创新更多的引向更有希望的产业中去。由于创新减缓，加之其他因素，该产业的产出就会下降，然后被后来进入高速增长阶段的产业所超过，基于该产业的集群也由此被其他高速增长的产业所超过或替代。由此可见，创新的变动在很大程度上决定了单个产业以及基于此形成的产业集群的成长与衰退。

（二）集群创新决定着产业集群的升级演变

熊彼特认为，对于一项足够重要的创新来说，其初始创新在扩散过程中就会进一步生成相关创新，因为"一大批仿造者"将试图模仿并改进最初的创新，并试图在有关的产品、工艺、技术和组织机构等方面进行创新。集群创新有三种类型：部门关联型、技术联系型、松散型。这三种创新对产业集群升级具有决定性意义：部门关联型创新是通过主导部门的创新更迭引起产业集群的全面变化与升级的；技术联系型创新主要通过一组强有力的技术轨迹，导致技术链条上各部分、多方面的迅速开发利用，通过提高产业集群的工艺水平以及产品、服务的功能，从而使产业集群发生飞跃式的创新；松散型创新主要是通过创新在产业集群中的随机分布，引起产业集群大规模的变动，从而促进产业集群升级。

（三）创新决定了产业集群升级的方向

产业集群的升级演化虽然使某一地区产业结构变动呈现有序性，但并不一定能够反映产业结构变动的方向。这是因为某些产业集群的高速增长是特定情况下的高利润率促成的，并没有引入新的生产函数，而产业集群升级本质上并不是指某些产业占总体企业比例的升与降，而是指技术"集约化"程度的提高，即产业内采用先进技术的企业在数量和比例上的同时增加。只有引入新的生产函数，才能使与其他产业有千丝万缕联系的主导产业更迭升级，进而提高整个产业集群的技术集约化水平，产生促使产业集群向高级化方向演进的动力。这种由于创新而在某一产业内迅速集群，并通过产业之间的技术联系发生扩散效应的现象，被称为产业集群升级的方向性。

二、产业集群升级的学习驱动

作为一个产业的共生系统和网络，集群内部成员之间的联系相较外部市场显得更为独特和密集。在集群中，任何不同成员间都可能发生集体学习。所以这些成员组成了集体学习的实体，共同参与创新知识的共享与转移，并在此过程中创造新的知识。

（一）产业集群的知识溢出与学习

卢卡斯（Lucas，1988，1993）等人通过模型对知识溢出是促使区域经济增长的发动机这一论点进行了实证研究。萨卡森（Saxenian，1994）通过对硅谷计算机产业集群进行案例分析，发现由从业人员的高流动性所导致的知识溢出是硅谷计算机产业集群不断发展的重要因素。弗里曼（Freeman，1991）认为促进集群创新网络发展和集群经济增长的最根本动力是其内部存在的知识溢出效应，这种效应也是集群创新产出和生产率提高的源泉。随着对产业集群集体学习与知识溢出等内生因素研究的不断深入，研究者们逐步认识到，集群所表现出的巨大的竞争力，其实是源自于持续地组织学习和扩散知识的过程以及知识溢出和协同学习的氛围的。集群成员参与学习有两种途径：应用性学习和探索性学习。应用性学习是指集群内部成员企业通过正式或者非正式的途径获得有关生产经营、技术、市场等方面的知识，并将其应用于企业内部。一般情况下，这个过程是不会产生新知识的，它只是对已有知识的综合利用，集群成员借鉴的只是集群内部的"最佳经验"。探索性学习是指集群内部成员在积累了一定程度的知识后，为了进一步提高生产效率或开发新产品而进行的尝试与创新，在此过程中将会产生众多的新知识和新发明。

（二）产业集群知识溢出的四条途径

（1）产业集群内企业间从业人员的流动

根据马歇尔（Marshall，1920）的产业区理论，产业集群知识溢出的最重要机制是劳动力要素的流动。人是知识的生产者、贮存者和使用者，而知识对人具有高度依存性，尤其是隐性知识更是以人为载体。由于地理上邻近、产业上关联和社会文化上的根植性，产业集群内部成员企业之间必然存在有意或无意的高频度且密集的互动（魏江，2003）。具体来说，主要有：供应商和客户的纵向产业链互动关系；类似经营业务企业间的横向竞争互动和合作互动关系。这种纵横交错的企业关系形成了集群内部的创新网络，能够有效促进知识溢出，并提高了企业学习集群内溢出知识的可能性。

（2）产业集群内企业相互观察模仿

观察和模仿是产业集群内向其他企业学习的一种重要途径，这是一种普遍存在的直接学习机制，具体方式包括非正式观察、参观展览会、走访用户等。在产业集群内，知识溢出的原驱动力是企业间由于技术水平与知识结构等之间的差距而形成的"势能差"，所以产业集群内低位势企业往往模仿学习邻近的同行高位势企业或其竞争企业。另外，产业集群内的企业通过观察模仿外部知识，通过将其整合、应用并平衡以及联合活动可以实现"引入知识"的内化与创新。从整体上看，观察模仿方式会促进产业集群技术创新能力的提升，是因为在低位势企业从高位势企业处获取溢出知识时，那种双方之间原本存在的"势能差"会被缩小，这会施加给高位势企业知识压力，从而促使高位势企业主动加强新技术的学习与进一步研发，以巩固自己在产业集群内的竞争性地位。

（3）产业集群内企业间的非正式交流

产业集群内的非正式交流是指产业集群企业由于地理空间上的邻近，在不同企业工作的员工彼此间熟悉的可能性会更大，从而他们在工作之外发生面对面交流的可能性也会更大。这种非正式交流也是知识溢出的主要渠道之一，许多学者认为知识溢出的绝大部分是通过非正式交流来传播的，非正式交流对产业集群技术学习的作用非常明显。研究表明，科学家通过非正式交流获取的知识占40％，另外高达60％以上的知识则是通过非正式渠道获取的。如工程师们常常在"马车轮酒吧"相互交流意见、传播信息。

（4）产业集群内新企业的衍生

企业家精神是知识溢出的途径之一（Audretsch，1995；Saxenien，2001），企业家精神与新企业的衍生和成长密切相关。具备高级人力资本的科学家、工程技术人员以及那些熟练技术工人，在分享企业剩余价值的同时，也会判断是否应该离开现属企业来创办新的企业，若新的企业得以创办，那么跟随人员的流动很自然地就会发生知识溢出效应。硅谷的企业衍生机制对促进硅谷产业集群的持续发展起着重要作用，其中仙童（Fairchild）半导体公司的衍生及成长就是一个著名的案例。因此，新企业的衍生是从业人员流动的高级形式，因为这些从业人员都是高级人力资本，其流动时所产生的知识溢出不是溢出到了现有的其他企业，而是溢出到了所衍生的新企业，通过这种方式，促使产业集群不断发展壮大。

（三）产业集群知识溢出和技术创新的关系

罗森伯格等人（Rosenberg，Steinmueller，1988）从经济学的角度证实了知识溢出对技术创新的重大作用。产业集群凭借知识溢出使得企业在地理上的集聚和创新产出之间形成良性的互动，一方面，在地理上的产业集聚为知识溢出提供了条件。另一方面，产业集群内企业之间的知识溢出促进了集群创新网络发展，有益于提高产业集群的创新产出。

第四节　产业集群升级的路径选择

产业集群升级是一个巨大的复杂系统工程，实现不仅依赖于良好的集群内部与外部环境，而且涉及政府、企业、科研院校机构和社会服务中介机构的方方面面，但是从方向上来看，产业集群的升级应以提升集群创新能力为核心；从升级涉及的内容来看，产业集群应从以传统生产模式为主转向技术创新型为主。

一、政府须加强对产业集群发展规划的顶层设计和政策杠杆激励

产业集群的形成与发展离不开政府的积极干预和扶持。政府要借鉴国际发展经验，根据世界和国内经济发展趋势以及当地的特点，重新审视以往的产业集群发展思路和战略，选择新的产业集群发展路径，针对当前产业集群发展的实际，加强对产业集群发展规划的顶层设计。通过各种优惠政策，如完善融资制度和融资体系建设、财税激励，引导投资产业方向，在大力支持重点产业集群发展的同时，积极创造各种基础和公共条件促进产业集群升级。培育和发展一批具有国际竞争力的大公司、大企业集团，使之成为优秀产业集群的支柱和核心，鼓励和引导其他有优势的企业参与集群资源整合，形成专业化分工明显、企业间协作紧密、产业链完整的产业集群，促进产业集群的升级。建立科学合理的产业集群评价体系，对现有集群发展水平进行阶段划分。出台相关政策引导和支持发展较好的，具有示范作用的产业集群，推动这些集群进行结构调整和转型升级，以带动相关产业集群的可持续发展。在经济发达地区的产业集群发展，引导传统产业集群转型升级的同时，还要加快培育战略性高新技术产业集群和现代服务业产业集群的发展。此外，政府要充当好中间协调者的角色，调动一切积极因素参与产业集群创新活动，促进产业集群内生产企业、中介机构、科研院所、社会服务机构等要素的有机结合和沟通交流，充分释放产业集群创新潜能，提升企业消化吸收外部信息与技术的能力。凭借组织能力通过论坛会议和构建交流平台等方式，使企业间保持良好的沟通。此外，政府本身是集群产品的使用者。在一些 OECD 国家，技术采购政策明显地成为公共采购政策，

这些公共政策以增强集群创新能力为目的。据统计，发达国家的政府采购规模一般占该国 GDP 的 15% 左右，而我国仅占 2%，政府采购促进我国产业集群自主创新的巨大潜能有待进一步释放。

二、要突出高校及研究机构对产业集群网络建设的重要作用

我国拥有规模较大的高校和科研机构，其在产业集群的发展中发挥着重要的作用。但是，我们也看到，我国产业界与高校、研究机构的合作研发活动严重不足，相互之间的技术转移规模偏小，相关企业间没有形成相互协同的分工体系，多数产业发展区域"只有企业没有产业"，导致这种现象的原因是多方面的。

（一）产学研合作的层次不高

目前我国产学研合作主要还是停留在技术转让、合作开发和委托开发等较低层次的合作上，而一些高层次的合作，如：共建研发机构及技术联盟、共建科技工贸一体化的经济实体等还比较少。

（二）产学研合作的深度不够

大多数产学研合作模式一般都是由企业出资金、高校和科研院所出技术和人力来进行新产品开发和生产中的技术研发。很多企业到大学和科研院所寻求合作的原因是寻求具体问题的解决方案，因此只对那些"短平快"的项目感兴趣，而对那些需要长期合作的、事关行业发展的关键技术、共性技术则很少关心。造成这种深度协同创新不够局面的原因，一方面企业与高校及科研院所之间的协作体系没有形成，大部分企业主要依靠自行研发或者从国外引进技术，这样的研发速度较慢，难以形成持续的竞争力；另一方面许多高校和科研机构缺乏良好的研究项目，科研成果缺乏实用性，难以转化成现实商品。

为了实现产业集群的升级，首先要加强官、产、学、研的合作，实现科技成果的顺利转化，促进技术创新和知识共享。其次，要强化企

业在产业集群技术创新和知识共享中的主体地位，企业既是新知识及新技术的接受者和受益者，同时也是新知识和新技术的传播者，产业集群的升级主要靠企业的参与及其主体作用的发挥。同时，企业也应当重新定位自己在集群升级中的角色，将自主创新定位在核心技术、关键技术等的知识共享与创新上，加强与高校、科研院所及中介服务机构的联系，不断整合创新资源，实现重大技术创新项目的相互协作，成为知识创新的主体，在工艺设计、产品开发、质量管理等方面与国际惯例接轨。最后，还应注意发挥中介机构在技术创新扩散中的作用，以项目为依托，加强产业集群合作创新和科研成果的转化，共享知识和技术资源，创造竞争优势。此外，还要鼓励大学与国内外高等院校、科研院所进行各种形式的合作和共建，优化科技资源配置，在提高企业自主创新能力的同时，带动区域整体科技水平的提高。

三、大力发展低碳化产业集群促进传统高碳产业集群升级与转型

经济发展的资源环境约束的不断强化，迫使产业发展不断低碳化，提高能源和环境的产出效率。从全球来看，发展低碳经济既是责任也是趋势，蕴含着巨大的商机和广阔的发展前景。汇丰银行的一项调查显示，仅在 2008 年一年时间，在全球上市企业中，与应对全球气候变化相关企业的收入总额达到了 5340 亿美元，这一金额甚至超过了航天及国防相关企业的收入总额（大约 5300 亿美元）。2008 年全球经济衰退，企业生存环境恶化，但低碳行业却逆势而上，收入仍大幅增长了 75%。

产业集群在低碳生产和消费方面具有先天优势，更容易推广资源的综合利用与清洁生产。产业集群在区位上的相对集中，有利于产业集群内企业共享资源，充分利用，极大地提高了资源的利用率。产业集群内分别位于产业链上、中、下游的企业之间相互协作，一个企业生产的

副产品或废弃物可以作为另一个企业的投入或原材料，形成与自然生态系统中食物链相类似的工业生态系统，在节省物流成本的同时，实现低污染排放甚至是零排放，达到经济社会的可持续发展和环境保护效果显著的"双赢"。

四、不断加大知识产权保护力度促进产业集群学习与知识溢出

产业集群为知识创新创造了良好的环境，两者之间存在正向互动作用。企业是技术创新的主体，但企业的行为受到众多因素的影响，包括企业制度与组织网络、政府政策及法律法规、新技术发展及知识产权保护等，成功的技术创新不仅来源于企业内部不同形式的资源、技能之间的整合交流，同时也是企业与竞争对手、合作伙伴以及其他众多的知识生产和知识持有机构之间互动的结果。

产业集群的升级在很大程度上通过学习与知识溢出来实现，有些知识嵌入在合作情景、关系网络中，很容易被恶意模仿或学习，这就导致了企业创新动力的不足。我们能够从很多产业集群中看到，由于企业相互间的恶性模仿和恶性价格竞争，导致集群集体学习主观意愿的下降。在这种情况下，通过建设覆盖政府、企业、科研院校、中介机构的知识产权保护体系，激励创新与发明创造，促进集群成员致力于创新，整个集群的竞争力将得到提升。

五、加快培育和发展战略性新兴产业集群

在新一轮科技革命的推动下，以新能源、新材料、电子信息技术等为代表的新兴战略产业的兴起，为实现产业集群的升级以及跨越式发展提供了难得的历史性机遇。我们应该充分把握新兴产业发展趋势，结合自身产业具备的资源和条件，不断优化产业结构，加大对战略性新兴产业的扶持力度。目前，我国的电子信息、生物医药、节能环保、新材

料、航空航天等产业已形成具有相当规模和国际竞争力的产业集群，如北京中关村的计算机和软件信息服务产业、上海张江高新区的集成制造产业、成都高新区的电子信息和通信产业、武汉东湖高新区的光纤光缆和激光设备产业、天津滨海新区的民航科技产业、无锡高新区的太阳能光伏产业、齐齐哈尔高新区的生物制药产业等，战略性新兴产业集群的兴起为高新区产业集群升级指明了战略方向。要加快建立引导资源流向战略性新兴产业的机制，确保集群创新优势的发挥，以自主创新作为培育和发展战略性新兴产业的主要驱动力，积极培育先导产业，迅速形成支柱产业，从而推进高新区产业集群升级。

六、充分利用和引导 FDI 促进产业集群升级

周彩红（2009）对长三角制造业进行了实证分析，研究表明外商直接投资、技术创新、对外贸易和区域分工等因素对长三角制造业集群有显著的正向促进作用，所以扩大吸引外资、积极开展对外贸易、增加研发投入、强化区域分工等都能推动制造业快速升级。一方面，外商直接投资有利于跨国公司整合内部资源，将低端产业转移至生产要素供给丰富、供给相对价格较低的国家或地区，从而实现公司资源在全球的优化配置和规模效应的发挥。另一方面，外商直接投资（FDI）对产业集群的形成和升级具有积极的促进作用，跨国企业的进入会带来一些比较领先的技术，有利于带动产业集群内部企业的学习和技术创新。基于此，产业集群要实现升级必须充分利用好 FDI，在宏观政策层面上，政府应该改善吸引外资的硬环境和软环境为 FDI 创造相关发展条件，通过积极地政策导向引导，合理规划，完善基础设施配套，通过引进一批科技含量高、制造水平高的企业，把国内有限的资源与高素质的外资相结合，从而带来产业集群的知识溢出效应，更有效地促进产业集群的升级；在中观产业层面上，应根据我国产业集群实际情况，重点引进地方产业价值链相对薄弱环节的企业；在微观企业层面上，企业应充分利用

产业集群的协同作用，通过与外资企业合资、合作或在研发阶段共同组建研发联合体的形式，扩大企业规模，促进高新区产业集群的不断升级。

七、建立和加强中介服务机构和社会化服务体系的建设

中介服务机构是产业集群中的知识共享的催化剂。目前，中介服务机构在发展中存在的问题与我国社会发展所处的特定时期和市场经济发展程度密切相关。政府应逐步加大对产业集群中介服务机构的投入和政策支持力度，制定支持和有利于中介服务业发展的价格、财税、投资、信贷、土地等政策，合理规划，增加投入，优化环境，为中介服务机构发展提供政策支持与保障，建立和规范资信评估、信用等级、创业孵化、信用担保、咨询服务等制度，从而建立健全面向产业集群知识共享的中介服务平台，促进中介服务业发挥知识共享的积极作用。

政府还应该大力加强对公共服务体系的支持力度，完善社会化服务体系。政府为产业集群内企业技术创新提供的社会服务应当是全方位和多层面的，涉及政策性金融机构、公共服务机构、工商联服务机构、商业性服务机构以及信用担保机构。良好的社会化服务体系，能帮助中小企业实现跨行业的信息沟通和知识共享，为产业集群内企业营造良好的技术创新环境。

八、引导产业集群嵌入全球价值链并向高附加值环节移动实现升级

高新区是我国为加快经济发展、改善城市布局结构，所采取的一种重要的企业地理集中的组织方式，是依靠政府推动和市场力量共同作用而形成的新型产业组织。产业集群作为高新区经济发展的一种载体，正以不同方式快速嵌入全球价值链，通过与全球产业网络的融合，最大

程度地获取价值。全球价值链由分布在全球范围内的一个个价值环节组成，高新区产业集群可以看做是全球价值链在空间分布上的一个环节。在全球价值链的视角下，通过产业集群升级实现产业链有效整合与产业升级，是高新区发展战略转型的关键所在。

从全球价值链的价值创造环节来说，企业集群升级是指附加价值的提升，根据产业集群内企业在全球产业链中所处位置的不同，可以将其分为三种，即低端价值链、中端价值链和高端价值链环节。产业集群内企业应积极改变在全球价值链中的位置，从低端制造环节向高附加值环节移动，由劳动密集型的加工制造环节向技术密集的关键零部件研发、产品研发设计等环节推移，由"中国制造"转变为"中国创造"，实现高新区产业集群的升级。此外，对于高新区中的核心企业要积极将其培育成全球价值链中的高端企业，嵌入全球产业价值链的上游研发和下游产品营销等高附加值环节，控制整个全球价值链，然后带动园区整个产业集群的发展，最终实现整个园区产业在全球价值链中的升级。

第五节　产业结构升级调整——以青岛为例

艾贞格（Aigenger，2001）等人提出产业结构调整的重要性，灵活性以及对新的挑战的快速反应能力，已经成为摆在政治家、商人和专业研究人员以及一些组织面前的一个重要问题。他同时强调"当一国的禀赋和自身的比较优势随着时间的改变而改变时，那些能够快速积极地依据这些变化调整生产的国家比那些受到外部冲击后，被动进行调整的国家将会表现得更好"。这就要求我们将积极、主动的结构调整和那些由于竞争力丧失和需求萎缩而导致的迟早会发生的结构调整进行区分。但事实是我们并不能很容易地将积极地、主动地、自愿地调整和消极地、被动地、非自愿地调整区分开来。艾贞格等人认为积极的战略可以通过在总产出中所占份额的增加显示出来，所以我们可以用具有如下特征的行业在总产出中的份额的变化来判断结构调整的主动性和被动性：第一，高速增长的产业（考虑价值增加和产出）；第二，高生产率的产业；第三，在初始具有比较优势的产业（以相对生产效率来衡量）；第四，具有先发优势的产业（以初始超平均份额来度量）；第五，生产率高速增长的行业；第六，要求较高技术水平的行业[①]。在这些快速增长的产业中，所占的产出份额增长以及在那些增长缓慢的产业中，所占的份额减少的情况被称为主动变化；而在增长缓慢的产业中所占的产出份额增加以及在快速增长的产业中所占的产出份额减少的情况则被成为被动变化。

以此为依据，刘楷（2007）对主动和被动调整进行了具体的解释和划分，他指出，如果某地区产业结构调整中某产业在地区工业总产值中所占比重变化的方向，与全国相同产业在全国工业总产值中所占比重变化的方向一致时，则将其调整称为主动调整。如果地区工业结构调整中某产业在地区工业总产值中所占比重变化的方向，与全国相同产业在全国工业总产值中所占比重变化的方向相悖时，则称其调整为被动调整。主动调整具体又可分为主动调高和主动调低两种情况。主动调高是指某行业在地区工业总产值和全国工业总产值中所占的比重都增加，这表明该产业不论在全国还是在该地区，其需求和发展空间都是比较广阔的，有良好的发展前景，可以视为该地区的主导发展产业，重点予以支持和发展；主动调低与主动调高相反，是指某行业在地区工业总产值和全国工业总产值中所占的比重都在减少，这表明从全国和地区来看，市场上对该产品的需求都在下降，需求的降低导致发展空间变小，发展阻力变

---

① Aiginger, K. & Hutschenreiter, G. & Marterbauer, M., Speed of Change and Growth of Manu-facturing, 2001, pp.28-29.

大，在这种情况下应积极主动地调减该产业在地区产业中所占的比重，为其他发展空间广阔，发展势头良好的行业提供发展的空间。虽然是调低，但其实是一种积极地、有计划地、良性地调低，因此也是主动调整的一部分。被动的调整又可具体分为被动调高和被动调低两种情况，被动调高是指某行业在某地区工业总产值中所占的比重增加，而相应行业占全国工业总产值的比重却在减少，这意味着在全国对某一产业市场需求下降，产业发展空间变小的情况下，某地区该行业在工业总产值中所占的比重不降反升。这意味着该行业可能存在低端锁定的风险，即其重点发展的行业是市场价值比较低的产业。所以地区行业发展得越快，所带来的风险也就越大。被动调低是指某行业在某地区工业总产值中所占比重下降，而该行业在全国工业总产值中所占的比重却在上升，这意味着某地区的某一行业落后于产业升级的步伐，处于升级的边缘地带[①]。

基于已有的产业结构调整的研究，我们具体以青岛市为例，以全国和山东省的调整状况为依据，对 2007 年与 2010 年间青岛工业产业结构的变化进行分析，考虑到数据的可比性，我们具体选取 2007 年和 2010 年全国、山东省和青岛市的 36 个行业的规模以上工业总产值的数据，分别计算全国、山东省和青岛市 2010 年各产业规模以上工业总产值在相应地区规模以上工业总产值中所占的比重比 2007 年的增加数，并将青岛市的增加数分别与全国和山东省进行比较。首先我们基于山东省的产业结构调整情况来分析一下青岛的产业结构调整状况。

---

① 刘楷：《1999—2005 年中国地区工业结构调整和增长活力实证分析》，载《中国工业经济》2007 年第 9 期。

表4—1 基于山东省的青岛2007—2010年产业结构调整的主动、被动情况

单位：%

	行 业	山东省			青岛市		
		2007	2010	△	2007	2010	△
主动调整 主动调高	黑色金属矿采选业	0.41	0.46	0.05	0.05	0.10	0.05
	纺织服装、鞋、帽制造业	1.92	1.93	0.01	3.35	3.42	0.07
	家具制造业	0.58	0.70	0.12	0.88	1.10	0.22
	印刷业和记录媒介的复制	0.39	0.49	0.09	0.55	0.64	0.09
	橡胶制品业	1.99	2.01	0.02	3.24	3.43	0.19
	塑料制品业	1.67	1.78	0.11	1.79	1.96	0.17
	金属制品业	2.50	3.09	0.59	3.45	3.97	0.53
	通用设备制造业	6.21	7.92	1.72	7.06	7.81	0.75
	专用设备制造业	3.51	4.06	0.56	2.93	4.42	1.50
	交通运输设备制造业	3.83	5.91	2.08	6.85	11.75	4.89
	燃气生产和供应业	0.11	2.97	2.86	0.24	0.31	0.07
主动调低	非金属矿采选业	0.69	0.61	-0.08	0.78	0.55	-0.23
	食品制造业	2.20	2.08	-0.13	2.73	1.73	-1.00
	烟草制品业	0.70	0.58	-0.12	0.99	0.78	-0.21
	纺织业	6.86	6.14	-0.72	4.88	3.77	-1.10
	皮革、毛皮、羽毛（绒）及其制品业	1.10	0.90	-0.20	3.01	2.22	-0.79
	造纸及纸制品业	2.50	2.29	-0.21	1.50	1.26	-0.24
	文教体育用品制造业	0.52	0.50	-0.02	1.01	0.70	-0.31
	黑色金属冶炼及压延加工业	5.49	3.72	-1.77	4.88	3.55	-1.34
	有色金属冶炼及压延加工业	2.97	2.93	-0.04	1.43	0.61	-0.82
	仪器仪表及文化、办公用机械制造业	0.75	0.48	-0.27	0.56	0.44	-0.11
	工艺品及其他制造业	1.42	1.22	-0.20	1.92	1.45	-0.47
	有色金属矿采选业	0.56	0.51	-0.05	0.12	0.11	-0.01
	电力、热力的生产和供应业	3.83	3.24	-0.58	3.23	3.05	-0.18

		行　业	山东省			青岛市		
			2007	2010	△	2007	2010	△
被动调整	被动调高	农副食品加工业	8.76	8.34	-0.42	7.98	8.02	0.04
		石油加工、炼焦及核燃料加工业	3.24	3.16	-0.08	1.81	6.54	4.73
		化学纤维制造业	0.24	0.17	-0.07	0.13	0.15	0.02
	被动调低	饮料制造业	1.27	1.29	0.02	1.07	1.04	-0.03
		木材加工及木、竹、藤、棕、草制品业	1.06	1.46	0.40	0.51	0.50	-0.02
		化学原料及化学制品制造业	9.00	9.80	0.80	6.09	4.37	-1.72
		医药制造业	1.69	2.17	0.48	0.71	0.62	-0.08
		非金属矿物制品业	5.68	6.07	0.40	3.05	2.89	-0.16
		电气机械及器材制造业	4.32	4.74	0.43	13.7	10.68	-3.03
		通信设备、计算机及其他电子设备制造业	3.92	4.40	0.48	7.33	5.95	-1.39
		废弃资源和废旧材料回收加工业	0.04	0.09	0.05	0.03	0.02	-0.02
		水的生产和供应业	0.11	0.17	0.06	0.13	0.09	-0.03

数据来源:《中国统计年鉴》、《山东统计年鉴》、《青岛统计年鉴》。剔除了煤炭开采和洗选业、石油和天然气开采业、其他采矿业。

表4—2　2010年产业主被动调整所占工业总产值的比重

调整状况	山　东		青　岛	
主动调高	32%	58%	39%	59%
主动调低	26%		20%	
被动调高	12%	42%	15%	41%
被动调低	30%		26%	

总结表4—1、4—2，我们可以发现以下三点:

（一）在山东地区的经济增长中，青岛市产业结构调整的主动性比较强

选取的 36 个产业大类中，24 个产业实现了主动调整，说明这些产业的发展趋势与山东保持一致。其中黑色金属矿采选业、通用设备制造业、专用设备制造业、交通运输设备制造业、纺织服装、鞋、帽制造、家具制造业等 11 个产业大类实现了产业结构的主动调高，与山东省的产业发展趋势相同。其中专用设备制造业和交通运输设备制造业的增长幅度较大，分别为 1.5% 和 4.89%，说明青岛在高附加值的产业上还是比较有竞争力的。另外青岛的橡胶制品业的增幅虽然不是很大，但其增速却大大超过山东的增长速度，这意味着在这些产业的发展上青岛的发展速度要快于省内的其他城市。青岛的橡胶制品业发展的较快主要是因为"橡胶谷"的建成，依托高校的技术和人才，不断进行创新，突破了传统的高污染、高消耗的发展方式，实现了创新性发展。另外，还有黑色金属冶炼及压延加工业、食品制造业、纺织业、有色金属冶炼及压延加工业、皮革、毛皮、羽毛（绒）及其制品业、工艺品及其他制造业、非金属矿采选业等 13 个产业大类实现了产业结构调整的主动调减，顺应了我国产业结构调整的方向。其中黑色金属冶炼及压延加工业、食品制造业、纺织业的调减幅度比较大，分别达到了 1.34%、1%、1.1%，这也符合青岛市的产业结构调整策略，将一些附加值比较低的产业转移到劳动力资源丰富的省内其他地区，自身着重发展高附加值的产业。同时，青岛仅有 12 个产业大类是被动调整的，被动调高的有 3 个产业，包括农副食品加工业、石油加工、炼焦及核燃料加工业、化学纤维制造业，其中石油加工、炼焦及核燃料加工业被动调高的幅度比较大，达到了 4.73%。青岛邻近黄海，石油资源还是比较丰富的，加之中国石油大学在黄岛设立校区，为青岛石油业的发展提供了技术和人才，也对其发展起到了积极的推动作用。被动调低的产业有 9 个，包括饮料制造业、化学原料及化学制品制造业、电气机械及器材制造业、通信设备、计算机及其他电子设备制造业等。电气机械及器材制造业、化学原料及化学制品制造业、通信设备、计算机及其他电子设备制造业 3 个产业被动调低的幅度比较大，分别达到了 3.03%、1.72%、1.39%，这可能是产业转移的结果。

（二）青岛市主动调整的产业对青岛的引领作用非常明显

在地区工业结构调整中，占工业总产值百分比增加的行业，为引领地区工业增长的主导力量。从表 4—1 可以看出，青岛市结构调整中所占比重增加的行业为 24 个，其中并不全是调增的，其中主动调增的有 11 个，11 个产业占青岛的工业总产值的百分比 2010 年达到了 39%，甚至超过了山东省的 32%，这足以证明青岛市的发展势头比较强劲。

（三）青岛市的产业发展空间比较广阔

表 4—3 的数据实际上代表了在地区产业结构调整中，变化行业在山东省的相对发展空间。我们可以看出青岛市主动调整的行业的工业总产值的比重与山东省工业总产值的比重仅相差了 1%，被动调整也仅差了 1%，这说明，青岛的产业结构调整的方向基本和山东省一致，所以其在山东省的发展空间还是比较广阔的。

在山东省这个区域范围内，青岛的产业结构调整主动性较强，并且有比较好的发展势头和发展空间，那么相对于全国而言，青岛市的产业结构调整又是怎样的情况呢？

表 4—3　基于全国的青岛 2007—2010 年产业结构调整的主动、被动情况

单位：%

行业		全　国			青　岛		
		2007	2010	△	2007	2010	△
主动调整	主动调高 黑色金属矿采选业	0.53	0.86	0.33	0.05	0.1	0.05
	农副食品加工业	4.32	5	0.68	7.98	8.02	0.04
	家具制造业	0.6	0.63	0.03	0.88	1.1	0.22
	金属制品业	2.83	2.88	0.06	3.45	3.97	0.53
	通用设备制造业	4.55	5.03	0.48	7.06	7.81	0.75
	专用设备制造业	2.61	3.09	0.47	2.93	4.42	1.5
	交通运输设备制造业	6.7	7.94	1.24	6.85	11.75	4.89
	燃气生产和供应业	0.24	0.34	0.1	0.24	0.31	0.07
	主动调低 有色金属矿采选业	0.56	0.54	-0.02	0.12	0.11	-0.01
	烟草制品业	0.93	0.84	-0.1	0.99	0.78	-0.21
	纺织业	4.62	4.08	-0.54	4.88	3.77	-1.1
	皮革、毛皮、羽毛（绒）及其制品业	1.27	1.13	-0.14	3.01	2.22	-0.79
	造纸及纸制品业	1.56	1.49	-0.07	1.5	1.26	-0.24
	文教体育用品制造业	0.52	0.45	-0.07	1.01	0.7	-0.31
	黑色金属冶炼及压延加工业	8.32	7.42	-0.9	4.88	3.55	-1.34
	有色金属冶炼及压延加工业	4.45	4.03	-0.43	1.43	0.61	-0.82
	通信设备、计算机及其他电子设备制造业	9.68	7.87	-1.81	7.33	5.95	-1.39
	仪器仪表及文化、办公用机械制造业	1.06	0.92	-0.15	0.56	0.44	-0.11
	工艺品及其他制造业	0.84	0.81	-0.03	1.92	1.45	-0.47
	电力、热力的生产和供应业	6.53	5.8	-0.73	3.23	3.05	-0.18
	水的生产和供应业	0.2	0.16	-0.03	0.13	0.09	-0.03

行业		全国			青岛		
		2007	2010	△	2007	2010	△
被动调整	被动调高						
		纺织服装、鞋、帽制造业					
	纺织服装、鞋、帽制造业	1.88	1.77	-0.11	3.35	3.42	0.07
	印刷业和记录媒介的复制	0.52	0.51	-0.01	0.55	0.64	0.09
	石油加工、炼焦及核燃料加工业	4.41	4.19	-0.22	1.81	6.54	4.73
	化学纤维制造业	1.02	0.71	-0.31	0.13	0.15	0.02
	橡胶制品业	0.85	0.85	-0.01	3.24	3.43	0.19
	塑料制品业	2	1.99	-0.02	1.79	1.96	0.17
	被动调低	电气机械及器材制造业					
	电气机械及器材制造业	5.93	6.2	0.28	13.71	10.68	-3.03
	非金属矿采选业	0.34	0.44	0.11	0.78	0.55	-0.23
	食品制造业	1.5	1.62	0.13	2.73	1.73	-1
	饮料制造业	1.25	1.31	0.06	1.07	1.04	-0.03
	木材加工及木、竹、藤、棕、草制品业	0.87	1.06	0.19	0.51	0.5	-0.02
	化学原料及化学制品制造业	6.61	6.86	0.25	6.09	4.37	-1.72
	医药制造业	1.57	1.68	0.11	0.71	0.62	-0.08
	非金属矿物制品业	3.84	4.59	0.75	3.05	2.89	-0.16
	废弃资源和废旧材料回收加工业	0.17	0.33	0.16	0.03	0.02	-0.02

数据来源:《中国统计年鉴》、《山东统计年鉴》、《青岛统计年鉴》。剔除了煤炭开采和洗选业、石油和天然气开采业、其他采矿业。

表4—4 2010年产业调整四种状况的比例分析

调整状况	全 国		青 岛	
主动调高	27%	64%	37%	61%
主动调低	37%		24%	
被动调高	25%	36%	23%	39%
被动调低	11%		16%	

对于表4—3、4—4，我们也从三个方面进行分析：

（一）整体来说，青岛市产业结构调整的主动性比较强

从表4—3中可以看出，青岛市的21个产业实现了主动调整，说明这些产业的发展趋势与全国保持一致。其中主动调高的产业有8个，包括了交通运输设备制造业、专用设备制造、通信设备制造、金属制品业、家具制造业、燃气生产和供应业、黑色金属矿采业和农副食品加工业等，符合我国产业发展的趋势。虽然同是增长，但青岛市农副食品加工业和通信设备制造业的增长幅度与全国相比还是有很大的差距的，另外，家具制造业、金属制品业、专用设备制造业等6大类产业的增长速度也落后于全国的增长速度。这说明这些产业虽然实现了产业结构的主动调增，但其发展的速度和力度还有待提高。从全国的调整来看，农副食品加工业、通用设备制造业和交通运输设备制造业发展速度较快，所以，可以着重对这三个产业的发展进行鼓励和支持，提高其产业增长的幅度。另外，还有通信设备、计算机及其他电子设备制造业、黑色金属冶炼及压延加工业、纺织业、有色金属冶炼及压延加工业、皮革、毛皮、羽毛（绒）及其制品业、工艺品及其他制造业等13个产业大类实现了产业结构调整的主动调减，顺应了我国产业结构调整的方向，顺利地实现了低附加值产业的转移。从整体上看青岛市的调减的速度与全国的相差不大，且基本上青岛的调减幅度要大于全国的调减幅度。这说明青岛市能够把握全国市场需求的变化趋势，积极地调减市场需求降低的产业，为发展前景广阔的产业提供发展空间。

青岛市产业结构调整中被动调整的产业也达到了15家，其中被动调高的有6类，包括纺织服装、鞋、帽制造业，印刷业和记录媒介的复制，石油加工、炼焦及核燃料加工业，化学纤维制造业，橡胶制品业，塑料制品业。整体来说虽然全国是调低的，青岛是调高的，但是其绝对值的差额不是很大，所以其低端锁定的风险并不是很大。仅有石油加工、炼焦及核燃料加工业被动调高的比重比较大，这主要是因为青岛的石油资源丰富，依托中国石油大学，石油加工相关人才和技术比较多，为其发展创造了条件。被动调低的有 9 类，包括电气机械及器材制造业、非金属矿采选业、食品制造业、化学原料及化学制品制造业、非金属矿物制品业、饮料制造业、木材加工及木、竹、藤、棕、草制品业、医药制造业、废弃资源和废旧材料回收加工业。与被动调高类似，整体来说差距的绝对值并不是很大。

（二）主动调整行业对青岛市的引领作用比较强

以全国的产业结构调整为依据，青岛市产业结构调整中，所占比重增加的产业有 14 个，其中 8 个实现了主动调高，这 8 个行业 2010 年占全市工业总产值的比重达到了 37%，所占比重相对于其行业数来说还是比较大的，足以证明青岛市的产业发展势头比较强劲。

（三）产业发展空间广阔

从表 4—4，我们可以看到青岛市主动调整的产业的工业总产值之和占全部产业的工业总产值的比重达到了 61%，与全国的 64%，仅相差了 3 个百分点，被动调整的产业所占的总产值比重仅为 39%。这说明青岛市整体的产业调整方向和全国是一致的，符合全国产业结构调整的趋势，因而其发展空间更为广阔。

综上所述，不论是在山东省范围内，还是在全国范围内，青岛市的产业结构调整，总体上主动性都比较强，其主动调整产业对青岛发展的引领作用也比较明显，而且产业结构调整和全国，山东省的调整步调基本一致，不论在山东还是全国，其发展前景都是比较好的。而且从价值链的角度来说青岛产业结构的主动调高部分的产业大多是位于价值链两端的附加值比较高的产业，而主动调减的大多是附加值低的中间制造环节，另外其被动调低的产业的工业总产值的比重仅为 16%，所以其被低端锁定的风险也比较低。总体来说，青岛产业的国内价值链内升级还是比较成功的。虽然，青岛市相当一部分主动调整的产业的价值附加值较高，产业的发展空间也比较广阔，但是相对于发达国家的城市经济发展来说，还是存在着很大差距的。鉴于此我们要做到以下几点：

（一）继续其自主式的产业结构调整与升级路径

从宏观的角度看，青岛市应保持并不断提高其产业结构调整的主动性，即增大主动调整的产业工业总产值在全部工业总产值中的比重。同时在国内价值链重构中明确自身的产业定位，增强在价值链中的主导力，不断向价值链两端高附加值的产业调整，避免被"低端锁定"，积极寻找自主式的升级之路。目前，全国已经形成了以东部地区侧重研发、设计、品牌等核心价值环节，中部地区侧重少量研发、集成等中间价值环节，西部地区侧重于原材料、组装等外围价值环节的新型产业体系。青岛应该在这一趋势下，以"调高、调优、调强"为导向，不断加强高新技术产业的发展，同时对传统产业进行技术改造和升级，以实现自身产业结构的优化升级。具体来说就是坚持促三、强二、稳一的原则，即积极促进第三产业的发展，继续强化第二产业的发展，同时稳定第一产业。这就要求我们以产业集群为目标，以品牌为优势，重点发展高端电子、新材料、信息软件、精细化工和文化创意业等优势产业。对传统产业进行技术改造、品牌升级、产品和经营管理方式的升级，重视设计和营销，实现传统产业向高端产业的转变。同时抓住建立蓝色经济区和发展低碳经济的契机，积极发展生物医药、新材料等高新技术产业，形成以高新技术产业为先导、以高附加值的传统制造业为支撑、以信息化为带动的现代产业体系。

（二）在产业内升级的基础上，积极的实现链条升级

产业升级一般需要经历以工艺升级（技术升级）、产品升级（产品开发）和功能升级（培育品牌）为主的产业内的升级和产业间升级。也就是说相关产业要不断对其制作工艺进行改善，同时根据市场的需求，开发附加值相对较高的新产品，在取得国内市场的竞争优势后，努力建立起自己的品牌、设计和营销渠道，逐步实现工业、产品和功能升级。在产业内升级完成后再逐步进入到周边区域或相似的产业，获得更多的

价值。目前青岛已经有相当一部分的产业在工艺和产品上都成功地实现了升级，所以要积极努力地实现功能升级，在产业内升级的基础上，向链条升级发展。这就需要积极地培育高级要素，如果只是依赖于低级的要素驱动来介入价值链发展，而不努力发展自身的高级要素，必然会导致产业被锁定在低附加值的装配和初级产品生产环节，被发达国家俘获。所以要摆脱国外市场的过度依赖，依靠本国市场所提供的空间来培育高级要素的发展能力。同时要利用比较熟悉国内市场，占据网络资源的特点，积极整合和协调国内市场，自身专注于品牌和营销等价值环节的经营，努力实现功能升级。在产业内升级获得成功后，可以向周边区域或产业进行扩展，开发新的产业，实现链条升级。

第五章
科技人力资源视角下的高新区可持续创新能力研究

　　高新区的持续创新能力是其可持续发展的重要方面，从某种意义上说也是最重要的方面。而我国许多高新技术产业园区仅仅依靠土地、财政方面的优惠政策来吸引厂家落户，而一旦这些优惠到期，一些企业就会迁移到其他成本更低的区域。这种短视的、低成本竞争模式当然不可能带来高新技术产业园区的可持续发展。因此，只有特定高新技术产业园区具有可持续的创新能力时，才能不断地自我升级、自我转变，产生知识和技术的溢出效应，这种效应会如磁铁一般吸引更多企业前来相互学习、相互协作，带来高新技术产业园区的可持续发展从而不至于在高新技术产业园区产业集群的演化的转换阶段衰退。

　　作为人力资源的核心部分，科技人力资源（Human Resources in Science and Technology，HRST）在提高高新技术产业园区可持续创新能力方面发挥着非常重要的作用。一方面，科技人力资源从外部向高新区的流动可以促进知识的传播，将更先进的技术和工艺流入高新区，促进高新区的科技创新和经济发展；另一方面，高新区自身科技人力资源在研发、自主创新方面发挥了最重要的作用，是知识创新以及产品创新方面的主体，更是高新区发展的"引擎"。科技人力资源（HRST）关系到一个国家能否提升自己的竞争力以立足于世界民族之林，关系到国家长远的前途。胡锦涛总书记在 2006 年的全国科学技术大会上就明确指出："无论是发达国家还是发展中大国，都把科技人力资源视为战略资源和提升国家竞争力的核心因素，大力加强科技人力资源能力建设。源源不断地培养造就大批高素质的具有蓬勃创新精神的科技人才，直接关系到我国科技事业的前途，直接关系到国家和民族的未来"。自 2006 年发布《国家中长期科学和技术发展规划纲要（2006—2020 年)》后，我国在 2010 年又发布《国家中长期人才发展规划纲要（2010—2020 年)》和《国家中长期教育改革和发展规划纲要（2010—2020 年)》，把科技人力资源的开发和能力建设放在重要位置，为转变经济发展方式，调整经济结构、促进社会和谐发展，提供强大的政策支持与保障。

　　本章所选的研究问题，是在分析了我国已有的有关科技人力资源研究内容的基础上，选择与高新区发展关系不密切的方向。所以，在进行具体的实证研究之前，我们先来了解一下目前我国有关科技人才资源研究的状况，以为我们的研究提供一些借鉴。

第一节　科技人力资源研究概况

　　科技人力资源（HRST）最先被世界经济合作与发展组织（OECD）和欧盟（EU）识别，它们将其作为国家竞争力和经济实力、创新能力的重要指标，并在其建设过程中大力扶持，取得了很多具有特色的经验。研究表明，科技资源投入的质量和数量是一个国家创新能力的重要基础，从根本上决定了国家的创新水平和创新绩效。科技人力资源作为科技资源的核心，是最具革命性和创新性的，也是支撑一国科技知识的生产、扩散和应用的重要载体，体现在创新过程的各个环节、各个方面，在推动一国经济社会发展方面发挥着举足轻重的作用。

一、科技人力资源概念辨析

通常情况下，将与"人"相关的资源分为三类：人口资源、人才资源和人力资源。其中，人口资源是指一个国家和地区所拥有的人口的总量；人才资源，是指那些在一定的时空范围内掌握较多科学知识、具备较强劳动技能、可以在价值创造过程中起到中流砥柱作用的人；人力资源指的是那部分在一定的时空范围内可以直接或者间接参与社会活动并具备一定劳动能力的人口。从以上定义上可以清晰的看出，人才资源是人力资源的一部分，人才是优质的人力资源。

从理论上讲，科技人力资源是指实际从事或者有潜力从事系统性科学和技术知识的产生、促进、传播和应用活动的人力资源。其中"有潜力从事"科技活动的那部分科技人力资源，一般指那些由各类高等学校在自然科学、工程技术、生命农医领域培养的本专科生和硕博士研究生（OECD，1995）。这一界定也是在人们对科技人力资源不断的认识加深基础上发布的，最早的科技人力资源问题由工业发达国家注意到。世界经济合作与发展组织（OECD）发布了《研究与开发调查手册》，用来作为科技统计的规范，受到世界的普遍关注。从此一直到1995年的几十年里，该手册也是几经修改，开始时衡量科技人力资源的指标一直是研究开发人员（R&D），但后来逐渐意识到，R&D人员虽然是国家创新活动中的重要核心力量，但其也仅仅只是国家创新活动中很小的一部分，并不能完全反映国家科技人力资源的整体发展状况。于是，在1995年诞生了《科技人力资源手册》。它是OECD和欧盟有关专家共同努力的结晶。这本手册对科技人力资源的定义、分类等进行了较为详细的分析和解释。

具体来说，《科技人力资源手册》界定的科技人力资源需要满足下列条件之一：完成了科学技术学科领域的第三级教育；虽然不具备上述资格，但从事通常需要上述资格的科技职业。据此，科技人力资源一般主要包括三个部分：受过高等教育但并未从事科技职业的人力；受过高等教育并投身于科技职业的人力；未受过高等教育但奋战于科技职业的人力。因此，科技人力资源的概念同科技工作者、R&D 人员等存在着不同程度的区别。

（1）HRST 与科技工作者

科技工作者作为一个特有概念，在我国的政府文件中被广泛使用，也是我国进行科技普查时使用的概念，指的是所有从事科技工作的人员。

可以看出，对科技工作者的定义是与科技人力资源的概念部分重合的，它反映的是从事科技职业的实际在岗人员数量，但是从理论上讲，实际的科技人力资源的范围要比五类专业人员数量大。但是在实际的统计过程中，往往只统计国有企事业单位，最近几年虽有好转，但是这导致了前后口径的不一致。最为重要的是，科技工作者反映的是科技职业实际在岗的数量，不能反映潜在的人力资源数量。

（2）HRST 与科技活动人员

科技活动人员的定义源于联合国教科文组织（UNESCO）的《科技活动统计手册》，指的是科技人力资源中直接从事科技活动以及专门从事科技活动管理和为科技活动提供直接服务的人员。在我国，我们把科技活动人员具体分为四大类：①从事 R&D 活动的人员（R&D 人员）；②从事 R&D 成果应用的人员；③进行科技教育与培训的人员；④从事科技服务的人员。与科技工作者类似的是，判断是否属于科技活动人员关键在于看其所做的工作或者正在从事的职业是否属于科技活动范畴。

（3）HRST 与 R&D 人员

R&D 人员的范围相比于科技活动人员和科技工作者更小，也是后两者的组成部分，但却是科技活动人员的核心部分。根据 OECD 发布的《研究与发展调查手册》，R&D 人员指直接从事 R&D 活动的人员以及为 R&D 活动提供直接服务的管理人员、行政人员和办事人员。

（4）HRST 与科学家和工程师

联合国教科文组织（UNESCO）认为，科学家和工程师是以响应身份运用或者创造科学知识和工程技术原理的人，也就是从事有关科技活动的专业工作人员及指导科技活动实践的高级管理者和人员。在研究活动中，科学家与从事自然科学和社会科学研究的人员是同义词。而根据《中国科学技术指标》的定义，科学家和工程师是指具有大学本科以上学历，或者虽然不具备以上学历，但具有高、中级专业技术职称的科技活动人员。

从定义上可以看出，科学家和工程师与国际上关于科技人力资源的定义相类似，都按照"职业"和"资格"两个方面进行了定义，不同的是前者还从科学与工程知识的需求方面来定义，在教育和职业的范围上有一些区别。

通过以上对几个概念定义的辨析，我们可以更好地认识科技人力资源所涵盖的范围，为进一步研究科技人力资源的开发、配置、管理以及能力建设打下基础。首先，拟对科技人力资源的相关研究动态进行综述，以期全面了解科技人力资源的研究现状，为科技人力资源相关研究的开展做好铺垫。通过对我国国内科技人力资源研究的搜索、整理与编码，对各研究成果所研究的内容进行分类，把关于科技人力资源（HRST）的研究共分为 9 类，如表 5—1：

表 5—1 研究的分类

类别编号	类别研究内容
1	科技人力资源（HRST）的统计相关问题
2	科技人力资源（HRST）的开发
3	科技人力资源（HRST）的管理
4	科技人力资源（HRST）与区域发展的关系问题
5	科技人力资源（HRST）建设问题
6	科技人力资源（HRST）与创新问题
7	关于科技人力资源（HRST）流动的相关问题

类别编号	类别研究内容
8	科技人力资源（HRST）各地区 / 行业比较问题
9	科技人力资源（HRST）的聚集问题

二、科技人力资源的研究现状

（一）科技人力资源（HRST）的开发与管理

科技人力资源的开发，是指由国家（或部门）对全社会各阶层人员进行智力开发、科技教育以及科技总人力的发掘等的过程。它包括从幼小时期到成人以后各学习阶段的科技教育、对现成科技人员的使用、培训和调配等过程的优化，以便在质和量上全力提高科技人力资源的总当量[①]。科技人力资源潜力评价是其开发的基础，科技人力资源开发潜力大小不仅取决于科技人力资源丰裕程度和开发条件，更主要的取决于开发后预期所获得的经济效益、社会效益、生态效益。科技、物力、财力、信息资源以及政策激励机制是人力资源的开发条件，科技人员只有具备这些开发条件才能把其体内的创新研究能力激发出来。

在科技人力资源开发方面的研究中，分析我国或各地区现阶段科技人力开发的现状并给出相应的政策建议，以及进行国际比较来探索科技人力资源的开发成为这方面研究的主体。

此外，也有文献专门关注女性科技人力资源的开发，张利华等（2008）以对女性科技工作者及其所在单位的男性科技工作者的调研为基础，分析了女性科技工作者选择科技职业的时期和影响因素以及其能力发挥的现状和影响因素，并提出了促进中国女性科技人力资源开发的政策建议。

科技人力资源的管理，是指对科技人员进行规划、培养、选拔、分配、使用、调动、考核、保护、评估等有关政策规定和措施及其实施

---

① 徐治立：《试论科技人力资源的意义、属性及配置开发管理》，载《科技管理研究》2001年第 6 期。

过程。其中，科技人力资源的分配、使用和调动等内容，属于科技人力资源配置的范畴[①]。于衍平（1997）提出了在科技管理中建立现代人力资源管理的要求，而紧接着延伸到现代科技人力资源管理的核心是复杂性的激励，它要求用系统化和科学化的方式来实现。目前，关于HRST管理的研究都集中在对各地区HRST现状分析基础上的发展策略上，其中张良强（2003）分析了福建省科技人力资源总量、结构和科技人员素质的现状，并通过与沿海几个省市的比较研究和评析，从而提出优化和推进科技人力资源发展的对策建议。同时，学者也研究了我国科技人力资源与财力资源匹配的配置情况，通过对我国科技人力与财力资源匹配规模的实证研究，得出结论：我国当前科技人力资源已是匹配效益目标函数的无效约束，投入规模不宜盲目扩大，我国科技财力资源是有效约束，"瓶颈"所在，应当加大投入力度[②]。

（二）科技人力资源（HRST）与区域发展的关系问题

公认地，科技人力资源（HRST）在区域发展过程中发挥着积极的作用，许多学者也从这方面给出了自己的结论，证实了科技人力资源（HRST）在支撑经济发展、解决区域发展不平衡方面发挥的巨大作用。这些研究大多数为实证研究，而表示科技人力资源（HRST）强度的主要指标为科技人力资源的密度。另一个特点是，这些研究在我国2006年发布《中国科技人力资源发展研究报告》后逐渐兴起，其中，方伟、韩伯棠、王栋（2007）探讨我国科技人力资源密度与区域经济发展的关系，并分地区进行了更为深入的研究，通过柯布—道格拉斯生产函数等经济学方法解释不同地区呈现不同关系的原因，有针对性地提出了一些建议和看法。

但是，这种简单认为科技人才越密集的地区，其经济发展越迅速，

[①] 徐治立：《试论科技人力资源的意义、属性及配置开发管理》，载《科技管理研究》2001年第6期。

[②] 李建华、周胜军等：《我国科技人力资源与财力资源匹配规模优化研究》，载《科学管理研究》2001年第6期。

而且经济越发达的地方，科技人力资源也相对较多的观点也受到一些研究的挑战。如张喜照（2005）提出：我国 R&D 人员全时当量与经济增长之间存在单向因果关系，我国科技活动人员和经济增长之间不存在长期稳定的关系，我国科技活动人员投入规模变化不是我国经济增长的原因。而学者对单个地区进行的研究也得出了同样的结论，有学者对环渤海地区的科技人力资源状况与其经济发展之间的关系进行了研究，研究表明环渤海地区科技人力资源的集聚程度要快于平均资本的集聚程度，但是科技人力资源集聚与经济发展水平的同步联动趋势不显著。因此，需要进一步引导科技人力资源的流动和成果转化应用，发挥科技人力资源推动区域经济发展的重大作用。

（三）科技人力资源（HRST）建设问题

"能力建设"在科技人力资源领域是一个全新术语，它由"设施建设"这个术语演变而来。联合国开发计划署（UNDP）早在 20 世纪 70 年代就开始着手研究制度建设问题，以提高诸如农业、气象、营养、健康以及民用航空等国家基础设施的能力。并在 1991 年联合国开发计划署（UNDP）将设施建设拓展为能力建设（capacity building），将其定义为：利用适当的政策和法律框架创造一个有利的环境；组织发展，包括社区的参与；开发人力资源和加强管理制度。联合国开发计划署（UNDP）在 1997 年进一步提出能力建设，尤其是 HRST 能力建设的三个层面：个人层面、组织和设施层面、国家层面（图 5—1）。

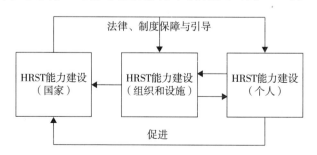

图 5—1 HRST 能力建设的三个层面

而我国关于科技人力资源能力建设的研究也刚刚起步，其中沈漪文、孔寒冰（2007）就提出 HRST 能力建设则是应运而生的全新概念，并分析了"HRST 能力建设"的内涵，指出能力建设是"一个长期过程，其目的是提高人力、科学、技术、组织、机构和资源等方面的能力，以达到可持续发展"，并强调了其对工程教育的意义。

（四）科技人力资源（HRST）与创新问题

科技人力资源的数量和质量直接关系到区域的创新能力，是区域科技创新能力指标评估体系的重要组成部分。有学者通过构建了区域科技人力资源创新能力的评价体系，并运用体系中的各指标，对中部地区和东部地区浙江的科技人力资源创新能力，进行综合评价和比较分析，并发现中部地区科技人力资源配置不合理，企业并没有成为高层次科技活动人员集聚的主体，并且存在自主创新和技术成果转化能力不强的问题。他们的研究进一步表明，我国中部和东部发展水平的差异以及创新能力的差异，是由于科技人力资源的规模与发展水平、研发与创新能力、对支柱产业的支撑效率等方面与东部发达地区的差距拉大造成的。

一般说来，科技人力资源（HRST）的流动是区域知识溢出的重要途径，特别是如 Bruce Fallick 等对于硅谷计算机专业人力资源的调查研究[1]。而朱美光、韩伯棠等（2005）也做了类似的研究，以硅谷计算机产业人员流动模型为基础对高新区科技产业人力资源流动进行研究，区域科技人力资源流动引发的知识溢出效应可以大力提高区域科技创新水平，从而加强区域产业的集聚；另外，非竞争协议导致区域创新水平下降，从而减缓区域产业的集聚。

---

[1] Fallick B & Fleischman C A & Rebitzer J B, Job Hopping in Sillicon Valley: The Micro-Foundations of a High Technology Cluster, The National Bureau of Economic Research Report, 2003.

　　此外，关于科技人力资源流动的问题也一直困扰着我国中部以及西部地区，大量人才特别是作为科技创新主体的科技人力资源，大量流向东部地区的现实促使这些地区迫切需要采取措施留住、吸引科技人力资源。这方面的研究包括李燕萍、施丹（2009）中部地区科技人力资源流动态势调查、分析以及王成军、冯涛（2011）对西部科技人力资源流动状况分析。指出有区域流动经历的科技人力资源中，大多希望去发达地区谋求更好的发展；研究还为西部地区留住、吸引科技人力资源给出政策方面的建议。

　　科技人力资源集聚是由科技人力资源指向一定区域的有序流动形成的，科技人力资源的区域集聚也就成为高新技术产业集聚的主要特征，科技人力资源集聚效应带来各种生产要素的集中和产业的集聚，科技人力资源本身的发展带动着产业的发展与更替这与传统的产业集聚不同（图5—2）。王奋等人对集聚的影响因素、集聚能力以及集聚效应进行了研究。王奋、张平淡等（2002）认为以前的研究都是立足于组织角度，从雇员的个人态度出发，研究组织内雇员流出的原因在我国科技人力资源的区域集聚有很强的政策规划引导。

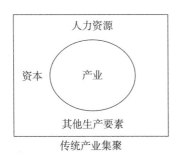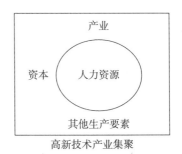

图5—2　传统产业集聚与科技人力资源集聚效应

　　因此，科技人力资源区域集聚的影响因素研究需要综合考虑政策、组织和个人三个方面的因素；并分别认为从微观层面来看，科技人力资源个体有自发集聚的意愿，从组织层面来看，影响科技人力资源区域集聚的主要因素是组织承诺，从宏观层面来看，宏观影响因素包括社会经济文化等宏观环境。进一步地，王奋、杨波（2006），通过问卷方式探讨影响其区域集聚的各层次因素以及影响程度，进而从宏观、中观和微观三个层面系统把握科技人力资源集聚的过程[1]。

综上所述，科技人力资源将会伴随着知识经济的发展而日益发展成为各国和地区发展的主要动力来源。因而，在我国建立一支具备数量和质量双重竞争力的科技人力资源队伍，将会为我国经济持续稳定发展、增强自主创新能力、加快产业升级与转型提供强劲的动力。但是，HRST 的能力建设是一个长期的过程，通过国际比较从而借鉴发达国家的成功经验，以不断提高我国科技人力资源的能力显然对我国意义重大。

第二节 科技人力资源视角下的高新区实证分析

一、高新区科技人力资源与经济发展的关联

很多研究与报告都涉及科技人力资源与经济社会发展的关系及其相互作用，其中 OECD 在 2000 年发表的报告《*Mobilising Human Resources for Innovation*》中指出：科技人力资源构成了企业家的重要来源，其投入是创新与增长的关键，科技工作者的比例对新产品和新程序的引入都有着很深的影响；科技人力资源在大企业与小企业间、部门间、国际间的流动是技术转移的重要渠道[2]。在我国，科技人力资源(HRST) 与经济发展的关系也一直是各个研究领域的研究重点，其中大多结论也都证明了

---

[1] 王奋、杨波：《科技人力资源区域集聚影响因素的实证研究——以北京地区为例》，载《科学学研究》2006 年第 5 期。

[2] OECD, Mobilising Human Resources for Innovation, 2000.

科技人力资源对经济发展的强关联性。如张喜照（2005）的研究就发现我国 R&D 人员当年的当量与经济增长之间存在着长期的稳定关系[①]。方伟、韩伯棠等（2007）等证明了在其他条件基本不变的情况下，在经济不发达地区科技人力资源与区域经济增长之间的相关性不显著，但是在经济发达地区两者呈现出显著正相关[②]。

作为人力资源的核心部分，科技人力资源在促进高新区经济发展方面也发挥了重要的作用。一方面，科技人力资源从外部的流动可以促进知识的流动，将更先进的技术和工艺流入高新区，促进高新区的科技创新和经济发展；另一方面，高新区自身科技人力资源在研发、自主创新方面发挥了最重要的作用，是知识创新以及产品创新方面的主体，更是高新区发展的"引擎"。故本书利用高新区统计年鉴，对高新区的科技人力资源对其经济发展的作用进行研究。与以往不同的是，本书以高新区作为研究对象，因为高新区是各个地区的"制度飞地"，有更好的制度和政策条件，越来越成为地方经济发展的"引擎"，同样也是产业升级的前沿，对其进行研究有着非常重要的意义。

以前学者在对科技人力资源进行研究时，对于科技人力资源的定义和测量口径不一致，故从现有统计资料中很难完整地统计出科技人力资源的总量。当前研究中采用的替代变量也不尽相同，如姜玲等（2010）采用的是"城镇单位的专业技术人员"的统计指标，这一指标在各省区统计中均可获得且口径最大；李燕萍等（2008）采用的是《中国科技统计年鉴》以及中国科技统计网站上面公布的"专业技术人员"、"科技活动人员"；刘玲等（2010）采用的是科学家和工程师数量、R&D 人员工作当量来衡量科技人力资源总量。本书根据《中国火炬统计年鉴》中公

[①]　张喜照：《中国科技人力资源与经济增长的协整与因果关系研究》，湖南大学硕士论文，2005 年。

[②]　方伟、韩伯棠、王栋：《科技人力资源密度与区域经济发展的关系研究》，载《科研管理》2007 年第 S1 期。

布的"高新区 R&D 活动与科技活动情况"中提取"科技活动人员"作为测定科技人力资源的基础。

代表科技人力资源的"科技活动人员"在高新区之间的差异较大，北京作为全国科学家和工程师最为集中的地区，最大值与最小值之间相差 200 倍；并且，比较 2008 年、2009 年以及 2010 年三年的数据发现，大多数高新区的科技人力资源总量均呈现出不断上升的趋势。

本书采用科技活动人员的指数作为科技人力资源的替代变量，在经济发展水平的指标选取上，采用人均 GDP 的指数作为替代变量，观察两者之间的相关关系。研究采用 2008—2010 年《中国火炬统计年鉴》中的数据，共得到样本 168 个。首先通过观察两者简单的趋势曲线来说明科技人力资源与经济发展之间的关系，从图中可以看出：两者的拟合曲线基本平行，表现出了高度一致的特征。其中，"HRST 拟合线"是代表高新区科技人力资源的科技活动人员取对数后的趋势线，而"人均 GDP 拟合线"为代表高新区经济水平的人均 GDP 取对数后的趋势线，从而初步判定科技人力资源可以促进高新区经济的发展。

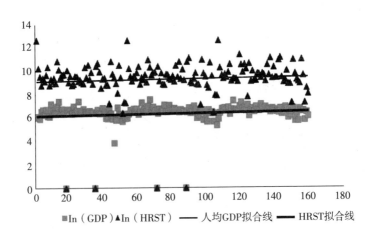

图 5—3 HRST 与人均 GDP 的趋势图

　　为了更加准确地表示两者的关系，把人均 GDP 定义为变量 Y，把科技人力资源的对数定义为变量 X，建立两者的关系方程：

$$Y=\partial+\beta X$$

　　通过图 5—4 可以看出，两者表现为正向的相关性，即科技人力资源能够促进经济发展。两个变量得出的方程为：Y=5.941+0.065X，其中变量 X 的系数 β 的 T 值为 2.85，正向显著。

　　从以上分析可以看出，从高新区这一层面上分析，科技人力资源的水平对经济发展水平有显著的影响。而科技人力资源对经济增长的促进方式无非有两种：一种是内生的技术进步，另一种为生产效率的提高。第一种方式将在下文中继续阐述，本部分也将科技人力资源与劳动生产率之间的相关关系进行研究。根据劳动生产率的定义：全员劳动生产率＝工业增加值／全部从业人员平均人数，计算出的劳动生产率取对数并得出两者的相关性散点图（图 5—5）。

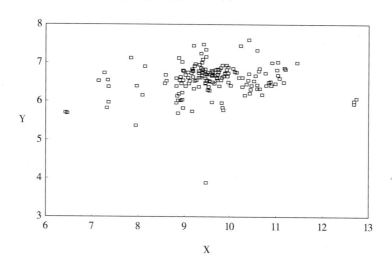

图 5—4　科技人力资源与经济发展水平相关性

　　从图中可以看出，两者并不具有很高的相关性，也就是说科技人力资源带动人力资源结构水平从而提升劳动生产率的关联程度不明显。

327

由此，可以推测科技人力资源对于经济发展水平的促进作用主要体现在提升高新区的创新能力上（如图5—5）。

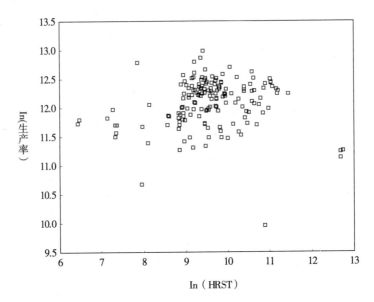

图5—5　劳动产量率与科技人力资源的相关散点图

二、高新区科技人力资源集聚与创新能力的关联

科技人力资源的集聚会带来区域创新能力的提高，这是科技人力资源推动经济增长的一种机制。本书同样采用聚集指数来观察2008—2010年以来高新区科技人力资源集聚程度的变化趋势，及其与高新区创新能力的关联。对高新区科技人力资源集中度的计算，将科技人力资源作为考察指标，人力资源作为参考指标，则高新区科技人力资源集中度的计算公式为：

$$\mu_i = \frac{H_i/L_i}{H/L}$$

其中，μ_i 表示高新区 i 科技人力资源总的集中度，H_i 表示 i 高新区科技人力资源总量，L_i 表示高新区 i 的人力资源总量；H 表示全部高新区人力资源总量，L 表示全部高新区人力资源总量。

在高新区科技人力资源创新能力的评价方面，主要是通过建立区域创新能力体系来进行研究的，如李燕萍等（2008）建立的区域企业科技人力资源创新能力评价体系（表5—2）。通过表5—2可以发现此体系是一个综合的评价体系，是通过投入和产出两方面来反应区域创新能力的。但是基于本研究的目的来说，自变量作为科技人力资源的投入，如果沿用此评价指标体系会导致因变量包含自变量的问题。

表5—2　区域企业科技人力资源创新能力评价体系

一级指标	二级指标	三级指标
科技人力资源投入	专业技术人员投入	每万人工程技术人员规模
		每万人农业技术人员规模
		每万人科学研究人员规模
	科技活动人员投入	科技活动人员占从业人员的规模
		科学家和工程师占科技活动人员的比重
		R&D 人员工作当量
科技人力资源的创新产出	专利成果	每万人专利申请量
		每万人专利申请授权量
	科技论文	每万人科技活动人员发表科技论文数
	技术市场成交合同	技术市场的成交合同数
		技术市场成交合同金额
	新产品	新产品产值占工业产值的比重
	高新技术产品	高新技术产品出口额

本书定义因变量 Y 为高新区的创新能力，以人均技术产品收入的指数来表示；同时将按照公式计算的科技人力资源的集中度定义为科技人力资源的集聚变量 X，对两者之间的相关性进行研究。统计分析采用 Eviews 以及 SPSS 来进行处理。

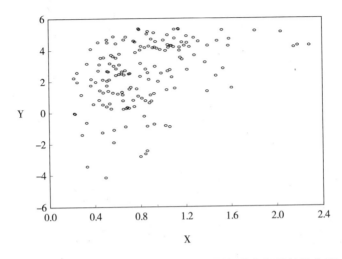

图5—6 科技人力资源集聚与高新区创新能力相关性散点图

从散点图（图5—6）上来看，变量X、Y基本上按照同一趋势向右上方倾斜，具有一定的正相关性，通过具体的方程拟合（表5—3）可以看出变量X的t值为5.568，与变量Y显著正相关，并且拟合系数R^2=0.401，拟合效果基本符合要求。

表5—3 科技人力资源与高新区创新能力相关性分析

Variable	Coefficient	t-Statistic	Prob.
C	0.73433	2.083835	0.0388
X	2.12198	5.567655	0.0000

由此说明，科技人力资源的聚集可以增强高新区的创新能力，增加技术产品的产出，从而促进地区经济的增长。综合前文的结果可以看出，科技人力资源聚集并不能显著地提高该地区的劳动生产率，但却通过促进高新区的创新能力这一机制来创造出更好的产品以及流程来促进地区经济的发展。当然，科技人力资源对于劳动生产率的促进作用还需要进一步的发挥和提高。

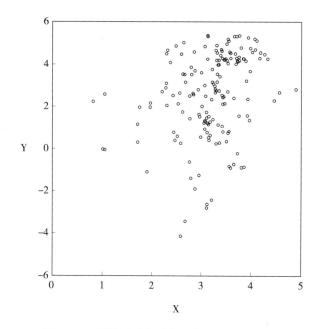

图 5—7　科技活动经费投入与创新能力关系

同时，我们还对科技活动的经费投入与创新能力进行了分析（图5—7），并拟合了两者之间的方程，结果发现 $R^2=8.5\%$，拟合效果不显著，故只能说两者之间存在着正向的关系但前者并不能显著地解释后者。从一个侧面反映了当前科技活动经费投入的利用效率不高，并没有产出应有的创新成果，各个高新区需要进一步提高其资金运用效率，充分发挥科技人力资源在当中的中坚力量，把高新区建设成为人才的聚集地，同时也是自主创新与产业升级的聚集地。

第三节　科技人力资源利用效率分析

世界已进入知识经济时代，科技方面的竞争决定了经济实力的竞争，而人力资源的竞争在科技方面的竞争中发挥了最重要的作用。科技人力资源作为科技创新中人力资源的核心，是地区知识生产、扩散和应用的重要载体。而科技人力资源促进科技进步的条件有两个：一个是其基数的放大，有更多的人力资源从事科研创新工作；另一个是其利用效率的提高，实现相同投入下相对较大的产出。虽然我国科技人力资源数量逐年增长，但是其利用效率并没有提高，与发达国家相比，我国科技人力资源的总体利用效率明显要低很多[1]。关于人力资源效率的衡量有多种方法，其中有研究者采用多层次灰色评价方法评价高新技术企业科技人力资源的研发效率[2]，但是这种方法在使用过程中涉及较强的主观意识及人为判断；也有很多学者采用层次分析法，即 AHP 方法对科技人力资源竞争力进行评价，但是这种方法适用的理论假说是"在一定范围内满足一致性要求"，并且运用平均法计算出的权重系统误差的可能性也较大。并且，以上两种方法仅从人力资源管理活动的投入产出角度出发，研究的重点放在了对人力资源的管理效率的测量，忽略了对作为资源本身的科技人力资源的投入产出效率的研究，而对科技人力资源利用效率的测定应更注重其技术效率。

技术效率能够比较好地反映企业和地区在特定技术条件下的运营效率。对技术效率的测度，Farrell 提出的边界效率方法（Efficient Frontier Approach）从最优化的角度出发，克服了以财务报表数据计算技术效率的缺陷，可以多投入多产出的测算，很好地估计样本中的每一个个体的技术效率水平以及排名和平均技术效率水平从而在企业、行业、国家等各个微观、中观、宏观层次上得到了广泛的应用。边界效率方法根据生产函数的具体形式，包括了参数方法与非参数方法，测度技术效率的参数方法主要是随机边界分析法（SFA，Stochastic Frontier Ap-

---

① 刘玲、杜鹏程、赵曙明：《基于 DEA 的我国科技人力资源利用效率研究——以高技术产业为例》，载《科技与经济》2010 年第 3 期。

② 李燕萍、施丹：《中部六省科技人力资源创新能力的比较研究》，载《科技进步与对策》2008 年第 1 期。

proach），非参数方法主要是数据包络分析法（DEA，Data Envelopment Analysis）。这两种方法在测量技术效率上各有利弊，学术界对于这两种方法的优劣并没有形成定论，也不能一概地认为哪种方法好，现实中主要依据所研究问题的具体情况而定。随机边界分析法只构造一个生产前沿面，更适合分析跨年度技术效率的差异，而数据包络分析法则每个周期构造一个生产前沿函数，同时随机边界分析法计算结果更加稳定。根据本文的研究需要及具体情况，本书拟选取分别采取数据包络分析法（DEA，Data Envelopment Analysis）以及随机边界分析法（SFA，Stochastic Frontier Approach）对高新区科技人力资源的技术效率进行度量。

技术效率的分析模型的决策单元是一个通过一系列决策，投入一定数量的生产要素，并有一定数量产出的系统，本书选取《中国火炬统计年鉴》中的各个单个高新区作为一个决策单元。同时选取科技人力资源的投入和产出两个方面的指标。在科技人力资源的投入方面，人员投入和经费投入是粗略划分的投入因素。常采用的指标有：R&D人员工作当量、科研经费支出额、科学家与工程师占科技活动人员的比重、科研经费支出占GDP的比重、每万人工程技术人员规模。本书结合前人的研究并根据实际情况选取：万人科技人员以及人均科技经费，并对其进行指数化出来作为投入变量。在科技人力资源的产出方面，大致也可以分为两个方面：一是总的产出水平，另一个是创新收入或者技术收入的产出水平。在之前的研究中，高新技术产业增加值、技术市场成交合同额、新产品产值占工业产值的比重等指标受到许多学者的欢迎，用它们来衡量科技人力资源的产出。

本书数据来自《中国火炬统计年鉴 2008》、《中国火炬统计年鉴 2009》、《中国火炬统计年鉴 2010》技术效率的计算，我们在运用随机边界分析法时使用了研究技术效率的程序软件 Frontier 4，在运用数据包络分析法时使用软件 DEAP。

一、基于随机边界分析法的分析

技术效率是指由科技含量的提高而带来的产出成效，反映了对现有资源有效利用的能力，体现的是生产部门在既定投入水平下产出的最大能力，或者是在既定价格和生产技术下，生产部分投入要素的最优比例的能力。换句话说，技术效率是一种能力，能在给定各种投入要素的条件下实现最大产出，或者给定产出水平下实现投入最小化。表5—4是以原始数据计算为基础后整理得出的结果，其中2010年应为56个国家级高新区（比2008年和2009年新增泰州和湘潭两个国家级高新区），但是为了数据的统一性，且两个高新区只有一年数据，故省略这两个高新区的数据。

表5—4 科技人力资源收入产出效率

年份 地区	2008	2009	2010	平均值
北　京	0.5447	0.5713	0.5969	0.5710
天　津	0.5295	0.5566	0.5828	0.5563
石家庄	0.5886	0.6136	0.6375	0.6132
保　定	0.5068	0.5346	0.5615	0.5343
太　原	0.6149	0.6388	0.6616	0.6384
包　头	0.5521	0.5785	0.6038	0.5782
沈　阳	0.7522	0.7692	0.7851	0.7688
大　连	0.4057	0.4355	0.4649	0.4354
鞍　山	0.6126	0.6366	0.6596	0.6363
长　春	0.9593	0.9624	0.9653	0.9623
吉　林	0.5939	0.6187	0.6424	0.6183
哈尔滨	0.6014	0.6258	0.6492	0.6255
大　庆	0.5981	0.6227	0.6463	0.6224
上　海	0.7418	0.7593	0.7758	0.7590
南　京	0.9480	0.9519	0.9556	0.9518
常　州	0.5290	0.5561	0.5823	0.5558
无　锡	0.7144	0.7335	0.7515	0.7331

年份 地区	2008	2009	2010	平均值
苏 州	0.6278	0.6511	0.6733	0.6507
杭 州	0.5207	0.5480	0.5745	0.5477
宁 波	0.7376	0.7553	0.7721	0.7550
合 肥	0.5007	0.5287	0.5558	0.5284
福 州	0.4737	0.5023	0.5302	0.5021
厦 门	0.8238	0.8363	0.8481	0.8360
南 昌	0.4808	0.5092	0.5369	0.5090
济 南	0.6691	0.6905	0.7108	0.6901
青 岛	0.6630	0.6847	0.7053	0.6843
淄 博	0.6332	0.6563	0.6783	0.6559
潍 坊	0.6270	0.6504	0.6727	0.6500
威 海	0.6314	0.6546	0.6767	0.6542
郑 州	0.4790	0.5075	0.5352	0.5072
洛 阳	0.5462	0.5727	0.5983	0.5724
武 汉	0.4610	0.4899	0.5181	0.4896
襄 樊	0.5729	0.5984	0.6230	0.5981
长 沙	0.5933	0.6180	0.6418	0.6177
株 洲	0.4419	0.4712	0.4998	0.4710
广 州	0.5160	0.5435	0.5701	0.5432
深 圳	0.4905	0.5187	0.5461	0.5185
珠 海	0.6342	0.6573	0.6792	0.6569
惠 州	0.6214	0.6450	0.6676	0.6447
中 山	0.5910	0.6159	0.6397	0.6155
佛 山	0.5407	0.5674	0.5931	0.5671
南 宁	0.5142	0.5417	0.5684	0.5415
桂 林	0.3614	0.3915	0.4214	0.3915
海 南	0.6253	0.6487	0.6711	0.6483
成 都	0.4464	0.4756	0.5042	0.4754
重 庆	0.3956	0.4255	0.4550	0.4254
绵 阳	0.3447	0.3747	0.4047	0.3747
贵 阳	0.3154	0.3453	0.3754	0.3454
昆 明	0.7975	0.8117	0.8251	0.8114
西 安	0.6053	0.6296	0.6529	0.6293
宝 鸡	0.4451	0.4743	0.5029	0.4741
杨 凌	0.5503	0.5767	0.6021	0.5764

年 份 地 区	2008	2009	2010	平均值
兰　州	0.8820	0.8907	0.8987	0.8905
乌鲁木齐	0.5022	0.5301	0.5571	0.5298
平均值	0.5825	0.6065	0.6297	0.6062

从结果上可以看出，三年所有高新区技术效率为 0.6062，对总收入的贡献还有很大的潜力。另外，各高新区之间的技术效率也是参差不齐的，而且并不是收入总额越大的高新区其技术效率就越高，以北京为例，其总收入的绝对数很大，但是其技术效率只有 0.571，甚至低于平均水平。实际上，恰好一半（27 个）的高新区的技术效率在平均值以上，包括：上海、石家庄、太原、哈尔滨、大庆、沈阳、长春、吉林、鞍山、南京、无锡、苏州、宁波、厦门、济南、青岛、淄博、潍坊、威海、长沙、珠海、惠州、中山、海南、昆明、西安、兰州。

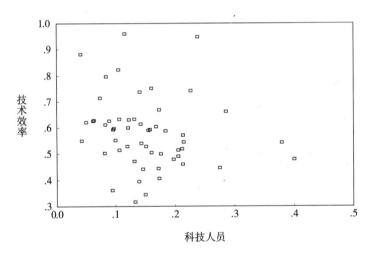

图 5—8　科技人员与技术效率的关系

以科技人员的绝对数与技术效率的关系为例（图 5—8），两者之间并没有相关的关系，即科技人员的数量大并不代表其技术效率高，即现在的高新区在不断的增大科技活动人员数量的同时一定要注重其利用效率的影响，不能单纯以科技人员的多寡来定义科技创新能力强。

所以总的来说，以人均总收入作为产出变量时，各个高新区的技术效率仍有很大的上升空间，还是要通过激励、能力建设等方面来不断提高科技人力资源的数量以及其技术效率，才能促进全要素生产率的提高，从而促进经济又好又快发展。

本书又以人均技术收入为产出变量进行了研究，来说明科技人力资源在创新收入中的效率。与表5—4保持一致，表5—5也分别列示了54个国家高新区科技人力资源技术创新效率。通过表5—5可以看出三年平均的技术效率只有0.2982，在平均值以上的高新区更是只有24个，分别是：北京、天津、太原、沈阳、大连、鞍山、大庆、苏州、杭州、宁波、合肥、济南、淄博、郑州、洛阳、武汉、襄樊、广州、南宁、成都、重庆、西安、兰州、乌鲁木齐。此名单与前文中的总收入的技术效率有很大的不同，这也是一个值得思考的问题，分别以总收入与技术收入为产出变量得出的各个高新区之间的技术效率有很大的不同，有些高新区总收入的技术效率低，但是技术收入的技术效率却高，如乌鲁木齐等；而有些却相反，如南京（前者0.9518，后者为0.1092）。

表5—5 科技人力资源技术创新效率

年份 地区	2008	2009	2010	平均值
北 京	0.4616	0.4777	0.4937	0.4777
天 津	0.6844	0.6961	0.7075	0.6960
石家庄	0.2787	0.2954	0.3123	0.2955
保 定	0.0018	0.0024	0.0033	0.0025
太 原	0.4590	0.4751	0.4912	0.4751
包 头	0.1844	0.1994	0.2150	0.1996
沈 阳	0.7832	0.7920	0.8005	0.7919
大 连	0.4844	0.5002	0.5159	0.5002
鞍 山	0.5397	0.5546	0.5693	0.5545
长 春	0.1106	0.1226	0.1354	0.1229
吉 林	0.2014	0.2169	0.2328	0.2170
哈尔滨	0.0316	0.0373	0.0437	0.0375

年份 地区	2008	2009	2010	平均值
大　庆	0.4422	0.4585	0.4747	0.4585
上　海	0.2740	0.2906	0.3075	0.2907
南　京	0.0976	0.1089	0.1210	0.1092
常　州	0.0277	0.0329	0.0387	0.0331
无　锡	0.0211	0.0254	0.0303	0.0256
苏　州	0.4624	0.4785	0.4945	0.4785
杭　州	0.7335	0.7438	0.7538	0.7437
宁　波	0.6552	0.6676	0.6798	0.6675
合　肥	0.4146	0.4311	0.4477	0.4311
福　州	0.1505	0.1644	0.1789	0.1646
厦　门	0.0516	0.0594	0.0680	0.0596
南　昌	0.1604	0.1747	0.1896	0.1749
济　南	0.6784	0.6903	0.7019	0.6902
青　岛	0.0431	0.0501	0.0578	0.0503
淄　博	0.3365	0.3534	0.3704	0.3534
潍　坊	0.0902	0.1011	0.1127	0.1013
威　海	0.0124	0.0153	0.0187	0.0155
郑　州	0.2998	0.3166	0.3336	0.3167
洛　阳	0.4220	0.4386	0.4550	0.4385
武　汉	0.4084	0.4250	0.4416	0.4250
襄　樊	0.5600	0.5745	0.5889	0.5745
长　沙	0.0818	0.0921	0.1032	0.0924
株　洲	0.0227	0.0273	0.0325	0.0275
广　州	0.5689	0.5833	0.5975	0.5832
深　圳	0.0175	0.0213	0.0256	0.0215
珠　海	0.0809	0.0912	0.1022	0.0914
惠　州	0.0001	0.0001	0.0001	0.0001
中　山	0.0032	0.0042	0.0055	0.0043
佛　山	0.0528	0.0608	0.0695	0.0610
南　宁	0.8273	0.8346	0.8416	0.8345
桂　林	0.0300	0.0355	0.0417	0.0357
海　南	0.0041	0.0053	0.0069	0.0054
成　都	0.3384	0.3553	0.3723	0.3553
重　庆	0.7895	0.7981	0.8064	0.7980
绵　阳	0.0008	0.0012	0.0016	0.0012

地　区 ＼ 年　份	2008	2009	2010	平均值
贵　阳	0.2307	0.2467	0.2632	0.2469
昆　明	0.0989	0.1104	0.1225	0.1106
西　安	0.6361	0.6490	0.6616	0.6489
宝　鸡	0.0237	0.0284	0.0337	0.0286
杨　凌	0.0567	0.0651	0.0741	0.0653
兰　州	0.4972	0.5128	0.5282	0.5127
乌鲁木齐	0.5939	0.6078	0.6214	0.6077
平均值	0.2874	0.2982	0.3092	0.2982

综上所述，通过随机边界分析法的结果可以看出，不管产出是从总收入还是从技术收入，科技人力资源的利用效率相对较低，并没有达到在此等投入水平下的最大产出，还有很大的发展潜力，也就是说还有很大的目标改进空间。

二、基于数据包络分析法的分析

数据包络分析法（DEA，Data Envelopment Analysis）是一种根据多指标投入和产出来评价各个企业或者地区相对业绩的非参数估计方法，是非常适合评价科技人力资源有效性的工具。该方法同样需要定义"决策单元"，运用该方法时的决策单元与投入、产出的变量与采用随机边界分析法时一致。本文选择成熟的 DEA 专业软件 DEAP Version2.1来进行数据处理，在运算过程中运用投入导向的模型，通过调整投入来实现高新区科技人力资源利用效率的提高。首先计算产出为人均技术收入，投入为万人科技人员以及人均科技经费时的科技人力资源利用效率。表 5—6 得出的是 2010 年各高新区的人力资源利用效率。

表 5—6　2010 年高新区人力资源利用效率的 DEA 评价结果

高新区	综合效率	技术效率	规模效率	规模报酬
北　京	0.909	0.913	0.995	递　减
天　津	0.965	0.965	1	不　变

高新区	综合效率	技术效率	规模效率	规模报酬
石家庄	0.881	0.883	0.998	递 增
保 定	0.469	0.86	0.545	递 增
太 原	0.882	0.885	0.997	递 增
包 头	0.797	0.923	0.864	递 增
沈 阳	0.972	0.972	0.999	递 减
大 连	0.881	0.882	0.999	递 增
鞍 山	0.896	0.926	0.968	递 增
长 春	0.787	0.93	0.847	递 增
吉 林	0.823	0.93	0.885	递 增
哈尔滨	0.714	0.944	0.756	递 增
大 庆	0.895	0.938	0.954	递 增
上 海	0.829	0.831	0.998	递 增
南 京	0.765	0.839	0.912	递 增
常 州	0.598	0.9	0.664	递 增
无 锡	0.634	0.893	0.71	递 增
苏 州	0.882	0.95	0.928	递 增
杭 州	0.948	0.949	0.999	递 减
宁 波	0.959	0.961	0.999	递 增
合 肥	0.874	0.876	0.998	递 增
福 州	0.774	0.916	0.845	递 增
厦 门	0.684	0.925	0.739	递 增
南 昌	0.754	0.878	0.859	递 增
济 南	0.999	1	0.999	不 变
青 岛	0.75	0.861	0.871	递 增
淄 博	0.893	0.896	0.997	递 增
潍 坊	0.725	0.882	0.822	递 增
威 海	0.6	0.906	0.663	递 增
郑 州	0.828	0.853	0.971	递 增
洛 阳	0.873	0.88	0.992	递 增
武 汉	0.855	0.884	0.967	递 增
襄 樊	0.91	0.911	0.999	递 增
长 沙	0.665	0.885	0.751	递 增
株 洲	0.611	0.877	0.696	递 增
广 州	0.931	0.932	1	不 变
深 圳	0.623	0.831	0.75	递 增
珠 海	0.784	0.995	0.788	递 增

高新区	综合效率	技术效率	规模效率	规模报酬
惠　州	0.238	0.955	0.25	递　增
中　山	0.499	0.907	0.551	递　增
佛　山	0.695	0.909	0.765	递　增
南　宁	0.996	1	0.996	不　变
桂　林	0.643	0.947	0.679	递　增
海　南	0.318	1	0.318	递　增
成　都	0.844	0.846	0.998	递　增
重　庆	1	1	1	不　变
绵　阳	0.425	0.934	0.455	递　增
贵　阳	0.774	0.964	0.803	递　增
昆　明	0.778	0.916	0.85	递　增
西　安	0.921	0.929	0.992	递　减
宝　鸡	0.618	0.889	0.695	递　增
杨　凌	0.524	1	0.524	不　变
兰　州	0.821	1	0.821	不　变
乌鲁木齐	0.849	0.977	0.869	递　增
平均值	0.77	0.919	0.839	

注：冗余值省略。

通过 DEA 的结果来看，当综合效率为 1 时且没有冗余时，我们可以称之为 DEA 有效；而当综合效率为 1 但是存在冗余时称之为决策弱有效；如果综合效率不为 1 时称之为 DEA 无效，在后两种情况下，高新区的利用效率都存在提升的空间。而从上表的情况来看，大部分高新区都有改进的空间，并且大部分都处于规模递增阶段（表 5—7），也就是说可以通过加大投入来获得更大比例的技术产出。

表5—7　科技人力资源使用效率分布

年　份	有效或者弱有效	递　增	递　减
2008	4	49	1
2009	5	41	8
2010	6	42	4

同时，DEA 有效或者弱有效的高新区比例非常少，表明大部分高

新区并没有达到利用效率的最佳，仍然可以通过提高科技人力资源的利用效率来增加科技技术产品产出的增加。

因此，本书通过分别采用随机边界分析法（SFA，Stochastic Frontier Approach）以及数据包络分析法（DEA，Data Envelopment Analysis）对高新区科技人力资源利用效率进行分析。通过分析我们可以发现：首先，高新区的的科技人力资源的利用效率并没有达到最优水平，在一些地区利用效率不甚理想；其次，科技人力资源还需投入，在这提到的投入包括两方面的内容：一方面是通过数量上的投入，即加大科技活动人员的数量，促使科技人力资源尤其是高端的科技人力资源能够流入高新区；另一方面是通过激励、提高其技能水平、能力建设等能够增大科技人力资源总量的方法，使得现有科技活动人员提高其积极性、效率来增加实际投入的科技人力资源量。

第四节　科技人力资本的激励措施

一、创新型人力资本的分类

从前文的分析中可以得出人力资本对于经济的持续发展与创新能力的提高均具有非常显著的作用。而科技人力资本作为人力资本创新的核心部分，激励其主观能动性，能更好地发挥其创造的潜力和作用，成为高新区可持续创新中的最重要一环。故本部分内容来专门探讨科技人力资本的激励问题，激励可以在短期内最大化地发挥科技人力资本的创造力，属于科技人力资源管理中的核心问题，也是积累科技人力资源存量的重要手段之一。

研究人员发现，在创新活动中，不同类型人力资本的地位和作用是不同的，同时群体的行为特征及需要等也有别于个体。这就需要对人力资本进行合理分类，并就具体类型设计与之匹配的创新激励制度。如此，才能对成功建设我国的技术创新体系并形成创新型国家和区域形成保证。根据孔宪香（2009）的分类，按照在技术创新活动中人力资本地位与作用的不同，可将其分为技能型人力资本、研发型人力资本、营销型人力资本、管理型人力资本、企业家人力资本这五类。一项完整的技术创新活动需要这五类人力资本的通力合作、共同参与才能得以实现。我们首先需要从这些类型的创新型人力资本中再次筛选出符合科技人力资本定义的创新性人力资本，从而更好地选择激励安排，发挥更大的作用。先通过分析各个类型的资本的定义以及其在创新中的作用来进行筛选①。

（一）企业家人力资本

企业家人力资本指的是那些具有创新精神并且在创新活动中能够起决策作用以及配置创新资源能力的人力资本，在现实生活中主要包括：企业家、高级经理人及在大学、研究院（所）工作的具有企业家精神的科研部门负责人等。企业家在技术创新的过程中可以说是整个企业技术创新活动的主角，不仅是企业技术创新的重要的决策主体，有时更是执行主体。总之，企业家人力资本在创新体系中的作用是不可或缺的，首先企业家人力资本能够推动企业的创新活动，其次在更深入的层次上企业家人力资本也促使大学、科研院所的研发成果转化为现实生产力。由此可见，企业家人力资本是推动企业创新、提升企业创新能力以及提升区域甚至国家创新能力的核心要素。

（二）技能型人力资本

技能型人才是指那些经过专门培训，具备并掌握了必要的理论知识和较高水平的应用或者经验技术及技能，具有创造性能力、能够对关键性问题独当一面的人才。相对应的，他们所掌握的知识、经验、技能等便是技能型人力资本。技能型人力资本在创新中的作用主要体现为以

---

① 孔宪香：《创新型人：力资本分类研究》，载《科技管理研究》2009 年第 7 期。

下两点：首先是将研发成果转化为新产品。其次，高技能人才也是将研发成果转化为现实生产力的过程中技术创新的主要执行者，有着不可替代的作用。由于技能型人才通常工作在生产、技术服务、管理第一线，对企业的技术创新起着重要的作用；虽然他们不可能在高端技术上有突破性创新，但技能人才特别是高技能人才在企业技术创新链中是重要的一环，他们在企业积累型或渐进型技术创新中却起着其他人才所无法替代的作用。

（三）研发型人力资本

研发型人力资本是指具有较深的理论知识积累、从事研究开发工作并具有创新能力的人力资本，在现实中对应的是在企业研发部门工作的科学家、工程师，以及在大学、科研院所工作并从事研究工作的科学家、工程师、研究员、教授等。研发型人力资本是创新的执行主体，他们具体从事科学研究和技术开发工作，离开他们，科学研究、技术开发等创新活动将无法进行。研发型人力资本的存量大小和质量既影响技术创新源也影响技术扩散和转移，直接影响国家或地区的技术进步和科技竞争力的提升。

（四）管理型人力资本

管理型人力资本是指掌握了一定的管理知识，负责沟通、协调与管理的人力资本，在现实中的主要代表是各类经营管理人员，当然这里不包括企业家在内。他们在技术创新中的作用主要体现在两个方面：首先是协调各部门之间的关系；其次是参与制定有关创新管理的相关政策制度，尤其是激励政策和管理制度规范，从而有助于培育创新型的企业文化。而企业的日常规章制度、行为规范会影响创新人才的努力程度，并且企业文化的培育会直接影响到一个企业的创新环境和创新氛围，因此管理型人力资本在创新中也发挥着积极的作用。

（五）营销型人力资本

此类型的人力资本是指具有一定的市场营销的专业知识、具有较强的人际交往能力和技术操作能力，更为重要的是敢于进行市场开拓的人力资本，如现实中的各类营销人员。营销型人力资本是技术创新中不可缺少的一类人力资本，其将技术创新的成果在市场上实现其价值，取得经济收益，保持技术创新的持续性和原动力，直接面对市场，同时能够敏感地得到市场的信息，为技术创新提供相关创新信息。

通过以上分析可以得出，技能型人力资本与研发型人力资本是科技人力资本的中坚力量，也是实际从事科技创新工作的人力资源，不管是直接从事科技工作抑或是设计制度等激励科技工作，都对科技创新有巨大的推动作用。由此，本书对科技人力资源的激励就从这两个方面展开，分别研究技能型人力资本的激励、研发型人力资本的激励。根据孔宪香（2008）的研究，制度对于创新行为的一个重要作用是提供激励机制（图5—9），人力资本激励制度的构建应当从企业层面、市场层面以及政府层面来展开[①]。同样的，研发型人力资源和技能型人力资源的激励制度也应该从这三个层面来展开。

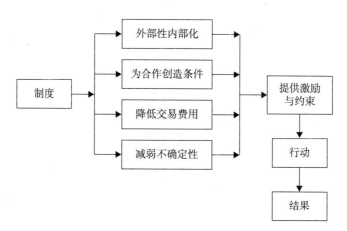

图5—9 制度对个人行为的影响

---

① 孔宪香：《技术创新体系建设中的人力资本激励制度研究》，山东大学博士论文，2008 年。

二、研发型人力资本的激励

(一) 企业层面的激励制度安排

在企业进行科技创新的链条中，研发型的人力资本一般是直接参与者，并起着核心的作用。哪怕引进别人的先进技术，如果没有研发型人力资本的话，最终也无法实现其技术的应用与拓展，更不用提企业的自主技术创新特别是重大的原始技术创新。因此，从研发型人力资本的需要入手，设计合理的激励制度并有效落实，以充分调动研发型人力资本所有者的创新积极性、进而提高其努力程度，是提升企业创新能力的重要保证。

这个问题当前学者做过大量的研究，激励制度上的主要问题包括：首先，技术创新人员的贡献与其收入之间应有的对称性并没有体现，严重影响了科技人员技术创新的积极性；其次，对科技人员获取利益的保护力度不大，配套政策未及时跟进；再次，科技人员获取利益的形式单一，不能满足多方面的需要[①]。并认为当前激励制度应该朝着多元化的方向发展，并且把研发型人力资本作为一种资本的投入来看待，给予人力资本产权或者其他相配套的制度安排，尤其针对核心技术层、研究开发团队中领导者。总结前人研究的结论，要提高企业的创新能力，需要在技术创新体系建设中，包括对研发人员的以下激励制度：职业晋升制度、培训激励制度、科技奖励制度、企业文化激励制度以及产权激励制度。

(1) 职业晋升制度

职位晋升激励，也叫提拔机制。作为激励创新人员的重要手段，其机理在于通过职位晋升，职员可以得到更高的工资水平和福利待遇；获得更多的控制权，实现职业成就感[②]。但是在单轨制下，如果一个研

---

① 吴寿仁：《促进科技人员技术创新的利益机制探讨》，载《中国软科学》2000 年第 9 期。
② 孔宪香：《研发型人力资本创新的企业激励制度研究》，载《经济研究导刊》2009 年第 8 期。

发人员被提升为管理人员，则企业可能丢失一名好的科技人员，而只获得一名普通管理人员，但若不提升又会压抑创新人员的积极性。因此，引入双轨制职务提升制度，对于重视科技创新的企业而言有重要作用，在双轨制职位体系中，管理人员和行政人员组成管理轨道，研究开发人员和技术人员组成科技研发轨道，企业员工可以任选一条轨道以实现职位的升迁。两条轨道的报酬、地位等则是完全对等的。这种制度在高科技企业中尤其突出，为了留住优秀的研发人员以及管理人员，衍生了很多双轨制的变形，如韩国的一些企业在双轨制的基础上，设计了多阶梯职务提升机制。

（2）直接奖励制度

研发人员是企业技术创新的核心人员，为了调动他们创新的积极性，企业可以面对那些有着技术创新特殊贡献的研发人员实施科技奖励政策。科技奖励制度对于促进自主创新的作用机理主要包括：认可机制、导向机制、激励机制、竞争机制[①]。现在存在的问题在于法律规定（《中华人民共和国科学技术进步法》）的奖励力度太小，不能充分调动企业职工的积极性和创造性。

当前情况下，可以将科技奖励与产权激励结合起来，尝试专门设立一些奖励项目并形成规章制度，事先规定好获奖者所应具备的条件，对获奖人员实施现金奖励或股票奖励。除此之外，科技奖励还要重视精神奖励，尤其受我国传统文化的影响，追求荣誉也是研发型人力资本所有者进行创新的一大需求。这些物质与精神激励相结合的做法既可以提高研发人员的创新收益，也可以获得精神上的满足，不失为一种有效的激励措施。

---

① 徐顽强、何菲：《科技奖励制度促进自主创新战略的作用机制研究》，载《自然辩证法研究》2011 年第 8 期。

（3）培训激励制度

当今企业当中，培训越来越成为一种重要的激励制度。从单个员工的角度来看，每个人都希望组织能够给其提供成长的机会，增强其职业技能和职业品质。研究开发活动作为一种知识创新活动，其对培训的需求更为明显。在当今"信息爆炸"的知识经济时代，研发人员更需要通过培训来获得探索前沿技术和知识的机会，并将其应用于企业的研究开发工作中，以获得新产品、新工艺和新技术[1]。

也正因为培训的双赢效果，美国公司特别注意对研发人员的培训工作。他们的培训方式主要是让科技人员参加大学、科研院所的基础科学研究活动[2]。应该说，这也是美国公司技术创新能力强的一个重要原因。在我国，很多企业也开始关注这方面的建设，企业员工培训机会明显也增多，但是通过 2009 年中国科协发布的第二次"科技工作者状况调查报告"明显可以看出，受调查者继续教育需求强烈，现有体系难以满足。44%的科技工作者表示，跟不上知识更新速度已经成为自己工作中的最大困扰，77.9%的科技工作者则认为自己急切需要进修。2007 年，37%的科技工作者没有参加过任何培训，继续教育情况离国家有关规定尚有差距。27.2%的科技工作者对单位的继续教育工作表示不满意或不太满意。影响科技工作者参加继续教育的两大因素分别为：单位不提供相关培训机会和工作忙碌无时间。83%的企业科技工作者表示亟须培训，但参加过培训的比例仅为 61%[3]。这种问题在中小企业中尤为突出。所以，对研发人员的培训可以形成制度，如让研发人员参加高级专业学术研讨会、参加相关领域的短期培训或者接受大学的远程教育，以及借鉴

---

① 何亦名：《培训激励缺失与产业低技能陷阱——从广东制造业培训困境谈起》，载《中国人力资源开发》2009 年第 3 期。

② 孔宪香：《技术创新体系建设中的人力资本激励制度研究》，山东大学博士论文，2008 年。

③ 董艳苹：《中国科协发布第二次科技工作者状况调查结果》，载《科协论坛（上半月）》2009 年第 8 期。

美国的经验与大学、科研院所合作，让研发人员参加与本企业研究开发活动紧密相关的研究项目。

（4）产权激励制度

人力资本的理论认为，企业是人力资本与非人力资本的特别合约，人力资本也有权像物质资本一样参与企业的剩余财产权利的分配。而研发型人才是一种高价值、高资产专用性、高投入的资本，从企业理论和人力资本产权理论出发，他们应享有企业的剩余。并且，研发活动中存在着非常严重的"委托—代理"问题，研发活动是一种高度不确定的知识创新活动，其结果无法在事前做出准确的预测，并且产出为无法界定、不能量化的知识。同时，由于信息的不对称、机会主义等因素的存在，使得研发人员存在"道德风险"，如产出少于投入完全可以归咎于现实客观原因等。因此，为了解决这种代理问题，可以采用对研发人员实行享有剩余索取权的制度安排，以便使其收益与贡献相一致。在实践当中，具体的剩余索取权制度安排主要有：股票期权制度和技术股份制度。

首先，股票期权制度能起到循环激励技术创新的作用。股票期权作为一种激励性的薪酬制度安排，其激励机理在于其长期价值，可以很好地解决代理问题，我们通过模型来进一步描述。公司在当期授予研发人员在第 S 期以约定价格，即行权价格 P 购买本公司 Q 股普通股股票的权利，在时间 S 期即行权日到来时，公司股票价格为 P_S，此时被授予期权的研发人员有两种选择：

第一，如果 $P_S > P$，则研发人员将行权，则可获得收益 U= (P_S-P) *Q。假如 E_n 为第 N 年度的每股收益，r_n 为贴现率，则有：

$$V = \left[\sum_{t=0}^{s} \frac{E_n}{(1+r_n)^n} * P \right] * Q$$

并且，当股票受益人选择行权从而按行权价购买股票期权计划规定的股票数量而持有股票后，这些股票在持有期间仍可能给受益人带来收益。

第二，如果 $P_S < P$，则放弃行权，获得的收益为 0。这样的一种激励

安排使研发人员能够为了获得更高的利益 V 而努力研发，开发新产品、新技术能够使得企业股票价值获得增长，同时也使企业受益。特别是对于研发人员来说，其研发活动最终的效果往往要在三五年后，甚至十年以后才会在企业的财务报表中体现，因此，在如此长的时间内，采取期权激励的方式是非常有效的。并且，这种制度安排还会起到循环激励创新的作用，即研发人员通过从事技术创新活动带来新产品与新技术，从而使得企业的利润增加，按照有效市场理论会带来企业股票价值的升值从而达到股票期权的行权条件，带来了研发人员收益的增加，从而使得研发人员更加努力地投入到技术创新活动中去。

其次，技术股份制度也能有效激励创新。在科技成果转化机制中，传统上应用最广泛的是科技成果的持有方将技术的使用权或所有权出售转让给技术需求方（一般为企业），需求方向技术持有方支付权利金。而技术股份制度则与以上方式不同，主要包括：技术入股、技术持股或技术成果分成。技术入股已成为我国科技成果转化机制发展的重要趋势。技术入股是指在技术交易过程中，技术持有方将技术的使用权或所有权出售给企业，企业在支付权利金时，不是以现金支付，而是以相应金额折算的股权支付。严格地说，这是一种技术换股过程，也是一种技术交易。但目前国内通常叫做"技术入股"，并将其作为一种投资行为[①]。技术入股形式的技术转移机制能够把技术需求方的企业和作为技术转让方的大学、科研机构及科技人员紧密地联系在一起，形成最牢固、最有效的技术联盟。

（二）市场层面的激励制度安排

对技术创新起持续性激励作用的另一种根本制度是市场制度，市场层面的激励制度是指通过建立充分地保护知识产权，鼓励市场竞争，

---

① 赵捷、张杰军、汤世国、邱晓燕：《科技成果转化中的技术入股问题研究》，载《科学学研究》2011 年第 10 期。

减少市场外部性，降低交易成本，促进各种创新资源要素和技术成果的流动和交易。对于技术创新过程中的核心要素和主体研发型人力资本而言，技术产权交易市场以及产品市场、资本市场等各市场制度有着重要的创新激励作用。

（1）技术产权交易市场对于研发型人力资本是最重要的激励方式，是对技术创新成果所有权的承认和保护的一种产权制度安排

技术产权交易市场是技术成果买卖双方的交易平台，出让方一般可为企业、大学或者独立研发人员等，交易价格在价值规律以及供求关系双重作用的影响下确定，通过支付价格的形式对技术创新主体进行补偿或激励，这种激励形式完全受市场直接支配，故可称为直接市场激励。如果没有市场机制的作用，产权制度的激励会变成无源之水或者空中楼阁，绝不可能对技术创新起到激励和推动作用（激励机理见图5—10）。从图中我们可以看出技术产权交易市场的创新激励作用主要表现在以下几个方面：

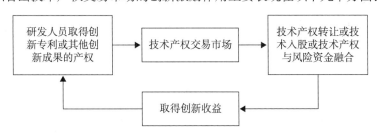

图5—10　技术产权交易市场激励制度的机理

首先，技术产权交易市场为技术创新的劳动成果提供了应用平台或者媒介。这一点对于独立发明人来说更加重要，对独立发明人来说从事技术创新工作并不是仅凭兴趣爱好或者一时冲动，更为重要的是获得创新收益。同时，从事技术创新活动需要投入大量的时间、精力以及财力等，这就需要通过创新成果收益来补偿。对于独立发明人而言，一个独立的技术产权交易市场对于其成果的转化以及获得创新收益尤为重要。在这个媒介的帮助下，独立发明人可以在市场上以多种形式获得收益，如直接转让、作价入股等，市场就具有了对技术产权价格发现与价

值实现的功能。技术交易市场的完善会成为一个双赢的结果，一方面，独立发明人使得自己的技术创新成果获得了回报，会更加鼓励其从事技术创新工作；另一方面，受让的企业也通过受让技术创新成果实现了产品、技术或者流程的升级，双方各取所需。因此可以说，技术产权交易市场能够促使技术成果向现实生产力的转化，并通过它的价格发现和价值实现功能对独立发明人的创新活动提供激励和约束[①]。

其次，技术交易市场同样可以为企业内部从事研发的人员提供创新激励。对于企业内部的或者科研机构内的研发人员来说，其从事的是知识生产，其产品一般是以专利权为主的技术产权形式存在的，而这些技术产权只有通过具体的生产过程转化为普通的商品，并在商品市场上出售才能实现其价值。而产权交易市场的存在为其创新成果提供了另一条实现价值的途径。有技术产权的企业可以在技术产权交易市场上，通过技术转让或技术入股的方式在高技术企业、科研院所与生产商品的企业之间交易，交易获得的创新收益再在参与该项技术产权生产的研发人员之间进行合理分配。这样，产权市场为单位内部的研发人员获得创新收益提供了平台和保障。另外，研发人员获得技术股权后，如果不想继续持有，也可以通过技术产权交易市场将技术股权转让出去，从而获取转让收益。可见，只有通过技术交易市场的作用，企业或者研发团队创造的技术创新成果才更可能实现价值，否则，缺乏流动的且无形的技术产权很难实现价格发现和价值创造。

再次，技术产权交易市场鼓励不同单位的研发人员之间合作。在当今知识经济条件下，跨单位甚至跨国的技术创新合作都非常普遍，这种开发模式可以实现人力资本的共享，并能通过分享研发设备而节约研发成本。由于是合作研发，参与创新的各研发人员都拥有一定的产权并可凭此获得创新收益，那么必然涉及研发的成果的专利技术及其他技术

---

① 孔宪香：《研发型人力资本创新的市场激励制度研究》，载《现代管理科学》2008 年第 10 期。

成果在各个参与者之间分配的问题。技术产权交易市场的存在对研发收益的确定以及分配起到非常重要的作用，正是技术产权交易市场的存在，使得技术创新活动的产权确认和产权分割有了一定的依据，从而减少了合作研发的纠纷，对跨单位合作研发提供了市场激励。

从以上分析来看，无论是职业的发明者还是企业内部或者科研机构内的技术创新人员，技术成果市场都能为其实现创新收益，从而激励其更努力地从事技术创新活动，并能够促进科技成果的现实转化，提高企业以及地区的技术水平。可以说，技术产权市场是产权制度对研发型人力资本激励的根本所在，产权制度与市场制度相结合，才能发挥其激励作用，否则，许多成果只能以专利或文件的形式被锁入文件柜，而研发人员也不会得到创新收益，影响其创新积极性。一般而言，国家或者地区的技术创新能力与其技术产权交易市场的发育情况是非常相关的，后者发育程度越高的国家和地区，其技术创新活动开展的程度就比较高，技术创新能力也就越强，反之亦然。因此，我国要建立技术创新体系，建设创新型国家，鼓励研发型人力资本的创新行为，就必须大力发展和培育技术产权交易市场。当然，这在下一部分的政府激励制度中会再次提到。

(2) 产品市场对于研发型人力资本是传统激励在当代的创新形式

产品市场是研发人员获得创新收益最传统的方式，创新成果会经过生产环节变成新产品，最后在产品市场上出售出去，实现其市场价值，其机理也是循环激励的（图5—11），关键在于研发人员可以从市场中获得其创新收益。

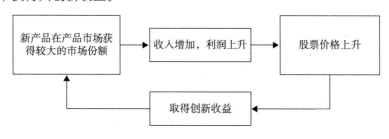

图5—11　产品市场激励创新机理

由以上机理得知，研发人员可以分享企业剩余所有权是产品市场激励的关键所在。即产品市场与产权制度相结合才能取得较好的效果。而各个市场之间也会相互作用，加强激励作用。

（3）资本市场同样也是研发型人力资本获得激励的前提

以上无论是技术产权市场激励还是产品市场激励都有一个假设前提就是存在一个可以把股票收益套现或者获得红利的资本市场，如果不存在这一前提，那么再多的股票期权、股票奖励、技术持股、技术入股等市场激励制度和产权激励制度都无法正常发挥作用。并且，资本市场对研发型人力资本的激励作用也是建立在有效资本市场的假设前提之上的。在资本市场有效的情况下，股票价格的高低与企业的技术、品牌、产品、服务等息息相关，真实反映企业的业绩。这其中，技术创新是一个非常重要的因素，而研发人员又是技术创新的核心人员。这样，研发型人力资本所有者的创新活动会最终影响到企业在资本市场的股价，从而影响他们的创新收益。因而，资本市场对研发型人力资本具有较好的激励作用[1]。

（三）政府层面的激励制度安排

在市场经济条件下，各创新型人力资本面向市场进行创新活动，企业层面和市场层面的制度具有直接激励创新的作用。但是这些制度的运行依赖于良好的外部环境，但是前者不可能直接创造良好的外部环境，特别是政府对于技术创新和创新型人力资本的各种政策法规，会在很大程度上影响各类人力资本所有者的行为从而影响各机构的创新能力，最后影响技术创新体系的建设和国家技术创新水平的高低。

对于科技人力资源的激励，尤其是对于研发型科技人力资本的激励来说，政府提供制度创新是重要的激励措施。要建设创新型国家，构建国家技术创新体系，首要的就是要在全社会建立起鼓励各类人力资本

---

[1] 孔宪香：《研发型人力资本创新的市场激励制度研究》，载《现代管理科学》2008 年第 10 期。

所有者创新的制度环境。而目前我国创新型人力资本创新积极性不高、创新人才流失的重要原因之一就是缺乏人力资本激励制度。而要解决这个问题，首当其冲的就是前文提到的完善我国的技术产权交易市场，充分发挥其创断激励作用。

我国的产权交易市场从 1993 年建立以来，技术成交合同逐年增多，交易额占国内生产总值的比例也越来越高。从 2001 年到 2009 年，合同项目增长了将近 10 倍，技术合同交易额增长了近 5 倍，交易额占国内生产总值的比例也由 0.71% 上升到 0.91%。

从地区间技术产权交易市场的技术合同输入及输出情况上可以看出：我国东部地区的技术产权交易无论从合同数还是从成交金额上来看都要明显高于中部地区和西部地区；此外，还有一个明显的特点是，我国东部地区以技术输出为主，输出技术的数目和金额均大于吸纳技术的数目和金额，而中部和西部地区则恰恰相反。这也是从一个侧面反映出东部地区的产权交易市场发育较中部和西部更好，带来的结果也是东部地区的技术创新水平较中部和西部来说较高。

但我国技术市场总体上仍处于培育发展阶段，存在着基础设施建设薄弱、投入不足、区域发展不平衡、中介机构发展滞后、缺乏全国统一的大市场、市场从业人员素质不高、产权界定不明晰、信息沟通体系不健全、合约履行的制约机制低效、市场秩序混乱、法律政策体系不完善、监督管理体系弱化等诸多问题。所以为了发挥技术产权交易市场的激励作用，政府应从环境建设上提供激励，加快技术产权交易市场的培育。

（1）建立以保护专利权为核心的产权制度是激励创新的最基本制度

知识产权保护的程度决定了创新收益的多寡，如果知识产权保护的程度高，那么任何使用该知识产权的行为将产生对于创新者的收益，如果任何人都能免费使用别人的创新成果的话，那么每个人都会有"搭便车"的思想，就不会有人去从事技术创新的活动。所以，知识产权制度都能够保护创新者或者知识产权所有者的利益，使他们能够得到创新所带来的收益，进而激励他们从事技术创新活动，无论是单位内部的，独立进行的或与个人、组织合作完成的研发成果。因此，对于研发型人力资本，政府重点要建立和完善与科技相关的知识产权政策体系和支撑服务体系。积极支持专利代理机构、评估机构、法律服务机构与各类创新主体建立紧密的合作关系，从科研项目知识产权工作的方案制定、成果技术秘密保护、知识产权申请，到技术转让或入股等各个环节，实现知识产权管理服务等工作与科技创新活动的有机结合①。

(2) 健全技术产权交易市场的法律法规，提供一个良好的法律环境

在现有《专利法》、《促进科技成果转化法》、《科技进步法》等基础法律的基础上加快研究制定全国统一的有关促进技术市场发展、规范技术交易行为、保护技术交易者权益的法律法规和相关配套实施细则。进一步研究和完善激励技术创新、体现技术要素参与收益分配等原则的政策与制度，营造更加良好的创新政策环境。各级科技行政部门也应根据本地区实际情况继续完善地方性技术市场法规、政策，形成健全的技术市场法律、法规和政策体系。当然，在加强法制建设的同时还要加大执法力度，保护交易者的合法权益。

(3) 加强监管管理是保证产权交易市场健康发展的必要条件

尤其注重市场信用体系的建设，促进行业自律，杜绝"水变油"等虚假技术创新成果的进入是市场健康发展的基础。此外，要针对研发人员可能的欺诈行为，建立披露制度，建立个人信用档案制。要进一步完善技术合同认定登记制度，严格做好认定登记工作，对在实体和形式上不符合法律规定的技术合同坚决不予登记，保证技术合同法的贯彻实施②。

---

① 徐冠华：《关于建设创新型国家的几个重要问题》，人民网，http://scitech.people.com.cn/GB/25509/4879804.html。

② 孔宪香：《技术创新体系建设中的人力资本激励制度研究》，山东大学博士论文，2008 年。

此外，应积极完善技术、人才、资本、产权等要素市场有机结合的运行机制；提高技术产权交易市场相关工作人员的素质；推进技术市场与人才、资本、产权等市场的相互结合与渗透等。

三、技能型人力资本的激励

技能型人才是指那些经过专门培训，具备并掌握了必要的理论知识和较高水平的应用或者经验技术及技能，具有创造性能力，并且能够对关键性问题独当一面，主要从事操作和维修的人才。对于技能型人才，根据其所拥有的知识、技能和经验含量的不同，可对其进行分类，可分为高级技能人才（高级技工、技师）、中级技能人才（中级技工、技师）和初级技能人才（初级工）。技能型人才是科技人力资源的重要组成部分，在科技产品从研发到生产一线或从样品研发试制到新产品大批量标准化生产环节中起着重要作用。可以说，技能型人才在创新成果的应用转化当中起到了最重要的作用，因此研发型人才与技能型人才的配合尤为关键，如果仅仅是研发人员研发出新产品、新工艺，但是没有高技能人才的转化推进，技术创新也无法实现。

在激励技能型人才方面，有些运用于研发型人才的激励方法依然适用，但是激励的侧重点还是有所区别，因为长期以来社会上对他们在技术创新中的作用认可度不高，他们在企业和社会中尚处在较低地位，加之目前技能型人力资本总的来说工资水平较低，所以在企业层面上，工资奖金奖励、加强培训与参与管理是激励技能型人才的侧重点。

（一）企业层面的激励制度安排

（1）工资奖金奖励

当今出现很多高级技工短缺的现象，一些地方政府和企业开始认识到技能型人才对于企业以及本地区科技进步和经济发展的重要性，但是这并不能掩盖长期以来技能型人才工资相对较低的现实。相对应的技能型人才工资激励机制还没有形成。所以，工资奖金激励对于技能型人才来说是最直接也是最有效的方式，此外为了提高其努力程度，企业要充分考虑技能水平，根据职工技能等级水平和贡献大小，合理安排使用，在岗位测评和确定岗位薪级时。这样的安排在以制造业见长的德国非常普遍：技术工人的月平均收入超过了其国家平均收入水平，并且在企业工作几年后可以考试晋升为"师傅"，这种级别的高级技工收入明显增加，而且有权作为法人独立经营企业，开店办厂。奖金激励的效果也比较明显。对于对企业技术创新做出重要贡献的技能人才，可以根据其贡献大小，给予一定的现金奖励，这样可以充分调动他们的积极性，并起到示范作用，从而激励其他的员工不断进行技能投资，积极参与企业的各项技术创新活动，提高企业的经济效益。

（2）参与管理

让技能型人才参与创新管理，一方面满足了其不断增长的提高地位、参与管理的需求，提高其积极性；另一方面，也满足了企业扩大生产、提高劳动生产率、改进技术的需求。这主要得益于技能型人力资本处于企业技术创新链条中的生产创新环节，参与创新管理，可以使技能人才和研发人才更好地配合，及早发现问题，解决问题，从而更早开发出创新成果。这也能使技能人才取得一定的控制权，获得心理上的满足。

（3）加强培训

如同研发型人才一样，培训同样可以优化技能型人才的知识结构，提高其知识水平、业务水平等，还能够通过交流传递给技能人才最新的行业信息、培养技能型人才的创造性思维和创新意识，更好地为企业的技术创新服务。同时，对技能型人才的培训还能够使其得到认同，体现出企业对技能型人才的重视。很多企业也认识到了对技能型人才培训的重要性，比如很多企业和一些大专院校、技术学院多采取合作办学的方式，积极培训员工。并且，对技能型员工培训以后，形成的是专用型人才，又会强化双方的合作，从而形成良性循环。

此外，精神激励也是企业层面激励技能型人才的重要方式，授予某种象征意义的称号、对行为、价值观的认可与赞赏等都可以作为精神激励来激发技能型人才的创新积极性。

（二）市场层面与政府层面的激励制度安排

对技能型人才的市场层面的激励制度与研发型人才的制度有很多相通之处，主要有技能型人才市场、资本市场和产品市场等。

首先是技能型人才市场，市场存在的价值在于媒介以及价格发现的作用，技能型人才市场也在此方面发挥了巨大作用。一方面，通过人力资本市场的价格发现和价值实现功能对技能型人力资本的创新起激励作用。技能型人力资本的形成周期较长、投资较大。在这种机制下，市场就能够引导人们向技能型人力资本不断投资，并能够激发他们的创新积极性。技能型人力资本的价格发现功能可以给企业内在职的技能型人力资本收入的调整提供参考。另一方面，人力资本的流动会使技能型人力资本的产权得以实现，从而激发他们的创新热情。

资本市场、产品市场对技能型人力资本的创新激励原理同对研发型人力资本一致，研发型人力资本与技能型人力资本激励机制的相互融合和配合更能促进从产品的研发到产品的应用和生产。

在技能型人才的政府激励层面，提供良好的外部环境依然是政府应该承担起的责任。其中首当其冲的是提高技能型人力资本的社会地位。技能型人才是最近几年高级技工短缺才被重视的话题，在此之前很长一段时间内，我国流传着技术工人不是人才的说法，技能人才的社会地位较低，这不仅导致了高技能人才的短缺，更使得我国生产性技术创新能力不足，严重制约了研发成果的转化能力。因此，政府要在破除重学历、轻技能的观念上加大宣传力度，树立以能力为本的新型人才观，营造有利于技能人才成长的社会舆论氛围，激励广大技能型人才，使其能够像工程师、科学家一样，受到社会的广泛尊重。

第五节　科技人力资源的开发与能力建设

通过前文的讨论，科技人力资源（下文简称 HRST）在经济发展与创新中发挥了非常重要的作用，而对于科技人力资源的激励是在其现有能力水平下将其潜能发挥出来，而科技人力资源的能力建设则是长远之计，能长期地保证科技人力资源的创新能力，为地区可持续创新创造适宜的土壤。因此，进行科技人力资源能力建设战略是我国建设创新型国家的必然选择，同时也是世界各国的共同选择。

在实施科技人力资源开发和能力建设的时候，存在许多有价值的战略选择，主要有以下几点：第一，国际化战略。在知识经济时代的大背景下，经济以及科技全球化的趋势要求科技人才尤其是高端科技人才必须具备国际视野和相应的能力要求。第二，系统化战略。创新本身就是一项系统工程，尤其是自主创新或者原始创新，那么科技人力资源能力建设也应该是系统工程，应系统地做好系统思考和顶层设计。第三，产学研战略。该战略打破传统的"象牙塔"的心态以及"大学中心主义"，把人力资源的开发与使用紧密地结合在一起，是 21 世纪大学转型的基本途径。第四，信息化战略。同样是基于知识经济和信息社会的背景，信息和通讯技术的迅速发展与普及，为科技人力资源能力建设提供了强大的工具，极大提高了人力资源开发的生产力，改变着人力资源传统的生产方式。通过以上战略，可以最大限度地提升能力建设水平和效率，确保能力建设的方向以及竞争力。我们以下就从这四个方面来进行详细的说明，通过具体的案例、制定的理念和原则等细节来使我们更清楚地认识科技人力资源能力建设的选择。

一、基于国际化战略的科技人力资源开发

与科技人力资源在促进国际经济和社会发展中日益彰显的作用相伴随的是世界各国对高端科技人力资源培养的日益重视。各国纷纷将HRST 开发的国际化看做是保持和提升国际竞争力的重要途径，推动高层次人才的交流并着力于吸引更多的人才。在这种形势下，我国的HRST 开发也要走国际化的路子，以满足国家、社会以及企业的需要。我国虽然拥有世界上数量最多的 HRST 队伍，但并不能算是一个 HRST的强国，一方面是由于我国高等教育在 HRST 开发国际化环节上的问题；另一方面是对于一流人才吸引力不足造成的。此外，我国的 HRST开发中存在的国际化理念落后、国际化过程中 HRST 交流规模不合理等现象，表明我国 HRST 的国际化开发途径有待提升，这些方面仍然有很多需要改进之处。通过美日两国在 HRST 国际化方面的案例能够为我国的国际化战略提供很多参考和借鉴。

（一）美国 HRST 国际化战略的实施

美国 HRST 开发的国际化是高等教育国际化的一个重要组成部分，这在学生的流动、教职工的流动、课程的国际化、开展跨国教育文化交流等方面得到了淋漓尽致的体现。特别是高校接收国际学者的多寡反映了其 HRST 开发的国际化程度，进入新世纪以来，美国高校接收的国际学者人数逐年增加，2007 年到 2008 年间达到 106123 人，其中中国学者人数达到 23779 人，占到 22.4%之多。导师队伍的国际化有利于课程设计和开发的国际化，这样也有利于建立一个国际化的课程体系，同时也能使美国学生在国内得到国际化观念的教育及培训。而从外国留学生所选择的研究领域来看，学习自然科学、工程科学的学生远远大于学习人文社科的，这种国际化的战略使得美国经济以及科学技术受益匪浅，在经济方面，留学生人数的大量增加可以刺激其相关产业和服务。更为重要的是在科学技术方面，每年有很大一部分获得博士学位的留学生选

择留美，他们已经成为美国科学研究可持续发展的一股不竭动力。

美国 HRST 开发国际化的另一特色是技术多样化的国际合作交流项目。比如美国大学采取设立海外分校、联合培养博士生、合作办学、远程教育办学模式；此外，政府花费 1 亿美元建立了众多的远程教育试点单位。网络的运用使得技术传播和交流更加方便，在科学技术研究开发领域，美国高校往往采取国际化企业合作、国外学术组织合作等模式。这些模式不断提高着科研人员的国际化合作能力。

（二）日本的 HRST 国际化战略也值得我们借鉴

日本的国际化战略的主要目的是提升科技创新能力，进而增强国家的竞争力。在科技政策上日本政府主要强调四个方面：第一，提高基础研究水平，强化技术创新与科技成果转化能力；第二，增加科研人员的数量，提高科研水平并调动科研人员创造性；第三，围绕国家利益与目标，对一些战略性的科技领域进行集中投入；第四，促进科技领域的国际合作[①]。此外，日本政府一直都大力支持作为科研重要力量的大学内部研究。在日益严峻的国际竞争当中，日本大学均在审视与调整学校研究教育的国际化发展战略，纷纷把学校的科技创新能力放在突出位置，具体的国际化战略规划包括。

（1）向西方学习，引入研究经费竞争机制

以往日本大学的科研形式主要是以学者的自由与合作为主，研究内容以研究者的兴趣为导向，近年来日本政府逐渐引入竞争机制，减少了科研拨款，但是又增加了竞争性拨款，比如设立了 21 世纪重点科研基地工程项目，从而有利于国家政策对科技发展发挥引导作用。

（2）重视科技创新能力，并积极参与社会服务

日本政府在科技政策的制定过程中始终强调服务国家与社会的理

---

① 赵庆典：《日本、韩国高水平大学建设的启示与思考》，载《国家教育行政学院学报》2008 年第 2 期。

念；同样的，大学为了其自身的发展也逐渐根据国家与社会的需要对自身的战略规划进行主动调整，提高对于科技创新要服务于社会需要的重视程度。

（3）项目交流与合作，加大科研国际化

在政府的支持和推动下，日本大学特别注重国际化办学和科研合作的国际化，比如立命馆大学设立科研国际化项目，积极鼓励师生在国际刊物上发表高水平的科研成果，同时构建一流的国际科研网络与平台；此外，还设立博士后项目，为科研人员提供丰厚的待遇，以吸引世界各地优秀的博士学位获得者及科研人员。

通过美国和日本两个案例的分析，我们可以得到很多值得借鉴的地方，我国的 HRST 国际化战略也应着眼于吸引优秀的人才以及创新国际合作。一直以来，我国的教育国际化战略仅被狭隘地理解为让人才走出去，到国外学习和交流，但是同样重要的是吸引国外留学生，通过地位以及待遇等优厚条件吸引国际化的人才，否则只会加剧人才向外的单向流动，无法达到提升我国 HRST 创新能力与国家竞争力的目的。另外，虽然我国 HRST 开发领域内的国际化合作与交流项目越来越多，国内外院校之间 HRST 开发的合作科研项目、合作办学发展迅速，但是这种相对简单的 HRST 模式，只停留在国际化中的较低层次；其他的方式如在国外设立独立的跨国科研机构、多方联合学位、与工业界的跨国合作等都未见出现。尤其是上述最后一项，更是值得借鉴，美国 MIT 早在 20 世纪 80 年代就设立了实践化工工程师计划，英国也在 1992 年设立工业博士计划，其培养目标非常明确——工程师。如果这种模式的国际合作和交流成功，必将极大提高我国 HRST 能力建设的水平。

二、基于系统化战略的科技人力资源开发

科技人力资源开发是一项浩大的系统工程。拿工程教育来说，以往工程教育要做的是响应经济领域的新老技术对劳动力的需求，但是现

在工程教育必须响应快速变化的世界的多方面需求。这已经不是单个的学科或者技术能够解决的，单纯的工程技术也不再是报酬丰厚的职业或者有挑战意义的视野。故培养现代工程师的工程教育必须变革，否则"工程师将不再是社会财富的神圣创造者，而变成市场上的廉价商品"。工程师们当前要把握创新的机遇，不能一味地只为增加生产力做贡献，应用创新把新的知识用于解决新的问题和困难，用于创建新的企业、提供新的产品和服务，以及提供新的工作岗位。

美国国家自然科学基金会（NSF）的思路是"通过集成来创新"，充分体现了系统化的观点。工程的本质恰恰是为了某种目的而集成各种知识的过程，作为社会的"集成大师"，工程师们必须具有这个功能背景，以便在培育创新和财富创造的并行过程中发挥领导作用。工程师必须有能力跨越许多不同的学科和领域并把他们联系起来，这种联系往往会获得更大的成功。其中，21世纪的工程师必须有能力：①设计，并能达到满足安全、可靠、低成本、可操作性的目标；②实现产品；③创建、运行和维护复杂的系统；④了解工程对象的物理构成和工程实践所发生的经济、社会和政治背景；⑤了解并参与研究过程；⑥获得终身学习所需的知识技能。

完整的工程应当强调两组元素的内在关联性和互补性。只有具有抽象的和体验的学习方式，并控制确定性与不确定性，并能提出和解决问题，既独立又合作地工作，才能将工程科学和工程实践结合起来。

此外，MIT也提出了CDIO模式，即构思(conceive)、设计(design)、实施（implement）、运作（operate）的简称。它不仅反映了现代工业产品、服务和系统从研发开始直至衰退的生命周期全过程，同时也表达了现代工程师培训和工程教育改革的理念。因此，构建足以支持可持续创新的科技人力资源系统是一项复杂的工程，面对如此复杂的科技人力资源系统，零碎敲打式的改革和创新是很难见效的，必须借助于系统改革，免遭"头疼医头，脚疼医脚"的诟病。

三、基于产学研战略的科技人力资源开发

自20世纪70年代到80年代以来，世界范围内的产学研合作迅猛发展，尤其是近年来发展起来的校企联盟的新的合作组织形式，把产学研推向了新的高度。前文不止一次提及这种方式，产学合作是创新型工程科技人才成长的必由之路，也是科技人力资源能力建设的重要途径。

产学研的合作模式在前文也提到了，如美国的企业资助大学科研模式、企业与大学联合研究模式、大学参与企业科研模式、大学科技园模式等；还有日本的合作研究、契约研究、企业界人员借调至学术界、捐款四种模式。其中，美国的"I/UCRC模式"被认为是新形势下产学研合作的战略联盟新方式和新途径，对我国的参考意义也最大。

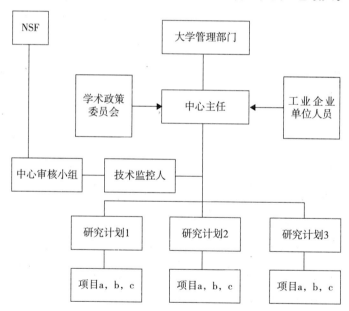

图5—12 I/UCRC 的组织结构图

I/UCRC 指的是"工业—大学合作研究中心"，是建立在美国大学校园内反映大学、工业、政府之间长期合作关系的、从事技术开发工作的一种新型产学研合作组织。这些中心虽然属于大学，但与企业界有

着紧密的联系（图5—12）。它起源于美国国家自然科学基金会（NSF）的"实验研究与开发激励计划"，现在已经成为美国产学研的重要形式，现有的 I/UCRC 覆盖着电子技术、制造业、生物科技等 11 个科技领域。

根据 NSF 在 2008 年发布的关于 I/UCRC 的组织管理的资料中，I/UCRC 的组织形式主要有三种：首先是单一的伙伴关系，即一所大学与几家企业联合形成中心；其次是多家学校与多家企业进行合作，通常多家学校中有一所大学扮演主角；再次是分布式的计划书方式，即以签合同的形式进行合作[①]。其中，I/UCRC 的管理是通过大学、NSF 与中心的工业赞助人之间的合作进行的（图5—12），工业企业向中心提出技术研究与政策咨询的需求，中心通过研究计划与研究项目的形式来满足工业企业的要求，并且要接受审核小组的审核（如 NSF 等）。借助项目，这些中心建立了非常稳固且有效的合作关系，这种合作关系充分发挥各种力量的优势：大学提供技能和知识；工业界表达他们对知识和技术的需求方向与参与市场竞争时面临的新挑战。

通过以上对以 I/UCRC 为主的产学研的分析，可以看出产学研合作系统输入的是政府、工业界以及大学的力量；而输出的则是产品、学术成果和科技人才。其中，从输入三方所处的位置来看，政府的政策支持是产学研合作发展的宏观环境因素，大学为产学研合作提供丰富的智力资源，工业界是产学研合作的工业合作伙伴，为产学研合作提供各种新问题并为之提供大量资金。而从输出方面来看，主要输出的是直接面向市场需求的产品与服务，在实现科技成果市场价值的同时，提升国家的整体自主创新水平；输出了一大批适合工业界需要的科技人才，也促进了工业界工程师的成长；输出的学术成果也为高校做出了重大贡献。因此，基于产学研合作的 HRST 开发与能力建设在政府、高校与工业界的共同努力下，定能建设创新型企业、地区以及国家。

---

① NSF, Industry/University Cooperative Research Centers: Model Partnerships, 2008.

四、基于信息化战略的科技人力资源开发

"信息的铁路已经铺过来了"，这是美国工程院前院长威廉·沃尔夫在《大学警觉：信息铁路来临》中的大声疾呼，并且这种变化将是深刻、快速和非连续的，它不但将改变各个组织的智力活动，也将改变他们的组织方式、学术运行以及管理方式。一种建立在信息化基础上的"虚拟组织"应运而生，虚拟组织是相互独立且具有核心能力的多个组织或组织单元为了达成共同的目标，通过信息通信技术（ICT）将彼此联系起来的资源共享、风险共担的动态联盟。单个组织或组织单元不具备独立捕捉并把握某一市场机遇的能力是"虚拟组织"产生的根本原因。因此产生了多个组织或组织单元联合起来把握市场机遇的需求。

虚拟组织的概念渗透于科研活动中，虚拟科研组织就是在这个过程中形成的新形式。按照分类，虚拟科研组织可以分为：单个研发组织无形化，即某机构通过网络和通信技术把自己分散在不同地点的技术资源连接起来形成的组织；多个独立企业、大学、研究所的研发资源围绕特定目标，利用计算机网络和通信工具，以关系契约为基础连接起来而构成的一个动态研发网络组织，组织成员从而可以突破时间、地域或组织边界的局限，实现设备、人才等资源的互利共享。

通过对虚拟科研组织的概念的认识，可以进一步分析虚拟科研组织的特征，具体有四种：①时空分散，跨边界，无论从时间上还是空间上来说，都是如此：空间上组织中的资源和参与者分布于各地的各种组织中，时间上同步和异步交流方式并存；②组织解雇扁平化：来自不同组织的功能单元组成扁平化且易于重构的柔性结构；③核心能力集聚：组成虚拟科研组织的各部分在其领域都具有核心能力，而虚拟组织则把各个核心能力聚集以及整合到一起；④技术驱动：通过计算机和信息通信技术来支持其运作。这种科研虚拟组织在人才培养、科技成果孵化以及知识生产和传播中发挥了巨大的作用。首先，虽然虚拟科研组织的主

要任务是科学研究，但同时也必须成为人才培养的基地，组织通过提供理论与实践相结合的机会，培养创新型的科技人才；此外，虚拟科研组织将分散的仪器设备、科研人员等联系起来，有利于交流合作，促进新知识的产生，而通过信息技术的支持，可以更便捷地将科学知识传播给普通大众。

虚拟组织的以上特征及作用使得其具备了工作效率、核心能力、组织结构、成本及风险控制等方面的优势。当今有许多虚拟的科研组织非常成功，如美国纳米科技领域的 nanoHUB 所利用的虚拟社区形式，它通过虚拟组织的形式将分布于各研究机构、大学中的计算机、实验设备联系起来，不仅让那些因条件受限无法开展研究的科学家投入了这一领域的研究，也让原本利用效率低下的实验设备物尽其用，提高了资源利用率，同时降低了成本。这一组织利用卓越科学家的参与，推动了纳米科学在研究和实践上的进步以及纳米科技的推广传播。因此，运用科研虚拟组织的形式进行 HRST 的开发与能力建设，有利于提升科研能力、提高科研产出以及人才培养。

第六章
青岛国家高新区转型升级的路径选择

第一节　青岛市高新技术产业发展方向

SWOT 分析法是一种普遍用于战略规划的分析工具。这种方法主要是对组织所在的外部环境中的机会和威胁和企业自身的优势与劣势进行分析，找到组织在市场中的地位，从而进行战略选择。其中 S 代表优势（Strengths）、W 代表劣势（Weaknesses）、O 代表机会（Opportunities）、T 代表威胁（Threats）。通过 SWOT 分析，可以把资源和行动聚集在自己的强项和有最多机会的地方，并采取措施弥补劣势和应对威胁，并让战略规划变得更加明朗。本书运用 SWOT 分析方法对青岛高新区进行分析，厘清了青岛国家高新区发展的现状，寻求"二次创业"的战略发展路径，总结出高新区发展中面临的问题和挑战，对新的政策机遇和发展背景下高新区的发展对策进行研究，并对高新区的发展提出了一些建议。

一、青岛高新区发展历程

青岛高新技术产业开发区成立于 1992 年 11 月，位于青岛市东部，规划面积 58 平方公里，现为"一区五园"模式。青岛市高新区五大功能片区的产业分工较为明确，各个园区产业特色已基本形成。高科技工业园以家用电器、计算机通信、医疗器械、生物化工等产业为主导，其中，生物制药、家用电器拥有一定的自主研发能力；市南软件园以嵌入式软件、数字动漫、互联网应用以及软件人才培训为主导，产业分包（接包）和外向型特征较为明显；青岛科技街以电子信息的展示交易、产品零售、成果转化以及技术开发等为主导，区域的市场导向和市场窗口作用较为明显，现已建成电子信息城、科技广场、颐高数码广场、宏图数码连锁等 IT 产品专业市场 4 座；新产业团地以新型材料、机械加工、家用电子、精细化工等为主导，其中，新材料产业在青岛的地位较为突出（见表 6—1）。

表 6—1　青岛市高新区内部产业地域分工

园区名称	高科技工业园	市南软件园	青岛科技街	新产业团地	高新技术产业开发试验区
布局区位	崂山区	市南区	市北区	城阳区	黄岛区
主导产业	家用电器 计算机通信 医疗器械 生物化工	嵌入式软件 数字动漫 互联网应用 软件人才培训	电子信息 展示交易 成果转化 技术开发	电子信息 现代制造 生物医药 新型材料	光机电一体化 生物制药 电子信息 新型材料

目前，青岛高新区内共有 1092 家企业，其中被认定为高新技术企业的有 79 家，拥有 5 个国家级产业基地，3 个国家级科技企业孵化器，6 家大型科研院所。2011 年，累计实现工贸总收入 1550 亿元，增长 18.5%；实现工业总产值 1208 亿元，增长 15.7%；全年完成固定资产投资 85 亿元。高新区对青岛市经济发展，特别是高新技术产业发展产生了巨大的推动作用①。

二、青岛高新区发展优势分析

（一）科技资源丰富

科技资源是实现青岛高新区"二次创业"和功能转型的重要保障。

---

① http://gxq.qingdao.gov.cn/zjgxq/yqjs/.

目前，青岛拥有各类科研机构 15 家，其中，大学 7 所、研究所 11 家，依托上述科研机构建立了重点实验室 20 余处，同时建立了相应的中试基地和产业孵化基地。重点实验室集中分布在海洋、环保、医药、家电、纺织、软件、机械以及新材料等领域。

目前，依托全市 22 家高校、科研院所和大型企业，建立了各级工程技术研究中心 24 家（新材料 6 家、生物技术 4 家、电子信息 3 家、化工 3 家、海洋 2 家、建筑工程 2 家、机械 2 家、农业 1 家、环保 1 家）。其中，国家工程技术研究中心 2 家，一是依托中国海洋大学建设的国家海洋药物工程技术研究中心，二是依托山东省花生研究所建设的国家花生工程技术研究中心。省级工程技术研究中心 8 家（新材料 4 家、化工 2 家、资源 1 家、环境 1 家）、市级工程技术研究中心 14 家（生物 2 家，医药 2 家，材料 2 家，电子信息 3 家，环保、能源、交通、化工、软件各 1 家）。此外，青岛还有科技部等 5 部门认定的国家级企业研究开发中心 5 家，即海尔集团公司、海信集团有限公司、青岛高校软控股份有限公司、青岛易邦生物工程有限公司和青岛明月海藻集团有限公司等。

目前，青岛拥有国家认定的企业技术中心 10 家，研发人员 12245 人，高级职称人员占 629 人。其中，电子信息与家电 3 家、化工 2 家、轻工 2 家、机械 1 家、运输 1 家、纺织 1 家。省、市认定的企业技术中心 135 家，研发人员 9690 人，高级职称人员占 702 人。其中，机械（含铁道，船舶）42 家、轻工（不含家电）34 家、化工 23 家、纺织 17 家、电子信息与家电 15 家，其他 4 家。这些企业技术中心成为青岛高新技术产品开发和高新技术产业发展的重要支撑。

（二）创新主体开始集聚，孵化体系逐步完善

随着青岛高新区的外资进入和产业发展，创新要素开始在高新区集聚，高新区先后引进了 IBM 软件测评中心、中船重工 725 所、一汽青岛汽车研究所、朗讯全球技术支持中心、爱立信浪潮、卡特比勒等国内外一流的研发中心，科研机构达到 27 家，市级以上重点实验室 25 家，企业科技

研发中心 20 余家，累计承担各类项目 292 项，成为产业集聚、技术储备的巨大支撑。其中，海尔集团中央研究院，拥有目前国内家电行业最大的综合性研究试验检测基地，海信集团建有国家一流的博士后科研工作站。

在创新要素集聚的同时，产业孵化体系也在逐步完善，高新区在 5 个"片区"规划建设了 7 个产业孵化平台（其中，高科园拥有科技创业中心、石老人科技创业园、生物创业园三个科技企业孵化器，在市南软件园、市北新产业团地、城阳新材料工业团地和黄岛新技术产业开发试验区，各建有 1 个产业孵化平台）；与驻青高校合作规划，建设了中国海洋大学创业园和青大科技园两个科技企业孵化器；与企业、社区合作，利用闲置厂房规划建设了企业化运作的贝隆科技创业园和益青科技创业园，使青岛高新区的产业孵化平台由原来的 2 家，上升到目前的 11 家。高新区科技企业孵化基地面积逾 25 万平方米，入驻企业 330 余家，注册资本 20 多亿元，获得专利 200 余项。良好的孵化环境促进了自主创新项目和中小科技企业的迅速成长。

（三）配套服务逐步跟进，创业环境不断完善

青岛高新区在高标准建设园区硬件环境的同时，不断创新政策支持体系，在火炬计划的引导下，不断完善青岛高新区的科技政策环境，逐步形成了完善的政策环境和运行体系。青岛高新区在市科技局的支持下，积极构建科技创新综合服务平台，具体包括：专业技术平台、投资融资平台、创业培训平台和中介服务平台。此外，还包括：青岛市中外专利信息服务平台、青岛市科学数据共享平台、青岛市科技文献共享平台等。上述配套服务的跟进和创业环境的完善，促进了青岛高新区的技术创新、产品开发，提高了高新区的综合竞争能力。

三、青岛高新区发展的劣势分析

（一）区域创新资源整合不够，区域创新体系有待完善

区域创新体系是区域内行为主体经过长期正式或非正式的交流与

合作而形成的、有利于创新发生的关系网络。青岛拥有综合性大学 7 所，研究所 10 余家，还有众多的企业技术中心，这些研究机构在学科、专业等方面有许多交叉，但同类研究机构之间的集体攻关、联合开发活动相对较少，科研机构之间的信息交流与合作较为滞后，未能以专业孵化器为单元推进科研成果的产业化。青岛高新区在空间布局上存在明显的"分散化"特征，不利于区域创新资源的整合，也不利于科研机构之间的交流和创新成果的产生。尽管青岛高新区在电子信息、生物制药、新材料、软件开发等领域拥有较多的高新技术企业，但同类企业之间的产业联系、信息交流相对较少，高新区缺乏高新技术产业的集群机制，影响到高新区的市场竞争能力。

（二）产、学、研、商合作机制有待完善

高新区"二次创业"的本质就是要通过科研成果的产业化促进高新区的经济发展，这就要求要充分发挥大学和科研机构的作用（图 6—1）。目前，青岛高新区的产业发展仍以横向的生产协作为主，原创性的高新技术产业相对较少，高新区企业与地方高校的联系相对较少，这是因为青岛市高校的科研实力相对薄弱，高技术人才相对稀缺，可进行商品化转化的研究成果相对较少。此外，企业与高校之间的合作机制也有待深化。

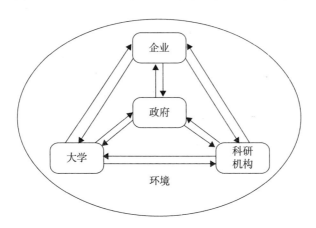

图6—1　产学研结合系统结构图

（三）园区企业缺乏专业化的分工

青岛高新区本身存在着空间布局的"分散化"特征，不利于知识在企业之间的流动（高频率流动）。由于园区内部缺乏溢出效应，因而也不利于创新的产生和高新技术企业的发展。青岛高新区布局的"分散化"也不利于企业之间的联系，每个片区（园区）内部企业之间大多缺乏产业联系，企业经济联系的外向性特征较为明显，企业大多与外部经济体形成协作配套关系，园区内部企业之间未能形成专业化的分工协作网络，高新技术企业仅仅是在园区内部扎堆，企业之间缺乏高新技术产业的集群机制，影响到高新技术企业的衍生过程和高新区的整体竞争能力。如青岛高科园（高新技术产业开发区）沿株洲路轴向布局，主导企业之间大多缺乏经济联系，仅有部分企业之间存在着配套的包装服务关系，基于知识流动和企业结网的高新技术产业集群并未形成。

（四）园区内部的生产服务和生活服务有待跟进和完善

青岛高新区配套的生产和生活服务发展相对滞后，目前，青岛高科园、市南软件园等都是一种纯粹的生产空间，园区内部缺乏一个强有力的生产和生活服务中心，餐饮、酒吧等生活服务设施普遍缺乏。青岛（市北）新产业团地和新材料团地（城阳）虽然拥有邻近空港的区位优势，但是园区远离主城区，生活配套服务设施相对滞后，不利于高科技人才的吸引和集聚。政府服务也有待转向，目前，政府的工作重点仍然放在对外招商引资和园区的地域拓展上，而忽视了对大学、研究所的吸引，而这些研究机构正是高新区"二次创业"的源泉。政府部门普遍重视对单个企业的招商引资，而忽视了对高新技术产业集群机制的培育，因而，高新区内部高新技术企业的衍生能力相对低下，园区未能形成持续的经济发展能力。

四、青岛高新区发展的机遇

(一)蓝色经济为发展提供重大机遇

蓝色经济也称海洋经济(狭义),是指以海洋资源和海洋空间为劳动对象或活动媒介、从事生产活动及关联服务的经济集合或产业系统。近几年来,随着陆地资源的日趋短缺和海洋技术的不断进步,海洋新兴产业不断涌现,出现了海洋能源、生物医药、海洋环保、海洋装备、海洋工程、海洋信息等新兴产业,海洋产业结构和蓝色经济的内涵也日趋丰富。海洋是巨大的资源宝库,依靠科技进步深度开发、利用海洋资源和海洋空间,已成为发达国家应对资源危机、开辟新经济增长点的战略举措。海洋生物医药、海洋新能源以及海洋矿产(油气)的勘探、开发、利用与保护(包括海洋仪器仪表、海洋工程装备、海洋监测与勘测)等海洋新兴产业,已成为国际海洋经济竞争、尤其是海洋高新技术产业竞争的主要领域。当前,蓝色经济的国际竞争已由传统的海洋一产(海洋渔业)和海洋三产(海洋运输、滨海旅游等)开始向技术创新推动的海洋二产(海洋高新技术产业)方向转变。

海洋科技资源结构分析和海洋科技资源优势确立,是遴选青岛海洋战略性新兴产业的重要条件。目前,青岛拥有中国科学院海洋研究所、国家海洋局第一海洋研究所、国家海洋药物工程技术研究中心、中国水产科学研究院、黄海水产研究所、海洋化工研究院、国家深海基地、青岛海洋腐蚀研究所、中国海洋大学等 28 家海洋科研与教学机构,约占全国的 32%;拥有 18 个国家和省部级重点实验室,各类海洋专业技术人才 5000 余人,其中高级海洋专业技术人才 1700 余人,约占全国同类人才的 30%;海洋领域的博士生导师 281 人,海洋领域的中国工程院和中国科学院院士 22 位,占全国的 80%;各类海洋科学考察船 20 余艘。"十一五"期间国家"863"计划中海洋领域课题,约 46% 由驻青高校和科研机构承担,国家"973"计划 17 个海洋研究项目中,有

14 个项目由青岛研究机构主持完成。而围绕蓝色经济区将给青岛高新区带来新的发展机遇。

(二)"十二五"规划的实施将进一步推进高新区的发展

在"十二五"期间,规划指出"继续全面实施'拥湾保护、环湾发展'战略,将培育和发展战略性新兴产业作为实现青岛跨越发展的重大现实选择,加快抢占发展先机,坚持政府引导、市场运作,依托政策扶持、创新引领,着力突出重点、全面协调,引导各种要素向战略性新兴产业加快聚集,推动优势产业和龙头产业做大做强,努力探索一条具有青岛特色的战略性新兴产业发展路子,推动战略性新兴产业尽早成为青岛市经济发展的先导产业和支柱产业"。明确把战略新兴产业发展到新的高度上来,并提出了目标任务,要经过 5 年的发展,"到 2015 年,战略性新兴产业实现增加值占全市国内生产总值的比重力争达到 15%左右","到 2015 年,累计实现新建科学研究和技术开发机构 100 家,新建各类重点实验室 15 家、工程技术研究中心 20 家、企业技术中心 110家。专利年授权量分别达到 1 万件以上。全社会 R&D 经费占 GDP 比重达到 2.5%,科技进步对经济增长的贡献率达到 60%以上,培育年销售收入过百亿元的企业 10 家、过 10 亿元的企业 60 家,建成一批产业链完善、创新能力强、特色鲜明的战略性新兴产业集聚区。"

"十二五"规划为高新区的发展提供了更有效的政策保障,首先,加大财税土地政策支持力度。将设立战略性新兴产业发展专项,加大财政投入,着力支持重大产业创新发展工程、重大创新成果产业化、重大应用示范工程、创新能力建设、战略性新兴产业特色园区、公共技术服务平台等建设。其次,加大金融信贷支持。加大对战略性新兴产业中小企业的金融支持力度。成立中小企业融资担保中心,推动科技型中小企业信用体系建设,鼓励中小企业成立贷款联保协会或专业信用担保公司,鼓励保险机构积极开发为中小企业服务的保险产品,发展中小企业信用保险体系。设立中小企业金融服务顾问制度,为中小企业量身定做融资方案。再次，积极发挥资本市场融资功能。其中包括完善企业上市培育工作机制，优化上市扶持政策，推动有发展活力、科技含量较高的战略性新兴产业企业上市。此外，还包括大力发展创业投资基金、强化人才保障、加强组织领导等。

五、青岛高新区发展的挑战

（一）土地资源的紧缺

1992年国务院授权国家科委批准建立青岛市高新技术产业开发区，范围包括：黄岛高新技术产业开发试验区、崂山高科技工业园和市北区青岛科技街，简称"一园、一区、一街"。其中，青岛高科技工业园成立于1992年，规划面积67平方公里，其中，包括南部石老人国家旅游度假区（占地面积10.8平方公里）、北部国家高新技术产业开发区（占地面积9.8平方公里，其中，崂山区占地面积8.8平方公里）。为了充分发挥政府的资源优势，青岛高科技工业园管委会作为青岛市政府的派出机构，从1994年开始与崂山区政府合署办公。随着青岛对外开放的不断深入和社会经济的快速发展，崂山区8.8平方公里的土地资源已所剩无几，产业扩张面临着严重的土地约束。

（二）空间布局分散要求管理体制的创新

青岛市高新区实际上是一个高新技术产业空间体系，其空间布局结构具有明显的分散化特征。目前，青岛高新区包括：黄岛高新技术产业开发试验区、崂山高科技工业园、市南软件园、市北辽宁路科技街和新产业团地。每个园区又由多个高新技术产业团地所组成，如崂山高科技工业园包括：青岛大学科技园、海洋大学创业园、民营科技园、软件产业化基地等；市南软件园包括：软件大厦、科技大厦、软件园一期、动漫产业基地、鳌山软件园等；胶州湾湾底新产业团地又包括：新材料科技工业园、青大工业园等。

青岛高新技术产业空间分散，迫使青岛高新区管理体制必须进行改革创新。2007 年，青岛市政府调整高新区管理体制，组建新的高新区工委和管委，新的高新区管委会作为青岛市政府的派出机构，享有市级经济管理权限，设立独立财政。管理范围包括：崂山高科技工业园、黄岛高新技术产业开发试验区、市北新产业团地（布局在城阳区）、辽宁路青岛科技街、市南软件园等，形成了"一区多园"模式。总之，伴随着青岛高新区地域范围的扩大，其管理体制也经历了由"总公司开发管理型模式"向"一级行政区政府型模式"再到"园区管理型模式"的转变。

第二节 基于"二次创业"的青岛市高新区发展战略

通过 SWOT 分析法对青岛高新区的现状进行分析，可以识别出青岛高新区面临的优势、劣势、机遇、挑战，得出分析矩阵（图 6—2）。

S	W
1. 科技资源丰富 2. 孵化体系逐步完善 3. 配套服务逐步跟进	1. 创新资源整合不够 2. 产、学、研、商合作机制不够完善 3. 缺乏专业化的分工
O	T
1. 蓝色经济为发展提供重大机遇 2. "十二五"规划将推进高新区的发展	1. 土地资源紧缺 2. 空间布局分散要求管理体制的创新

图 6—2 青岛高新区 SWOT 矩阵

目前，青岛高新区面临发展的重大机遇，优势大于劣势，机会大于挑战。基于以上分析，本书对青岛高新区在新机遇下的发展战略提出几点建议。

一、基于技术路线图思维的产业发展战略研究

技术路线图（Technology Road Mapping）是一种政府、企业等普遍用于发展战略选择的工具，从实质上讲是一种通过组合使用多种技术预见工具来进行技术预见的实践模式。通过总体上联系产业、产品、技术、市场、成本等因素，形成未来科技、经济社会与环境的综合判断，可以看做政府、产业以及企业进行技术创新的"作战地图"。这种工具最早被汽车行业用于向其供应商和合作伙伴展示公司的战略，此后，摩托罗拉和康宁公司把此方法又应用于支持企业的战略产品和技术开发活动。自此，技术路线图在包括政府规划的宏观层面以及产业规划的中观层面、企业规划的微观层面都得到了广泛的应用，如美国半导体行业技术路线图、欧盟氢能技术路线图、日本安装技术路线图、中国台湾地区纳米材料技术路线图等[1]。在这当中，各国也形成了对于技术路线图的看法，其侧重点也略有不同（表6—2）。

表6—2　各国技术路线图比较

国家/地区	定　义	侧重点
美　国	是对某一特定领域的未来延伸的看法，该看法集中了集体的智慧和最显著的技术变化的驾驭者的看法，一般是采用绘图的形式表达出来的，可称为这一领域可能发展方向的一个详细目录	强调结果：包含了技术发展的方向

---

[1]　陆立军、于斌斌：《基于技术路线图思维的产业发展战略研究——以浙江纺织业为例》，载《科技进步与对策》2011年第10期。

国家/地区	定　义	侧重点
英　国	是利益相关人关于如何前进的看法以及对达到的目标的看法，描述的是从一个地方到另一个地方的路径，其目的是帮助这个群体确信其有能力在合适的时候达到某个目的	强调过程：利益相关者达到一致的过程
澳大利亚	是一个全面的工具来帮助公司更好地理解其市场和做出见多识广的技术投资决策，它是一个规划过程，由行业领导帮助公司识别其未来产品、服务和技术需求，评估和选择技术来满足这些需求	强调过程：注重把产品的内容和技术的发展相连
中国台湾	是未来技术发展的愿景图，结合了知识、理想、企业、政府资源、相关投资及控制流程，对产业的技术需求提供确认、评估及选择策略的技术方案，借以达到技术发展的目的；整体而言，它是针对某一领域，集合众人意见对重要变动因素所作的未来展望	强调结果

技术路线图在我国的应用也由来已久，从 20 世纪 90 年代开始我国有关部门和地方就结合实际制定了产业技术领域的技术路线图。总体来说，我国的技术路线图主要包括三个层次：宏观层次的政府部门技术路线图、中观层次的产业技术路线图以及微观层次的企业技术路线图。三个层次的技术路线图有不同的绘制方式、功用以及相互关系（表 6—3）。

表 6—3　技术路线图的三个层次

形　式	政府部门技术路线图	产业技术路线图	企业技术路线图
绘制方式	政府主导，官学研结合	产学研结合，产业联合主导，成员共享	企业内外结合，技术总监主导
功　用	科技战略制定与关键项目选择	指引技术方向，引导社会和经济资源配置	技术经营战略的制定
相互关系	基　础	中　间	前　端

在制定产业技术路线图时应首先致力于本地特色产业原则，因地制宜，并且以市场需求作为基本导向，其产业发展规划路线应遵循"市场—需求—产业目标—技术壁垒—研发需求"。根据以上原则和综合国

内外技术路线图编制的过程，大致分为以下几个步骤：（1）技术路线图工作方案的顶层设计，包括分析产业基础，本地的技术地位以及发展潜力等。（2）调查研究社会需求，判断未来目标市场、社会发展等带来的需求。（3）确定远景目标和方向，确定这些目标和方向的战略功能，从而为构建关键技术做足准备。（4）产业壁垒调查，通过实地调查、座谈会、研讨会以及头脑风暴法、德尔菲法等方法调查阻碍产业发展目标和方向的技术壁垒，确定以后的研发需求从而筛选关键技术。（5）分析研发资源，通过研发资源的统计和 SWOT 分析的结果，并综合前几步的调查结论，明确区域内的主要研发能力、技术和特长，绘制具体的专利地图等，并对比技术地图对区域内产业技术能力、路径选择、项目布局、资源基础等进行分析。（6）在技术经济分析的基础上绘制产业技术路线总图。当前，青岛高新区的特色产业包括生物与医药、新材料领域、先进装备制造业领域以及蓝色经济领域等，这些产业的发展与技术创新息息相关，因此从企业、产业以及国家三个层面确定优先发展的地位，明确发展路径，从而有效促进创新活动，降低创新风险。技术路线图作为一种创新管理工具，能够把当前和未来联结起来，同时把产业升级与企业升级联结起来，把市场拉动力和技术推动力深入企业的创新和生产活动中，使其真正转换为推动企业转型升级的因素。

技术路线图有其一般形式（图 6—3），其中，M 代表的是产业发展态势和趋向，以市场拉动力为主导帮助决策者在复杂的技术变化和市场竞争中寻找最优的决策，如果以上作为发展战略的话，那么通过现有资源寻找产业链环节中的关键共性技术就是具体的战术（以 T 来表示），至于以战术为导向的 R&D 项目就是战术的执行者或者先锋。因此，技术路线图应是以强化和提升产业链为基础（C 代表产业链环节），围绕"市场—产业—技术"为主线，共同发挥市场和技术的双向驱动，对现有产业进行改造的形式。

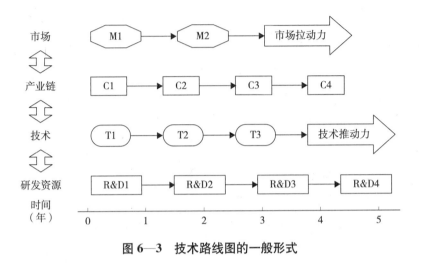

图6—3 技术路线图的一般形式

二、加快整合区域科技资源，为高新区产业发展提供科技支撑

高新区的"二次创业"就是要增强高新区的自主创新能力，提升高新区经济的持续发展能力和市场竞争能力。大学和研究所在区域创新系统中处于核心地位。今后，要以青岛国家大学科技园区建设为契机，以学科专业和科研项目为纽带，整合青岛关联科技资源，实现科研项目的联合攻关，以产生一批市场潜力大的高科技成果。要加强地方科技资源和国内科研机构的联合，产生更多易于产业化的科研成果。积极推进企业技术中心与科研机构的联合，通过资金支持和联合攻关，在生产企业与科研机构之间建立起良性互动的循环机制。而在区域资源整合方面，区域特色产业创新平台的构建作用显著。

在产业升级以及集群转型的大背景下，诸如产品平台、资源平台、创新平台等平台型效应对区域经济发展的作用越来越大。由此可见，构建一种基于区域创新平台的产业集群创新机制并推动集群转型升级成为共识。同时，进一步的研究表明：虽然现有研究已认识到区域内公共创新平台对产业升级创新的重要作用，但对前者的内涵、运行机理以及如何构建区域创新平台、创新平台的实施模式等认识不足，往往造成得出的结论缺乏现实针对性。鉴于这种情况，本书在青岛高新区 SWOT 分析基础上提出通过构建区域创新平台来整合本地资源，从而实现产业集群转型的模式。

（一）区域创新平台的内涵

"平台"的概念来源于工程学科，产生于 20 世纪初的汽车流水线作业之中，之后被引入到管理学界，形成了产品平台和技术平台两个概念，其中产品平台是由一系列子系统与各种接口组成的公共架构，其作用是能够不断地派生产品。创新平台的概念在 1999 年由美国竞争力委员会在题为《Going global: The new shape of American innovation》的报告中提出，该报告指出创新平台是"最有价值但未被充分认识的国家资产"。并指出了创新平台的内涵为：人才和前沿成果的可获得性；创新基础设施和其他创新过程中不可或缺的要素；促进理念向创造财富的转化；创新者能够回收其投资和知识产权保护[①]。技术创新对于当代经济发展的重要性在不断提高，随之产生的是技术创新平台的概念：它是将技术创新与产品平台结合起来，通过政府与企业协会的联合来引导企业管理者不断提高创新意识和能力，从而促进区域范围内的创新能力。根据以上平台的演变，根据区域创新活动的需要，面向区域产业创新需求的区域创新平台的概念随之进入研究视野。这里的区域创新平台指的是以区域内特色产业集群为对象产业和对象区域而建立的公共技术支撑平台，比如青岛高新区可以建立地级区域创新平台，而下辖的各个园区又可以建立面向各个特色版块的二级区域创新平台，前者如构架青岛蓝色经济发展大型科学仪器设备协作共用平台，后者如构架海洋生物产业科技创新服务平台等。

---

① ACC: *Going global: The new shape of American innovation*, http://www.compete.org/publication/competitiveness-reports.asp.

区域创新平台是区域创新体系的重要组成部分，是创新资源集聚、创新要素激活、知识流动、技术扩散以及科技成果转化的网络结点。也就是说，区域创新平台可以看做是促进和实现科技创新的"转化器"，它首先吸纳、集聚并整合信息、技术、知识等创新资源，促进这些创新科技资源的扩散、流动以及转化，能同时为各个创新主体提供创新服务。但与此同时，区域创新平台也处于区域创新网络当中，也是创新要素的一种，故创新平台又可以看做是创新网络中的结点。由以上论述可以总结出区域创新平台的内涵包括三个基本方面：面向需求的创新平台，那些不是由创新需求驱动的科技研发所支撑的平台不是创新平台，如以行政管理人员为主的创新平台，只能是科技类事业单位而不能称之为创新平台；区域创新平台起到连接创新体系中创新网络各个结点的作用，旨在发挥创新要素集聚、创新资源整合、知识迅速流动、技术扩散以及科技成果转化的作用；创新平台的服务和辐射范围呈"网络状"，对象是整个区域创新体系中的各类结点。

（二）区域创新平台的运行机理

前文已经提及，当前集群创新的关键在于创新网络的建立与升级，而区域创新平台是连接区域创新网络中各个结点创新功能和创新服务的"聚合体"，一方面，它能够联结网络中的其他创新主体，实现各种创新资源在创新体系内的整合、各个创新主体的协同创新，从而带来不确定的创新风险减少，创新成果转化能力提高，如同生物群落一般，在种群之间以及各个群落之间实现协同进化，进而有效维护生态系统的动态平衡。而区域创新平台的作用也与此类似，通过其"发挥的协同创新体系内部行为主体进行创新而有效维护区域创新系统的动态平衡和创新能力的持续增强，从而进一步提高区域的创新能力"[1]。

---

[1]　郑小碧、陆立军：《产业集群转型升级视阈下的区域创新平台研究》，载《科学学与科学技术管理》2011 年第 8 期。

具体来说，区域创新平台在提高区域创新能力方面的源头性作用体现在：其一，区域创新平台能够很好地集聚和整合区域内的知识、技术、人才等创新要素，实现这些创新要素在区域内的流动和扩散，推动各个创新主体间的互相学习与协同创新。其二，区域创新平台为创新主体间提供了长期的合作机制，这种合作的方式能够加深各个创新主体间的信任度，按照制度经济学的原理，有利于降低各行为主体的交易成本，提高区域创新的出成率。其三，区域创新平台同样作为信息在创新网络中的结点，可以有效减少网络中各个结点的信息不对称性，从而提高创新成功率。其四，区域创新体系中各个创新平台同样是创新网络中的结点，这些平台之间相互合作、协同创新，不断丰富和发展了区域创新网络，能够不断提高区域的创新能力和竞争力。

（三）区域特色产业创新平台的架构

在当前产业升级以及产业集群转型的大背景下，区域创新平台的架构必须要结合本地特色经济的实际需求，立足于本地板块特色经济，通过科学的规划布局以及合理安排，做好本地特色产业创新平台的架构。并且，要通过其一，投入保持多元化原则；其二，一级和二级区域创新平台之间的相互互动；其三，构建网络化的技术支撑三个层次的建设和相互作用来构建区域特色产业创新平台，对于青岛高新区来说特色产业包括生物与医药、新材料领域、先进装备制造业领域以及蓝色经济领域等。通过构建的区域特色产业创新平台形成国际化的区域创新平台品牌，使产业升级以及产业集群转型得以实现。具体来讲包括：

其一，投入保持多元化原则。区域创新平台要发挥其功能，不落入行政干预过多或者人浮于事的现状，必须保持一种多元化、市场化以及企业化的运作，这种模式必然要求其投入体系的多元化，具体行为主体包括：政府、创新企业、风险投资机构、金融实体等。与此同时，区域创新平台的公共技术研发的本质也决定了政府是区域特色产业创新平台的发动者和主导力量，因此，平台建设的启动资金以及资金主要来源

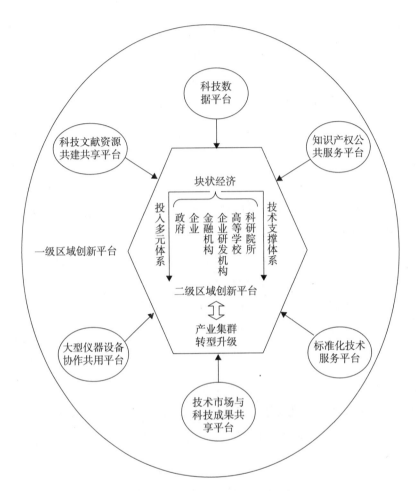

图 6—4 区域创新平台的构建

是政府的财政性科技经费。并且通过鼓励、引导中小企业以及风险投资
基金参与创新平台建设，增强他们参与区域创新平台建设的利益激励。
在日常运行经费的投入上，可以通过开展各种创新服务收取费用、承担
政府、企业委托的科技项目、政府和企业的补助等途径来获得，并且，
为了提高经费的使用效率，所有上述的平台建设和运行费用均应以市场
化和企业化的方式来运作。值得借鉴的是，成功的区域创新平台在发展
到成熟阶段以后，都是以企业为主导的，适当的进出机制可以使得企业

根据需求来进入和推出平台，而政府一般均适时退出。

其二，一级、二级区域创新平台良好互动。如图所示，区域特色产业创新平台的建设并不是闭门造车，也不是封闭的、孤立的，而是应重视各级区域创新平台之间创新资源的互动和合作。一级区域创新平台主要包括区域内的科技人才、基础设施、技术服务、技术成果等创新资源，二级区域创新平台是指各个特色产业各自的创新平台，两者之间必须相互互动才能发挥其创新的作用，例如各个特色产业的二级创新平台可以利用省（市）等一级创新平台的公共科技基础条件平台中的科学仪器设备、科技文献资源、数据平台、生物资源等条件，或者利用与其有产业关联性的特色经济创新平台的运行。与此同时，二级区域创新平台也为一级创新平台提供其优质的创新成果，从而有利于创新成果在更大范围内的转化和溢出。举例来说，某特色产业在利用一级区域创新平台中的创新资源产出创新成果后可以经过一定的程序进入一级区域创新平台，成为更大区域内的共享性创新资源，从而进一步提高创新资源的利用效率。

其三，构建网络化的技术支撑。创新平台能够良好运行，技术支撑是关键要素也是区域创新平台建设和运行的核心优势。其中，技术支撑包括两个方面的内容，首先是研发体系，特别是以区域内外产学研合作方式，还包括其他技术研发机构和知识生产单位，如科研机构、大学等。其次是服务体系，主要是包括为技术创新、技术转移和产业化提供服务的服务体系，比如说技术市场、科技中介机构、科技孵化器等。此服务体系的主要作用是实现技术创新平台需求与供给的对接，提高区域特色产业创新平台的运行效果与成果的转化速度。两者之间的关系并不是孤立的，而是两者相互协同，共同起到促进科技创新与推进产业集群转型升级的作用。

综上所述，区域创新平台的建设是一项复杂的系统工程，也是一项社会工程和社会创新。它的建设与运行的效果有赖于发挥社会各方面的力量来共同完成，一方面要发挥政府"有形之手"的推动作用；另一方面又要充分调动市场的"无形之手"的作用，不断整合创新主体和创新资源，完善投入和支撑体系，实现一级、二级区域创新平台良好互动，不断实现创新平台对于区域特色产业的推动作用。具体来说，青岛市政府首先应充分调研，有重点地选择区域特产产业创新平台的区域和产业，制定出相应的管理办法以及平台建设政策；除此之外，引入市场机制作为运行导向，形成政府和市场的双动力源。

三、引进跨国公司及国内外研发机构，促进高新区产业集群沿全球价值链转型升级

积极引进国内外大型跨国公司的研发机构、促进研发机构在园区集聚，也是培育高新区创新能力的战略举措。今后，要在电子信息、软件开发、生物制药、新型材料、专用汽车等领域，积极引进面向地方市场的研发机构，通过研发机构的集聚，使高新区成为区域产业扩散基地，将低附加值的大规模生产环节（进入产品生命周期的标准化阶段）向成本更低的周边地区进行扩散转移，促进高新区产业集群沿全球价值链转型升级。产业集群是高新区的本质特征，因此，要积极引进产业关联度较大的主导产业，促进关联高科技公司的衍生发展。

四、依托地方优势企业（产业），完善产、学、研、商合作机制

青岛拥有良好的产业基础和投资环境，通过各类技术市场，在技术成果和投资企业之间搭建桥梁，推动国内科研成果在青岛实现产业化，也是高新区实现"二次创业"的重要内容。高新技术产业发展可以通过技术入股组建股份制企业，也可依托青岛优势企业，通过技术交易（产权买断），利用其市场优势和管理优势，积极推进企业的多角经营和产业拓展，推动高新区不断实现产业升级。地方政府要通过举办和组团

参加各种技术成果交易会，为企业和科研机构牵线搭桥，吸聚更多科研成果在青岛实现产业化。

五、积极培育中介服务体系，促进高新区产业集群机制形成

高新区的"二次创业"就是要培育支撑高新区经济持续发展的高新技术产业集群机制，而中介服务体系在其中发挥着重要作用。首先，要依托高新区的各个园区，加强孵化器的专业化建设，加速科研成果的产业化。其次，要依托地方科研院所（知识中心），进一步完善产学研合作机制。再次，要尽快形成多元化的风险投资机制，大力发展专业化的信息与技术服务，为高新技术企业的衍生与成长提供金融与信息支持。最后，充分利用高新区发展的政策体系，支持科研机构、中小企业积极申报各类科研支撑计划，为其提供各类信息咨询服务，同时为申请者提供匹配的资金支持和配套服务。要积极扶持各类孵化器建设（包括企业型、园区型等），促进科研成果的产业化和高新区产业集群机制的形成。

第三节 基于科技创新的青岛蓝色经济发展战略

一、蓝色经济与青岛城市功能定位

（一）蓝色经济的科学内涵

蓝色经济也称海洋经济（狭义），是指以海洋资源和海洋空间为劳动对象或活动媒介、从事生产活动及关联服务的经济集合或产业系统。海洋产业不是一个独立的产业，而是一个集成的综合性产业，其内部存在着特定的产业结构，它包括海洋捕捞、海水养殖等海洋一产（海洋农业），也包括海洋（油气）开采、海洋化工（海盐生产）、临海（港）工业（船舶制造、石油化工）以及海洋食品加工等海洋二产（海洋工业），

还包括海洋（滨海）旅游、海洋运输、港口物流、海洋勘探等海洋三产（海洋旅游业）。当前海洋一产正在由传统的海洋捕捞向捕（捞）养（殖）加（工）统筹发展、产供销一体化经营的方向发展，正是体现了海洋产业的综合性。近几年来，随着陆地资源的日趋短缺和海洋技术的不断进步，海洋新兴产业不断涌现，出现了海洋能源、生物医药、海洋环保、海洋装备、海洋工程、海洋信息等新兴产业，海洋产业结构和蓝色经济的内涵也日趋丰富。青岛曾将旅游、港口和海洋产业并列作为未来经济发展的重点，实际上三者在内涵上存在着交叉或包含关系，这种人为分割海洋产业内在关联的表述是欠科学的。

（二）蓝色经济发展的国际国内背景

海洋是巨大的资源宝库，依靠科技进步深度开发、利用海洋资源和海洋空间，已成为发达国家应对资源危机、开辟新经济增长点的战略举措。海洋生物医药、海洋新能源以及海洋矿产(油气)的勘探、开发、利用与保护（包括海洋仪器仪表、海洋工程装备、海洋监测与勘测）等海洋新兴产业，已成为国际海洋经济竞争、尤其是海洋高新技术产业竞争的主要领域。当前，蓝色经济的国际竞争已由传统的海洋一产（海洋渔业）和海洋三产（海洋运输、滨海旅游等）开始向技术创新推动的海洋二产（海洋高新技术产业）方向转变。蓝色经济的国际竞争能力将取决于技术创新推动的海洋新兴产业的发展水平，这为我国的海洋科技创新及其成果转化、产业发展等提出了严峻挑战。

近几年来，国内蓝色经济发展也十分迅速，海洋经济产值占国内生产总值的比重，已由 2006 年的 4% 上升到 2009 年的 9.5%，海洋产业已成为我国重要的高成长性产业。蓝色经济是我国沿海地区重要的经济增长点，其中，长三角、珠三角和环渤海地区是我国海洋经济的核心区，2009 年，全国海洋经济产值约为 32000 亿元，其中，环渤海地区占 37.6%，长三角和珠三角分别占 29.6% 和 20.7%，三者合占全国的87.9%。蓝色经济的区际竞争也十分激烈，为了助推蓝色经济发展，许多省份纷纷制定了蓝色经济发展规划，如河北的"环渤海"战略、天津的"海上天津"战略、福建的"海上田园"战略、广东的"蓝色产业带"战略、广西的"蓝色计划"、海南的"以海兴岛"战略等。蓝色经济的国内竞争环境对山东海洋科技创新及蓝色经济发展也提出了更高要求。

山东是我国的海洋大省，海岸线长 3000 多公里，占全国的 1/6。全省拥有海湾 200 余处，其中，优良港湾 70 余处，海岸 2/3 以上为基岩港湾式海岸，港口建设条件优越。山东海洋自然资源较为丰富，海洋经济生物 600 多种，探明海洋矿产资源 53 种。海洋基础设施较为完备，沿海港口发展迅速，全省拥有 3 个亿吨大港。山东海洋科技资源密集，共有国家级、市级海洋科研、教学机构 56 所，海洋科技人员 1 万多人，约占全国的 50%。海洋经济基础雄厚，2008 年全省海洋生产总值 5346 亿元，居全国第二位。山东在自然条件、自然资源、基础设施、科技支撑、经济基础等方面拥有发展蓝色经济的综合优势，山东蓝色经济有望上升为国家战略，成为我国参与海洋经济国际竞争的中坚力量。

（三）青岛城市功能定位

作为山东龙头和我国沿海经济中心城市，青岛在山东乃至全国蓝色经济发展中承担着重要角色，我国参与国际海洋经济竞争和山东蓝色经济区发展战略，均对青岛城市功能提出了更高要求。当前，世界海洋经济正在由传统的海洋渔业（捕捞）、海洋运输和滨海旅游等，向以海洋科技创新为支撑的海洋高新技术产业方向转型，全球蓝色经济的竞争在很大程度上取决于海洋高新技术产业的竞争，这就要求青岛在山东乃至全国海洋产业结构转型升级过程中，要发挥重要的科技引领作用。为此，青岛城市功能应定位在：我国海洋科学研究中心、海洋自主研发和高端产业集聚中心、沿海蓝色经济中心城市。青岛在山东半岛蓝色经济区发展过程中，将起引领、辐射和带动作用。

二、青岛海洋科技资源结构分析

海洋科技资源结构分析和海洋科技资源优势确立，是遴选青岛海洋战略性新兴产业的重要条件。目前，青岛拥有中国科学院海洋研究所、国家海洋局第一海洋研究所、国家海洋药物工程技术研究中心、中国水产科学研究院、黄海水产研究所、海洋化工研究院、国家深海基地、青岛海洋腐蚀研究所、中国海洋大学等 28 家海洋科研与教学机构，约占全国的 32%；拥有 18 个国家和省部级重点实验室，各类海洋专业技术人才 5000 余人，其中高级海洋专业技术人才 1700 余人，约占全国同类人才的 30%；海洋领域的博士生导师 281 人，海洋领域的中国工程院和中国科学院院士 22 位，占全国的 80%；各类海洋科学考察船 20 余艘。

上述分析似乎表明：青岛拥有发展海洋经济绝对有利的科技支撑条件，实际上，在众多海洋科技工作者当中，大多数是从事国家公益性的海洋调查和战略性的基础研究，发表论文、出版专著仍然是其重要的目标取向，真正从事能够产业化、尤其是高新技术产业化（工业）的海洋研究比例并不大（见表 6—4）。

表 6—4　驻青部分海洋研究机构的功能分析

研究机构	研究领域	产业化前景
中国科学院海洋研究所	主要从事：蓝色优质农业，海洋环境与生态系统动力过程，海洋环流与浅海动力过程，大陆边缘地质演化与资源环境效应等	一　般
国家海洋局第一海洋研究所	主要从事：物理海洋、地球流体力学、海洋地质、港湾、遥感应用、海洋化学、海洋生物、综合技术和情报资料等基础研究	一　般
地质矿产部海洋地质研究所	在区域海洋地质调查基础上，主要开展以油气为重点的海洋矿产资源的综合研究	一　般

研究机构	研究领域	产业化前景
中国科学院北海研究站	主要从事：海洋声学、水声工程、电声学、舰船噪声、地声、噪声控制、信号分析处理及计算机应用方面的实验研究工作	一 般
中国水产科学研究院渔业工程研究所	主要从事：水产增养殖工程、渔船工程、渔港工程、渔业工程装备及应用技术设计研究	较 好
山东省海洋仪器仪表研究所	主要从事：海洋调查、实验用仪器仪表的研制及生产	良 好
山东省海洋药物科学研究所	主要从事：海洋生物制剂抗肿瘤研究、食用鱼皮（鳞）提出药用明胶研究。研制、生产的河豚毒素已打入国际市场	良 好
山东省海洋养殖研究所	主要从事：海洋鱼虾贝藻类的增养殖、苗种培育、病害防治、新品种培育和配合饲料的研制等	良 好

表6—5　青岛海洋研发中心的等级分布

级　别	研发中心	依托单位
国家级 （国家科技部批准）	国家海洋药物工程技术研究中心	中国海洋大学
市级 （青岛市科技局批准）	青岛市微生态工程技术研究中心	青岛东海药业有限公司
	青岛市生物发酵工程技术研究中心	青岛科海生物有限公司
	青岛市海藻加工工程技术研究中心	青岛胶南明月海藻集团公司

目前，青岛海洋科技仍然停留在基础研究领域，工程化的研究机构和企业研发中心数量少、等级低，这直接制约了青岛海洋科技成果产业化的进程。整合利用青岛现有海洋科技资源、进一步吸聚国内外具有良好产业化前景的海洋科研机构、企业研发中心，将是青岛蓝色经济发展的关键环节，也是政府工作的重点内容。

三、基于国家战略与科技创新的青岛蓝色经济发展战略及政策措施

（一）基于国家战略的青岛战略性新兴产业遴选

当前，国际海洋经济竞争主要集中在：海洋生物技术、海洋新能源

和海洋矿产（油气）的勘探、开发、利用与保护（包括海洋仪器仪表、海洋工程装备、海洋监测与勘测技术）等领域，传统的海洋捕捞、海洋运输和滨海旅游等一、三产业，正逐步让位于海洋生物技术、海洋工程装备、海洋新能源、海水净化、海洋监测等新的产业领域。国内海洋高新技术研究则主要集中在：海洋油气勘探开发技术、海洋生物技术和海水养殖、海洋监测技术及海洋仪器制造、海水淡化和海水直接利用技术、海洋能源开发技术和海洋信息技术等。

近年来，青岛在加快海水养殖、海洋化工等传统海洋产业改造升级的同时，围绕海洋工程装备、海洋生物技术、海水综合利用、海洋能源开发等领域开展了关键技术攻关，基本形成了以海洋工程装备、海洋生物医药、海洋新材料等为支撑的海洋科技产业。基于青岛海洋科技资源结构和现有海洋产业基础，结合国际海洋技术和海洋产业发展趋势，青岛可将海洋生物技术（海洋生物医药、海洋功能食品）、海洋新材料（海洋化工与海洋工程材料）、船舶与海洋工程装备（造船及环保技术设备）列为国家战略性新兴产业加以培育和发展。

青岛海洋生物产业呈现规模化发展。在海洋药物、功能食品、化妆品等高附加值精细海洋化工和新型海洋生物制品领域科研成果众多，在生物活性物质、海洋药物以及医用敷料等领域已实现产业化，产生了海洋生物制药、海洋功能食品以及海洋生化制品企业30多家，在海洋活性物质提取、生物制药、基因工程等高端领域，形成了黄海制药、华仁药业、国风药业等骨干企业，高科园还建立了"生物医用材料中试基地（GMP车间）"，多种保健食品、化妆品、生物药品及其中间产物正在研发或进入生产阶段。甲壳质（壳聚糖）系列衍生物加工利用产业已形成了具有一定影响力的产业规模，青岛已成为我国新兴海洋药物及海洋生化制品的重要研发基地和生产基地。

海洋新材料产业发展势头良好。明月集团、贝尔特生物科技、博益特生物技术、海洋化工研究院、城阳国家新材料产业基地等一批海洋新材料骨干企业和行业龙头正逐步发展和成长起来。胶南已成为世界最大的海藻生产加工基地、明月集团的海藻酸钠生产规模跃居世界第一位，甘露醇生产规模为全国第一；海洋化工研究院是我国重要的舰船涂料及功能材料科研生产基地，在海洋防污防腐涂料研发生产方面具有重要影响力，其技术已达到世界领先水平。该基地已建成年产水性涂料1.5万吨，配套设施完备的舰船涂料研制生产线。

海洋工程与仪器装备产业逐步兴起。青岛双瑞防腐防污工程有限公司是我国核电领域电解制氯设备的唯一供应商，其生产的电解次氯酸钠装置占国内电解制氯行业70%以上的市场份额。此外，该企业还研发成功了具有自主知识产权的船舶压载水处理装置，这是世界第十个，我国唯一获准装船的船舶压载水处理装置。省海洋仪器仪表所在海洋环境监测设备领域取得了一批成果，正逐步成为海洋工程和仪器仪表的重要研发和生产基地。

（二）青岛海洋战略性新兴产业发展路径及政策措施

（1）制定海洋新兴产业发展规划

根据世界科技发展趋势和国际国内区域环境，结合技术路线图，科学制定海洋产业发展规划，是海洋新兴产业发展的重要条件（提供发展指导）。要按照海洋科技产业的产业链和集群化发展需要，通过产业规划和创新规划，着力推进产业链发展。通过技术路线图和产业系统分析，确定产业链缺失环节，在此基础上确定产业创新目标、产业发展规划和填补短缺链条的解决方案。近期，重点抓好海洋仪器装备产业化园区和生物医药产业化园区的规划建设，将其建设成为自主创新战略高地和战略性新兴产业的核心载体。

海洋仪器装备产业化园区（高新区内）建设的总体思路是：将科研院所的技术研发优势和大型企业的产品制造优势结合起来（如山东海洋仪表所与海信集团的合作），提高海洋仪器装备的产业化规模。积极引进海洋仪器仪表研究机构（如中船重工710研究所、山东省科学院海洋仪器仪表研究所）、大型跨国公司研发中心以及相关的检测、测试和认证机构。引驻全国大型海洋仪器装备先进制造企业及关联配套企业，以国家海洋监测设备工程技术研究中心为平台，形成海洋浮标、海洋水文、气象传感器、深海探测技术和设备、海洋水下焊接材料、水声潜标、海洋遥感监测等设备产业链，建成国内一流的海洋仪器设备产业化基地。

生物医药产业化园区主要开发生产工业酶制剂、能源酶制剂、数字纱布、组织创伤修复功能材料等产品，形成生物制造产业链；开发寡糖制剂、兽用生物制品、生物农肥等产品，形成生物农业产业链；开发药用蛋白、诊断试剂、疫苗、干细胞生物诊疗技术等产品，形成生物医药产业链。组建生物寡糖、生物医药等产业技术创新联盟。建设生物技术公共服务平台，为生物医药的监测等提供技术支持。

针对青岛海洋战略性新兴产业发展需求，有针对性地实施海洋产业创新创业重点工程，重点筹建青岛海洋科技交流论坛、成立海洋科技专项发展资金、建立产学研促进工作小组、组建青岛市海洋科技成果转化与交易中心、组建青岛生物技术公共平台、建立青岛高新区海洋生物工程技术研发孵化中心、组建青岛海洋仪器装备产业化基地等重大任务工程（见表6—6）。

表6—6　青岛海洋新兴产业发展重点建设工程

序　号	工程名称	建设目标	建设主体与所属任务
1	青岛海洋生物技术公共平台	2012年基本建设完成，服务企业超过30家	1. 高新区管委会科技局负责牵头与补贴支持，并建立科学仪器设备共享平台 2. 现有企业及科研院所建立生物制品、生物医用材料等四个子平台
2	青岛海洋科技成果展示与交易中心	每年汇聚可供查询的电子信息10000条以上，推介项目、创新成果100件以上	1. 青岛高新区科技局和青岛技术产权交易所协同建设高新区交易中心 2. 高新区管委会提供场地、建设资金，对日常运行给予资金支持

序 号	工程名称	建设目标	建设主体与所属任务
3	青岛高新区海洋生物企业孵化器	建成孵化面积1万平米，在孵企业20—50家	1. 引入社会机构建设，支持其联合中科院海洋研究所、中科院过程工程研究所、中科院微生物所等单位共同建设
4	青岛海洋仪器装备产业化基地	集聚海洋仪器装备各类企业10家以上	1. 35公顷由社会机构购地自主建设，支持山科院海洋仪器仪表所与海信集团作为主体共建 2. 高新区管委会招商并由入驻企业自建 3. 高新区科技局牵头，制定促进海洋仪器装备产业发展意见
5	海洋科技专项发展资金	总金额达到2000万以上，已经开始产生重要作用	1. 由青岛市政府，高新区管委会采取共同出资形式，在高新区专设"海洋科技专项发展资金"

（2）吸引大学和科研院所

充分发挥青岛海洋科研机构密集、海洋科研成果众多的比较优势，依托青岛高新区创业服务中心大楼，建设青岛海洋科技成果展示与交易中心（包括综合服务区、展示区、查询与演示区、多媒体报告厅四个部分），展示最新海洋科技成果和专利技术产品。通过项目推介、信息发布等手段，助推国内外海洋科研成果在青岛实现产业化。通过展示与交易中心，使青岛与外省市海洋科研院所、大学、企业技术中心、产权经纪公司等建立密切联系，掌握最新科技成果及科研动向，并面向青岛企业及时在网站发布。通过青交所"国家知识产权（青岛）展示与交易中心"与北交所、上交所的合作，加强地区之间专利资源与专业优势的互补和信息共享，推动区域间专利技术的转移与转化。依托青岛高新区，联合青岛海洋科研院所、大学相关院系以及大中型企业，共同参与青岛海洋交易中心建设（挂靠青岛技术产权交易所）（见图6—5）。

（3）加强孵化器建设

首先，要加快青岛高新区海洋生物技术公共平台建设，解决青岛高新区生物医药企业的共性需求，降低创新成本，促进企业创新。海洋生物技术公共平台由五个子平台组成（见图6—6）。该平台向进入平台

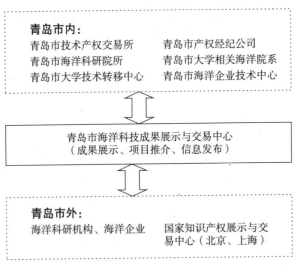

图6—5 青岛海洋科技成果展示与交易中心功能图

小试和检测的中小企业提供技术指导和咨询服务，通过科学仪器设备共享，解决企业缺乏自行购置昂贵仪器设备能力的问题。公共平台建设可采取两种方式：一是支持博益特公司和科谷公司等高科技企业以及海大海洋生命学院、黄海水产研究所等科研机构，建立经营性研发检测平台，企业及院所自建平台由其负责运行与管理，高新区设立发展专项资金，对平台建立与运行给予一定补贴。二是高新区管委会促进建立非经营性研发检测平台。管委会出面和青岛相关海洋生物实验室建立联系，建立科学仪器设备共享信息平台。

海洋生物企业孵化器要以海洋生物为专业方向，主要包括：海洋生物资源保护、海洋生物资源高效利用、海洋生物制药、海洋生物新材料、海洋生物氢、海洋生物环保等领域的产业化项目，将其打造成为我国海洋生物技术领域知名的孵化器。建设蓝色医药专业孵化器，重点开展国家基础药物、小分子药物、蛋白质药物、基因重组药物、汉方药物、海洋生物药、检测试剂及设备开发、原料药物及辅料、医疗材料及器械、生物制剂等方面的中试研发服务，最终将其建设成为具有完善服务功能的生物医药研发中心、国际一流水准的开放性实验室。

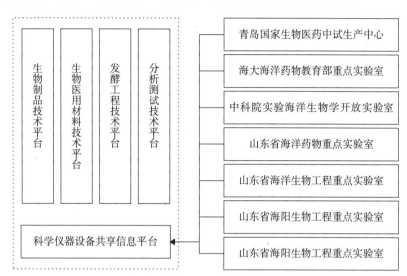

图6—6　青岛高新区海洋生物技术公共平台

进一步完善孵化器功能，提供诸如战略规划指导、市场开发服务等各种增值性服务，定期了解孵化企业的经营计划，提供个性化服务。跟踪出孵企业发展情况，评估孵化器孵化效果，进一步总结孵化策略，明确孵出标准。探索"政府引导、企业化运作"的孵化器经营机制，引入公司制经营体制和治理机构，支持孵化器管理机构直接投资或以服务入股在孵企业等形式，获取投资性收益，促进孵化器逐步由公益型机构向营利性机构转变。探索建立孵化器毕业企业的利益分成机制，加强高新区各个片区之间的合作，建立区域孵化器联盟，促进高新区内孵化器的资源共享和信息共享。

围绕青岛海洋新兴产业发展需求，配套建设海洋科技企业加速器。在加速器内建设和完善信息服务平台、公共技术试验和测试平台、官产学研（中介）互动平台、多渠道投融资服务平台、人才服务平台和国内外交流平台，为科技型中小企业快速成长提供专业化服务，推动海洋高成长企业向龙头企业发展。积极争取市财政支持，鼓励社会资本如企业、院所等投资主体共同参与建设加速器。建立引导鼓励机制，支持高新区在孵企业毕业以后，进入加速器发展。加速器推行只租不售运营制度，实现自身可持续发展。积极探索加速器退出机制和区域合作利益机制（见图 6—7、6—8）。

三个保障：
开放的、可快速拓展的空间
优质的高增值配套办公和生活设施服务
优惠的、远瞻性的政策服务

四大平台：
专业化研发平台
规模化融资平台
开拓型市场网络平台
高端人力资源培养引进平台

六类服务：
全方位商务服务　　开拓性会展服务　　深层次财务服务
深层次法律服务　　合作性咨询服务　　互动的信息服务

图6—7　海洋科技企业加速器服务体系

进入机制	退出机制
潜力企业：刚从孵化期毕业、具有较大发展潜力 快速成长企业：具有上市潜力或有上市需求	积极退出：进入加速器满5年、发展极快；专利数、利润和收入增长率达到一定水平 消极退出：租赁空间企业不再续签合同，购买空间企业不再享受优惠政策

图6—8　海洋科技企业加速器企业进入与退出机制

（4）构建产业发展的服务体系

高新技术产业发展需要特定的服务体系，具体包括：人才引进、风险投资、项目评估、市场调查、标准认证、质量检测、会计、律师等服务机构。其中，人才引进、风险投资对海洋高科技企业的衍生、发展最为重要。首先，要建立海洋产业师资库，在青岛高新区设立人才引进与交流平台，帮助科研机构和用人企业发布信息、引进人才、交流人才。

其次，要以青岛市技术产权交易所为载体，建立青岛市知识产权交易平台，围绕知识产权交易，为企业提供知识产权咨询、知识产权评估、专利信息检索、专利交易、法律援助、行业培训和资格认证等服务。再次，要依托青岛高新区（科技金融大厦），建立由投资平台、贷款平台、担保平台和信用平台组成的多层次、多元化投融资服务体系，重点吸引银行、保险、风险投资、担保、股权转让等金融机构和服务机构入驻，为海洋高科技企业提供系列的科技金融服务。

适应海洋高科技企业在种子期、起步期、成长期和扩张期的资金需求，形成由天使投资、创业投资、股权投资和银行贷款所组成的融资体系，促进高科技企业做大做强。充分利用青岛高新区种子基金，为海洋高科技企业的衍生、发展提供资助和补贴，具体包括：形成知识产权的资助、商业可行性论证的资助以及技术合作、信息获取和管理咨询补贴等。以种子基金为依托，以中介机构为主体，建立天使投资网络，帮助初创企业与天使投资人之间建立联系，吸引天使投资人投资海洋高科技企业。要加强与国内知名创业投资机构的合作，共同建立创业投资联盟。针对创新创业主体的个性特征和发展阶段，构建企业信用体系、培育新型金融机构(科技银行）和新型业务模式(科技保险、产业链融资)。设立海洋科技发展专项基金，促进海洋科技发展及其成果转化，专项资金包含两大类四个项目（见表6—7）。积极承接国际服务外包，引进发展科技型服务机构，如培训、中介、咨询、法律、物流、营销等，为园区高科技企业的培育与壮大提供配套的服务支撑。

表6—7　青岛高新区海洋科技发展专项基金

类　别	名　称	功　能
创新资金	海洋科技创新补贴资金	1. 设立海洋科技创新，用于补贴相关企业、院所进行产学研合作 2. 海洋生物平台建设与运行补贴 3. 奖励企业获得专利、标准以及驰名商标

类　别	名　称	功　能
投融资资金	促进海洋企业上市扶持资金	1. 成立"促进企业上市办公室" 2. 对海洋科技企业改制上市等中介费用给予补贴
	海洋科技产业创业引导种子资金	1. 与海洋科技企业孵化器联合设立 2. 面向创业型中小企业投资 3. 引导社会资本进入海洋科技创业投资领域
	海洋科技产业担保补贴资金	1. 为海洋科技企业提供担保服务，引导风险投资机构、金融机构对海洋科技企业给予积极的信贷支持 2. 通过向担保企业给予补贴，支持海洋科技企业以知识产权向担保机构申请担保

（5）构建海洋新兴产业功能体系

围绕海洋新兴产业发展，实施科技招商和产业招商。首先，在研究全球海洋产业及其分布的基础上，大力引进和培养海洋产业管理者，结合青岛海洋新兴产业发展需求，了解海洋产业关键技术的全球分布。其次，勾勒出海洋新兴产业的重大（龙头）骨干企业、快速成长企业与隐形冠军企业在全球的区域分布。第三，描绘海洋新兴产业投融资主体的分布情况，掌握对这些产业集群发展具有重大带动、引领作用的创新创业企业家、关键技术人才以及战略管理人才的全球分布。最后，根据这些产业的全球分布图，确定青岛海洋产业位置，并结合产业发展需求开展定向招商，保证青岛海洋新兴产业获取竞争优势。

（6）加强国际合作，推动海洋新兴产业发展

要帮助本地海洋高科技企业了解国际、国内最新动态，以税收优惠、资金资助等手段，支持企业积极承担国家"863"计划项目、国家科技支撑计划项目等，逐步将其培育成为我国海洋新兴产业参与国际竞争的"国家队"。要优化园区软硬环境，吸引海归人才开展国际研发等。以财政、税收优惠政策，重点引进日韩研发机构和服务企业。利用青岛国际化环境优势，加速引进国际海洋高新技术，结合青岛高新区创新融资体系建设，把国际科技合作园打造成为高水平国际海洋技术中心。促

进青岛高新区服务中心与全球商务组织、跨国公司建立商务联系和便捷通道，加入国际科技园区协会、国际产业协会、欧盟创新驿站网络等，建立青岛高新区与全球性、区域性、行业性国际经济组织、产业协会等机构的交流合作，通过互设办事处等形式，搭建青岛与国际企业的合作平台。

附 录

附表 1 国家高新区发展水平差异

地 区	年末从业人员（人）			大专以上（人）		
	08	09	10	08	09	10
北 京	891560	940910	1096562	567987	648767	736001
天 津	200439	224497	247612	76351	87597	104668
石家庄	79755	81046	80673	33240	37326	42653
保 定	42966	51061	59171	16540	20791	24895
太 原	89725	97610	101299	38181	43945	47034
包 头	99951	106267	109273	30182	37616	44254
沈 阳	105724	117375	124903	56197	66951	72128
大 连	192202	206792	183216	92883	99739	105164
鞍 山	83309	80468	81921	18421	19739	25627
长 春	100976	103497	107091	39318	45207	48012
吉 林	85997	94645	105064	29315	32718	37767
哈尔滨	104371	121942	116911	30447	45876	48082
大 庆	85634	84751	86428	24280	27579	27701
上 海	241603	251357	308800	118428	132056	178797
南 京	115331	118577	148953	44174	48154	67612
常 州	117383	135142	145115	30925	36191	40582
无 锡	234963	227042	263042	50197	62769	97683
苏 州	278072	239715	249784	59923	58994	62884
泰 州			29951			9760
杭 州	119071	168490	201125	72693	100324	121418
宁 波	62666	69535	82518	26859	28831	29603
合 肥	87659	99977	113430	36182	43897	55687

地　区	年末从业人员（人）			大专以上（人）		
	08	09	10	08	09	10
福　州	52045	49664	60993	18215	19943	23242
厦　门	72837	74639	87558	20874	25569	22717
南　昌	78272	80797	80645	44683	33793	43454
济　南	84259	112314	120596	43375	64272	69475
青　岛	34974	59787	64755	24557	26090	32032
淄　博	102719	108058	115072	30606	44163	55605
潍　坊	98221	98965	99344	29811	49580	65840
威　海	65884	74373	75656	21451	24989	28153
郑　州	80786	87953	96642	61198	65365	72097
洛　阳	64632	68176	80264	28663	37239	44698
武　汉	185123	233181	295821	105027	129541	160203
襄　樊	54084	61487	70211	19114	20374	23291
长　沙	134252	147829	164552	63378	64926	74540
株　洲	52458	62868	75723	21432	26086	32919
湘　潭			73771			31765
广　州	177694	212776	291734	86320	111488	139205
深　圳	228249	235094	272972	113766	133145	169366
珠　海	168360	165542	193017	30061	34244	37803
惠　州	106326	89434	94936	13266	18677	16979
中　山	75186	73395	86322	34469	37209	36092
佛　山	88204	144935	177835	18530	33430	40890
南　宁	66141	91127	108400	24449	30146	35964
桂　林	72005	69289	74338	17544	19960	22750
海　南	23316	23387	24041	6229	6868	6557
成　都	193636	206677	227008	97148	115341	134946
重　庆	130851	190052	189687	47939	56418	57711
绵　阳	87637	88382	101826	19147	21587	29786
贵　阳	59156	90062	96536	16432	22877	20010
昆　明	40988	59818	61817	13473	17662	28624
西　安	233802	255279	275141	135112	165802	188591
宝　鸡	77817	90907	100703	25629	31207	33208
杨　凌	14959	14978	13753	5448	5472	4587
兰　州	38810	62271	75805	16943	20628	24958
乌鲁木齐	19130	61115	34198	6338	8606	11860
合计 Total	6502370	7165307	8104514	2753350	3247764	3847930

（续表）

地 区	中高级职称（人）			企业数（个）		
	08	09	10	08	09	10
北 京	169128	157290	170786	18611	18437	16948
天 津	23420	22741	22243	2640	3071	2779
石家庄	11793	19633	20064	517	510	500
保 定	4469	4136	3722	138	158	159
太 原	17976	18582	19191	730	846	891
包 头	11480	12769	13079	474	559	573
沈 阳	17354	19871	19803	857	825	813
大 连	32742	34567	34011	1795	1811	1757
鞍 山	11463	12590	14585	440	443	535
长 春	14652	14383	12715	869	871	885
吉 林	12917	15074	15753	623	712	742
哈尔滨	15663	19823	18467	459	478	479
大 庆	12708	14919	13953	360	390	400
上 海	29658	29816	35673	827	868	1403
南 京	11688	14953	16494	235	232	253
常 州	8268	8244	8148	731	975	1072
无 锡	12269	12740	19541	608	716	1075
苏 州	14353	10090	10735	631	780	1022
泰 州			2106			224
杭 州	15041	17817	24504	785	1325	1589
宁 波	5967	6722	6895	313	327	318
合 肥	11885	12939	15621	315	370	398
福 州	4387	5467	5053	203	195	178
厦 门	3251	3185	3830	220	250	290
南 昌	13215	9619	10211	280	282	285
济 南	13329	16635	20850	412	445	522
青 岛	10173	10316	11353	119	127	138
淄 博	9422	10892	14020	258	390	426
潍 坊	9919	25716	26623	302	310	326
威 海	7241	8597	8773	191	215	211
郑 州	13821	14821	15901	561	591	615
洛 阳	13050	14323	16190	325	380	460
武 汉	46945	55471	58378	1214	1739	2194
襄 樊	9950	10266	11209	157	255	275

地　区	中高级职称（人）			企业数（个）		
	08	09	10	08	09	10
长　沙	19299	19884	20561	703	756	720
株　洲	7415	8168	9702	175	181	202
湘　潭			6436			232
广　州	21348	25267	29235	1543	1819	1751
深　圳	36258	34927	76844	349	381	399
珠　海	7859	7573	6578	572	621	521
惠　州	2960	2939	2964	159	153	158
中　山	6033	9220	13213	385	376	423
佛　山	4749	7249	5765	101	411	443
南　宁	12304	11446	11595	345	608	686
桂　林	6656	6271	6179	252	261	277
海　南	1100	1282	1106	124	119	122
成　都	38625	42945	36218	1253	1306	1398
重　庆	14852	17475	16227	467	507	520
绵　阳	5759	4349	4528	118	112	114
贵　阳	5267	6975	7511	108	112	121
昆　明	4315	5730	8231	133	148	240
西　安	60481	69860	74367	3500	3822	3471
宝　鸡	11984	12306	12965	307	338	372
杨　凌	2235	2188	1583	104	103	126
兰　州	6103	8557	10420	392	407	451
乌鲁木齐	1937	2286	2853	182	208	210
合计 Total	897136	971904	1085561	48472	52632	53692

（续表）

地　区	工业增加值（千元）			净利润（千元）		
	08	09	10	08	09	10
北　京	69000000	71930000	75060000	61043171	60472271	95669412
天　津	20245196	23984317	40720491	11586708	15101653	18212334
石家庄	13224123	17508598	19596748	2753546	3552428	3962058
保　定	6345958	8074823	12298306	2829499	3416768	3399210
太　原	18962263	22379191	24178524	3340922	3504489	3940341
包　头	17821160	23811414	27723073	2892266	1526879	2820230
沈　阳	20308672	24150921	28044078	6532366	7819332	6502787

地　区	工业增加值（千元）			净利润（千元）		
	08	09	10	08	09	10
大　连	26204068	31544934	31806548	5841891	6714680	9230461
鞍　山	10107724	13081769	22697870	2153194	2997007	4690709
长　春	38796002	32743366	46895174	8705363	9441585	17443754
吉　林	20666539	22117428	24823327	2132942	2816509	3340644
哈尔滨	13001298	20219989	18546894	3873545	5829248	4412580
大　庆	13677105	17100687	20602993	2710699	3278680	3771410
上　海	59787359	63513825	63776053	23780328	19738312	29949842
南　京	31795035	27679992	45061929	9700474	3073468	11282447
常　州	18366450	22729662	29706211	4373920	5539239	6262699
无　锡	51761800	47077756	57869782	13592683	10763036	12889075
苏　州	42870149	48098549	46907142	8309811	8776300	9358498
泰　州			10675719			1945012
杭　州	14589342	20830140	24275771	5822874	8500290	10151182
宁　波	14364999	15257611	16725234	3494181	4063398	4764290
合　肥	24368176	29044285	37408872	5113874	5834103	7413125
福　州	7077139	8169511	1O805159	1393474	1803305	1787308
厦　门	20883725	18267279	19384555	5465117	4022401	4495369
南　昌	16414086	18109978	20153750	2926492	3525659	2573526
济　南	16850175	21238892	27821710	2286632	7067723	9412802
青　岛	12627545	16536496	17553366	2817568	3008267	4478030
淄　博	21166292	21723900	29206551	5713805	1357833	3442892
潍　坊	19154461	24956180	26853582	5200167	5865853	6355844
威　海	16966546	20142448	22652760	3057722	3620168	4261923
郑　州	17879565	21471467	26373269	4719732	5476815	6681972
洛　阳	10422403	15004059	21006977	2512833	3724671	4369620
武　汉	39951683	53099604	66728910	8868359	10412247	13241069
襄　樊	10810626	14020946	18505499	2141172	2340407	2878953
长　沙	23764131	26214370	35478859	5321230	5337813	9738765
株　洲	10054213	13249625	18670989	1390238	1406810	2397540
湘　潭			11381962			1460136
广　州	26592919	31494742	46746770	8677962	8333814	12038651
深　圳	38968184	49016927	59937367	9306980	11542400	14758570
珠　海	16124700	16073862	21988486	5243923	4429097	5177138
惠　州	12886922	11704688	13604562	1871617	1155876	2006333
中　山	16916338	19316580	21148492	2938441	3569588	3150811

地　区	工业增加值（千元）			净利润（千元）		
	08	09	10	08	09	10
佛　山	10845583	28380333	36885815	2664188	3964597	4926650
南　宁	8401417	12171762	15285929	2582857	2651863	3650158
桂　林	8097154	9935903	11005038	2068930	1772345	2069142
海　南	3703156	3213135	2892607	1557820	534438	748164
成　都	4097381	52030084	60571728	11313231	13315510	14711829
重　庆	15162156	20491818	18433648	2907721	3242677	3685205
绵　阳	7315324	8619642	14219618	739006	841927	1399455
贵　阳	5387760	7020483	7834319	739765	227044	804177
昆　明	7003705	8493876	12897324	1564176	2375710	3355907
西　安	42235245	48639573	64210083	10873108	12311459	14719380
宝　鸡	12119586	17083887	21008643	2949238	4036433	4170056
杨　凌	1861122	1996236	1349976	236118	206169	59862
兰　州	4663919	7286497	10655161	2182904	2705253	2430457
乌鲁木齐	2007482	2643681	3013202	718021	1472010	3805789
合计 Total	1071542588	1250697721	1541667405	315934810	330417858	446535859

（续表）

地　区	上缴税费（千元）			出口创汇（千美元）		
	08	09	10	08	09	10
北　京	42865624	50395521	66155279	19713972	20735378	20823347
天　津	7436601	9827508	11371586	3623210	4175050	3506757
石家庄	2582565	3354472	5358222	430898	481441	512805
保　定	1161249	2363545	2446087	1152522	1819510	1644505
太　原	4905842	5843237	6489271	237011	372344	200127
包　头	2150871	2707076	3807332	459916	531814	558504
沈　阳	5873541	6940322	6869816	955461	985124	1552292
大　连	4522576	5444131	6055715	4619480	5046458	3924095
鞍　山	2287297	3097283	3938578	166855	189211	290039
长　春	8824117	14229602	16868816	159126	116403	543393
吉　林	3759479	4134335	4556225	201862	254751	398459
哈尔滨	2890520	5597575	4884544	290117	520965	361588
大　庆	2534096	3368431	4671868	72887	107315	106691
上　海	14470957	16831614	25254020	8356464	20900881	21466093
南　京	5719911	7783078	11699084	7734489	7258644	5925779

地 区	上缴税费（千元）			出口创汇（千美元）		
	08	09	10	08	09	10
常 州	3226253	3890611	4322779	2349615	3099638	3415838
无 锡	5734631	6474674	6220209	15906308	17346779	15483304
苏 州	4987202	6358020	8028196	25961952	23615788	17177316
泰 州			2386060			567988
杭 州	6183841	8030972	9266408	7117378	4455428	3789734
宁 波	2894478	3037933	3417511	2880975	3820460	4589455
合 肥	11272064	12659476	15600941	866837	1032058	1001006
福 州	767713	1141383	1174453	1019006	1438112	1762754
厦 门	4338335	5164198	5727159	5709224	7665260	8021180
南 昌	5901248	6445929	6887280	440429	479988	646773
济 南	6364612	7607514	9095138	1563356	1884248	1535475
青 岛	2381145	3721609	4156053	2006447	1808002	1679139
淄 博	6689424	3405048	9144526	1044589	1255281	1302209
潍 坊	3475808	3526031	4138115	1071959	1453414	1477365
威 海	2991866	3543411	3875726	3163053	3744721	3272518
郑 州	4209783	4878474	5863666	307671	435645	260930
洛 阳	2746883	3685830	3971536	619118	882805	787459
武 汉	6534928	8918190	12143359	568374	1104383	2517573
襄 樊	2774259	2826905	3206092	196542	389159	298920
长 沙	3886344	4752246	6737182	861936	1185053	870472
株 洲	1723754	2379884	2344374	405828	316996	543251
湘 潭			1929684			2210342
广 州	5462030	6184607	8494361	8563538	10748921	13777823
深 圳	9191475	11972182	13838575	9507451	11231345	12358109
珠 海	1750201	1880977	3728904	9751629	10434041	7502590
惠 州	1181143	1112140	1389013	6384095	5585086	5154106
中 山	17998330	2418196	2192153	3860994	4699490	5302283
佛 山	1445159	2833776	3646514	4077244	5930181	6395269
南 宁	1783450	3048690	3014837	144119	260578	235847
桂 林	1996597	2080340	2168697	400549	532051	542720
海 南	1259767	1035765	1093402	202032	174474	457979
成 都	7920526	10027673	10817400	2234263	4593987	7094083
重 庆	3122968	4564305	4838765	919187	1188555	646938
绵 阳	1137496	1271386	1716842	621501	853743	745628
贵 阳	1126656	1738422	1643158	233208	240454	474518

地　区	上缴税费（千元）			出口创汇（千美元）		
	08	09	10	08	09	10
昆　明	2159770	2432858	3761565	747229	528738	1260165
西　安	13941937	15764717	16972478	1927114	2188721	2536676
宝　鸡	2982924	4215754	4914011	3622726	437102	452305
杨　凌	118488	115112	170767	48555	185795	95887
兰　州	1499195	2084158	4227641	63447	76887	82605
乌鲁木齐	458639	723626	765950	528418	725163	580807
合计 Total	261406568	319870752	399457923	172812166	201523819	200721813

（续表）

地　区	年末资产（千元）			年末负债（千元）		
	08	09	10	08	09	10
北　京	1497760383	1439322777	1886857837	758502844	750934731	982870559
天　津	161612556	217210549	310088656	77473573	109604741	161414786
石家庄	58454074	78975038	89433380	37180528	52394105	49089231
保　定	38423265	52100898	72328631	19069863	27594399	41878710
太　原	77524838	88637543	111395730	50611557	57100399	74180919
包　头	68894794	84783456	100651923	41993531	52643102	61513410
沈　阳	123162530	148736672	157077553	71565327	85175699	84523532
大　连	150975057	166893731	175401303	82838629	93501131	103518112
鞍　山	32301518	37062020	45168595	22233338	26023729	30340220
长　春	88736189	104233085	120176020	45013629	55584439	60536993
吉　林	60091561	67228366	75487064	22674237	24393331	28102992
哈尔滨	114614564	185513592	159374941	7408702	125765377	105942826
大　庆	48857573	53548839	50925281	28192117	29039998	30010554
上　海	309418083	329521205	501868118	153859041	156017797	220054978
南　京	136309466	138187738	170423617	72091662	75326723	92712061
常　州	67774901	85250032	99891089	40540349	51150756	58384074
无　锡	173568609	196371258	209109127	99476459	103059247	104424969
苏　州	12868647	143973649	160784572	74760546	74931304	80668350
泰　州			22336747			8146497
杭　州	109328870	156820031	210066812	63341174	88654291	119564378
宁　波	53489149	68263875	69499042	31532472	32817178	34028551
合　肥	83809883	97611164	120165768	41571293	52025177	64806160
福　州	28885372	29732780	35551427	15884132	15609909	18252641

地 区	年末资产（千元）			年末负债（千元）		
	08	09	10	08	09	10
厦 门	47752837	56796078	61536236	33523297	40848812	43156640
南 昌	54911918	70584921	68150851	32195550	39255416	42702074
济 南	76196816	118077602	134284705	39654489	65196297	75144420
青 岛	40299085	54537799	65134531	19311033	30734777	35175305
淄 博	70718452	96179782	11783824	27434969	39577513	47910977
潍 坊	57613359	66368890	121408992	3530304	38538471	64778735
威 海	35259746	42002813	50536886	19784062	22129153	23255002
郑 州	63686306	78131438	96105504	30912067	36300409	35814052
洛 阳	50473204	73793206	91492653	31737864	40262209	53342328
武 汉	151527618	207337857	280023842	79484117	118463051	165757127
襄 樊	37099210	42269876	51739085	19191007	22932566	29745435
长 沙	108476165	135763418	163560088	62131068	80454660	97614745
株 洲	36602160	42505110	57989709	21492634	25491922	36689698
湘 潭			58893866			39238994
广 州	157763293	193787089	267748469	92657506	113749450	149957295
深 圳	150611848	188123276	231516586	87929419	108437365	134428686
珠 海	59362683	72048569	134175683	33286103	44736738	97565817
惠 州	30984808	30622956	37113950	20985572	19852716	24709686
中 山	45621025	44796929	49332271	27235288	23751659	26810700
佛 山	32593545	69455877	84777332	21508275	40946306	52165664
南 宁	22642821	38772126	54055872	13643515	24350646	34115644
桂 林	30569640	33467198	36304193	18097041	19739402	18906946
海 南	18646899	16542400	18914433	9463437	6996849	8299329
成 都	158304799	238963007	320049545	78034120	112140355	124803050
重 庆	72273924	115489676	132696942	42709339	65303718	73433339
绵 阳	34128279	44725479	53951824	18946944	26499608	34626503
贵 阳	27126284	40644264	48268192	14043702	24607509	26186339
昆 明	50367276	64337440	93743175	32695112	41563357	59639023
西 安	273504010	342095525	391857889	158211127	199559335	219203957
宝 鸡	46372662	64921535	76399257	25654310	35104857	41040884
杨 凌	11804429	12224070	12905212	6579444	6923261	8203567
兰 州	41877533	60746072	149869552	23653092	34460459	43600710
乌鲁木齐	15984470	19780900	28574864	8610842	9798222	15439135
合计 Total	5723839226	6745871476	8595059246	3110592713	3698054631	4598427309

（续表）

地　区	总收入（千元）			技术收入		
	08	09	10	08	09	10
北　京	901569986	1022244426	1299508956	147321115	169343343	209368948
天　津	125019547	173677888	232193394	13798146	28446225	26012692
石家庄	64172489	82217061	93530473	985225	4528233	6127532
保　定	32747770	40641529	52356910	3685	21741	23581
太　原	78588943	94907426	107809051	4179214	5293554	6379208
包　头	54757544	76227143	90807152	820751	1269789	1487688
沈　阳	108284321	130034114	150154061	16005475	19206064	22299798
大　连	113472822	140790616	135290285	12546985	14539595	16443392
鞍　山	45248799	64408929	80853186	1809151	2728729	3464218
长　春	142674355	166089490	194700728	1175263	1524672	1159561
吉　林	72005153	83044906	93078465	1219948	2011070	1742764
哈尔滨	72767508	112310647	1O0874766	222638	266556	461143
大　庆	54905603	65896347	76078847	1180538	3359402	3132161
上　海	358117127	395068104	486699509	20961228	23597914	21421464
南　京	211291089	248040281	239042633	4450847	1223695	3641972
常　州	80262678	100561883	120768025	433452	421451	212461
无　锡	216674352	235137914	250882234	401585	377647	654444
苏　州	190113904	194113592	200223499	6392484	7896193	8238817
泰　州			35515763			66571
杭　州	130334652	144434427	157640206	25020964	34201227	41158968
宁　波	72077522	84825060	93734214	5746299	6750661	6793319
合　肥	72257162	87420739	107362857	5350559	6389215	8170535
福　州	30663981	36840104	41167577	619393	504462	780429
厦　门	80202652	91472340	96734532	256135	415135	287317
南　昌	55385374	59828900	66886051	1204359	2436947	1247047
济　南	78071542	111673914	120379056	1618733	22657966	25737364
青　岛	60718656	79484809	102108053	574675	574822	919508
淄　博	81714196	102015475	123662187	2035979	2496468	7375393
潍　坊	80478510	94675421	103070611	350485	2313677	830469
威　海	59941719	70746317	78554853	81994	96015	105152
郑　州	65744740	79705332	98055478	5119885	6159634	6806532
洛　阳	50198697	65111683	75291410	2173700	4540127	5747324
武　汉	130635824	175998582	226140990	9800522	16810251	19695706
襄　樊	43647028	55239468	67508613	3521990	3209042	6526040

地 区	总收入（千元）			技术收入		
	08	09	10	08	09	10
长 沙	100060289	125001531	150064769	2171019	1088133	692984
株 洲	33822015	41736359	61563292	149760	191618	156701
湘 潭			50986682			34887
广 州	162833310	198524229	266562691	20542045	25228652	41728042
深 圳	193078486	219458114	266866813	1064592	1110227	1039175
珠 海	101287765	104999826	117347332	223762	516995	1087214
惠 州	69975924	64690985	63096387	0	24890	1470
中 山	74449903	81751252	86214761	59216	30362	34769
佛 山	55552531	115698577	150500052	401751	727977	801653
南 宁	40757079	49767452	58026729	8559816	8170550	6331118
桂 林	27881448	31538677	32200496	105250	87988	131727
海 南	18834226	16721225	17125942	12171	5647	756
成 都	148371301	198304336	227089515	18631924	22391954	16220197
重 庆	65429280	89821568	86295939	12764883	16628193	19949320
绵 阳	43530503	42635329	47551294	5186	6194	14960
贵 阳	20938236	28370387	33908170	722694	637693	734420
昆 明	47600885	59667182	75050376	167261	488829	691833
西 安	188749913	241454993	313663497	25565828	26045177	36407034
宝 鸡	42272825	60909187	75121513	259268	167883	213366
杨 凌	5036312	6543403	7353576	14275	13955	4508
兰 州	25185591	40063283	65069381	355200	435055	647201
乌鲁木齐	12122304	16026472	20370305	280303	789228	600979
合计 Total	5492516271	6598569234	7870694137	389439606	500398722	592043832

（续表）

地 区	产品销售收入			商品销售收入		
	08	09	10	08	09	10
北 京	511676191	522923873	591404727	191262607	239891427	368938497
天 津	92348576	124549923	184972493	5014511	7207025	14701227
石家庄	48529040	57920041	67947662	12553249	18257220	16623585
保 定	32044469	37770385	50345972	2575	1911622	26066
太 原	70809424	85611103	94553259	1503287	1485541	5310715
包 头	52699697	72155046	8724013	363313	661439	30740
沈 阳	85636970	101164729	121290126	5630254	6793628	4916720

地　区	产品销售收入			商品销售收入		
	08	09	10	08	09	10
大　连	91477607	113232571	104076857	3100583	3235554	5065191
鞍　山	42126477	59459892	75725046	329061	169054	198560
长　春	133492183	142787763	188379173	6641988	281686	1053726
吉　林	69401245	80602046	91334701	85587		0
哈尔滨	67146049	104739394	91539975	2213402	2860631	4990607
大　庆	48344026	60983747	70706893	999920	105735	113934
上　海	307116600	324242902	415488234	21524892	31162283	28041001
南　京	194818133	227496700	219815502	4943903	13225938	9152799
常　州	78591129	97432190	118495368	372160	303920	194871
无　锡	212630515	230811727	247834422	717134	794619	389693
苏　州	175845234	179796358	180216058	346363	497570	951479
泰　州			34759284			514340
杭　州	99441054	100155509	93334121	4336999	5544951	9467413
宁　波	50161740	60507534	65114318	7631309	12292772	15996168
合　肥	62173397	74274232	94765913	2223664	2781537	1275058
福　州	29708506	35828434	40026812	39911	51066	76657
厦　门	78875804	89909427	95240103	127296	517918	346556
南　昌	51311547	54495346	63392572	1428475	1246823	329295
济　南	66669024	76893308	91044710	1714742	2466646	2969086
青　岛	55688057	71127783	87876064	212666	764757	830007
淄　博	76149516	94276045	116084121	590177	720016	202668
潍　坊	79503422	91711453	90638188	296397	335743	173491
威　海	58289578	68605200	77366751	1563558	1615821	48174
郑　州	57332792	69433651	85958618	595571	720594	1600392
洛　阳	45734255	55653183	67165611	362382	392541	553979
武　汉	109353001	150856550	191207171	5893811	4006110	4031521
襄　樊	38455948	50836366	60020142	7651	60470	7004
长　沙	93383854	106992675	141334563	694697	5508203	2114777
株　洲	33125812	40134709	55965318	243384	232597	5023446
湘　潭			49824718			148038
广　州	120642461	148622002	185034106	19205947	20164779	20090116
深　圳	182832343	215804257	262367350	7262277	1448373	198855
珠　海	97890008	101184239	111516173	962721	1628584	2295198
惠　州	65905087	64509099	62948103	55341	0	15362
中　山	67354931	77319758	81973991	5236657	4101186	3891702

地 区	产品销售收入			商品销售收入		
	08	09	10	08	09	10
佛 山	54187192	113606302	147577369	2516	142662	283830
南 宁	27317876	32431641	41460506	2746767	5464663	5067225
桂 林	25950288	29780049	31578425	113114	56665	80480
海 南	18776488	16013985	16348926	11461	610782	522938
成 都	124436589	167019591	195305287	1915934	884763	8363514
重 庆	49918802	67580891	63559809	1142828	3708063	205327
绵 阳	42533516	40129322	47068506	72240	112173	157538
贵 阳	19160169	24259022	31738443	741422	2679555	676004
昆 明	43455420	48163805	60910445	1524055	5811366	9419098
西 安	125536874	150777833	200139212	26129015	29448770	54653056
宝 鸡	39846726	57164823	72150596	704037	822364	512954
杨 凌	3772793	4139484	3698071	521973	509405	275016
兰 州	22886473	36371639	49461458	1594971	1184831	1741141
乌鲁木齐	11314284	9454269	13632616	177420	4702572	5193780
合计 Total	4.544E+09	5319703806	6280961971	355688175	451585013	620051385

注：2009 年 3 月 18 日，经国务院批准湘潭高新区升级为国家级高新区；2009 年 5 月 30 国
务院批准，泰州医药高新技术产业开发区升级为国家级高新区；故只有 2010 年数据。

附表 2　按行业分规模以上工业企业工业总产值

单位：亿元

行 业	全 国		山 东		青 岛	
	2007	2010	2007	2010	2007	2010
煤炭开采和洗选业	9201.83	22109.27	477.07	691.48	0	0
石油和天然气开采业	8300.05	9917.84	573.26	419.49	0	0
黑色金属矿采选业	2130.61	5999.33	54.56	100.33	3.58	10.58
有色金属矿采选业	2288.75	3799.41	73.83	110.57	8.17	12.03
非金属矿采选业	1365.63	3093.54	91.2	131.98	52.11	59.05
其他采矿业	10.97	31.31	0.4	1.89	0.37	0.2
农副食品加工业	17496.08	34928.07	1157.03	1807.49	530.36	855.07
食品制造业	6070.96	11350.64	291.15	450.08	181.35	184.12
饮料制造业	5082.34	9152.62	167.82	280.52	71.37	111.35
烟草制品业	3776.23	5842.51	92.17	126.02	65.59	83.28
纺织业	18733.31	28507.92	906.46	1331.88	324.01	402.09

行　　业	全　国		山　东		青　岛	
	2007	**2010**	**2007**	**2010**	**2007**	**2010**
纺织服装、鞋、帽制造业	7600.38	12331.24	254.04	419.17	222.76	364.87
皮革、毛皮、羽毛（绒）及其制品业	5153.49	7897.50	145.18	195.2	199.91	236.96
木材加工及木、竹、藤、棕、草制品业	3520.54	7393.18	140.34	317.02	34.14	53.15
家具制造业	2424.94	4414.81	77	152.13	58.55	117.51
造纸及纸制品业	6325.45	10434.06	329.91	496.62	99.55	134.04
印刷业和记录媒介的复制	2117.57	3562.91	52.1	105.86	36.39	67.94
文教体育用品制造业	2098.79	3135.43	69.2	108.29	67.18	74.2
石油加工、炼焦及核燃料加工业	17850.88	29238.79	428.22	684.7	120.53	697.61
化学原料及化学制品制造业	26798.80	47920.02	1189.33	2124.4	404.5	465.49
医药制造业	6361.90	11741.31	223.92	471.09	46.94	66.57
化学纤维制造业	4120.80	4953.99	32.13	36.76	8.65	15.62
橡胶制品业	3462.41	5906.67	263.41	436.09	215.13	365.27
塑料制品业	8120.41	13872.22	220.89	386.73	118.73	208.8
非金属矿物制品业	15559.44	32057.26	749.8	1316.09	202.58	307.98
黑色金属冶炼及压延加工业	33703.01	51833.58	724.83	806.46	324.59	378.22
有色金属冶炼及压延加工业	18031.88	28119.02	392.7	635.37	0.95	64.97
金属制品业	11447.08	20134.61	329.78	669.74	229.13	423.67
通用设备制造业	18415.52	35132.74	820.22	1717.4	469.46	832.85
专用设备制造业	10591.98	21561.83	463.33	880.45	194.6	471.74
交通运输设备制造业	27147.40	55452.63	505.88	1280.83	455.53	1252.49
电气机械及器材制造业	24019.07	43344.41	570.58	1028.43	911.36	1138.86
通信设备、计算机及其他电子设备制造业	39223.77	54970.67	518.21	954.58	487.2	634.02
仪器仪表及文化、办公用机械制造业	4307.99	6399.07	98.58	103.48	3.7	47.44
工艺品及其他制造业	3387.71	5662.66	187.56	263.53	127.8	154.78

行　业	全　国		山　东		青　岛	
	2007	2010	2007	2010	2007	2010
废弃资源和废旧材料回收加工业	680.71	2306.13	5.37	19.12	2.22	1.68
电力、热力的生产和供应业	26462.65	40550.83	505.38	702.38	214.87	325.34
燃气生产和供应业	988.72	2393.42	14.22	642.76	16.22	33.07
水的生产和供应业	797.08	1137.10	15.12	36.95	8.5	9.94
合　计	405177.13	698590.55	13212.18	21674.94	6645.64	10662.83

参考文献

一、中文文献

1. 波特:《国家竞争优势》,华夏出版社 2002 年版。

2. 陈继祥:《产业集群与复杂性》,上海财经大学出版社 2005 年版。

3. 陈小洪、马骏、袁东明:《产业联盟与创新》,经济科学出版社 2007 年版。

4. 范晓屏:《工业园区与区域经济发展:基于根植性、网络化与社会资本的研究》,航空工业出版社 2005 年版。

5. 宫鸣等:《海峡两岸科技资源研究》,中国社会科学出版社 2000 年版。

6. 景俊海:《科技工业园创新之路》,陕西师范大学出版社 2001 年版。

7. 卢锐:《企业孵化器理论及其发展研究》,安徽大学出版社 2006 年版。

8. 孔寒冰、陈劲等:《科技人力资源能力建设研究》,中国人民大学出版社 2010 年版。

9. 滕堂伟、曾刚:《集群创新与高新区转型》,科学出版社 2009

年版。

10. 王柏轩、刘小元：《企业孵化器的运营与发展》，中国地质大学出版社 2006 年版。

11. 王孝斌、王学军：《创新集群的演化机理》，科学出版社 2011年版。

12. 魏心镇、王缉慈：《高新区的产业空间》，北京大学出版社 1993年版。

13. 伍建民、张京城、李梅：《产业技术联盟与政策导向》，科学出版社 2011 年版。

14. 熊彼特：《经济发展理论》，叶华译，中国社会科学出版社 2009年版。

15. 张辉：《全球价值链下地方产业集群转型和升级》，经济科学出版社 2006 年版。

16. 赵玉林：《创新经济学》，中国经济出版社 2006 年版。

17. 蔡昉、都阳：《区域差距、趋同与西部开发》，载《中国工业经济》2001 年第 2 期。

18. 曹洪军、张红霞、王鹏：《产业集群创新体系研究》，载《商业研究》2006 年第 4 期。

19. 曹阳：《区域经济发展的差异性与制度发展的非均衡》，载《经济学家》2009 年第 12 期。

20. 陈飞宇、胡晓林：《论中国企业的全球价值链嵌入现状》，载《现代商业》2009 年第 23 期。

21. 陈海华、陈松：《创新集群现象及形成机制研究评述》，载《中国软科学》2009 年第 S2 期。

22. 陈劲：《集成创新的理论模式》，载《中国软科学》2002 年第 12期。

23. 陈瑾：《国际产业集群升级的实践与启示》，载《企业经济》

2010 年第 12 期。

24. 陈乐、李晓强、王沛民:《科技人力资源开发及其两个重要指数》,载《高等工程教育研究》2007 年第 2 期。

25. 陈立泰、林川:《政府在产学研联盟中的角色及行为研究》,载《科技管理研究》2009 年第 7 期。

26. 陈柳钦:《产业集群创新问题探讨》,载《甘肃理论学刊》2007 年第 1 期。

27. 陈柳钦:《有关全球价值链理论的研究综述》,载《南都学坛》2009 年第 5 期。

28. 陈柳钦:《全球价值链:一个关于文献的综述》,载《兰州商学院学报》2009 年第 5 期。

29. 陈柳钦:《产业集群创新动力来源》,载《宁波经济(财经视点)》2006 年第 12 期。

30. 陈业华、杜慧娟、王月秋:《产业集群隐性知识显性化研究》,载《科学学与科学技术管理》2010 年第 7 期。

31. 程新章、胡峰:《价值链治理模式与企业升级的路径选择》,载《商业经济与管理》2005 年第 12 期。

32. 戴艳军、房宏君:《伦理视野下科技人力资源管理的问题及对策》,载《科技进步与对策》2010 年第 4 期。

33. 但根友、马妍彦:《论我国政策性金融的转型》,载《生产力研究》2009 年第 7 期。

34. 丁魁礼、钟书华:《创新集群的本质涵义及其与产业集群的区分》,载《科技进步与对策》2010 年第 10 期。

35. 丁永生、陈晓芳:《利益诉求:区域科技人力资源转移的路径选择》,载《科学管理研究》2005 年第 2 期。

36. 董艳英、徐淑媛、张立山、刘明远、邢妍:《我国科技企业孵化器发展过程中的问题及对策》,载《甘肃科技》2009 年第 6 期。

37. 杜谦、宋卫国：《科技人才定义及相关统计问题》，载《中国科技论坛》2004 年第 5 期。

38. 杜谦、宋卫国、高昌林：《建立我国科技人力资源统计的建议》，载《统计研究》2004 年第 3 期。

39. 段湘姬、蒋远胜：《地方政府在产业集群形成和发展环境中的作用》，载《求索》2008 年第 5 期。

40. 方伟、韩伯棠、王栋：《科技人力资源密度与区域经济发展的关系研究》，载《科研管理》2007 年第 Z1 期。

41. 方伟、韩伯棠、王栋：《科技人力资源分布密度与区域经济发展不平衡的关系研究》，载《科技进步与对策》2008 年第 4 期。

42. 冯德连：《经济全球化下产业集群的创新机制研究》，载《产业经济研究》2006 年第 3 期。

43. 冯海红、王胜光：《产业技术联盟支持政策的国际经验与启示》，载《工业技术经济》2008 年第 5 期。

44. 高秀艳：《国际产业转移与我国产业升级问题探析》，载《理论界》2004 年第 5 期。

45. 盖晓敏、张文娟：《FDI 产业集聚的根植性问题研究》，载《管理世界》2010 年第 12 期。

46. 龚一斌、龚三乐：《自主创新与全球价值链嵌入产业升级》，载《经济与管理》2006 年第 8 期。

47. 辜胜阻、郑凌云：《新型工业化与高技术开发区的二次创业》，载《中国软科学》2005 年第 1 期。

48. 郭嘉仪：《知识溢出理论的研究进展与述评》，载《技术经济与管理研究》2012 年第 3 期。

49. 郭玉清、杨栋：《人力资本门槛、创新互动能力与低发展陷阱——对 1990 年以来中国地区经济差距的实证研究》，载《财经研究》2007 年第 6 期。

50. 韩伯棠、朱美光、李强：《高新区"二次创业"发展战略与政策建议》，载《科技进步与对策》2005年第9期。

51. 何建华、可爱群：《吉林省科技人力资源现状及优化配置分析》，载《中国科技论坛》2007年第7期。

52. 胡大立：《基于企业集群的科技园区发展问题研究》，载《科技进步与对策》2004年第8期。

53. 胡树华、李荣：《产业联盟中的企业集成创新研究》，载《工业技术经济》2008年第3期。

54. 胡熙华、明杰：《我国高新技术开发区协调发展的四大问题及对策探讨》，载《科技进步与对策》2002年第1期。

55. 胡羚燕、李燕萍：《基于全球化背景的中国科技人力资源统计体系的构建》，载《科技进步与对策》2009年第16期。

56. 黄建康：《经济全球化与本地化中的中国高新区竞争力培育战略——基于企业集群视角的分析》，载《中国经济问题》2004年第4期。

57. 江建云、谭艺平：《湖南省科技人力资源现状与使用分析》，载《湖南大学学报（社会科学版）》2003年第5期。

58. 姜玲、梁涵、刘志春：《环渤海地区科技人力资源与区域经济发展的关联关系研究》，载《中国软科学》2010年第5期。

59. 姜玲、梁涵：《东北地区科技人力资源对区域经济支撑作用的研究》，载《管理评论》2010年第7期。

60. 焦少飞、张炜：《西部农业科技人力资源的现状分析》，载《中国科技论坛》2007年第5期。

61. 景光仪、陈井安：《我国区域科技进步环境差异分析》，载《中国科技论坛》2006年第6期。

62. 何榕、成邦文：《政府研究机构科技人力资源的流动分析》，载《科技管理研究》2008年第1期。

63. 兰建平、苗文斌：《嵌入性理论研究综述》，载《技术经济》

2009 年第 1 期。

64. 乐伟：《简评国家竞争优势理论》，载《重庆工业管理学院学报》1998 年第 3 期。

65. 李国富、汪宝进：《科技人力资源分布密度与区域创新能力的关系研究》，载《科技进步与对策》2011 年第 1 期。

66. 李慧：《基于网络范式的产业集群创新问题研究》，载《江苏商论》2007 年第 4 期。

67. 李慧云：《大中型工业企业科技人力资源开发利用能力的综合比较研究》，载《统计研究》2003 年第 4 期。

68. 李建华、周胜军等：《我国科技人力资源与财力资源匹配规模优化研究》，载《科学管理研究》2001 年第 6 期。

69. 李玲：《论人力资本投资的经济效应》，载《北京市计划劳动管理干部学院学报》2003 年第 3 期。

70. 李献宾、江心英：《全球价值链理论研究综述》，载《商业时代》2010 年第 11 期。

71. 李新、王敏晰：《高新技术开发区主导产业的内涵》，载《科技进步与对策》2008 年第 5 期。

72. 李燕萍、孙红：《我国科技人力资源开发的现状、问题及对策》，载《科技进步与对策》2009 年第 4 期。

73. 李燕萍、施丹：《中部六省科技人力资源创新能力的比较研究》，载《科技进步与对策》2008 年第 1 期。

74. 李燕萍、施丹：《中部地区科技人力资源流动态势调查、分析与对策建议》，载《科技进步与对策》2009 年第 6 期。

75. 李燕萍、施丹：《中部地区科技人力资源软实力"塌陷"现象研究》，载《武汉大学学报（哲学社会科学版)》2008 年第 5 期。

76. 林承亮：《知识溢出、异质性集群与企业的创新努力》，载《科技进步与对策》2011 年第 24 期。

77. 刘爱玉：《政策结构与人力资本对地区经济差距的成因分析》，载《宁夏社会科学》2002 年第 7 期。

78. 刘高峡：《高新区创新网络中的金融中介组织研究》，载《科技进步与对策》2003 年第 12 期。

79. 刘光东、丁洁、武博：《基于全球价值链的我国高新技术产业集群升级研究——以生物医药产业集群为例》，载《软科学》2011 年第 3 期。

80. 刘军国、郭文玲：《非正式交流与知识经济》，载《生产力研究》2001 年第 1 期。

81. 刘楷：《1999—2005 年中国地区工业结构调整和增长活力实证分析》，载《中国工业经济》2007 年第 9 期。

82. 刘恒江、陈继祥：《要素、动力机制与竞争优势：产业集群的发展逻辑》，载《中国软科学》2005 年第 2 期。

83. 刘宁、白云飞：《科技人力资源配置的农业经济增长效应的统计检验》，载《统计与决策》2011 年第 13 期。

84. 刘淑娟、王有邦：《青岛市主导产业定量选择及优化调整研究》，载《太原师范学院学报（自然科学版）》2005 年第 4 期。

85. 刘卫东：《论全球化与地区发展之间的辩证关系——被动嵌入》，载《世界地理研究》2003 年第 1 期。

86. 刘雪蓉、梅强：《基于产业集群的科技型中小企业成长环境的研究》，载《科技管理研究》2008 年第 4 期。

87. 刘燕华、李秀彬：《国家创新系统研究中地理学的视角》，载《地理研究》1998 年第 3 期。

88. 刘颖、吕华、江礼娟：《我国科技人力资源总量测算方法的研究》，载《北京行政学院学报》2011 年第 3 期。

89. 楼杏丹、徐维祥、余建形：《高新技术产业集群资源整合与区域创新系统关系研究》，载《科学学与科学技术管理》2005 年第 9 期。

90. 吕政、张克俊：《国家高新区阶段转换的界面障碍及破解思路》，载《中国工业经济》2006年第2期。

91. 陆根尧、李勇军：《人力资本增强产业集群创新的途径、机理及对策研究》，载《浙江理工大学学报》2009年第2期。

92. 罗珊、安宁：《广东科技人力资源的配置现状及对策研究》，载《华南师范大学学报（社会科学版)》2007年第1期。

93. 龙开元：《创新集群：产业集群的发展方向》，载《中国科技论坛》2009年第12期。

94. 龙开元：《创新集群的发生模型与演进过程》，载《高科技与产业化》2009年第12期。

95. 龙果：《论技术创新的聚集和创新集群的形成》，载《当代经理人》2006年第17期。

96. 骆静、聂鸣：《创新集群及其分类研究》，载《科学学与科学技术管理》2003年第3期。

97. 马云俊：《产业转移、全球价值链与产业升级研究》，载《技术经济与管理研究》2010年第4期。

98. 潘光辉：《从高新技术产业集群的视角看高新区的发展》，载《企业经济》2006年第7期。

99. 潘锡辉、魏谷：《关于当前国家高新区发展若干问题探讨》，载《经济问题探索》2007年第3期。

100. 彭小辉：《区域经济差异成因研究综述》，载《广西经济管理干部学院学报》2007年第3期。

101. 钱平凡、黄川川：《模块化：解决复杂系统问题的有效方法——以家庭装修项目为例》，载《中国工业经济》2003年第11期。

102. 阮娴静、杨青：《我国科技企业孵化器发展现状及集群机理研究》，载《工业技术经济》2009年第7期。

103. 沈漪文、孔寒冰：《科技人力资源能力建设：概念与思考》，载《高等工程教育研究》2007年第5期。

104. 沈漪文、孔寒冰:《专业人员能力框架模式与发展——以 ICT 专业为例》,载《高等工程教育研究》2008 年第 5 期。

105. 宋琦、韩伯棠、李燕:《创新集群理论研究述评》,载《科技进步与对策》2010 年第 18 期。

106. 沈伟国、陈艺春:《我国高新区二次创业的理论内涵与评价体系的构建》,载《科技进步与对策》2007 年第 10 期。

107. 史宪睿、刘则渊、于冬:《企业集成创新及其系统模型》,载《科学文化评论》2007 年第 4 期。

108. 孙敬冰、熊璐:《区域经济发展差距的制度性因素分析》,载《特区经济》2005 年第 12 期。

109. 孙平、王兴元:《高新技术开发区产业集群创新体系调查分析与改善对策》,载《科技进步与对策》2009 年第 18 期。

110. 孙文远:《产品内分工刍议》,载《国际贸易问题》 2006 年第 6 期。

111. 孙文远:《产品内价值链分工视角下的产业升级》,载《管理世界》2006 年第 10 期。

112. 隋映辉:《转型期:青岛产业发展战略与政策》,载《青岛职业技术学院学报》2006 年第 1 期。

113. 孙寿涛:《20 世纪三派长波理论比较研究》,载《当代经济研究》2003 年第 10 期。

114. 唐炎钊、方旋等:《区域科技创新能力的灰色综合评估——广东省科技创新能力的综合分析》,载《科学学与科学技术管理》2001 年第 2 期。

115. 陶良虎、陈得文:《产业集群创新动力模型分析》,载《江海学刊》2008 年第 2 期。

116. 滕堂伟:《关于创新集群问题的理论阐述》,载《甘肃社会科学》2008 年第 5 期。

117. 万君康、李晓群：《湖北省科技资源的制约因素及其对策研究》，载《科技进步与对策》1999 年第 6 期。

118. 王必达：《关于后发展区域经济制度变迁问题的理论探讨》，载《经济学家》2003 年第 6 期。

119. 王炳富、刘芳：《创新集群内知识转移的模式与特点研究》，载《科技进步与对策》2010 年第 16 期。

120. 王成军、冯涛：《基于调查、统计的西部科技人力资源流动状况分析》，载《西北人口》2011 年第 4 期。

121. 王春梅、袁继祖：《高新技术产业集群创新体系框架模型实证分析》，载《科技进步与对策》2006 年第 7 期。

122. 王奋、张平淡等：《科技人力资源的区域集聚》，载《北京理工大学学报（社会科学版）》2002 年第 2 期。

123. 王奋、赵宏宇：《科技人力资源区域集聚能力的实证研究》，载《中国科技论坛》2006 年第 2 期。

124. 王奋、韩伯棠：《科技人力资源区域集聚效应的实证研究》，载《中国软科学》2006 年第 3 期。

125. 王奋、杨波：《科技人力资源区域集聚影响因素的实证研究——以北京地区为例》，载《科学学研究》2006 年第 5 期。

126. 王峰玉、朱晓娟：《中国开发区的发展回顾与战略思考》，载《云南地理环境研究》2006 年第 4 期。

127. 王福涛、钟书华：《创新集群的演化动力及其生成机制研究》，载《科学学与科学技术管理》2009 年第 8 期。

128. 王福涛、钟书华：《创新集群政策的兴起及其在中国的发展》，载《科技管理研究》2009 年第 7 期。

129. 王华：《发展政策性金融有待解决的三大难题》，载《中央财经大学学报》2007 年第 12 期。

130. 王缉慈：《关于发展创新型产业集群的政策建议》，载《经济地理》2004 年第 4 期。

131. 王黎明:《中国高新科技园区的产业集群发展战略研究》,载《商业研究》2006 年第 20 期。

132. 王楠、何彬、辜萍:《四川省科技人才现状与发展对策》,载《西南民族大学学报（人文社会科学版)》2010 年第 6 期。

133. 王庆金、崔玲:《科技企业孵化器研究综述与展望》,载《未来与发展》2006 年第 4 期。

134. 王树海、闫耀民:《国家高新区未来发展的对策研究》,载《中国软科学》2009 年第 3 期。

135. 王兴元、孙平:《高新技术产业集群创新体系"双钻石"框架模型》,载《科技管理研究》2005 年第 12 期。

136. 王育新、刘晓冰、孙冰:《基于企业集群化的科技企业孵化器研究》,载《科技管理研究》2010 年第 7 期。

137. 王子龙、谭清美、许萧迪:《区域创新网络中的政府职能分析》,载《科学管理研究》2003 年第 3 期。

138. 魏浩:《产品内分工与发展中国家的经济发展战略》,载《中国国情国力》2008 年第 8 期。

139. 魏后凯:《跨世纪我国区域经济发展与制度创新》,载《财经问题研究》1998 年第 12 期。

140. 吴小立:《高新产业集群创新网络能力的生命周期与案例分析》,载《科技管理研究》2009 年第 8 期。

141. 乌云其其格:《2008 年亚洲国家和地区科技人力资源建设动态及趋势》,载《中国科技论坛》2009 年第 6 期。

142. 乌云其其格:《美国、日本、欧盟、澳大利亚科技人力资源建设动态与趋势》,载《中国科技论坛》2010 年第 6 期。

143. 肖科:《政策性金融对我国自主创新成果转化的贡献研究》,载《科技进步与对策》2009 年第 24 期。

144. 解学梅、曾赛星：《创新集群跨区域协同创新网络研究述评》，载《研究与发展管理》2009 年第 1 期。

145. 谢智波、李向东、赵华峰：《科技人力资源开发潜力综合评价》，载《软科学》2004 年第 2 期。

146. 徐晓霞：《中国科技资源的现状及开发利用中存在的问题》，载《资源科学》2003 年第 3 期。

147. 徐祖广：《研究型大学在建设国家创新体系中的地位和作用》，载《清华大学教育研究》1999 年第 2 期。

148. 徐治立：《试论科技人力资源的意义、属性及配置开发管理》，载《科技管理研究》2001 年第 6 期。

149. 徐治立：《海峡两岸科技人力资源管理策略比较研究》，载《科技管理研究》2000 年第 4 期。

150. 薛捷、张振刚：《国外产业共性技术创新平台建设的经验分析及其对我国的启示》，载《科学学与科学技术管理》2006 年第 12 期。

151. 杨继涛：《区域产业技术创新联盟与产业集群协调发展研究》，载《科技情报开发与经济》2010 年第 14 期。

152. 杨京京：《印度政府对科技人力资源的使用》，载《科学学研究》1996 年第 2 期。

153. 杨起全：《中国农业科技人力资源状况分析》，载《中国科技论坛》1996 年第 5 期。

154. 杨沙、戴锦：《高技术产业集群创新网络模型研究》，载《当代经济》2009 年第 13 期。

155. 姚海华：《产品内分工研究进展及其新动向》，载《华东经济管理》2009 年第 10 期。

156. 殷群：《企业孵化器拓展创新功能路径研究》，载《现代经济探讨》2009 年第 8 期。

157. 于宁妮：《以专业型孵化器为载体推动产业自主创新》，载《化工管理》2008 年第 5 期。

158. 于衍平:《科技人力资源管理与激励模式》,载《科研管理》1997 年第 6 期。

159. 岳瑨:《论创新政策在高技术产业集群中的作用》,载《科学学与科学技术管理》2004 年第 11 期。

160. 张慈、熊艳、许滢:《产业集群的集群效应及其产生条件分析》,载《商业时代》2010 年第 15 期。

161. 张辉:《全球价值链理论与我国产业发展》,载《中国工业经济》2004 年第 5 期。

162. 张国亭:《产业集群内部知识溢出途径与平衡机制研究》,载《理论学刊》2010 年第 8 期。

163. 张吉炎、张建设:《安徽科技人力资源开发战略研究》,载《中国科技论坛》2010 年第 11 期。

164. 张杰、刘志彪:《制度约束、全球价值链嵌入与我国地方产业集群升级》,载《当代财经》2008 年第 9 期。

165. 张利华、陈钢、何革华:《促进中国女性科技人力资源开发的政策研究》,载《中国科技论坛》2008 年第 4 期。

166. 张良强、雷德森:《福建省科技人力资源状况和发展对策研究》,载《中国科技论坛》2003 年第 5 期。

167. 张平淡、王奋:《关于科技人力资源状况统计指标体系的探讨》,载《科技进步与对策》2002 年第 8 期。

168. 张向阳、朱有为:《基于全球价值链视角的产业升级研究》,载《外国经济与管理》2005 年第 5 期。

169. 张少颖:《科技企业孵化器的发展趋势与对策选择》,载《高科技与产业化》2010 年第 3 期。

170. 张学伟、刘志峰:《产业集群创新机制的形成机理和影响因素研究》,载《科技管理研究》2010 年第 2 期。

171. 张义芳、翟立新：《产学研研发联盟：国际经验及我国对策》，载《科研管理》2008 年第 5 期。

172. 张忠德：《我国高新区二次创业策略选择研究》，载《科技进步与对策》2005 年第 11 期。

173. 赵光辉：《论产业集群创新系统》，载《濮阳职业技术学院学报》2007 年第 3 期。

174. 赵涛、高永刚：《我国高新技术产业集群的创新体系研究》，载《科学管理研究》2004 年第 2 期。

175. 赵建芳：《西安高新区科技中介组织现状——问题及政策建议》，载《特区经济》2004 年第 12 期。

176. 赵黎明、朱禾申、付春满：《科技企业孵化器发展探讨》，载《天津大学学报（社会科学版）》2009 年第 1 期。

177. 赵西三：《国内价值链重构下区域产业升级的路径选择——基于河南省的实证分析》，载《工业技术经济》2010 年第 11 期。

178. 赵新刚、郭树东、闫耀民：《美国圣地亚哥的创新集群及其对我国的启示》，载《生产力研究》2006 年第 8 期。

179. 郑静、薛德升等：《论城市开发区的发展》，载《世界经济研究》2000 年第 2 期。

180. 郑卫星：《转方式、调结构统计指标体系探讨》，载《中国国情国力》2011 年第 2 期。

181. 郑小勇：《创新集群的形成模式及其政策意义探讨》，载《外国经济与管理》2010 年第 2 期。

182. 钟书华：《企业技术联盟的理论透视》，载《华中科技大学学报》（社会科学版）2003 年第 5 期。

183. 钟书华：《创新集群：概念、特征及理论意义》，载《科学学研究》2008 年第 1 期。

184. 钟书华：《创新集群的发育、成长路径分析》，载《科技管理研究》2009 年第 10 期。

185. 周元、王维才：《我国高新区阶段发展的理论框架》，载《经济地理》2003 年第 4 期。

186. 朱达明：《发展科技人力资源要提升八个方面的能力》，载《中国科技论坛》2002 年第 2 期。

187. 朱方伟、王永强、唐丽艳：《技术转移中隐性知识转化的研究》，载《科学学与科学技术管理》2004 年第 11 期。

188. 朱华晟、刘鹤、吴骏毅、李伟等：《国家高新区发展阶段划分及差异化战略研究——基于实力的评价》，载《科学决策》2009 年第 1 期。

189. 朱静芬、史占中：《我国高科技园区企业集群发展模式的探析》，载《中国科技论坛》2003 年第 6 期。

190. 朱美光、韩伯棠、徐春杰等：《知识溢出与高新区科技人力资源流动研究》，载《科学学与科学技术管理》2005 年第 5 期。

191. 朱杏珍：《产业集群创新网络的行为机制分析》，载《经济论坛》2006 年第 6 期。

192. 朱学彦、孔寒冰：《科技人力资源开发探究——美国 STEM 学科集成战略解读》，载《高等工程教育研究》2008 年第 2 期。

193. 高扬：《产业技术创新战略联盟中政府行为研究》，华中科技大学硕士论文，2009 年。

194. 林向义：《企业集成技术创新中的知识整合研究》，哈尔滨工业大学博士论文，2010 年。

195. 孙志强：《高新区域发展的国际比较研究》，中共中央党校研究生院硕士论文，2006 年。

196. 肖科：《中国政策性金融促进自主创新的有效性研究》，武汉理工大学硕士论文，2010 年。

197. 张喜照：《中国科技人力资源与经济增长的协整与因果关系研究》，湖南大学工商管理学院硕士论文，2005 年。

二、外文文献

1. Arndt W, Kierzkowiski H (ed.), *Fragmentation, New Production Patterns in the World Economy*, London: Oxford University Press, 2001.

2. Cooke P., *Regional Innovation Systems,* London: University of London Press, 1996.

3. Deardorff V, *Fragmentation Across Cones*, London: Oxford University Press, 2001.

4. Gereff G, Korzeniewicz M, *Commodity Chains and Global Capitalism*, London: Praeger, 1994.

5. Nelson R, *National Innovation Systems: A Comparative Analysis*, Oxford: Oxford University Press, 1993.

6. Piore, Sabel, *The Second Industrial Divide*, New York: Basic Books, 1984.

7. Polanyi K. Primitive, *Archaic and Modern Economies: Essays of Karl Polanyi*, Boston: Beacon Press, 1968.

8. POLANYI K, The Great Transformation: *The Political and Economic Origins of Our Time*, Boston, MA :Beacon Press, 1944.

9. Andrés R, Clusters and comparative advantage: Implications for industrial policy, *Journal of Development Economics*, 2007, 82 (1).

10. Asheim, Interactive learning and localised knowledge in globalising learning economies, *Geo Journal*, 2000, 49 (4).

11. AVINASH D., GROSSMAN G., Trade and Protection with Multistage Production, *the Review of Economic Studies*, 1982 (49).

12. Bao S, Chang G H, SACHS J R D, et al, Geographic Factors and

China's Regional Development Under Market Reform, 1978-1998, *China Economic Review*, 2002（13）.

13. Baptista R, Swann P, Do firms in clusters innovate more?, *Research Policy*, 1998, 27（5）.

14. Barbieri E, Di Tommaso M R, Bonnini S, *Industrial development policies and performances in Southern China: Beyond the specialised industrial cluster program, China Economic Review*, 2011.

15. Chris Debresson, Breeding innovation clusters: a source of dynamic development, *World Development*, 1989（17）.

16. Chung S, Singh H, Lee K, Complementarity, status similarity and social capital as drivers of alliance formation, *Strategic Management Journal*, 2000（1）.

17. Doloreux D, Parto S, Regional innovation systems: current discourse and unresolved issues, *Technology in Society*, 2005（27）.

18. Dyea J H, Singh H, The relational view: cooperative strategy and sources of inter organizational competitive advantage, *Academy of Management Review*, 1998, 23（4）.

19. Falck O, Heblich S, Kipar S, Industrial innovation: Direct evidence from a cluster-oriented policy, *Regional Science and Urban Economics*, 2010, 40（6）.

20. Fleisher B, Hu D, McGuire W, et al, The evolution of an industrial cluster in China, *China Economic Review*, 2010, 21（3）.

21. Freeman C, Network of innovators: a synthesis of research issues, *Research Policy*, 1991, 20（5）.

22. Fromhold Eisebith M, Eisebith G, How to institutionalize innovative cluster? Comparing explicit top-down and implicit bottom-up approaches, *Research Policy*, 2005（34）.

23. Gereffi G, International trade and industrial upgrading in the apparel commodity chain, *Journal of International Economics*, 1999（4）.

24. Gereffi G., Kaplinsky R., The value of value chains, *IDS Bulletin*, 2001, 32（special issue）.

25. Granovetter M, Economic action and social structure: the problem of embeddedness, *American Journal of Sociology*, 1985（3）.

26. Grossman G, Helpman E, Integration Versus Outsourcing in Industry Equilibrium, *Quarterly Journal of Economics*, 2002, 117.

27. Hagedoorn J, Understanding the cross-level embeddedness of inter-firm partnership formation, *Academy of Management Review*, 2006（3）.

28. Humphrey J., Schmitz H., How Does Insertion in Global Value Chains Affect Upgrading in Industrial Clusters?, *Regional Studies*, 2002, 36（9）.

29. Iammarino S, McCann P., The structure and evolution of industrial clusters: Transactions, technology and knowledge spillovers, *Research Policy*, 2006, 35（7）.

30. Jean-Marc C, The two sides of proximity in industrial clusters: The trade-off between process and product innovation, *Journal of Urban Economics*, 2008, 63（1）.

31. Kogut B, Designing global strategies: comparative and competitive value-added chains, *Sloan Management Review*, 1985, 26（4）.

32. Krugman P, Growing world trade: Causes and consequences, Brookings Papers on Economic Activity, 1995,（1）.

33. Libaers D, Meyer M., Highly innovative small technology firms, industrial clusters and firm internationalization, *Research Policy*, 2011.

34. Lu J, Tao Z, Trends and determinants of China's industrial agglomeration, *Journal of Urban Economics*, 2009（65）.

35. Lundall B, National systems of production, innovation and competence building, *Research Policy*, 2002 (31).

36. Majocchi A,, Presutti M.., Industrial clusters, entrepreneurial culture and the social environment: The effects on FDI distribution, *International Business Review*, 2009, 18 (1).

37. Martin R, Maskell P., Deconstructing clusters :chaotic concept or policy panacea?, *Journal of Economic Geography*, 2003, 3 (1).

38. Porter M E, Clusters and New Economics of Competition, *Harvard Business Review*, 1998 (6).

39. Puga D, The magnitude and causes of agglomeration economies, *working paper*, 2009.

40. Sturgeon T, Modular Production Networks: A New American Model of Industrial Organization, *Industrial and Corporate Change*, 2002 (3).

41. Transactions, technology and knowledge spillovers, Research Policy, 2006 (35).

42. Fallick B, Fleischman C A, Rebitzer J B, Job Hopping in Sillicon Valley: The Micro-Foundations of a High Technology Cluster, The National Bureau of Economic Research Report, 2003.

43. Kaplinsky R, Morris M, A Handbook for Value Chain Research, *Prepared for the IDRC*, 2002.

44. OECD, Innovative Clusters: Drivers of National Innovation Systems, *OECD Proceedings*, 2001.

45. Organization UNID, Inserting local industries into global value chains and global production networks: opportunities and challenges for upgrading with a focus on Asia, *Vienna*, 2004.

46. UN, Governance for sustainable human development, a UNDP policy document, UNDP, 1997.

后　记

凡走过的，必留下痕迹。

距离上一本书的出版，已经过去了整整三年的时间。三年间，发生了太多的事情，当记忆的闸门慢慢打开，清晰而又模糊的点点滴滴涌上心头，犹如一出刚刚谢幕的情景剧。回想走过的路，满心的感恩和感谢！

掂起这本难言满意的小书，想起从起初零碎的火花，到整理成系统的提纲，再到过程中反复的修改，最后形成一篇略有模样的书稿，此刻既有收获的喜悦，又有淡淡的遗憾，更多的是在学术之路上继续探索的决心和勇气，这种复杂的心情非亲身经历者难以体会。

首先我要深深感谢青岛大学李福华教授。三年来，院长严谨的治学态度和忘我的写作精神，深深地影响着我，改变着我。早晨七点半，院长桌子上的茶已经凉了；到晚上八点半的时候，院长办公室里的灯还在亮着；周末偶尔来学校加班，院长的车总是静静地停在睿思楼下。汗颜之余，唯有继续努力。感谢院长给予我各项课题锻炼的机会，感谢院长教给我如何平衡工作与家庭之间的关系，更感谢院长为本书出版提供的大力支持。

感谢我的访学导师中国人民大学孙健敏教授。在一年的访学生活中，孙老师带着我走南闯北，参加各种学术会议，常常一觉醒来，不知身在哪个城市。因由孙老师的教诲，使我游学四方的生活如此不同，又如此丰富多彩。一年的收获，不能简单地用言语形容，对我的改变更是巨大的，真有如凤凰浴火重生的感觉。孙老师自己所坚持的使命，使我重新思考和认识了教师这一职业的意义，并重新找到了自己未来的努力方向，以更大的热情、更多的勇气，投入到今后的科研和教学之中。

感谢我的博士导师青岛农业大学王伟教授，是恩师授我以渔，将我引入了经济学和管理学的学术殿堂。四年前拜别恩师，恩师鼓励我自己去大胆探索学术之路，诚惶诚恐之际，感谢恩师每次见面时的关心和鼓励。没有恩师当初的栽培与提携，就不会有现在这本拙作的出版，更不会有现在的我。一日为师，终身为师！值此书稿完成之际，谨向恩师致以崇高的敬意和衷心的感谢！

感谢世军和娜姐，没有他们默默的付出和辛勤的努力，就不会有现在的书稿。特别是世军同学，在繁忙的研究生学习和实习之余，克服路途遥远的困难，为本书整理了大量的原始数据，祝福世军在春城昆明工作一切顺利，也真诚地祝福娜姐学业有成。感谢曲献坤、石龙与王乾同学，感谢几位同学在书稿完成之际，认真地查错和润色。

真诚的谢意要送给我的朋友们：徐强、王震、张古朋、宋萌、王正、王鲁宁、李珺、缪抗、何娇丽、石伟老师、王存同老师、时培芬老师，他们给予我真诚的友谊和热诚的关心，在与他们探讨的过程中，我学到了很多，拓展了自己的写作思路和人生阅历，充实了书稿的内容。感谢08级会计和财务管理的同学们，大家于我犹如美职篮的状元签，给了我太多的帮助和支持，陪我度过了两年美好的时光。一期一相会，且行且珍惜，希望大家一切都好！

一旦记忆的闸门打开，思绪便会不断地喷涌而出。在商学院的几年里，感谢各位领导和老师的指导和关心。一路走来，感谢商学院张洪慧书记、周咏梅主任、尚昆仑主任、康进军主任和会计系各位老师对我科研和教学的关心和帮助。感谢刘涛老师、李欣老师、陈鑫老师和孙建华老师在学生行政工作中给予我的大力支持。

感谢人民出版社的毕于慧编辑为本书出版所付出的辛勤劳动，尤其是在编辑过程中表现出的高度责任感令我十分敬佩。

最后，我要特别感谢我的父母、爱人和宝贝女儿，是你们用最无私的爱在背后默默地支持着我，鼓励着我，使我能够安心学习，全身心地投入研究工作。父母家人的爱无法用文字形容，惟有放在心底，永记于心，细细体味。

本书仅仅是人才聚集与区域经济协同发展这一重要研究课题的开始，还有许多地方需要未来继续研究和完善。在书稿的写作过程中，本人参考了前人大量的文献资料，鉴于篇幅的限制，未能一一列出，望作者见谅。由于本人学识有限，错误和不足之处在所难免，希望各位读者和专家批评指正。

王崇锋

2012 年 10 月

青岛大学睿思楼

索　引

责任编辑：毕于慧

版式设计：汪 莹

图书在版编目（CIP）数据

中国高新区战略转型研究——基于产业集群视角／王崇锋 著.

－北京：人民出版社，2012.10

ISBN 978－7－01－011377－7

I.①中… II.①王… III.①高技术开发区－区域经济发展－研究－中国

IV.① F127.9

中国版本图书馆 CIP 数据核字（2012）第 254667 号

中国高新区战略转型研究
ZHONGGUO GAOXINQU ZHANLÜE ZHUANXING YANJIU
——基于产业集群视角

王崇锋 著

人民出版社 出版发行

（100706 北京市东城区隆福寺街 99 号）

北京市文林印务有限公司印刷 新华书店经销

2012 年 10 月第 1 版 2012 年 10 月北京第 1 次印刷

开本：710 毫米 × 1000 毫米 1/16 印张：29

字数：401 千字

ISBN 978－7－01－011377－7 定价：52.00 元

邮购地址 100706 北京市东城区隆福寺街 99 号

人民东方图书销售中心 电话（010）65250042 65289539